2013 敦煌學國際聯絡委員會通訊

2013 Newsletter of International Liaison Committee for Dunhuang Studies

高田時雄 柴劍虹
策 劃

郝春文
主 編

陳大爲
副主編

敦煌學國際聯絡委員會
中國敦煌吐魯番學會
首都師範大學古文獻研究中心
主 辦

上海古籍出版社
2013.8.上海

敦煌學國際聯絡委員會幹事名單：
中　國：樊錦詩　郝春文　柴劍虹　鄭阿財(臺灣)
日　本：高田時雄
法　國：戴　仁
英　國：吳芳思
俄羅斯：波波娃
美　國：梅維恒　太史文
德　國：茨　木
哈薩克斯坦：克拉拉・哈菲佐娃

敦煌學國際聯絡委員會網頁：
http：//www. zinbun. kyoto-u. ac. jp/ ~ takata/ILCDS/proceedings. html
敦煌學國際聯絡委員會秘書處地址：
日本國　京都市　左京區北白川東小倉町47
　　　　京都大學人文科學研究所
　　　　高田時雄教授　　Tel：075 - 753 - 6993
INSTITUTE FOR RESEARCH IN HUMANITIES
KYOTO UNIVERSITY KYOTO 606 - 8265, JAPAN

2013
敦煌學國際聯絡委員會通訊

目録

出版信息

書訊二則

敦煌吐魯番學機構簡介

論著目録

1993 年敦煌學研究綜述

宋雪春(首都師範大學)

據不完全統計,1993 年度大陸地區出版的與敦煌學相關的學術專著和論文集共 40 餘部,公開發表的研究論文亦有 300 餘篇。兹分概説、歷史地理、社會、宗教、語言文字、文學、藝術、考古與文物保護、少數民族歷史語言、古籍、科技、學術動態與紀念文十二個專題擇要介紹如下。

一、概　　説

有關敦煌文獻的影印出版方面,本年度出版了《上海博物館藏敦煌吐魯番文獻》(1)(2)(上海古籍出版社)、《法國國家圖書館藏敦煌西域文獻》(1)(上海古籍出版社)、《俄羅斯科學院東方研究院聖彼得堡分所藏敦煌文獻》(2)(3)(上海古籍出版社)。另外,郭鋒《斯坦因第三次中亞探險所獲甘肅新疆出土漢文文書——未經馬斯伯樂刊佈的部分》(甘肅人民出版社)對斯坦因第三次中亞探險所獲之未曾刊佈的漢文文書做了全面調查,選出 400 餘件反映世俗社會生活的漢文文書,過録其文并加以必要著録、注釋等。

有關敦煌的歷史與文化方面,寧可、郝春文《敦煌的歷史和文化》(新華出版社)按照時間順序,敍述了秦漢至明清的敦煌歷史,并介紹了近代帝國主義強盜對敦煌寶藏的劫掠和破壞,以及新中國成立後敦煌莫高窟的新生。徐時儀《敦煌藏經洞封閉年代獻疑》(《喀什師範學院學報》2 期)依據敦煌藏經洞中文獻記載的語言"歹"字的使用來考訂敦煌藏經洞的封閉年代,具有新的啓發意義。徐時儀《大漠绿洲敦煌》(《中國典籍與文化》2 期)描述了敦煌的歷史地理和迷人風光,并記述了莫高窟的多彩多姿,是謂中華民族的驕傲。

對敦煌學體系結構的思考與探討,李正宇《敦煌學體系結構》(《敦煌學輯刊》2 期)製定了詳實明確的敦煌學體系結構表,認爲敦煌學涉及的學術面十分廣泛,博大精深,敦煌學體系結構未來的發展,是敦煌學自身規律所決定的,而不是人的主觀意識所可限定的。胡同慶、羅華慶《試論敦煌學系統工程》(《社科縱橫》3 期)集中論述了敦煌學何以成爲一項系統工程的問題,包括對敦煌學系統工程圖的解析、敦煌學系統工程學三要素及其關係等相關方面。

對國内外公私遺書整理方面,施萍亭《日本公私收藏敦煌遺書敍録(一)——三井文庫所藏敦煌遺書》(《敦煌研究》2 期)通過實地考察和整理,對日本三井文庫珍藏的敦煌遺書進行了詳細地分類和編目。李并成《西北師範大學敦煌學研究所藏敦煌經卷錄》(《敦煌研究》1 期)對西北師範大學於 1986 年從民間購得的兩卷敦煌寫經《大乘無量壽經》的寫卷狀況進行了介紹。Jensstergard Petersen 著,台建群譯《哥本哈根皇家圖書館所藏敦煌遺書目錄》(《敦煌研究》1 期)對哥本哈根皇家圖書館所藏敦煌遺書,包括一份道教寫經和十三份佛教寫經進行編目。

趙豐《打開絲綢歷史的寶庫(之八)——敦煌探寶錄》(《絲綢》10 期)介紹了敦煌的再發現及其中的絲繡精品,通過對敦煌的實地考察,介紹目前對敦煌古代絲綢的初步研究情況。施安昌《敦煌石室發現的四種碑刻古拓——兼談中國書籍制度的變遷》(《故宮博物院院刊》3 期)對敦煌石室發現的四種碑刻拓本:《化度寺邕禪師舍利塔銘》(P. 4510)、《温泉銘》(P. 4508)、《金剛般若波羅蜜經》(P. 4503)、《佛說大悲陀羅尼經》(P. 4620)的銘文、紙墨狀況、裝潢等作了詳細的介紹,對前人所作研究進行了補充,并談及中國書籍制度的變遷。蕭新祺《敦煌遺珍知見錄》(《敦煌研究》1 期)報導了數十件散藏敦煌遺書的綫索和日本古寫本的信息,希望有關單位和個人能訪其下落、介紹收購、幫助收藏者發表刊佈,爲學界提供新的研究資料。鄭阿財《學日益齋敦煌學劄記》(《周一良先生八十生日紀念論文集》)對英國倫敦藏卷中的另一《真言要訣》殘卷、日本《大谷文書集成》中的《太公家教》殘卷進行了校錄和簡要解析。

敦煌遺書整理修復與寫本斷代方面,杜偉生《談敦煌遺書修復》(《北京圖書館館刊》Z2 期)介紹了北京圖書館修復敦煌遺書中幾種常見的修復方式,并評價了了不同修復方式的利弊得失。顧吉辰《唐代敦煌文獻寫本書手考述》(《敦煌學輯刊》1 期)在充分吸收前人研究成果的基礎上,就唐代官私寫本、組織機構、書寫成分、寫經情況以及敦煌寫經的特點等問題進行集中探討。戴仁《敦煌和吐魯番寫本的斷代研究》、《敦煌的經折裝寫本》、《敦煌寫本紙張的顏色》(《法國學者敦煌學論文選萃》)論及敦煌吐魯番寫本的斷代、經折裝寫本的相關問題、敦煌寫本紙張顏色等重要問題。蘇遠鳴《敦煌漢文寫本的斷代》(《法國學者敦煌學論文選萃》)論及敦煌漢文寫本的斷代問題。梅弘理《敦煌的宗教活動和斷代寫本》(《法國學者敦煌學論文選萃》)主要論述了反映僧衆生活的敦煌宗教活動的斷代寫本。熱拉-貝扎爾、莫尼克·瑪雅爾《敦煌幡幢的原形與裝潢》、《敦煌和西域的古代繪畫考》(《法國學者敦煌學論文選萃》)對敦煌幡幢的原形與裝潢、敦煌和西域的古代繪畫進行了相關考述。

敦煌遺書的檔案價值方面,李正宇《敦煌遺書中的檔案資料及其價值意義》(《社科縱橫》4 期) 指出敦煌遺書中的檔案資料是認識古代敦煌社會的第一手資料, 其不少内容爲正史所不録, 可補正史之佚缺, 既是我國檔案學專業研究的寶貴資料, 又可爲多種學科之研究提供助益。郭祥《羅振玉與我國古代檔案史料的三次大發現》(《貴州檔案》4 期) 對我國著名學者羅振玉先生在甲骨卜辭、敦煌經卷和明清大内檔案的發現、保存乃至研究過程中的功勞以及重要學術貢獻給予了高度評價。

歷史名人與敦煌方面, 伯希和著, 耿昇、唐健賓譯《伯希和敦煌石窟筆記》(甘肅人民出版社) 詳細介紹了沙州千佛洞第 1—182 號洞窟的石窟規模、碑文、壁畫、題記及年代等情况。黄少明《大不列顛博物館和中國讀者 (二)》(《圖書館建設》1 期) 介紹了胡適於 1926 年參訪英國不列顛博物館查閱敦煌經卷的故事。黄少明《大不列顛博物館和中國讀者 (四) ——鄭振鐸和不列顛博物館》(《圖書館建設》4 期) 介紹了 1927 年鄭振鐸和英國不列顛博物館之間的故事。李正宇《陳立夫先生與敦煌莫高窟的 "緣分"》(《絲綢之路》5 期) 介紹了 1992 年 9 月 18 日在臺北市展出 "中國敦煌古代藝術及科技博覽會" 的期間, 陳立夫先生參觀博覽會并敍述了其與莫高窟所結的半個世紀緣分。王冀青《奧萊爾·斯坦因的第四次中央亞細亞考察》(《敦煌學輯刊》1 期) 介紹了斯坦因第四次中亞考察的歷史背景、籌劃過程、與中國方面的交涉等; 中國各界抗議斯坦因中央亞細亞考察的活動; 抗議斯坦因考察運動的高漲與英美外交努力的失敗; 斯坦因第四次中亞考察的行程和所獲文物的處理等方面。

敦煌學人方面, 張涌泉《郭在貽教授治學之道》(《文獻》2 期) 簡述了郭在貽教授的一生, 高度評價了郭教授在訓詁學、楚辭學、敦煌學諸領域所取得的卓越成就。章昱《李正宇研究員與敦煌學研究》(《社科縱橫》5 期) 介紹了李正宇先生從事敦煌學研究所取得的成果以及治學上的獨到之處。仙曦《顏廷亮研究員與近代文學及敦煌文學研究》(《社科縱橫》5 期) 介紹了顏廷亮先生的學術研究涉及近代文學、敦煌文學、甘肅古代文學以及文學理論等多個領域, 并指出顏先生在上述方面取得的研究成果在國内外學術界産生的重要影響。

二、歷 史 地 理

王仲犖《敦煌石室地志殘卷考釋》(上海古籍出版社) 收録作者 17 篇有關敦煌地志殘卷的考釋文章, 本書是研究唐代地理歷史遺迹社會經濟的重要著作。陳守忠《河隴史地考述》(蘭州大學出版社) 分爲上、中、下三編: 上編是河隴歷史專論, 收入 8 篇論文; 中編爲河隴歷史地理考察, 同樣收録 8 篇論文; 下編爲河隴地方誌考略, 收入 5 篇論文, 是一部有質量的河隴歷史地理專著。

前田正名著,陳俊謀譯《河西曆史地理學研究》(中國藏學出版社)共分七章,作者主要按照年代先後,以當時的河西諸民族的活動爲綫索,特別是以吐蕃與唐朝和其他民族的關係爲中心,論述了7—11世紀河西的歷史地理情況及人文景觀。李正宇《敦煌呂鍾氏録本〈壽昌縣地境〉》(《敦煌研究》4期)通過對敦煌呂鍾氏録本《壽昌縣地境》的嚴密考證,認爲"地境"是從傅玄二舞中抽繹衍化出來的,《壽昌縣地境》應是編纂於後晉天福六年,即940—945年6月之間。李并成對漢代敦煌郡、張掖郡的行政區劃作了集中論述,主要有以下兩篇文章:其一爲《漢敦煌郡的鄉、里、南境塞墻和烽燧系統考》(《敦煌研究》2期),作者結合實地考察狀況,對漢代敦煌郡的鄉、里、南境的塞墻以及河谷通道沿綫的烽燧系統進行探討;其二爲《漢張掖郡昭武、驪靬二縣城址考》(《絲綢之路》1期),作者在前人研究的基礎上,經多次實地考察,對漢張掖郡昭武、驪靬二縣城址進行了詳細地考證,認爲昭武村故城係漢代張掖郡昭武縣城,而永昌南故城當爲驪靬縣城。郭正忠《西夏地區古鹽産資源考辨——兼論若干寧甘古鹽池的位置》(《寧夏社會科學》6期)依據所見史料,將羌夏鹽産按東、西和中南三個方位進行考察。

李正宇《〈沙州都督府圖經卷第三〉劄記》(《西北師範大學學報》2期)對敦煌遺書P.2005號《沙州都督府圖經》的"恭德殿"、"土河"、"敦煌塞城"作了詳實的考訂。李并成《〈魏書·食貨志〉"河西"地望考辨》(《西北師範大學學報》4期)以大量史料,從當時的歷史背景、牲畜徙牧轉場的路綫、綠洲的環境容量、當地畜牧業發展情形等,考出"河西"非指河西走廊,而是今鄂爾多斯高原及其周圍一帶。李并成《豬野澤及其歷史變遷考》(《地理學報》1期)運用衛星圖像解譯、水量均衡匡算、沉澱物分析和歷史文獻考證相結合的方法,探討了古豬野澤的範圍及其歷史變遷。李并成《河州古道》(《絲綢之路》2期)就地處古絲綢之路東段南道,又爲中原地區通往青藏高原的要口——臨夏即古河州進行了史地考察。余太山《東漢與西域關係述考》(《西北民族研究》2期)利用《後漢書》的記載詳細論述了東漢明帝以後重開西域經營的歷史。王尚達《唐朝前期西北交通之經營》(《敦煌學輯刊》2期)指出唐朝統一西北邊疆之後,在西域廣大地區設置州府,保證了西域政治穩定和社會安寧,同時通過開拓道路,遍設驛館、馬坊、車坊,嚴格執行過所制度等措施,對西北交通進行了直接、全面而有效的管理。

鄭炳林對前涼行政地理區劃進行了探討,包括《前涼行政地理區劃初探(涼州)》(《敦煌學輯刊》1期)、《前涼行政地理區劃初探(河州沙州)》(《敦煌學輯刊》2期)兩文,作者以《晉書·地理志》所載涼、河、沙三州統郡爲綫索,根據《十六國春秋輯補》、《魏書》、《隋書》、《元和郡縣圖志》等文獻,對前涼各州統郡及郡所轄縣分別進行了細緻考察。王雷生《瓜州新考》(《敦煌學輯刊》2 期)通過對姜、允二戎的起源及早期活動地望的探索，找出春秋初河華地區二戎活動的史實，并探明"瓜州"一名的來源。羊毅勇《唐代伊州考》(《西北民族研究》1 期)對伊吾(伊州)的歷史沿革作了簡要介紹，指出伊州自630 年建置起，雖然在政治、經濟諸方面受唐朝政府的影響和牽制，但還是一個較爲完整的政治結構和體系。

對歸義軍政權的考察，本年度以榮新江的研究成果最爲突出，其《關於曹氏歸義軍首任節度使的幾個問題》(《敦煌研究》2 期)從曹仁裕(良才)事迹證曹仁貴即曹議金、曹議金的通使後梁與 98 窟的興建、從 98 窟供養人像看曹氏歸義軍的政權基礎三個方面論證了曹氏歸義軍首任節度使的重要事項，并認爲曹議金是應給予較高評價的人物。其《甘州回鶻與曹氏歸義軍》(《西北民族研究》2 期)在全面收集有關甘州回鶻的敦煌資料的基礎上，按照經過考證的寫本年代，從總體上探討了甘州回鶻與曹氏歸義軍之間的關係。另外，《唐五代歸義軍武職軍將考》(《中國唐史學會論文集》)一文針對 S. 1153《諸雜人名一本》所記歸義軍所屬支州駐軍的軍將，對包括都指揮使、都押衙、都知兵馬使、校練使、押衙、遊弈使、將頭等進行了詳細考證。其《敦煌寫本〈敕河西節度兵部尚書張公德政之碑〉校考》(《周一良先生八十生日紀念論文集》)則就敦煌寫本所謂《張淮深碑》現存的六件殘片加以校錄，并參照其他敦煌文書，考證該碑的原名、立碑年代以及作者等不明之點。

歸義軍政權的相關政治問題方面，晒麟撰有多篇論文，其《張謙逸在吐蕃時期的任職》(《敦煌學輯刊》1 期)從張議潮家族在吐蕃統治時期的任職出發，指出張氏家族在吐蕃時期擔任高級軍政官員，大中二年的逐蕃事件祇是軍事政變，不應提高到民族大起義的程度去認識。《張淮深之死疑案的研究》(《敦煌學輯刊》2 期)一文認爲索勛并非殺害張淮深的兇手，而張淮鼎及張淮深之子延思、延嗣與張淮深被殺事件有牽連。《曹仁貴即曹議金》(《敦煌學輯刊》2 期)一文梳理了學界對於曹仁貴與曹議金的關係的不同觀點，較爲明確地指出曹仁貴即曹議金。《金山國名稱來源》(《敦煌學輯刊》1 期)一文指出《白雀歌》是張承奉稱王建國的祥瑞歌，歌中主要歌頌了金鞍山的神聖，金山國一名由金鞍山而來。《金山國建國時間問題討論》(《敦煌學輯刊》2 期)一文通過研究認爲金山是指金山王張承奉，張承奉稱金山王是在 900 年以前。《南朝小考》(《敦煌學輯刊》1 期)一文指出南朝、南國同蕃國、大蕃、南蕃一樣，都指吐蕃王朝，是吐蕃統治時期敦煌人對吐蕃王朝的通稱。《〈敕河西節度兵部尚書張公德政之碑〉復原與撰寫》(《敦煌學輯刊》2 期)一文指出《敕河西節度兵部尚書張公德政之碑》碑抄的拼接復原與撰寫人的考訂，有助於對

碑文所載歷史事件的研究。陳民《金山國建立年月》(《敦煌研究》4 期)一文
利用已知全部金山國時期的文書,由金山國不使用年號,衹用干支紀年,認爲
金山國建於 905、906、908 年等説均不符合史實。

經濟方面,朱雷《敦煌所出〈索鐵子牒〉中所見歸義軍曹氏時期的"觀子
户"》(《武漢大學學報》6 期)對敦煌曹元忠時期所出的《索鐵子牒》進行研
究,指出由"寺户"到"觀子户"的演變反映了一種身份制的變遷。趙豐《唐代
西域的練價與貨幣兑換比率》(《歷史研究》6 期)對新疆吐魯番和敦煌所出的
兩份物價表進行研究,對其中所載絲綢産品中的大小練的價格與貨幣兑換比
率進行了詳細探討。王素對吐魯番出土張氏高昌時期的三件文物、高昌取銀
錢等相關問題進行詳細探討,撰有論文數篇,其中《吐魯番出土張氏高昌時期
文物三題》(《文物》5 期)通過對三件張氏高昌時期的吐魯番文書進行鑒定和
探討,以期對高昌歷史有較完整的了解;《〈吐魯番所出高昌取銀錢作孤易券
試釋〉補説》(《文物》8 期)記述了新疆維吾爾自治區博物館吳震先生對作者
著作《吐魯番所出高昌取銀錢作孤易券試釋》中"孤易"及文中暫未討論的詞
句提出了新解,同時對吳先生的觀點進行整理公佈。謝和耐《敦煌賣契與專
賣制度》(《法國學者敦煌學論文選萃》)依據敦煌寫本來研究中國西部敦煌
地區 9—10 世紀的賣契和專賣制度。

三、社　　會

本年度對敦煌寫本所反映的社會生活的相關研究成果,包括婚姻家庭、
驅儺和祈賽等社會風俗、衣食住行、社邑文書、吉凶書儀、碑銘讚、曆法曆日、
體育等多個方面。

有關敦煌地區婚姻和家庭方面,譚蟬雪《敦煌婚姻文化》(甘肅人民出版
社)一書是對敦煌遺書和壁畫中有關婚嫁、生育等文獻的整理和研究,比較真
實地反映了唐宋時期沙州地區的婚姻習俗。全書分三部分:第一部分以壁畫
的具體形象再現當年的婚嫁風貌;第二部分是有關婚姻文化的文字資料的匯
録和校注;第三部分是作者對原始資料的全面研究和論述,爲中國婚姻史乃
至文化史的研究提供了珍貴而可信的材料。熊鐵基《以敦煌資料證傳統家
庭》(《敦煌研究》3 期)一文通過考察敦煌文獻中所反映的家庭狀況,認爲敦
煌家庭雖有一定的特殊之處,但基本上與中國古代傳統家庭的特點是一致
的。王素《吐魯番出土〈某氏族譜〉新探》(《敦煌研究》1 期)對《吐魯番出土
文書》中所載的兩件族譜進行了新的探析,考證了譜主的郡望及姓氏、譜主的
生活時代,認爲此譜的年代較《某氏殘族譜》更早,價值更大。

對敦煌社會風俗的考釋方面,高國藩《敦煌巫術與巫術流變:中國民俗探

微》(河海大學出版社)運用民俗文化學的方法,以敦煌巫術爲軸心,探討各類巫術的起源及其流變。李正宇《敦煌儺散論》(《敦煌研究》2 期)通過對敦煌儺與同時期其他地區驅儺活動的同異比較,認爲敦煌儺與中原古老的驅儺傳統同出一源,同時具有敦煌地區的地方特點。譚蟬雪《敦煌祈賽風俗》(《敦煌研究》3 期)結合祈賽對象、祈賽内容及祈賽儀式,分析敦煌祈賽風俗是傳統習俗、自然崇拜及宗教信仰的綜合反映,是漢族文化和各民族文化、中國本土文化和外來文化交融的結果,其經濟基礎是小農經濟和畜牧業,其思想基礎是"萬物有靈論"。謝和耐《敦煌寫本中的租駱駝旅行契》(《法國學者敦煌學論文選萃》)指出敦煌寫本中存在一些爲長途旅行而租駱駝的契約文書。艾麗白《敦煌寫本中的"兒郎偉"》、《敦煌寫本中的"大儺"儀禮》(《法國學者敦煌學論文選萃》)兩文分別對敦煌寫本中的"兒郎偉"、民間歲末"大儺"儀禮及其所反映的民俗活動進行了集中考述。侯錦郎《敦煌寫本中的"印沙佛"儀軌》(《法國學者敦煌學論文選萃》)論及敦煌寫本反映的民間社組織的"印沙佛"儀軌。茅甘《敦煌寫本中的"五姓堪輿"法》、《敦煌寫本中的"九宮圖"》(《法國學者敦煌學論文選萃》)分別對敦煌寫本中反映的姓氏的分類和五姓的用途、五姓堪輿法等問題進行探討;《九宮圖》一文分析了九宮圖的圖像及其意義,證明了堪輿中禁忌九宮的意義。戴仁《敦煌寫本中的解夢書》、侯錦郎《敦煌寫本中的唐代相書》、茅甘《敦煌寫本中的烏鳴占凶吉書》(《法國學者敦煌學論文選萃》)分別對敦煌寫本中的解夢書、唐代相書、烏鳴占凶吉書等問題作了相關考述。

法律文書方面,齊陳駿《敦煌、吐魯番文書中有關法律文化資料簡介》(《敦煌學輯刊》1 期)介紹了敦煌、吐魯番出土的一些有關法律的文書和與法律緊密相關的政治、經濟及審判案件的資料。胡留元《從幾件敦煌法制文書看唐代的法律形式——格》(《法律科學》5 期)就唐代法律形式研究中爭議最大的格,依據能見到的幾件文書原件,對其立法程序、立法技術以及格的體例、編纂形式、法律效力等問題展開論述,以冀有助於敦煌文獻研究工作的進一步開展。

衣食住行方面,黃正建《敦煌文書與唐代軍隊衣裝》(《敦煌學輯刊》1 期)通過研究敦煌文書所載唐代軍隊衣裝的實際情況,認爲研究唐代軍人衣裝的具體用料尺寸,對於研究唐政府發給其他人口的衣裝,如官員的時服、奴婢的衣物等都有參考價值。荒川正晴著,王忻譯,李明偉校《唐政府對西域布帛的運送及客商的活動》(《敦煌學輯刊》2 期)就唐政府對西域軍需物資的布帛供給問題展開討論,力圖探明該運輸體系的變遷與在當地活動的客商之間的關係。

郝春文對敦煌寫本社邑文書的年代考釋成績顯著，《敦煌寫本社邑文書年代匯考(一)》(《首都師範大學學報》4 期)、《敦煌寫本社邑文書年代匯考(二)》(《首都師範大學學報》5 期)、《敦煌寫本社邑文書年代匯考(三)》(《社科縱橫》5 期)等爲本年度的主要研究成果，作者在從事整理敦煌寫本社邑文書過程中，對其中一百多件社會文書的年代進行了考證，并對一些前人推測、確定的年代提供或補充了證據。

本年度趙和平對敦煌本吉凶書儀的研究取得新的進展，主要包括以下兩篇文章，其一爲《晚唐五代時的三種吉凶書儀寫卷研究》(《文獻》1 期)，作者就敦煌遺書所存晚唐三種吉凶書儀，即張敖撰《新集吉凶書儀》、張敖撰《新集諸家九族尊卑書儀》、五代佚名撰《新集書儀》等三種進行了初步研究，揭示了中原文化對瓜、沙地區的主導型影響。其二爲《晚唐時河北地區的一種吉凶書儀——P.4050 與 S.5613 敦煌寫本綜合研究》(《周一良先生八十生日紀念論文集》)，作者將 P.4050 與 S.5613 兩件敦煌寫本相綴接，并對其産生年代、撰寫者等問題進行綜合研究，指出此爲晚唐時河北地區的一種吉凶書儀，是中原文化給予瓜、沙地區歸義軍轄區深刻影響的例證。

鄭炳林對敦煌碑銘讚文書進行了集中探討，《敦煌碑銘讚部分文書拼接復原》(《敦煌研究》1 期)一文經過反覆對照、考證，對部分敦煌碑銘讚文書進行綴接，使殘缺的部分碑銘讚的原貌得到部分復原，解決了這些碑銘讚的定名等問題，提高了這些碑銘讚的價值；《〈索崇和尚修功德記〉考釋》(《敦煌研究》2 期)對索崇恩和尚修建某莫高窟洞窟的功德記抄本進行研究，認爲此功德記的發現對於研究敦煌索氏家族及其索氏在吐蕃統治敦煌時期的情況具有重要意義；《敦煌碑銘讚抄本概述》(《蘭州大學學報》4 期)對敦煌碑銘讚文書的相互關係、碑文與莫高窟營建、邈真讚的有關問題及碑銘讚與敦煌的歷史作了一系列論述和探討。鄭炳林還有《讀敦煌文書 P.3859〈後唐清泰三年六月沙州儭司教授福集等狀〉劄記》(《西北史地》4 期)對敦煌文書 P.3859《後唐清泰三年六月沙州儭司教授福集等狀》所反映的若干問題進行了探討。

曆法、曆日方面，鄧文寬《關於曆日研究的幾點意見》(《敦煌研究》1 期)對劉操南先生發表的《敦煌問世曆日辨析——冥志室劄記之一》、《北魏太平真君十一年十二年殘曆讀記》兩篇文章的相關觀點提出商榷。鄧文寬《敦煌吐魯番曆日略論》(《傳統文化與現代化》3 期)敍述了敦煌吐魯番所出曆日的來源、編撰原因等方面，同時談及敦煌吐魯番曆日研究的三個不同階段，認爲敦煌吐魯番曆日展示了使用曆本的真面目，可補正史之缺。

體育方面，主要表現爲對馬球運動的研究。梁全録、張伯昌《唐代敦煌馬球——和亞森哈斯木商榷》(《體育文史》2 期)依據敦煌文獻、文物史料,就亞森哈斯木的《維吾爾馬球史探源》一文中的"新疆是馬球的故鄉、維吾爾人是馬球的創始人"一説提出異議。暨遠志《論唐代打馬球——張議潮出行圖研究之三》(《敦煌研究》3 期)在前人研究的基礎上,對出行圖中的服飾和唐代打馬球運動作了進一步的探討。

其他方面,鄧文寬《敦煌文獻〈河西都僧統悟真處分常住榜〉管窺》(《周一良先生八十生日紀念論文集》)對敦煌文書《河西都僧統悟真處分常住榜》進行録校,并對原文書作成年代進行推測,同時對文書的整體性、文書的定名、原榜文的格式和鈐印等問題進行了梳理和解析。賀世哲《莫高窟第 192 窟〈發願功德讚文〉重録及有關問題》(《敦煌研究》2 期)對莫高窟第 192 窟《發願功德讚文》進行重新校訂,并對其撰寫年代以及作者的活動事迹進行考證。劉昭瑞《關於吐魯番出土隨葬衣物疏的幾個問題》(《敦煌研究》3 期)利用内地近幾十年來出土的材料,并結合文獻,對高昌時期衣物疏所反映的若干現象進行了探討。汪貴海《從漢簡看漢人逃亡匈奴之現象》(《史學月刊》6期)對比《漢書·匈奴傳》所載,對居延、敦煌漢簡記録的漢人逃亡匈奴的現象進行了考察和分析。

四、宗　教

寺院經濟方面,郝春文《唐後期五代宋初敦煌寺院中的博士》(《中國經濟史研究》2 期)通過細緻的考察發現,唐後期五代宋初敦煌寺院中的博士不是雇匠的俗稱,它包括雇匠和爲寺院執役的工匠兩種。前者是獨立的手工業者,其身份爲自由人,後者是依附於寺院的手工業者,其身份先是寺户,後是常住百姓。二者雖都名爲博士,都具有某種技藝,但身份不同,不可混爲一談。侯錦郎《敦煌龍興寺的器物歷》(《法國學者敦煌學論文選萃》)研究的重點限制在趙石老卿於龍興寺編製并寫於 P. 3432 號寫本背面的法器器物歷。

郭麗英《敦煌本〈東都發願文考略〉》(《法國學者敦煌學論文選萃》)對 P. 2189 號《東都發願文》所反映的梁武帝的佛教思想和活動進行考略。石奈德《敦煌本〈普化大師五臺山巡禮記〉初探》(《法國學者敦煌學論文選萃》)對 P. 3931 號《普化大師五臺山巡禮記》進行詳細考述。梅弘理《敦煌本佛教教理答書》(《法國學者敦煌學論文選萃》)利用 P. 3357 闡述了佛教教理書的相關問題。蘇遠鳴有相關論文多篇,其中《敦煌石窟中的瑞像圖》(《法國學者敦煌學論文選萃》)對敦煌莫高窟第 231 窟中的佛教瑞像圖及其題識進行了詳細録釋和考證;《敦煌佛教肖像劄記》(《法國學者敦煌學論文選萃》)對大英博物館、吉美博物館、巴黎國立圖書館所藏的肖像進行考釋;《敦煌寫本中的地藏十齋日》(《法國學者敦煌學論文選萃》)考察了敦煌寫本中的"十齋日"曆書,并將其與其他時代與來源均不同的文獻進行比較研究。魏普賢《敦煌寫本和石窟中的劉薩訶傳說》、《劉薩訶和莫高窟》(《法國學者敦煌學論文選萃》)兩文對敦煌寫本和石窟中的劉薩訶傳說及其與莫高窟的關係進行分別考證,認爲劉薩訶雖然晚於樂僔和法良,但確是莫高窟歷史上具有重要影響的人物。

佛教造像方面,賀世哲《關於十六國北朝時期的三世佛與三佛造像諸問題(二)》(《敦煌研究》1 期)對三世佛與三佛造像盛行的原因和變化給予充分探討,認爲三世信仰、北魏太武帝滅佛、禪觀等因素都促進了三世佛與三佛造像的發展,并對安陽石窟群三佛造像的變化給予探討。羅華慶《敦煌地藏圖像和"地藏十王廳"研究》(《敦煌研究》2 期)根據敦煌壁畫、絹畫資料所刊佈的地藏菩薩圖像和"地藏十王廳"變相資料,對其作了全面系統的考察和研究。趙聲良《莫高窟第 61 窟五臺山圖研究》(《敦煌研究》4 期)指出莫高窟第 61 窟是敦煌石窟中爲數不多的幾個大型洞窟之一,是五代時期歸義軍節度使曹元忠所開,建成年代在 947—951 年之間。張乃翥《龍門碑刻題識所見中古寺院史料輯繹》(《敦煌學輯刊》1 期)經過歷年調查統計指出,在龍門石窟造像群中的碑刻題識中直接涉及中古時期佛教寺院佚沉者凡五十三品,爲我們研究有關宗教史事保留了一項彌足珍貴的文物資料。

姜伯勤《敦煌毗尼藏主考》(《敦煌研究》3 期)初步探討了"毗尼藏主"稱號在敦煌出現的意義,并由此探尋律宗講疏之學在敦煌的流傳。魯多娃 M·A 著,張惠明譯《觀音菩薩在敦煌》(《敦煌研究》1 期)指出觀世音崇拜在公元 9—10 世紀十分普遍,以其不僅對於苦難的眾生有拯救的力量,而且可以保護禮佛信徒來世的幸福,其作用已超過了阿彌陀佛;同時地藏菩薩也證明了宗教的觀念已經發生了深刻的變化。劉松柏《庫車古代佛教的觀世音菩薩》(《敦煌研究》3 期)一文對庫木吐喇石窟繪塑遺迹中的一頭二臂的聖觀世音菩薩、三頭八臂的觀世音菩薩、馬頭觀世音菩薩、千手千眼觀世音菩薩的繪塑形態的遺存品進行考析與討論。

佛經方面,本年度對《壇經》的相關研究較爲多見。楊曾文校寫《敦煌新本六組壇經》(上海古籍出版社)分作三個部分:一是對敦煌新本《壇經》的校勘;二是附錄發現於日本大乘寺的宋代惠昕本《壇經》及多種有關慧能與《壇經》的重要文獻資料;三是論述《壇經》及其思想的長篇論文。黃德遠《"〈壇經〉考"質疑——讀胡適壇經考之一》(《中國人民大學學報》2 期)指出胡適在禪宗史研究中的一個錯誤結論,并認爲《曹溪大師別傳》是多篇文章的彙編,編者已不可考,時間則明顯晚於 781 年,契嵩依《曹溪大師別傳》而大肆篡改

《壇經》其實是一場誤會。魏德東、黃德遠《法衣與〈壇經〉——從傳宗形式的演變看禪宗的中國化歷程》(《雲南民族學院學報》3 期)認爲法衣傳宗繼承了印度佛教的傳統,滿足了一代一人的傳宗要求;《壇經》傳宗則是禪宗獨創的中國佛教傳宗方式,適應了分頭并弘的歷史需要。施萍亭《斯 2926〈佛説校量數珠功德經〉寫卷研究》(《敦煌研究》4 期)通過考證認爲斯 2926《佛説校量數珠功德經》并非延和元年原件,并指出敦煌寫經中的"年代題記"情況比較複雜,題記所表示的年代不一定是絶對可靠的書寫年代。王惠民《敦煌〈密嚴經變〉考釋》(《敦煌研究》2 期)對敦煌莫高窟中所存《密嚴經變》的榜題和經文内容進行詳細分析和對比,并通過對英、法、北京圖書館、臺灣等處收藏的50 多件《密嚴經》寫本作核對,發現他們均屬於地婆訶羅譯,没有不空譯本。都興宙《敦煌寫本〈悉達太子修道因緣〉校勘拾零》(《青海師範大學學報》1 期)以《敦煌文學作品選》本《悉達太子修道因緣》爲對象,對其中一些有關校勘方面的問題提出了自己的見解。對敦煌本《歷代法寶記》的相關研究,主要有杜斗城的兩篇文章,其一爲《敦煌本〈歷代法寶記〉與蜀地禪宗》(《敦煌學輯刊》1 期),作者通過對《歷代法寶記》有關内容的考述,就蜀地禪宗的傳承及其有關問題提出一些看法;其二爲《敦煌本〈歷代法寶記〉的傳衣説及其價值》(《社科縱横》5 期),作者從敦煌寫本《歷代法寶記》的傳衣説入手,探討《法寶記》的史料價值。

道教方面,張澤洪《敦煌文書中的唐代道經》(《敦煌學輯刊》2 期)指出敦煌藏經洞發現的古道經寫本,爲研究唐代《道藏》的編纂與道經的傳寫,提供了極有價值的資料。尚林《敦煌道教文書概觀》(《中國道教》4 期)專門系統地介紹了國内各地方圖書館、博物館、大學、研究機構收藏的敦煌道教文獻狀況,并闡述了敦煌道教文書的内容與價值。

其他宗教方面,朱謙之所著《中國景教——中國古代基督教研究》(東方出版社)一書,作者力圖跳出宗教的範疇對中國古代基督教進行重新研究,文中對景教傳入中國及其在中國的傳播進行了詳細論述。姜伯勤《論高昌胡天與敦煌祆寺——兼論其與王朝祭禮的關係》(《世界宗教研究》1 期)重點考察了高昌文書所見"薩薄"及其對麴氏地方政權祭禮的參與,敦煌祆寺與神主系列、敦煌大儺禮及賽祆等問題,并認識到以禮爲中心的思想文化與意識形態,作爲中華文化的一個組成部分,對外來文化有一種強大的統合力。安吉拉·霍華德著,張艷梅譯《星象崇拜——中國密教的一些文字證明材料》(《敦煌研究》3 期)對《火羅圖》的星宿神靈的肖像圖和説明文字進行了解釋和考證,認爲其釋文真實地反映了中國傳統思想與新輸入的外國星占學思想相結合的過程,而且包含在密教的統一背景中。

五、語言文字

本年度有關語言文字方面的著作,當推《郭在貽敦煌學論集》(江西人民出版社),其中收錄郭在貽十幾篇論文,包括《唐代白話詩釋詞》、《王梵志詩校釋拾補》、《敦煌寫本王梵志詩彙校》、《唐代變文釋詞》、《唐代俗語詞雜釋》等。

張涌泉在語詞辨析和校釋方面所取得的新成果主要有:《語詞辨析七則》(《古漢語研究》1 期)對"回乾就濕"、"合作"、"環"、"去"、"投"、"禎"等詞語的釋義進行了詳盡的辨析;《"仸""卅卅""冊冊"辨析》(《敦煌研究》2 期)對1992 年第 3 期載杜愛英《敦煌遺書中俗體字的諸種類型》一文的"仸"、"卅卅"、"冊冊"分別作爲"佛"和"菩薩"的俗體字存在不同意見,并進行了商榷和辨析。

對敦煌本《字寶》、《時要字樣》及其他敦煌古字書的考略也取得新的進展,如張金泉《論敦煌本〈字寶〉》(《敦煌研究》2 期)對五種敦煌寫卷《字寶》的本來面貌進行還原和整理,并對《字寶》的成書年代、書例、價值進行探討。張金泉、曹方人《敦煌古字書考略》(《辭書研究》3 期)介紹了敦煌古字書五個方面的學術價值,認爲積極開展敦煌古字書的整理研究是敦煌學乃至漢語史和詞書史研究的一項急務。張金泉《論〈時要字樣〉》(《浙江社會科學》4 期)通過整理和研究《時要字樣》,來總結唐代字樣書所體現唐代文字學研究面向社會實際的宗旨及其取得的經驗。

語音、方言、俗音等方面,周祖謨《敦煌變文與唐代語音》(《周祖謨學術論著自選集》)根據敦煌變文中有韻的部分探討唐代語言用韻的類別,對於研究唐以後北方方言語音發展的歷史多有裨益。黃征《敦煌俗音考辨》(《浙江社會科學》4 期)考辨了敦煌寫本中的俗音字例,指出應將俗音字一一輯出并加以考證,對音樂學的研究和古籍校勘都具有重要的參考價值。張盛裕《河西走廊的漢語方言》(《方言》4 期)就河西走廊十八個縣市的漢語方言進行了研究,認爲敦煌古入聲清音字母和次濁音字母今大部分讀陽平,全濁聲母字今讀陽平,屬於中原官話,敦煌以外十七個縣市古入聲清音字母和次濁聲母字今大部分讀去聲,全濁聲母字今讀陽平,都屬於蘭銀官話。錢學烈《從王梵志詩和寒山詩看助詞"了"、"著"、"得"的虛化》(《深圳大學學報》2 期)通過對王梵志詩、寒山詩及部分唐詩的研究,具體分析了 3 個助詞"了"、"著"、"得"的各自的演變階段和年代,并試圖描述其軌迹,發現其規律,以糾正前人之説的訛誤。

黃征《敦煌寫本整理應遵循的原則》(《敦煌研究》2 期)提出敦煌文書的

整理需要遵循的幾點原則：尊重原卷、不掠人之美、尋求確證、精通寫本文字符號系統等。葉愛國《敦煌遺書與訓詁學》(《敦煌研究》2 期)通過對敦煌遺書中用字字例的分析以求解決訓詁上的一些問題。蔣冀騁《敦煌釋詞》(《湖南師範大學學報》4 期)就敦煌文書中的字詞進行集録和釋讀，具有諸多新的發明。熊慶年《〈敦煌資料〉詞語拾零》(《江西教育學院學報》2 期)對《敦煌資料》中的"知當、之當""認識、論治""構卷、構閃""準法、準格"等詞作了新的釋義。劉瑞明《王梵志詩釋詞》(《固原師專學報》2 期)就王梵志詩歌詞語，或新求詞義，或析辨詞義的理據，或對已有釋義另作磋商。

　　項楚《敦煌變文選注》出版後，相關的指誤與商兑文章時有出現，如董希謙、馬國強《〈敦煌變文選注〉人地名指誤》(《古漢語研究》2 期)對《敦煌變文選注》所出現的人名、地名的錯誤之處進行了舉例指正。黃靈庚《〈敦煌變文選注〉校釋商兑》(《浙江師範大學學報》3 期)對《敦煌變文選注》在文字校釋方面的漏失之處提出商兑。除此之外，樊維綱《〈敦煌變文字義通釋〉商補》(《杭州大學學報》3 期)對蔣禮雲先生所著《敦煌變文字義通釋》一書中的詞語疏誤之處進行商補。

六、文　　學

　　顏廷亮主編《敦煌文學概論》(甘肅人民出版社)是自有敦煌文學研究以來，國内外第一部概論性的敦煌文學研究專著，集中地體現出我國敦煌文學研究在宏觀方面所達到的高度，標誌着我國以及國外敦煌文學研究的最新最高水平。

　　對敦煌本詩集的相關研究，主要集中在《雲謡集》、《王梵志詩》、《珠英集》和張祜詩集等方面。張錫厚《敦煌本〈雲謡集〉的文學價值》(《周一良先生八十生日紀念論文集》)援引大量的例證對敦煌本《雲謡集》的文學價值進行了概述，指出是流行於民間的敦煌曲子詞引起唐五代宋詞向新形式轉變的直接結果，并由此益發顯示出整理研究《雲謡集》和敦煌曲子詞的深遠意義。徐俊《敦煌寫本張祜詩集二種》(《文獻》2 期)對敦煌遺書中殘存的張祜詩集，即伯 4878、斯 4444 兩件寫本進行了寫本形態和詩集内容的考釋。吴其昱《敦煌本〈珠英集〉兩殘卷考》、《敦煌本〈珠英集〉中的 14 位詩人》(《法國學者敦煌論文選萃》)對 S. 2717 號與 P. 3771 號兩件《珠英集》殘卷進行考訂，同時詳述了其中崔融、韋元旦、沈佺期等 14 位詩人。寧志新《岑參的邊塞詩與唐朝在西域的戰爭》(《敦煌學輯刊》2 期)指出唐代傑出邊塞詩人岑參的《獻封大夫破播仙凱歌》、《輪臺歌奉送封大夫出師西征》、《走馬川行奉送大夫出師西征》三首詩反映了三次不同的戰爭，并就這三次戰爭的背景、作戰對象、地點和時間諸多問題發表見解。胡大浚《敦煌遺書伯 3619 號唐詩選殘卷校正述略》(《社科縱橫》4 期)對敦煌遺書伯 3619 號唐詩殘卷所載李斌、渾維明、高適、蕭沼、桓顯、史昂等詩詞進行了校正。王三慶《從〈王梵志詩〉的記號系統論其否定詞的內涵意義》(《周一良先生八十生日紀念論文集》)對《王梵志詩》的記號系統略加分析,并對其部分語詞意義進行探討。劉瑞明《項楚〈王梵志詩校注〉商兌及補遺(續)》(《敦煌學輯刊》2 期)對項楚《王梵志詩校注》之《貯積千年調》、《不見念佛聲》、《心恒更願取》等數十首詩中的詞語校釋進行商兌和補遺。王繼如《王梵志詩語詞劄記》(《南京師大學報》3 期)取王梵志詩語詞劄記七則,以就正於學界。

對敦煌本蒙書的寫本考察及意義探討方面,周丕顯《敦煌"童蒙"、"家訓"寫本之考察》(《敦煌學輯刊》1 期)針對《李氏蒙求》、《新集文詞九經抄》、《太公家教》等"童蒙"、"家訓"類寫本進行了系統的研究和考察。汪泛舟《敦煌儒家蒙書與意義略論》(《孔子研究》1 期)指出敦煌儒家蒙書,既有與中原一致的識字、教育、應用類,也有中原不多見的多種多樣的寫本,對其進行研究和探討具有重要的意義和價值。

敦煌賦的相關研究,主要包括對《西京賦》、《渾天賦》的校詁和補證。伏俊璉《敦煌唐寫本〈西京賦〉殘卷校詁》(《敦煌學輯刊》2 期)對敦煌寫本伯 2528《西京賦》的殘卷擇要整理成文并加按斷。伏俊璉《敦煌賦校補》(《江西師範大學學報》4 期)對敦煌本《死馬賦》、《溫泉賦》、《酒賦》等不同寫卷進行了校對和補充。鄧文寬《新發現的敦煌寫本楊炯〈渾天賦〉殘卷》(《文物》5 期)、《敦煌寫本楊炯〈渾天賦〉殘卷的發現與確認》(《文物天地》2 期)指出 S. 5777 號楊炯《渾天賦》的確認,爲中國文學史研究提供了一份古寫本資料,同時推測其抄寫年代大概在唐代或唐宋之際。

對敦煌變文的相關探討方面,楊義《敦煌變文的佛影俗趣》(《中國社會科學》3 期)認爲變文作爲獨立文體當出現在唐代開元天寶年間,典籍的歌場化或半歌場化是變文脫離以往講經文附庸佛事而成爲獨立文體的一個標誌;在文化與文學的統合過程中,變文始終體現着佛影與俗趣的交織與衝突,并且攜帶着敦煌的地域特色。劉凱鳴《敦煌變文校釋析疑》(《敦煌學輯刊》2 期)對《百鳥名》、《秋吟》、《八項變》等敦煌變文中校釋疑惑作出詳細的解析。對敦煌曲子詞的相關探討,王中興《從敦煌曲子辭看盛唐景象》(《蘭州商學院學報》1 期)認爲敦煌曲子詞《感皇恩》、《拜新月》、《獻忠心》(二首)等作品形式活潑,語言清新,具有樸實的風格,忠實反映了盛唐景象。

其他方面,齊陳駿、寒沁《河西都僧統唐悟真作品和見載文獻繫年》(《敦煌學輯刊》2 期)一文,爲了方便學術界對悟真的研究,梳理了敦煌文書中有關悟真的作品及其見載文獻資料的考察和繫年。劉瑞明《項楚〈敦煌變文選注〉商補》(《社科縱橫》2 期)對項楚先生《敦煌變文選注》中《秋胡變文》及《葉靜能詩》兩篇變文的相關校釋提出異議,并進行了詳細的論證。張先堂《敦煌文學與周邊民族文學域外文學關係研究述論》(《蘭州教育學院學報》2 期)根據目前掌握的資料和進行的思考,對敦煌文學與周邊民族文學、域外文學關係的研究情況作了系統的梳理。顏廷亮《敦煌西漢金山國之文學又三題》(《蘭州教育學院學報》2 期)對敦煌西漢金山國之文學的幾個問題進行了考述,包括《龍泉神劍歌》的作者問題、金山國文學代表作三篇的主旨、關於西漢金山國文學的評價等。

七、藝　術

　　敦煌研究院編《敦煌研究文集·石窟保護篇(上、下)》(甘肅民族出版社)本年出版,全書分爲上、下兩册,共收集研究院、保護研究所、科技工作者及其他們與國内外科研單位合作發表的學術論文 60 篇,上册主要有石窟環境、石窟壁畫病害機理兩大部分,下册主要有壁畫顏料、膠結劑及地杖材料分析和加固技術材料兩大部分。謝生保等《敦煌藝術之最》(甘肅美術出版社)收集了敦煌藝術中相對比較最早與最晚、最大與最小、最高與最矮、最多與最少等記録,編集了中外敦煌學專家的研究成果,内容豐富,集知識性、學術性、鑒賞性、學術性等爲一體。敦煌研究院、中國科學院蘭州沙漠研究所編《敦煌莫高窟景觀圖》(成都地圖出版社)全面收集了敦煌莫高窟在不同方位與角度的景觀圖。段文傑《臨摹是一門學問》(《敦煌研究》4 期)通過近半個世紀的臨摹和研究,認爲要臨摹出高度真實地反映敦煌壁畫原作精神的臨本,需要解決好三個方面的問題:從臨摹的目的決定臨摹方法、臨摹是一椿嚴肅而複雜的藝術活動、要臨摹好敦煌壁畫必須要過綫描和色彩以及傳神三關。段兼善《敦煌美術借鑒的回顧與展望》(《絲綢之路》1 期)指出敦煌石窟的美術遺産博大精深,藝術水平極高。作爲甘肅的美術家,應該把這一份優秀的藝術遺産繼承下來,發揚光大。

　　書法方面,饒宗頤《法藏敦煌書苑精華》(廣東人民出版社)集其大成,本套書分裝爲八册:一,拓本、碎金;二,經史(一);三,經史(二);四,書儀文範、牒狀;五,韻書、詩詞、雜詩文;六,寫經(一);七,寫經(二);八,道書。圖版全與日文版相同,照原大影印,解説部分則參照近年來的研究成果有所補充。李正宇《中國唐宋硬筆書法——敦煌古代硬筆書法寫卷》(上海文化出版社)也頗具特點,本書分爲兩個部分:第一部分分爲五節,第二部分分爲圖版及説明。作者在第一部分一方面對敦煌古代硬筆寫本的文字品種、數量與流行情況作了介紹,并對硬筆書法的書寫工具進行了考察;另一方面從理論上對敦煌古代硬筆書法的特點進行了探索,還論述了敦煌古代硬筆書法在我國書法史上的地位及其意義。

石窟藝術方面,包括敦煌石窟藝術、涼州石窟、南北石窟寺等研究。胡同慶《敦煌石窟藝術概述》(《敦煌研究》3 期)對敦煌石窟藝術的内容及相關概念進行了翔實而具體的解析。趙立春《響堂山北齊塔形窟述論》(《敦煌研究》2 期)對響堂山北齊塔形窟的發生、發展規律作了詳細探索。孫儒僩《敦煌莫高窟的建築藝術》(《敦煌研究》4 期)介紹了莫高窟的石窟建築形式、壁畫中所反映的古代建築及現存建築實物,認爲敦煌莫高窟是一座偉大的藝術寶庫。張學榮《涼州石窟及有關問題》(《敦煌研究》4 期)對涼州石窟的史地沿革及歷史背景進行了詳細的敍述,并認爲涼州石窟是我國早就見於史册記載的一座非常重要的石窟寺,在我國石窟發展乃至整個佛教藝術的發展史上,都佔有非常重要的地位。木十戊《奚康生與南、北石窟寺》(《敦煌學輯刊》2 期)就奚康生所開創的南、北石窟寺進行了考察,認爲南北石窟寺造像藝術在風格上更加接近洛陽龍門賓陽洞中洞,與隴東的其他同時代石窟,甚至附近的涇川王母宫等同時代石窟大相異趣。

佛教藝術方面,陳傳席《中國早期佛教藝術樣式的四次變革及其原因》(《敦煌研究》4 期)分析了中國早期佛教藝術樣式的四次變革及其成因,認爲吴道子的"吴家樣"和周昉的"周家樣"完全擺脱了天竺式的影響,形成了中國式的佛像風格。常青《印度佛教塔堂窟概述——兼談對中國石窟的影響》(《文博》1 期)對印度佛教石窟中的塔堂窟類型進行了概述,認爲隨着佛教的東傳,塔堂窟與中國本民族的傳統建築形式相結合,造就了中國特有的中心柱窟類型,并對研究中國石窟的發展源流具有特殊的意義。張惠明《1896 至1915 年俄國人在中國絲路探險與中國佛教藝術品的流失——聖彼得堡中國敦煌、新疆、黑城佛教藝術藏品考察綜述》(《敦煌研究》1 期)介紹了 1896 年到 1915 年間俄國人在中國考察的成果,并對現藏聖彼得堡的中國敦煌、新疆以及黑城的佛教藝術品進行了綜述。孫毅華《莫高窟内中心佛壇原貌探討》(《敦煌研究》4 期)對莫高窟有中心佛壇的第 61、108、146、233 等窟的中心佛壇進行原貌的探討,指出在 61、108、146 三個洞窟的佛壇邊沿上有排列整齊的孔洞,經過對這幾個洞窟佛壇上孔洞位置、距離、大小的測量,初步認爲這些洞窟是修建佛壇之前安裝欄杆後留下的遺迹。

石窟造像方面,楊雄《盛唐彩塑的代表作——論莫高窟第四五窟(附四六窟)的藝術》(江蘇美術出版社)對莫高窟第四五窟的彩塑藝術進行詳細介紹。羅世平《敦煌泗州僧伽經像與泗州和尚信仰》(《美術研究》1 期)指出唐代僧人僧伽和尚是爲觀世音菩薩信仰流行造經畫像的代表,并依據敦煌莫高窟所存僧伽和尚的兩幅經像,以藏經洞出土的四份《僧伽和尚經》,詳細探討了敦煌泗州僧伽經像與泗州和尚信仰的關係。霍熙亮《莫高窟第 72 窟及其南壁劉薩訶與涼州聖容佛瑞像史迹變》(《文物》2 期)對晚唐初期建莫高窟第 72 窟進行全面調查,并在南壁採用實測方法試圖復原壁畫,在測繪工作中,使得一些過去的模糊認識逐漸得到澄清,一些錯誤也得到糾正。馬德《九州大學文學部藏敦煌文書〈新大德造窟檐計料〉探微》(《敦煌研究》3 期)指出《新大德造窟檐計料》較系統地記載了公元 10 世紀後期敦煌某杜姓高僧營建莫高窟第 5 窟窟檐所需木質材料零部件的數量和尺寸等,揭示了該窟檐的建築結構與規模。霍旭初《克孜爾石窟降魔圖考》(《敦煌研究》1 期)對克孜爾石窟窟內現存及流失國外的降魔題材的八幅壁畫的位置、佈局、形式呈現多樣化的現象進行解析,并指出從 76 窟到 110 窟降魔圖的演化,是龜兹佛教發展的縮影。李永寧《敦煌莫高窟第 159 窟文殊、普賢赴會圖——莫高窟第 159 窟初探之一》(《敦煌研究》4 期)從時代和藝術等層面對莫高窟第 159 窟的"文殊變"、"普賢變"等進行了詳細的圖像分析和考證,認爲此應定名爲"文殊菩薩赴會圖",并指出文殊、普賢赴會圖反映了吐蕃時期創造的清新、淡雅、雋麗的一代新風。劉家信《世界最早、最大的敦煌壁畫〈五臺山圖〉》(《地圖》1 期)簡要介紹了世界上最早、最大的壁畫《五臺山圖》之歷史背景及創作年代、幅面及内容、地圖的特色等方面。魯多娃·M·A 著,張惠明譯《艾米爾塔什國家博物館的敦煌莫高窟供養人繪畫收藏品》(《敦煌研究》3 期)對艾米爾塔什國家博物館東方部的敦煌莫高窟藝術收藏品中的供養人分門別類地進行了詳細介紹。

敦煌壁畫方面,《敦煌連環壁畫精品》(甘肅少年兒童出版社)由敦煌研究院編,精選故事性的壁畫題材,主要包括佛傳故事、本生故事、佛教史迹故事、因緣故事、瑞像故事、戒律故事、感應故事、高僧故事,有益於人們更加直觀地了解敦煌歷史文化。段文傑《藏於幽谷的明珠——榆林窟第二五窟壁畫研究》(江蘇美術出版社)對榆林窟第二五窟的壁畫進行詳細介紹。蘇遠鳴《敦煌寫本中的壁畫題識集》、《敦煌寫本中的某些壁畫題識》(《法國學者敦煌學論文選萃》)對敦煌寫本中的壁畫題識進行詳細分類和匯總。田致鴻《試論敦煌壁畫、明清及近代國畫大師的創新意識》(《江蘇工學院學報》5 期)從研究敦煌壁畫藝術的演變入手,對不同時代的壁畫風格進行了比較,從造型、設色、題材等諸方面分析了他們的繼承性和創造性。王光照《唐代長安佛教寺院壁畫》(《敦煌學輯刊》1 期)以書法發展及其對社會發展的反映角度來看唐代長安寺院壁畫的創作情況,其考察的對象是附着於具有中國建築特點的寺院之壁的佛教藝術類型,其範圍不僅僅是政治的,而且是文化的、社會的。王惠民《敦煌壁畫〈十六羅漢圖〉榜題研究》(《敦煌研究》1 期)通過對敦煌壁畫《十六羅漢》榜題進行分析考證,指出其作者爲文化素質不高的俗家人,并根據畫面與張玄有相似等原因認爲 97 窟《十六羅漢圖》很可能是依據張玄的畫本而繪製的。莊壯《敦煌壁畫樂伎形式》(《音樂研究》3 期)敍述了敦煌壁畫樂伎的體裁、演奏、排列和樂器組合等四種形式。王克孝《Дх. 2168 號寫本初探——以"藍"的考證爲主》(《敦煌學輯刊》2 期)通過對 Дх. 2168 號寫本的考察,提出莫高窟壁畫中有機紅色顏料的主要成分爲紅藍。

　　敦煌舞蹈方面,高金榮《敦煌舞蹈》(敦煌文藝出版社)、董錫玖《敦煌舞蹈》(新疆美術攝影出版社)對敦煌舞蹈有詳細的概述。張嘉齊《敦煌飛天》(中國旅遊出版社)對敦煌壁畫中的飛天形象作了介紹。資華筠《敦煌壁畫中的〈飛天〉和舞蹈〈飛天〉》(《中外文化交流》2 期)指出敦煌壁畫上的飛天反映了中國歷代樂舞的風貌,是文化交融的結晶;舞蹈《飛天》是藝術家對美好事物的追求,是現代人對古代舞蹈文化的闡釋。秦嘯《敦煌飛天記》(《絲綢之路》5 期)記述了作者自身對敦煌飛天的感悟。梁尉英《敦煌壁畫中的藥叉》(《體育文化導刊》1 期)對敦煌壁畫中所繪的奏樂舞蹈、角抵、倒立諸形的藥叉進行了簡要介紹。何昌林《唐代酒令歌舞曲的奇拍型機制及其歷史價值(下)——從〈敦煌舞譜〉看唐代音樂的節拍體制》(《交響(西安音樂學院學報)》1 期)對唐代酒令歌舞曲的詞曲關係、唐代燕樂雜曲的拍板擊打法、《敦煌舞譜》的性質與創譜年代等方面來論證敦煌酒令歌舞曲的奇拍型機制及其歷史價值。

　　敦煌樂譜方面,陳應時發表了多篇文章,《敦煌樂譜第一卷——琵琶定弦驗證》(《交響(西安音樂學院學報)》2 期)對日本林謙三氏在敦煌樂譜譯譜中的兩次不同推定進行了再次驗證,以期求得正確答案。《敦煌樂譜"掣拍"再證》(《音樂藝術》2 期)集中論證了敦煌樂譜中"掣拍"的相關樂符等問題。《敦煌樂譜的研究工作還不能告一段落——評〈唐五代敦煌樂譜新解譯〉》(《中國音樂》2 期)對席臻貫先生的《唐五代敦煌樂譜新解譯》一文在樂譜上的獨到之處及有待改進的方面作出客觀評介。《敦煌樂譜研究五十五年》(《傳統文化與現代化》3 期)就五十五年來敦煌樂譜研究中已經可以作爲定論或迄今仍有爭議的問題進行評述,包括敦煌樂譜的抄寫年代和曲體、敦煌樂譜的譜式、敦煌樂譜的譜字音位、敦煌樂譜的琵琶定弦、敦煌樂譜的節拍節奏等方面。

　　另外,席臻貫《敦煌變文對後世曲藝戲曲的影響》(《絲綢之路》2 期)從變文與後世曲藝的躡蹤、變文與戲曲之潛蹤兩個方面探討了敦煌變文對後世曲藝戲曲的影響。席臻貫《唐代和聲思維拾沈——敦煌樂譜·合竹·易卦》(《交響(西安音樂學院學報)》1 期)一文共分上、中、下三個部分,分別載於《交響》第一、二、三期,文章通過對敦煌樂譜及東傳日本的"合竹"與易卦的滲透研究,考證出中國唐代及其以前的傳統古樂中就已經出現了比較豐富的和聲體系,從而否定了中國音樂中沒有和聲的説法。洛地《敦煌樂譜〈慢曲子西江月〉節奏擬解》(《中國音樂學》2 期)認爲"慢曲子西江月"者,乃"西江月慢"也,不宜以"西江月"陪之,同時對敦煌樂譜之"節奏節拍"提出自己新的見解。莊永平《敦煌曲拍非拍眼形式——對敦煌曲拍的重新認識》(《音樂藝術》1 期)通過對昆曲贈板的特點、工尺譜本身的局限、我國節拍節奏形成過程的分析等方面,來論證以"拍眼説"解釋敦煌曲拍爲非,并對近年來有關解譯敦煌曲拍的諸説提出新的認識。

八、考古與文物保護

考古報告方面,主要包括對四川安嶽石刻、北涼石塔、涼州百塔寺的考察記録。傅成金、唐承義《四川安嶽石刻普查簡報》(《敦煌研究》1 期)對安嶽石刻資料公之於世,詳細介紹了臥佛院摩崖造像及石刻經文、圓覺洞摩崖造像、千佛寨摩崖造像、玄妙觀道教造像、毗盧洞窟造像、華嚴洞摩崖造像、茗山寺摩崖造像等。殷光明《關於北涼石塔的幾個問題——與古正美先生商榷》(《敦煌學輯刊》1 期)對古正美《法王塔雀離浮圖及北涼石塔》一文中的相關論點進行商榷,包括造北涼石塔所依據的佛經、北涼石塔所反映的佛教思想、北涼石塔的定名與用途三個方面。王寶元《涼州百塔寺考察記》(《敦煌學輯刊》1 期)通過實地考察,指出涼州百塔寺是我國元朝時期西藏正式納入中國版圖的歷史見證,對中華民族的形成團結發展和祖國領土主權統一完整具有重要歷史作用。

石窟和壁畫的保護方面,李最雄、NevilleAgnew、林博明《莫高窟崖頂的化學固沙實驗》(《敦煌研究》1 期)通過 AC、AS、SS 和 PS 四種膠結劑的固沙試驗和現場試驗,表明 AC、AS 和 PS 都是比較理想的固沙膠結劑,另外應改進化學加固工藝,崖頂斜坡的加固應做適當的錨固處理,以免大塊的膠結體下滑。李實《對敦煌壁畫中膠結材料的初步認識》(《敦煌研究》1 期)對敦煌壁畫中的膠結材料進行詳細分析,使我們對膠結材料的構成和作用有了初步認識。李最雄、張魯、王亨通《砂礫岩石窟岩體裂隙灌漿的進一步研究》(《敦煌研究》3 期)通過對 PS－G、PS－Z、PS－F 三種漿液結石體的物理、化學及力學性能的測試和試驗,發現 PS－G、PS－Z、PS－F 漿液結石體安定性好,耐凍融、耐崩解,耐鹼性水溶液的侵蝕,其力學強度都高於或接近沙礫的力學強度。汪萬福、李雲鶴、阿根紐、林博明《莫高窟地區生物固沙植物種選擇試驗報告》（《敦煌研究》3 期）提出採用生物措施防治風沙對莫高窟文物的危害，選擇適合該地區條件下防沙效果好的植物種，以從根本上防治莫高窟的風沙危害。

建築方面，蕭默編《敦煌建築》（新疆美術攝影出版社）收錄馬世長、梁思成、宿白、閻文儒、蕭默等有關唐代敦煌佛寺、宮殿、石窟構造、壁畫中的建築等多方面的重要論文。馮繼仁《日本九州大學藏敦煌文書所記窟檐的分析與復原》（《文物》12 期）簡介了日本九州大學文學部圖書室所藏的記錄敦煌石窟某座窟檐所用材木的文書，同時依據此文書對這座窟檐建築進行了復原分析。

九、少數民族歷史語言

吐蕃歷史方面，褚俊傑《〈敦煌本吐蕃歷史文書〉（增訂版）評介》（《中國藏學》2 期）對王堯、陳踐合著的《敦煌本吐蕃歷史文書》（增訂版）中增訂、修改以及相較以前出版的進步之處進行了介紹，并認爲新版《文書》是一部學術價值很高的著作，反映了這一領域內當今國內外學術研究的水平。齊赫文斯基著，楊自福譯《吐魯番王國的民族演進過程及農業與社會經濟關係》（《敦煌學輯刊》1 期）一文對吐魯番民族與社會經濟發展的問題展開詳細探討，尤其注重對吐魯番王國的民族演進過程及農業與社會經濟的關係的研究。邵文實《尚乞心兒事迹考》（《敦煌學輯刊》2 期）通過研究指出尚乞心兒既是武將又爲文相，積極促進與唐和盟，既嗜殺又奉佛，并認爲對尚乞心兒的研究不僅僅祇限於反映個人生平的事迹，而且對研究當時大的時代氛圍下錯綜複雜的民族關係意義重大。楊銘《吐蕃在敦煌計口授田的幾個問題》（《西北師範大學學報》5 期）探討了吐蕃計口授田的施行原因、制度來源、施行情況及結局等問題。尕藏加《藏文文獻中所見西域佛教之比較研究》（《敦煌學輯刊》2 期）對敦煌藏文文獻中所見西域佛教的相關情形作了詳細的比較研究。楊銘《敦煌文書中的 Lho bal 與南波——吐蕃統治時期的南山部族》（《敦煌研究》3 期）提出敦煌文書中的 P. T. 1089 號之 Lho bal，S. 542 號文書中的"南波"，就是指吐蕃統治時期的南山部族，并進行了詳細的考證。

甘州回鶻的歷史方面，榮新江《甘州回鶻成立史論》（《歷史研究》5 期）利用作者在巴黎、倫敦等地親見有關回鶻的一些重要文書原件，對照史籍記載，比較系統地梳理出了甘州回鶻成立過程中的一些重要事件，同時對某些有爭論的問題提出了一些看法。牛汝極《七件回鶻文佛教文獻研究》（《喀什師範學院學報》1 期）刊佈了由伯希和、斯坦因取自敦煌千佛洞第 17 號窟的七件回鶻文佛教文獻，并考證了這些佛經文獻的大致產生年代。牛汝極、楊富學《五件回鶻文摩尼教文獻考釋》(《新疆大學學報》4 期)刊佈了由斯坦因和伯希和取自敦煌莫高窟的五件摩尼教内容的回鶻文文書,首次把這些 6—10 世紀的古文獻譯成漢文并進行考釋。

有關西夏史方面的研究,有史金波、黄振華、聶鴻音《類林研究》(寧夏人民出版社)一書出版。《類林》是唐代于立政編纂的一部類書,本書由西夏文譯爲漢文,分《類林》研究、西夏文本《類林》漢譯、《類林》復原本、附録四個部分。史金波《西夏文〈六祖壇經〉殘頁譯釋》(《世界宗教研究》3 期)將新見七頁西夏文《六祖壇經》譯成漢文,同時又將羅羅譯五頁紙重新校譯,更正其中一些訛誤,同時將這十二紙譯文與前述四種《壇經》漢文進行對照,并提出幾點意見。錢伯泉《西夏對絲綢之路的經營及其强盛》(《西北民族研究》2 期)詳細介紹了西夏政權佔領靈州、涼州、甘肅瓜沙以及其强盛的過程,并論述了其對絲綢之路的經營與管理。劉玉權《再論西夏據瓜沙的時間及相關問題》(《敦煌研究》4 期)通過對比分析以往學者對西夏據瓜、沙時間的不同觀點,綜合多種材料論證了瓜、沙在宋代爲西夏所據。

薛方昱《隴山源名記》(《敦煌學輯刊》1 期)通過對"朝那"的古音古意分析、地理位置的考證,認爲"朝那"是祀龍之地,隴山本意爲龍山,是古羌語朝那山的意譯。周偉洲《浦茹考》(《中國歷史地理論叢》2 期)就新疆出土藏文簡牘中的"浦"部進行了詳細的考證,認爲"浦"部應指敦煌發現的漢文文書中所記之"南山"或"南波"部族。邵如林《元亦都護高昌王紐林的斤藏地考》(《敦煌學輯刊》1 期)利用大批史料對元亦都護高昌王紐林的斤的葬地給予系統考證,認爲在武威永昌縣高昌王墓處。

十、古　　籍

古籍方面,主要集中於對敦煌寫本《論語鄭氏注》、《劉子》及《文選注》的相關研究。榮新江《〈唐寫本論語鄭氏注及其研究〉拾遺》(《文物》2 期)就王素先生於 1991 年 11 月出版的《唐寫本論語鄭氏注及其研究》一書進行評介,指出本書上卷的校録是在吸收前人校勘成果的基礎上加入自我心得,本書下卷的研究在經學没有受到足夠重視的今天是難能可貴的,同時此書的價值還在於加入了全部唐抄本的圖版。榮新江《兩種流散的敦煌〈劉子〉寫本下落》(《書窗》1 期)指出《敦煌遺書劉子殘卷集録》的兩種民國私家舊藏的寫本均未佚失,在經數易其主後,現分藏於東京國立博物館和北京圖書館。伏俊璉《從敦煌唐寫本殘卷看李善〈文選注〉的體例》(《社科縱橫》4 期)以敦煌唐寫本殘卷對照今本,對李善《文選注》引用舊注之體例和李善自注之體例作了詳細考究。許建平《伯三六〇二殘卷作者考》(《新疆文物》4 期)通過考證指出伯三六○二殘卷之《莊子》音訓并非陸氏所著《莊子音義》，其作者當爲徐邈。

<h1 style="text-align:center">十一、科　技</h1>

對敦煌藥王、醫王的相關介紹，主要有党新玲《唐敦煌藥王索崇恩》（《甘肅中醫學院學報》1 期）根據對敦煌文書《索崇恩和尚修功德記》的考查，將索崇恩和尚的生平事迹作了簡釋，以裨益於敦煌中醫學的研究。党新玲《唐代敦煌醫王翟法榮》（《甘肅中醫學院學報》3 期）對唐代敦煌人稱爲“藥王”的都僧統翟法榮的生平事迹進行考釋，以期有益於敦煌醫學及中華醫史之研究。

醫藥文獻方面，李金田《關於敦煌寫本張仲景〈五臟論〉的作者與成書年代》（《甘肅中醫學院學報》2 期）對敦煌寫本張仲景《五臟論》的作者及成書年代、敦煌寫本抄寫年代的相關研究資料進行了歸類和分析。叢春雨《論敦煌針灸文獻的學術價值》（《上海中醫藥雜誌》10 期）指出敦煌針灸遺書保存有至今最古老的針灸圖實物，其發現大大豐富了唐代的醫籍，對研究和拓展唐代及其以前的醫療經驗和文獻資料具有一定的學術價值和文獻價值。

疾病的治療和防治方面，李永新《敦煌殘卷治療黃疸病方探析》（《甘肅中醫》4 期）對敦煌醫學殘卷中 11 首方進行篩選，并對其中治療黃疸病方進行詳細探析。范新俊《敦煌卷子對隋唐傳染病的認識與防治》（《上海中醫藥雜誌》6 期）就敦煌卷子中隋唐時期對疫病的認識和防治作了初步探討，包括：對部分傳染病病因的認識、對傳染病癥候的描述、對傳染病的防治三個方面。王進玉《敦煌藏經洞“神仙粥”及其食療價值》（《上海中醫藥雜誌》11 期）指出敦煌遺書中發現的 P. 3810 號《呼吸靜功妙訣》後附“神仙粥”是修煉養生的食療方，是由山藥、雞頭實、粳米等煮成的，是我國最早的山藥粥方，具有重要的食療價值。

<h1 style="text-align:center">十二、學術動態與紀念文</h1>

會議方面，馬木《中國敦煌古代遺書及科技博覽會在臺北展出，段文傑等赴臺北參加海峽兩岸敦煌學術討論會》（《敦煌研究》2 期）記述了 1992 年 2 月於臺灣高雄舉辦的“中國敦煌古代藝術及科技博覽會”，段文傑院長一行赴臺參會并講學。辛一《絲路文化聯合考察團與敦煌研究院進行學術交流》（《敦煌研究》4 期）記述了絲路文化聯合考察團於 1993 年 6 月考察敦煌莫高窟，并與敦煌研究院的專家進行了學術交流活動的情況。章昱《開拓敦煌學研究的新領域（敦煌遺書與古代檔案研討會述評）》（《社科縱橫》1 期）對 1992 年 12 月 16—17 日由甘肅敦煌學學會與甘肅檔案學會聯合在蘭州舉辦

的"敦煌遺書與古代檔案研討會"進行了評述,指出本次研討會在討論敦煌檔案史料的範圍、分類、價值等諸多方面的重要成果。趙聲良《"絲綢之路古遺址保護國際學術會議"在敦煌召開》(《敦煌研究》4 期、《文物保護與考古科學》5 卷)對 1993 年 10 月 3 日由敦煌研究院、美國蓋蒂保護研究所、中國文物研究所聯合舉辦的"絲綢之路古遺址保護國際學術會議"進行了介紹,指出這次會議旨在促進文物保護科學事業的發展,加強國際間文物保護科學的交流與合作。

李永寧《五洲學者聚香江、亞非研究遍寰宇——"第三十四屆亞洲及北非研究國際學術會議"簡記》(《敦煌研究》4 期)簡要敍述了 1993 年 8 月 22—28 日由香港大學舉辦的"第三十四屆亞洲及北非研究國際學術會議"的開幕式及參會論文狀況。李正宇《敦煌學與第 34 屆亞非學術會議》(《社科縱橫》2 期)介紹了 1993 年 8 月 23 日至 28 日在香港舉行的大型高品位國際學術大會——第 34 屆亞洲及北非洲研究國際會議的盛況,簡要介紹了亞洲及北非洲研究國際會議的歷史,并指出本次會議將敦煌研究列入十大研究課題之一,表明了敦煌學之國際顯學地位得到確認。

本年度爲《敦煌研究》創刊十周年,敦煌研究院院長段文傑、《敦煌研究》編輯部及國內外學仁對《敦煌研究》創刊十周年以來取得的成績多有評介。段文傑《〈敦煌研究〉十周年》(《敦煌研究》4 期)對《敦煌研究》創刊十周年中所發表論文的內容進行了簡要介紹,并對其所取得的成績給予充分的肯定。《敦煌研究》編輯部《苦心經營的十年——紀念〈敦煌研究〉創刊十周年》(《敦煌研究》4 期)肯定了《敦煌研究》創刊十年來所取得的成績,并對以往工作的失誤之處提出改進方法。另外,池田温《慶祝〈敦煌研究〉創刊十周年》(《敦煌研究》4 期)、趙蘭泉《敦煌豐采 光耀人間——祝賀〈敦煌研究〉創刊十周年》(《敦煌研究》4 期)、胡同慶《〈敦煌研究〉十年述評》(《社科縱橫》2 期)等均對《敦煌研究》創刊十周年以來取得的成績給予了高度評價。

書評方面,周紹良《〈敦煌文學概論〉序言》(《社科縱橫》1 期)對顏廷亮先生主編的《敦煌文學概論》撰作了詳細的序言,認爲這部書是自有敦煌文學研究以來全面、系統、深入地論述敦煌文學的第一部專著。榮新江《〈入唐求法巡禮記校注〉評介》(《中國史研究動態》11 期)對 1992 年 9 月由白化文、李鼎霞、許德楠三位先生合作的《入唐求法巡禮記校注》進行了評介,指出了此書是在日本學者山野勝年的《入唐求法巡禮記研究》的基礎上,經過刪剪、修訂、補充而成的,是一部資料完備、注釋詳贍、使用方便、印刷精良的好書。一麟《〈敦煌碑銘讚輯釋〉》(《敦煌學輯刊》1 期)指出蘭州大學敦煌學研究室鄭炳林編著、甘肅教育出版社 1992 年 7 月出版的《敦煌碑銘讚輯釋》是關於敦煌文書中的碑文、墓誌銘、邈真讚等人物傳記資料彙輯、校注和研究的著作。郝春文《填補中國書法空白——開拓敦煌學研究領域的新作》(《中國敦煌吐魯番學會研究通訊》2 期)認爲由李正宇先生選釋、李新先生編次的《中國唐宋硬筆書法——敦煌古代硬筆書法寫卷》在學術上的貢獻是多方面的：開闢了敦煌學研究的新領域；填補了中國書法史的空白；從理論上總結了古代漢字硬筆書法的特點，是一部具有開創性的著作。

顧虹《〈敦煌學導論叢刊〉介紹》(《敦煌研究》4 期)對林聰明博士主編的《敦煌學導論叢刊》的第一冊即林聰明博士的《敦煌文書學》、第二冊即周紹良先生的《敦煌文學芻議及其它》進行了概述。楊木《世紀之交的回顧與瞻望——讀〈中國敦煌學史〉》(《語言教學研究》2 期)高度評價了由林家平、寧強、羅華慶三位學者合力編撰的《中國敦煌學史》一書，認爲此作回顧了我國敦煌學發展的歷程，總結了各學科領域研究的成果，探索了學術發展的規律，提出了今後研究發展的重點與方向。辛夷《繼往開來　彪炳千秋——〈中國敦煌學史〉讀後》(《中國圖書評論》5 期)認爲《中國敦煌學史》是第一部融資料、理論於一爐的敦煌學史專著，墾荒拓宇，篳路藍縷。夏晚臻《運用民俗文化學研究敦煌民俗——〈敦煌巫術與巫術流變〉評介》(《東南文化》5 期)就河海大學出版社出版的南京大學教授高國藩先生的新作《敦煌巫術與巫術流變》一書進行了評介，認爲此書爲繼《敦煌民俗學》、《敦煌民俗與民俗流變——中國民俗探微》之後的又一部民俗研究的力作，填補了敦煌巫術研究的空白，是敦煌民俗研究的新突破。

王進玉《〈敦煌研究文集——石窟保護篇〉簡介》(《文物保護與考古科學》5 卷)認爲由甘肅民族出版社出版發行的《敦煌研究文集——石窟保護篇》是我國第一部系統研究石窟、壁畫病害及其保護技術的學術文集，具有較高的學術價值和應用價值。陳澤奎《簡評〈斯坦因第三次中亞探險所獲甘肅新疆出土漢文文書——未經馬斯伯樂刊佈的部分〉》(《敦煌研究》3 期)認爲《斯坦因第三次中亞探險所獲甘肅新疆出土漢文文書——未經馬斯伯樂刊佈的部分》具有重要的學術價值：資料可貴、拾遺補缺。陳民《〈伯希和敦煌石窟筆記〉漢譯本簡介》(《敦煌研究》4 期)對 1993 年甘肅人民出版社出版的耿昇、唐健賓先生翻譯的《伯希和敦煌石窟筆記》的價值、內容進行了簡要介紹。沈頌金、李樹軍《評〈居延漢簡通論〉》(《敦煌研究》3 期)對薛英群先生於1991 年 5 月由甘肅教育出版社出版的《居延漢簡通論》進行評介，認爲此書體大思精，有許多獨特的新見解，開闢了漢簡研究的新領域。王點《〈漫步敦煌藝術科技畫廊〉簡介》(《中國科技史通訊》5 期)簡要介紹了王進玉所著《漫步敦煌藝術科技畫廊》一書，指出作者以漫談的形式，從科技史的角度介紹了石窟壁畫所反映的我國古代農業、交通運輸、紡織、天文地理、冶金、建築等多方面。

李謙怡《我國音樂文學的瑰寶——評敦煌曲子詞》(《遼寧教育學院學報》1 期)指出敦煌曲子詞以豐富多彩的思想内容,短小精悍、精心活潑的藝術形式,鮮明生動而又通俗的語言,自然樸素的風格,不僅反映了時代風貌和社會現實,而且對研究唐代社會及民間詞曲音樂的發展有着重要的意義。葉永勝《敦煌曲子詞研究的新收穫——讀高國藩教授曲子詞欣賞及其續集》(《廣東民俗文化研究》)、劉榮根《淺顯話説深新理的一本好書——讀高國藩教授敦煌曲子詞欣賞續集》(《常州電子報》1 月 20 日)對高國藩教授《敦煌曲子詞欣賞》及其續集進行了高度評價。

紀念文方面,"周一良先生八十生日紀念論集編委會"編《周一良先生八十生日紀念文論文集》(中國社會科學出版社)收錄張錫厚、王三慶、鄭阿財、榮新江、趙和平、鄧文寬等學者有關敦煌文學、政治、宗教、社會等多個方面的研究成果,有助於推動學界對相關問題的認識。西北大學西北歷史研究室王宗維、周偉洲主編《馬長壽紀念文集》(西北大學出版社)收錄了史念海、林幹、宿白、王堯等學者的文章共 25 篇,其中王堯《〈賢愚因緣經〉藏文本及其譯者小考》、楊銘《關於敦煌藏文文書〈吐蕃官吏呈請狀〉的研究》等對敦煌藏文本文書作了專題研究。

2012 年敦煌學研究綜述

董大學（首都師範大學）

據不完全統計,2012 年度大陸地區出版的與敦煌學相關的學術專著共 40 餘部,公開發表的研究論文達 500 餘篇。兹分概説、歷史地理、社會、宗教、語言文字、文學、藝術、考古與文物保護、少數民族歷史語言、古籍、科技、學術動態十二個專題擇要介紹如下。

一、概　　説

本年度敦煌學研究概括性的論著主要涉及敦煌文獻的整理和研究、敦煌學與西夏學的關係、敦煌文獻的流散與收藏、敦煌學數字化和敦煌學人的介紹和表彰等方面。

敦煌文獻的整理和研究方面,郝春文《英藏敦煌社會歷史文獻釋録》第八卷和第九卷(社會科學文獻出版社)收録整理了斯一七七四至斯二〇六九間的社會歷史文獻大約 120 件文書,每卷約 27 萬字,這些文獻對於研究我國古代的政治、經濟、軍事、宗教、民族、歷史、藝術、語言、文學、社會、科技及中西交通等都具有重要的學術價值。方廣錩《敦煌遺書整理的回顧與展望》(《文匯報》2012 年 2 月 13 日)認爲當前敦煌遺書整理的主要任務集中在: 基本完成圖録的刊佈、完成世界《敦煌遺書總目録》、基本完成敦煌文獻的初步録校和建立網上"敦煌遺書庫"。方廣錩《敦煌遺書整理的回顧與展望》(《法音》7 期)指出敦煌遺書中蘊含世界四大文化、六大宗教的豐富信息,并簡述了敦煌遺書整理的三個階段。余欣《索象於圖,索理於書: 寫本時代圖像與文本關係再思録》(《復旦學報》4 期)提出"象數"是中國古代理解世界及其存在意義的基本範式,并從這一理念出發,闡述了中古時代的"圖書"觀念、傳統視覺表達系統中的圖像分類、東亞古寫本所見圖像與文本的關係,以及史學研究中如何運用圖像等問題,主張不僅應當在歷史研究中把圖像作爲證據使用,還應該從人類思想的基本表達方式來理解圖像在歷史情境中的含義。

敦煌學與西夏學的關係問題是今年的一個討論熱點。史金波《敦煌學和西夏學的關係及其研究展望》(《敦煌研究》1 期)認爲西夏學應利用敦煌學研究的方法和經驗,敦煌學家和西夏學家應密切聯繫,加強合作,各展所長,推動兩學科的發展。孫繼民《俄藏黑水城金代文獻的數量、構成及其價值》(《敦煌研究》2 期)着重介紹了《俄藏黑水城文獻》中幾件社會文書對研究金代猛安謀克制度、兵役制度和軍事制度等一些細節問題所蘊涵的獨特資料價值。陳瑞青《黑水城文獻：敦煌學向下延伸的承接點》（《敦煌研究》2 期）論述了敦煌文獻與黑水城文獻之間的内在聯繫，認爲這兩大出土文獻的主體都是佛教文獻，都存在大量的西夏文獻和其他少數民族文獻，這爲兩大文獻的對接提供了可能，并指出敦煌學研究者直接參與黑水城文獻的研究是黑水城文獻迅速走向縱深的一條捷徑。楊富學、樊麗莎《黑水城文獻的多民族性徵》（《敦煌研究》2 期）指出黑水城出土文獻衆多，文種多樣，計有西夏文、漢文、藏文、回鶻文、蒙古文、突厥文、敍利亞文等，具有明顯的多民族文化性徵。

敦煌文獻的流散與收藏方面，馬德《國内散藏敦煌遺書調查隨筆》（《敦煌研究》5 期）對國内多個散藏機構所藏敦煌文獻予以介紹，作者通過調查發現，山東省博物館、湖南省圖書館等單位收藏有一批敦煌遺書，也有少量社會文書，漢文寫本之外還有藏文寫本，大多爲佛經，其中以重慶寶林博物館所藏長卷《大乘無量壽經》保存情況較爲特殊。劉雪平《湖南省圖書館藏敦煌寫經敍錄》（《敦煌研究》5 期）介紹了湖南省圖書館收藏的敦煌藏經洞出土漢藏文寫經共 9 件。王保東《酒泉博物館藏敦煌寫經》（《敦煌研究》5 期）介紹了甘肅省酒泉市肅州區博物館保存的敦煌藏經洞所出的 19 件唐代寫經，9 件殘片。于芹《山東博物館藏敦煌遺書敍錄》（《敦煌研究》5 期）介紹了山東博物館收藏的敦煌藏經洞所出的 65 件敦煌寫本，其中大多爲寫經，也有社會文書，更有 10 件已經列爲國家珍貴古籍。杜雲虹《山東省圖書館藏敦煌寫經》（《敦煌研究》5 期）介紹了山東省圖書館所藏兩卷敦煌寫經，分別爲《思益梵天所問經》卷三和《大方等大集經》卷三。陳寶林《重慶寶林博物館藏敦煌寫經》（《敦煌研究》5 期）介紹了重慶寶林博物館收藏的一批敦煌寫經，指出其中漢文寫經 3 件（兩件是殘片）、吐蕃文《大乘無量壽經》10 件。此外，陝西申德寺塔所出文獻與敦煌佛教文獻有很大的比較研究價值。黃征、王雪梅《陝西申德寺塔出土文獻編號簡目》（《敦煌研究》1 期）一文指出陝西神德寺塔出土文獻是一批唐五代宋初時期的佛教經卷與繪畫，經首次整理編號，共得 242 個入藏號，加上續編附屬號，共計 306 個卷號，其中手寫紙本經卷 241 個卷號，雕版印刷紙本經卷 54 個卷號，包含帶有版畫者 10 種；此外還有多種紙本彩繪、絹本彩繪。

關於敦煌學數字化研究，韓春平《敦煌學數字化問題研究》（民族出版社）對敦煌學數字化從理論到實踐層面都作了充分探討，爲敦煌學界提供了一個嶄新的學術視角，并爲進一步探索敦煌學數字化相關問題奠定基礎，借以推動本領域的後續研究工作。董翔、史志林、楊淑華《高被引論文視角下的〈敦煌學輯刊〉學術影響力分析》（《敦煌學輯刊》4 期）通過考察，認爲《敦煌學輯刊》是我國第一份專門刊登敦煌學研究成果的專業性刊物,在刊發敦煌學研究成果、推動敦煌學研究方面發揮着重要的陣地作用。王建疆《當代敦煌學何以成立——從國家社科基金項目〈全球化背景下的敦煌藝術研究〉説起》(《甘肅社會科學》6 期)指出《全球化背景下的敦煌藝術研究》這一國家社科基金項目優秀成果,因其引入全球化背景的視角而使傳統敦煌學從考古學上昇爲價值學,從而賦予了敦煌學全新的意義,使得當代敦煌學具有了存在的依據。

敦煌學人的介紹和表彰方面,袁婷《巴兹爾·格雷與敦煌學》(《寧夏社會科學》3 期)考察了早期英國東方研究者格雷從事敦煌藝術研究的背景、經歷與成就,認爲他對敦煌絹紙畫的整理與宣傳,對敦煌壁畫的斷代、風格等問題提出了獨到見解。高田時雄著,張旭譯《日本學者品評伯希和對漢學的貢獻》(《敦煌學輯刊》4 期)介紹了不同時期日本學者對伯希和漢學成就的品評。袁婷《賓雍與敦煌學》(《敦煌研究》1 期)對英國詩人勞倫斯·賓雍的主要著述、講學以及通過舉辦展覽增進大衆對敦煌繪畫品的了解,認爲他對敦煌繪畫品準確的定位及評價,爲今後這一領域的研究奠定了基礎。王冀青《羅振玉〈敦煌石室書目及發見之原始〉版本問題研究》(《敦煌研究》1 期)梳理并研究了羅文在 1909 年内的各種版本,認爲羅文應寫成於 1909 年 9 月 29 日,隨後交董康誦芬室刊印,10 月 3 日印成的誦芬室本纔應是羅文的第一刊印本,即原始版本。王冀青《和闐文物哈定搜集品獲自摩爾多瓦克説》(《敦煌學輯刊》2 期)依據斯坦因考古檔案等資料,認爲斯克蘭搜集品、特林克勒爾搜集品獲自巴德魯丁·汗和摩爾多瓦克兩人,而哈定搜集品應來自摩爾多瓦克,兩幅文物照片應係由斯克蘭於 1922 年 11 月 26 日或 27 日在摩爾多瓦克家拍攝。

二、歷 史 地 理

敦煌史地的研究,主要集中在政治史、歷史人物、經濟史、軍事史、歷史地理以及敦煌漢簡等方面。

政治史方面,榮新江、朱麗雙《于闐國王李勝天事迹新證》(《西域研究》2 期)在前人研究的基礎上,結合作者最新的研究心得,大體按照時間順序,對李勝天一生的事迹做一個總體的考察,包括其名字、稱號、即位年代和所用年號、與敦煌的交往與和親關係、遣使後晉與受封“大寶”等,希望大致描繪出他的歷史全貌。白雪、馮培紅《敦煌本宋紹讀經題記及相關問題考釋》(《敦煌研究》1 期)指出敦煌文獻中有四則隋代初年的宋紹讀經題記,現分藏於中、英、日三國。作者認爲這些題記包含了比較豐富的學術信息,涉及周隋之際敦煌的宋氏家族、職官制度、七七齋喪俗、西北形勢等諸多問題,具有十分重要的學術價值。馮培紅《敦煌大族與前秦、後涼》(《南京師範大學學報》2 期)認爲前秦、後涼雖然都是氐族政權,但前秦、後涼對河西走廊的統治方式卻大不相同,前秦實行籠絡安撫措施,得到了以敦煌大族爲首的河西漢人的擁護;後涼則施行氐族本位暴政,激化了階級矛盾與民族矛盾,敦煌大族不斷起兵反抗,動搖了後涼的統治基礎。馮培紅《歸去來兮:昭武九姓與河西郡望》(《讀者欣賞》1 期)指出中古時代昭武九姓粟特人沿着絲綢之路大量東遷,廣泛地分佈在從西域到遼東的遼闊地域内,其中粟特大姓的郡望主要位於河西各郡,兼及長安和其他個別地區,并對這些郡望的形成以及主要出自河西的原因進行了分析。楊寶玉《敦煌歸義軍入奏史研究瑣言》(《南京師範大學學報》2 期)指出,"9—11 世紀敦煌地方政權與中央關係研究"作爲歸義軍史研究的一項重要課題,通過對許多具體問題的探討,形成了一些新的認識。其中曹氏歸義軍首次成功的入奏活動實現於同光二年。擊敗甘州回鶻後,曹氏進行的幾次入奏活動之間有極其緊密的内在聯繫,與西返的清泰元年入奏使團同行的還有前來爲慕容歸盈宣詔的後唐使臣,歸義軍入奏成功與否與中原王朝的政策及靈武節度使等的輔助直接相關。趙晨昕《敦煌本〈記室備要〉"西院直公"考》(《敦煌學輯刊》1 期)從敦煌本《記室備要》中"西院直公"一詞入手,分析這個詞語在史籍中的對應記載,揭示"西院直公"就是樞密承旨的別稱,而出土宦官墓誌中的"樞密院端公"與樞密承旨均是指樞密院中起草詔誥的中層宦官,"西院直公"則是地方監軍使對樞密院中掌實權的樞密承旨的敬稱。王使臻《敦煌所出三件"致書"比較》(《敦煌學輯刊》1 期)通過對敦煌文獻中保存的三件内容基本相同的"致書"——《肅州刺史劉臣壁致南蕃書》的格式特徵進行比較,復原了一件致書的原貌,并探討了致書在流傳過程中所發生的文本變異,發現文本變異往往與政治關係密切。李永《由 P. 3547 號敦煌文書看唐中後期的賀正使》(《史學月刊》4 期)根據 P. 3547 號敦煌文書結合相關文獻,考證出唐代中後期地方政府賀正使團的人員組成,在京城長安的活動情況與活動空間,其所具有的中央與地方兩種屬性及其在中央與地方信息交流過程中發揮的作用等問題。段銳超《敦煌西漢金山國政權性質及其立國舉措成敗析論》(《温州大學學報》5 期)指出西漢金山國政權加劇了其與周邊政權特別是回鶻政權關係的緊張,雖然存在道義上的欠缺和策略的失誤,但也具有自存自保的現實意義。

歷史人物方面,史國強《"隴山鐵漢"定維峻生平及其著述略論》(《敦煌學輯刊》2 期)認爲"隴山鐵漢"定維峻是中國由封建社會向近代社會轉型時期的一位正統封建士大夫,在民族危亡之際,他恪盡職守,憂國憂民,剛正不阿,敢於同權臣鬥爭,表現出可貴的愛國精神。吳景山、張洪《〈索勛紀德碑〉辨正》(《敦煌學輯刊》1 期)對《大唐河西道歸義軍節度索公紀德之碑》的相關問題進行了探討,將所識文字分別標以行列錄出,并對個別文字進行校勘,以期爲學界利用并研究此碑提供方便。楊曉、吳炯炯《〈唐刺史考全編〉補正(三)》(《敦煌研究》3 期)以近年新刊佈的唐代墓誌資料爲主,擇其重要者,參以傳世典籍,補正《唐代刺史考全編》及後續相關研究,期望對唐代文史研究有所幫助。

經濟史方面,孫繼民《唐宋之際歸義軍户狀文書演變的歷史考察》(《中國史研究》2 期)指出歸義軍"户狀"文書跨越唐五代宋初,揭示了唐代民户申報文書由手實到户狀,由唐代户籍到宋代地籍的發展軌迹和演變綫索,反映了唐代籍帳制度演變的最終歸宿。趙貞《唐代的"三賈均市"——以敦煌吐魯番文書爲中心》(《中國經濟史研究》1 期)指出唐代市司每旬要定期對市場上的商品進行評估,并按照質量好壞定爲上、中、下三種價格,在此基礎上,市司製定市估文簿,并報送州郡倉曹及尚書户部備案,作爲官方平贓定罪、官民之間和市與和糴交易以及賦稅折納的依據。高國藩《唐宋時期敦煌地區商業酒文化考述》(《藝術百家》3 期)勾勒了盛唐至宋初敦煌酒文化的市場化從開酒行到開酒店的概況。蘇金花《唐五代敦煌的糧食作物結構及其變化》(《中國經濟史研究》2 期)指出敦煌地區種植作物歷史悠遠,唐代作物的種類、品種以及種植結構、記述都有很大的變化,文章從糧食作物的結構變化,討論唐五代敦煌綠洲農業種植業生產狀況。徐秀玲《唐宋之際敦煌農業領域受雇人的生活》(《敦煌研究》5 期)對敦煌所出雇傭文書中記載唐宋之際農業領域受雇人的工價進行了分析,并對普通農户的生活收支等問題做出研究。郝二旭《敦煌陷蕃前夕人口變化淺析》(《敦煌學輯刊》4 期)通過對敦煌文書和相關史籍的分析認爲,敦煌人口數量到陷蕃之時不僅没有增加,較之天寶年間還出現了明顯的萎縮。張多勇、李并成、戴曉剛《"西夏乾祐二年(1171)黑水城般駄、腳户運輸文契"——漢文文書與西夏交通運輸》(《敦煌研究》2 期)對《俄藏黑水城文獻》第 6 册的漢文文書重新命名,對文書中出現的幾個重要名詞如"合同"、"一般駄"進行了考釋,進而探討了西夏的運輸和交通情況。劉戈、趙莎《也談"大女"》(《敦煌學輯刊》3 期)認爲文書中常見的"大女"一詞主要指家庭子女輩分中排行爲長的女性,而非作爲户主的寡婦或單身女性,也不是指替代外出服役的丈夫或兒子而臨時作爲户主的女性。

軍事方面,陸離《敦煌文書 P. 3885 號中記載的有關唐朝與吐蕃戰事研究》(《中國藏學》3 期)一文分析了敦煌文書 P. 3885 號中記載的吐蕃贊普率軍進攻唐朝河西隴右地區的進軍路綫,吐蕃在今青海東南部、甘肅南部、四川西北部黄河上游地區磨環川等地的軍政設置,佛教對吐蕃的影響,吐蕃軍隊與唐軍交戰地點以及唐朝河西隴右節度使的軍事佈防,節度使蓋嘉運上任後對吐蕃進攻採取的軍事行動等方面史實,彌補了傳世史籍中有關記載的不足。曾磊《敦煌出土西晉元康三年"苻信"考釋》(《敦煌研究》4 期)通過對敦煌出土西晉元康三年"苻信"文本的釋讀,初步了解了西晉邊塞的巡查制度,該"苻信"所見交通地理信息爲相關地名的推定提供了新的綫索。

歷史地理方面,鄭炳林、曹紅《漢唐間疏勒河下游地區環境演變》(《敦煌學輯刊》3 期)主要以疏勒河下游地區的環境演變爲研究對象,從湖泊沼澤和農業經濟開發兩個方面進行探討,認爲漢唐間這個區域存在四個湖澤,并對湖泊乾涸、河道退縮的歷史原因進行了討論。劉滿、史志林《鳳林山、鳳林津有關問題辨正》(《敦煌學輯刊》2 期)考證了枹罕原、鳳林川和鳳林山的位置和範圍,探討了鳳林津、鳳林關和唐述山所載的州縣。史爲樂《〈中國歷史地名大辭典〉(增訂本)前言》(《敦煌學輯刊》1 期)以社科研究的新成果和考古方面的新發現爲依據,對《中國歷史地名大辭典》中的錯誤作了認真的檢討和研究,對原有詞目釋文作了修訂,對原有的詞條作了增補,本文爲修訂和增補工作的論證和説明。梅維恒撰,王啓濤譯《"敦煌"得名考》(《西南民族大學學報》9 期)認爲"敦煌"的發音、拼寫和歷史都證明它更接近於希臘特洛納語和粟特語中的"Druwan","敦煌"一般是表示精密防禦系統的監視塔和防禦堡壘。

關於敦煌漢簡的研究方面,侯宗輝《漢簡所見河西邊郡"盜賊"考論》(《敦煌研究》4 期)認爲漢朝政府靈活調整策略,賦予戍邊軍吏"備盜賊"之職,憑依着漢塞整體性的軍事防禦構建,充分發揮漢塞既是抵禦外族侵擾的最外圍邊防,又是漢朝境内維持社會治安的最後一道屏障的二重功用,使戍吏肩負起軍事防禦和境内治安管理的雙重角色,有效地化解了邊塞盜賊帶來的國防隱患問題。石明秀《敦煌一棵樹烽燧新獲簡牘釋考》(《中國國家博物館館刊》6 期)對敦煌博物館新獲簡牘中的一枚西晉封檢和一枚漢代緝令簡進行研究,并指出此爲漢晉簡牘及官文書制度難得的物證,是研究敦煌西晉歷史、邊疆史地、絲綢之路南北兩道走向諸問題的寶貴史料。羅見今、關守義《〈額濟納漢簡〉年代考釋》(《敦煌研究》2 期)利用中國曆法的五個周期性質考釋了 10 枚非紀年簡的年代,認爲與今曆不合的 5 枚紀年簡曆日書寫有錯誤,確認 1 枚有殘紀年簡的年號,據 4 枚建國二年(10AD)文書簡,認爲劉義叟《輯術》該年閏十一月、陳垣《二十史朔閏表》閏十月值得商榷。鄧天珍、張俊民《敦煌漢簡劄記》(《敦煌研究》2 期)對近期連續發表的幾篇研究敦煌漢簡的文章中所存在的問題加以糾正或提出商榷。費仙梅《從敦煌漢簡看王莽伐西域後勤補給問題》（《文博》2 期）認爲戰爭的前期國家後勤物資準備匱乏以及伐西域路途險阻、給養運輸籌措困難的客觀現實爲軍事行動埋下了隱患，戰爭中的給養籌措和補給的諸多困難直接導致了整個軍事行動最終的失敗。羅見今、關守義《肩水金關漢簡（壹）八枚曆譜散簡年代考釋》（《敦煌研究》5 期）根據農曆每年朔日干支序列的周期性和出土紀年簡的上下時限，考訂其中 8 枚曆譜散簡的年代，并指出 73EJT10：273 號簡的釋文錯誤。李岩雲《敦煌西湖一顆樹烽燧遺址新獲簡牘之考釋》（《敦煌研究》5 期）公佈了 2008 年元月在敦煌玉門關西 65 公里的灣窖盆地中部、一顆樹烽燧遺址出土的 9 枚簡牘，并對其中重要的簡牘加以考證，"領扳龍勒令"簡對敦煌出玉門關、陽關之後，敦煌境內南北兩道有無聯繫綫的問題給我們提供了一些重要信息。張德芳、孫家洲《居延敦煌漢簡出土遺址實地考察論文集》（上海古籍出版社）共收錄研究論文 24 篇，涉及居延敦煌古遺迹、古遺物的考察研究及居延漢簡、武威漢簡、敦煌懸泉漢簡、額濟納漢簡等重要簡牘文獻的文本解讀和歷史探討，集中反映了漢代居延和敦煌地區的政治、軍事、經濟和社會生活。

三、社　　會

敦煌社會的研究，主要涉及社會文化、敦煌大族、社會風俗與信仰、占卜文化、社邑、書儀以及體育文化等方面。

社會文化方面，鄭炳林、楊富學主編《中國北方少數民族歷史文化叢書》（甘肅民族出版社），包括《敦煌民族研究》、《中國北方民族歷史文化論稿》、《西夏與周邊關係研究》、《十至十三世紀新疆突厥語文獻語言語法研究》、《藏傳佛教阿彌陀佛與觀音像研究》（上、下）、《遼朝史稿》、《薩滿文化研究》、《回紇史初探》等多部著作。該叢書利用正史資料、敦煌文書、回鶻文書詳細論述了中國北方各少數民族的文化、歷史、經濟等諸多問題，是我國少數民族歷史文化研究的重要成果。王東《吐蕃移民與唐宋之際河隴社會文化變遷》（《敦煌學輯刊》4 期）通過理清唐宋之際的史實，清楚地認識到吐蕃移民對河隴社會文化變遷帶來的巨大影響，不僅影響到其他民族，同時也受到了先進文化的影響，對民族融合與社會變遷產生了直接或間接的作用。劉滿《西秦乞伏飛橋有關問題辨正》（《敦煌學輯刊》1 期）從西秦乞伏飛橋的建造年代、建橋者、位置、飛橋所在地的景觀特點和地貌特徵以及飛橋的長度和高度諸方面，通過比較得出多項有益的結論。公維章《從〈大曆碑〉看唐代敦煌的避諱與曆法行用問題》（《敦煌研究》1 期）對敦煌《大曆碑》中反映的唐代敦煌的避諱與曆法行用問題進行了深入探討，認爲敦煌陷蕃前，敦煌地區嚴格執行唐代的避諱制度；陷蕃後，不再避唐諱。

　　敦煌大族方面,陳菊霞《敦煌翟氏研究》(北京民族出版社)以家族史的個案爲中心,主要運用史學與社會學相結合的研究方法,同時借鑒考古、藝術等學科方法,全面搜集和整理了敦煌文獻中有關敦煌翟氏的資料,對敦煌翟氏的來源、地域分佈、宦與婚、名人事迹、佛教信仰和在莫高窟的營建活動等諸多方面進行了探討。

　　社會風俗與信仰方面,胡穎、蒲向明等《甘肅儺文化研究》(人民出版社)涉及敦煌"兒郎偉"和"驅儺文"方面的研究。余欣《冥幣新考:以新疆吐魯番考古資料爲中心》(《世界宗教研究》1 期)一文以新獲吐魯番考古資料中漢唐間的冥幣材料與傳統文獻相互印證,着重於從冥幣在墓葬中的實際保存狀態、製作和使用方式、與墓葬整體遺存之間的相互關係進行分析,對其源流、性質、功能進行了新的考索,尤其是對冥幣在中古時代所發生的關鍵性演化做了較爲深入的闡釋,揭示了這一喪葬習俗的變遷過程及其豐富內涵。吕博《釋"搔囊"——讀高臺駱駝城前涼木牘劄記之一》(《敦煌學輯刊》2 期)對"高臺駱駝城前涼墓葬出土衣物疏"中的"搔囊"進行解釋,認爲"搔囊"體現了"禮"與"俗"在河西地區的不同張力。劉守華《再論〈黑暗傳〉——〈黑暗傳〉與敦煌寫本〈天地開闢已來帝王紀〉》(《民俗研究》4 期)就《黑暗傳》的原生態特徵及其文化價值,特別是就它和敦煌寫本《天地開闢已來帝王紀》的關聯給予評說,并指出在中國文化研究中應重視中國歷史文化的特色。宋雪春《敦煌本〈下女夫詞〉的寫本考察及相關問題研究》(《敦煌學輯刊》4 期)一文將敦煌文獻中所存的 17 件《下女夫詞》分爲三個系統,并對其文本情況和寫本本身反映的信息進行了詳細的分析和考察,并對學界長期存在分歧的問題提出了相關看法。宋雪春《〈俄藏敦煌文獻〉中 4 件〈下女夫詞〉殘片的綴合》(《敦煌研究》6 期)指出《俄藏敦煌文獻》中 4 件《下女夫詞》殘片:Дх. 11049、Дх. 11049V、Дх. 12834R、Дх. 12834V 屬於同一寫本,可以綴合,其內容屬於《下女夫詞》之甲系統的《下女婿》部分,4 件殘片的綴合爲《下女夫詞》的研究提供了新材料。高國藩《敦煌本土地神考述》(《西夏研究》1 期)指出從法藏和英藏敦煌寫卷結合中國古典文獻的記載來看,敦煌唐人祭祀土地神的特點是三教齊尊的新儒學,祭祀土地神在中國有着久遠的歷史和傳統,寄托着漢民族對和平安寧永恒的祝願和祈求。張海博《試析敦煌古代墓葬中龜的形象》(《絲綢之路》6 期)通過對敦煌魏晉至唐代墓葬中出土的各種龜的形象進行分析,説明敦煌與中原在對龜的崇拜和運用上一脈相承。

　　占卜文化方面,陳于柱《區域社會史視野下的敦煌禄命書研究》(民族出版社)從區域社會史的角度對敦煌禄命書與敦煌社會發展的關係進行了討論,尤其在唐宋敦煌醫療社會史的研究上頗有貢獻,此著還對敦煌禄命書的寫本進行了校録,爲學界利用這批文獻提供了方便。王晶波《敦煌的身占文獻與中古身占風俗》(《敦煌學輯刊》2 期)指出敦煌保存的唐五代宋初的身占文獻及相關記載是研究中古時期身占習俗的重要材料,文章通過對這些文獻的分析考察,并聯繫吐魯番出土的回鶻文占卜書,探討了中古時期有關身體生理現象的占卜習俗及内容影響。趙貞《Дх. 6133〈祭烏法〉殘卷跋》(《敦煌研究》1 期)認爲 Дх. 6133 殘卷包含的《祭烏法》對探討吐蕃烏鳴占卜的來源及歸義軍時期的占卜法有一定的參考價值。儘管在文本傳抄和推占方式上,此件與其他寫本略有不同,這表明諸如《烏鳴占》之類占著抄,在中晚唐社會曾經十分流行,由此也引導了唐人奉烏祈福的風氣。佐佐木聰《法藏〈白澤精怪圖〉(P. 2682)考》(《敦煌研究》3 期)根據調查原本所見,首先闡明了本卷的來歷,然後通過考證其來歷證明《白澤精怪圖》不是《白澤圖》,并對本卷的性質進行了探討。陳于柱、張福慧《敦煌藏文本 S. 6878V〈出行擇日吉凶法〉考釋》(《首都師範大學學報》6 期)對 S. 6878V《出行擇日吉凶法》的考釋,不僅進一步揭示了此件文獻的内容樣貌與文本來源,彌補了相關敦煌漢文文獻的缺陷和不足,而且爲推進漢藏文化交流史的研究以及唐宋之際敦煌吐蕃移民史研究提供了新的素材和重要綫索。楊秀清《術數在唐宋敦煌大衆生活中的意義》(《南京師範大學學報》2 期)指出術數以陰陽五行爲核心的宇宙觀念、宇宙的自然運行和人生禍福相同一的觀念以及由此決定的秩序觀念和厭劾祠禳之術,成爲敦煌大衆知識與思想體系中不可缺少的一部分,對敦煌的社會生活産生了重大影響。寧宇《敦煌寫本 P. 3081 號文書與唐代五月五日禁忌研究》(《敦煌學輯刊》4 期)對 P. 3081《七曜日吉凶推法》進行録文,并將其與 P. 2693《七曜曆日》以及印度的《宿曜經》進行對比研究,從而揭示該文書的實用價值。

社邑文書、書儀方面,高天霞《論唐宋時期敦煌民間結社的當代意義——以敦煌社邑文書爲中心》(《東南學術》4 期)認爲唐宋時期敦煌民間結社的民主思想已經相當成熟,對當前新農村建設中的基層民主的貫徹等方面具有一定的借鑒意義。高啓安《敦煌的"團"組織》(《中國藏學》2 期)指出敦煌文獻中的"團"爲某項集體行動的臨時團體,不同的"團"組織的記載,并非寺户的常設組織,更非敦煌基層民户組織。山本孝子《應之〈五杉練若新學備用〉卷中所收書儀文獻初探》(《敦煌學輯刊》4 期)指出日本駒澤大學圖書館藏朝鮮重刊本《五杉練若新學備用》,是五代禪僧應之撰述給僧侣的實用文書,是罕有的現存書儀刊本實物。

體育文化方面,陳康《敦煌體育研究》(中國社會科學出版社)通過挖掘敦煌體育的新材料,結合相關的文獻資料,從體育演變發展的過程中展示中國古代體育的社會職能及其文化價值,并對敦煌體育的研究方法和理論進行了深入探討。耿彬《中晚唐五代時期敦煌地區的民間體育活動——以吐蕃爲例》(《寧夏社會科學》3 期)通過敦煌文書、壁畫的記載,考察了當時敦煌地區吐蕃與漢族文化交流的形式,揭示了中晚唐五代時期漢藏文化的融通。李小惠、劉景剛《破譯甘肅出土簡牘中的體育符號》(《敦煌研究》3 期)對甘肅出土的簡牘系統地進行查閱和整理,在此基礎上對簡牘中的體育符號所表達的象徵意義與先民創造的體育活動的特徵做了深入具體的分析和探討。胡同慶、王義芝著《敦煌古代遊戲》(甘肅少年兒童出版社)一文指出,在敦煌壁畫和敦煌文獻中,保存了諸多古代遊戲活動的圖像或文字記載,這些圖像和文獻對於全面認識古代人們的娛樂活動很有幫助。叢振、李重申《試論敦煌遊藝文化中的儒家特徵》(《敦煌研究》3 期)通過對敦煌文獻所記載的部分遊藝活動資料進行釋讀,認爲敦煌遊藝文化深受儒家禮樂思想的影響,在活動過程中呈現出森嚴的等級觀念和嚴格的程式觀。陳禕晟、白潔《文化視角下關於嘉峪關魏晉墓葬中體育題材彩繪磚畫的研究》(《敦煌研究》3 期)採用文獻資料法,對嘉峪關魏晉墓葬彩繪磚畫中的體育題材內容作一梳理,通過對彩繪磚畫中所反映的體育信息與史料的結合進行論證,認爲嘉峪關魏晉墓葬彩繪磚畫中的體育形象不僅是當時特定歷史背景下的民俗活動寫照,也是古代體育作爲一種文化的傳承。

四、宗　教

本年度敦煌宗教研究主要涉及佛教、道教、摩尼教、景教等方面。

佛教史方面,方廣錩《略談漢文大藏經的編藏理路及其演變》(《世界宗教研究》1 期)對漢文大藏經從古到今的編藏理路作了簡單梳理,指出古代編藏主要出於宗教目的,并認爲日本《大藏經》的編纂,體現了大藏經從宗教性向學術性的演變,而大陸《中華藏》的編纂,則進一步將大文化理念引進大藏經的編藏實踐,文章最後對目前編藏工作的開展提出了重要建議。侯沖《漢地佛教的論義——以敦煌遺書爲中心》(《世界宗教研究》1 期)在釋讀敦煌遺書中論義文的基礎上,對漢地佛教論義進行了初步探討。定源《敦研 178V〈佛說八師經〉譯者小考》(《敦煌研究》6 期)一文主要在對照敦研 178V 文書與支謙譯本內容的基礎上,通過目錄學考察,對該文書的譯者提出看法,認爲該文書有可能是《歷代三寶記》所著錄的東晉竺曇無蘭譯本。彭建兵《晉唐時期河西佛經譯事鉤沉》(《敦煌學輯刊》4 期)認爲晉唐時期以竺法護、曇無讖和竺佛念爲代表的河西譯經僧侶翻譯了衆多對後世有深遠影響的佛經,形成了以竺法護爲核心的中國早期佛經譯場雛形。楊鬱如《佛教授記思想研究現狀與論著目録》(《敦煌學輯刊》1 期)認爲中國古代高僧對大乘諸經的疏釋是研究授記思想的開始,現代學者則從語言學、佛教史的角度探討授記思想之起源與流變;關於中國佛教授記思想及其在藝術等方面的展現是方興未艾的新議題。陳雙印、張鬱萍《唐二帝播越對成都佛教的影響》(《敦煌學輯刊》2 期)主要依據傳世的佛教文獻和方志材料以及正史記載,論述了唐代玄宗和僖宗二位皇帝播越成都,對本來已經非常發達的成都佛教所造成的影響。陳菊霞《試析翟法榮的佛教信仰》(《敦煌學輯刊》2 期)依據敦煌藏經洞出土的翟法榮的兩篇《邈真讚》的相關記述,對翟法榮的宗教信仰作了探討。王惠民《敦煌所見的經巾的形制、用途與實物》(《敦煌研究》3 期)對經巾的尺寸、質地、作用等問題進行了考察,并試圖從藏經洞出土的絲織品中比定出經巾實物。阿旺平措《吐蕃時期佛教與苯教的交鋒與融合》(《敦煌學輯刊》1 期)一文共分松贊干布時期,赤德祖贊、赤松德贊時期,赤祖德贊、達摩時期三個時期,扼要回顧和分析了吐蕃時期佛教與苯教交鋒與融合的情況。

佛教典籍方面,方廣錩《國圖敦煌遺書〈藥師琉璃光如來本願功德經〉敍録》(《敦煌研究》3 期)指出國圖敦煌遺書共藏《藥師琉璃光如來本願功德經》寫卷 122 號,反映了佛教發展中的中印文化匯流,對佛教研究、藥師菩薩信仰研究有較大的價值。才讓《法藏敦煌文書 P. T. 449 號〈般若心經〉研究》(《敦煌學輯刊》2 期)指出 P. T. 449 號《般若心經》與漢文異本《心經》最爲接近,但有些地方又有明顯的不同,而且 P. T. 449 號中一些較爲獨特的語句和表達形式卻與現存的一些梵文本驚人地一致。董大學《〈晉魏隋唐殘墨〉第 36 號〈夾注金剛經〉研究》(《敦煌學輯刊》2 期)對《晉魏隋唐殘墨》第 36 號《夾注金剛經》進行了詳細探討,認爲此件《夾注金剛經》文字精練,釋義深湛,内容上與《金剛經義》有一定的相似之處,其主旨與大乘佛教所宣揚的"性空"思想相一致,其作者身份可能是中晚唐時期某位禪宗僧人。王冀青《法藏敦煌本〈慧超往五天竺傳〉題名係由伯希和首定説》(《敦煌學輯刊》4 期)認爲敦煌本《慧超傳》的題名首定者并非羅振玉。學術史研究應追本溯源,還原歷史真相,確認伯希和是第一個依據慧琳《音義》確定敦煌本《慧超傳》題名的學者。杜建録、于光建《敦煌研究院藏 0669 西夏文〈金剛般若波羅蜜經〉考釋》(《敦煌研究》6 期)通過對敦煌研究院所藏 0669 號西夏文《金剛般若波羅蜜經》的翻譯,對該文獻進行了綴合和斷代,在此基礎上復原了西夏文《金剛經》的完整修持儀軌。杜斗城、張穎《敦煌佛教文獻女性經典試析》(《世界宗教研究》5 期)從佛教文獻女性經典入手,依據敦煌寫經題記,探討其在佛教史上的作用和地位。并將其與傳統女性觀進行對比,論證女性在佛教初傳和漢譯過程中所起的重要作用。鄒清泉《中古敦煌〈維摩詰經〉的書寫——以藏經洞維摩寫卷爲中心》(《敦煌學輯刊》1 期)以對藏經洞的 1173 件維摩寫卷遺存的考察爲基礎，就中古敦煌《維摩詰經》的翻譯、書寫、流傳與庋藏情況作了初步研究。王友奎《敦煌寫本〈咒魅經〉研究》(《敦煌研究》2 期)指出敦煌文獻中的《咒魅經》現存 23 號，按照各寫本間的差異程度可分爲六種傳本體系。《咒魅經》在文本的形成和流傳過程中受到中國本土文化和佛教陀羅尼經咒及《佛説佛名經》等巨大影響，體現出時人對魅蠱、天堂地獄等信仰世界的態度，而驅鬼治病、消災祈福是此經最主要的實用功能。陶家駿、苗昱《敦煌研究院藏佚本〈維摩詰經注〉寫卷再探——兼及"子母注"問題》(《敦煌研究》3 期)認爲敦煌研究院藏佚本《維摩詰經注》寫卷爲北朝寫本，以大字爲標目，小字書寫注文，其體例爲單注，而非"子母注"或集注，并認爲寫卷背面也是《維摩詰經》注解，是抄者對寫卷正面内容所作的補充，應定名作"維摩詰經補注"，所以該件寫卷正背面可視作一個整體，作爲《維摩詰經》早期注本，具有很高的學術價值。張穎《佛律"羯磨"一詞的翻譯及其相關問題》(《敦煌學輯刊》2 期)對佛律"羯磨"的含義、作用及其對僧尼不同要求的表現和原因作了探討。趙曉星《吐蕃統治敦煌時期的陀羅尼密典——中唐敦煌密教文獻研究之一》(《敦煌研究》6 期)整理了吐蕃統治敦煌時期的陀羅尼密典，并將其分爲標準的陀羅尼、咒語和諸陀羅尼法三個類別，在每種經典後列出了敦煌文獻編號，最後總結了蕃佔時期敦煌流行的陀羅尼密典的特點。

寺院經濟方面，陳大爲《唐後期五代宋初敦煌僧寺、尼寺人口數量的比較》(《中國經濟史研究》1 期)指出唐後期五代宋初敦煌境内僧寺的數量遠遠大於尼寺，但女尼的總數卻多於男僧，原因在於單個寺院中尼的數量多於僧的數量，并對造成這種現象的原因進行了討論。明成滿《唐五代敦煌普通僧尼參與教團管理研究》(《南京師大學報》2 期)通過對唐五代敦煌僧尼文書的分析，指出當時敦煌普通僧尼在教團管理中發揮着重要作用，在一定程度上體現了佛教的民主性特點。聶順新《開元寺興致傳説演變研究——兼論唐代佛教官寺地位的轉移及其在後世的影響》(《敦煌研究》5 期)討論由唐代佛教官寺制度而生的一則傳説，通過考證傳説文本的演變，分析其背後所反映的制度和史實。

道教研究方面，田啓濤《也談道經中的"搏頰"》(《敦煌研究》4 期)以道經語料爲依托，以佛經及傳統文獻典籍用例爲參照，來廓清"搏頰"的意義及内涵。王承文《敦煌本〈靈寶經目〉與古靈寶經的分類及其内在關係考釋——以〈靈寶五篇真文〉與〈道德經〉的關係爲中心》(《敦煌學輯刊》3 期)通過對古靈寶經中〈靈寶赤書五篇真文〉與〈道德經〉關係的考證，證明了敦煌本陸修靜《靈寶經目》有關"元始舊經"和"新經"的分類，更符合古靈寶經的本來面目。

摩尼教和景教方面,曹凌《敦煌遺書〈佛性經〉殘片考》(《中華文史論叢》2 期)認爲敦煌遺書中新發現的《佛性經》殘片爲佛教化摩尼教典籍,或是以摩尼教思想爲核心,摻雜佛教因素的具有混合性質的佛典,并就《佛性經》第八品殘文所表現的摩尼教解脱觀和輪回觀進行了梳理研究。聶志軍《唐代景教〈序聽迷詩所經〉中"移鼠"漢譯釋疑》(《宗教學研究》3 期)認爲《序聽迷詩所經》中把基督教中的"耶穌"翻譯爲"移鼠"一詞,應該與佛教術語"二鼠"(日月/晝夜)有一定的關係。陳濤《唐代景教經典〈志玄安樂經〉的流向問題》(《五邑大學學報》3 期)指出《志玄安樂經》是珍貴的唐代景教經典,原爲清末李盛鐸所藏,羅振玉最早目睹該經,抗父最早公開披露李盛鐸收藏該經的消息,日本學者羽田亨最早研究此經。

五、語 言 文 字

有關敦煌語詞總括性的研究,張涌泉《敦煌文獻俗語詞研究的材料和方法》(《中國典籍與文化》1 期)一文在對敦煌文獻俗語詞研究的情況作簡要回顧的基礎上,着重探討了敦煌文獻俗語詞的研究方法,指出當讀者面對一個陌生的俗語詞時,可嘗試採用不同方法進行考釋: 1. 辨字形;2. 破假借;3. 考異文;4. 探語源;5. 審文例;6. 重類比。相宇劍《〈敦煌文獻語言〉引文指瑕》(《敦煌學輯刊》1 期)對蔣禮鴻先生主編的《敦煌文獻語言詞典》的引文訛誤拾掇成文,以供修訂時參考。郜同麟《敦煌文獻語詞與漢語史研究》(《敦煌學輯刊》4 期)考釋了四組敦煌吐魯番俗語詞,并從中揭示出其豐富的漢語史價值。趙家棟、董志翹《敦煌文獻中并不存在量詞"笙"》(《語言科學》4 期)在充分釋讀考察敦煌寫本影印卷和排比歸納敦煌文獻用例的基礎上,結合漢語俗字研究的新成果,從漢語史的角度出發,指出敦煌文獻中并不存在量詞"笙"。王曉平《從日本朝鮮寫本看敦煌文獻省代號研究》(《敦煌研究》6 期)對日本、朝鮮寫本中的省代符號進行研究,認爲省代符號對於這兩國古代文學的翻譯研究十分重要。

關於社會歷史文獻中的語詞研究方面,張小艷《"坐社"與"作社"》(《敦煌研究》4 期)對敦煌吐魯番文書、傳世典籍以及現代民俗中"坐社"與"作社"的使用進行了調查,認爲"坐"乃"團坐"的意思,"坐社"指社日團坐,"春坐、秋坐、坐社"局席分別指春社、秋社、社日團坐的飲宴;"作社"指舉行聚會。王偉《懸泉漢簡劄記一則》(《敦煌研究》2 期)對《敦煌懸泉漢簡釋文選》中的相關字形的解析給予糾正。洪藝芳《敦煌文獻中奴婢稱謂詞的詞彙特色》(《敦煌學輯刊》2 期)結合傳統與現代語言學的義素分析法、語義場理論、語境理論等新的理論和方法,針對"敦煌文獻"中奴婢稱謂詞之詞義、詞形、詞變、詞用等四個面向進行歸納、分析與詮釋,以清楚呈現其詞彙特色。葉愛國《敦煌文書牲畜名稱"捌(八)"字解》(《敦煌研究》2 期)對敦煌文書中的牲畜名稱進行了字義解析。

邈真讚文獻中的語詞方面,楊曉宇《敦煌本邈真讚詞語選釋》(《敦煌學輯刊》1 期)對敦煌本邈真讚類文書中記載的許多未被各類語文辭書收錄的詞語,擇取數例予以考釋,以拾遺補闕。趙家棟《敦煌碑銘讚語詞釋證》(《敦煌研究》4 期)結合敦煌寫本原卷影印資料、中土文獻和佛經材料,運用訓詁學、音韻學及漢語俗字研究的最新成果,從漢語詞彙史的角度對敦煌碑銘讚中的"文棍"、"紂儒"、"魚顋"等部分疑難語詞作了嘗試性的延證考釋,以便學術界更好地利用敦煌碑銘讚進行相關研究。葉愛國《〈李君修慈悲佛龕碑〉"他(tuó)"字解》(《敦煌研究》6 期)對敦煌研究院所藏《李君修慈悲佛龕碑》中的"他(tuó)"字做出新的解析。王志敬《敦煌藏文空格結構的消失研究》(《語言研究》4 期)一文指出空格結構是古老藏語的產物,是演變之源,空格結構或因動詞消失而消失,或因添加動詞而消失。吳浩軍《〈李君修慈悲佛龕碑〉校讀劄記》(《敦煌研究》3 期)在核對原碑及 P.2551V 卷子的基礎上,對文字校勘等方面存在的問題作了進一步的討論辨析。

契約文書的語言研究方面,陳曉強《敦煌契約文書語言研究》(人民出版社)一書首先對敦煌契約文書的集大成之作——沙知先生所著《敦煌契約文書輯校》進行了勘正,其次着重對其中的詞語進行了匯釋和研究。黃聰聰《敦煌文獻裏與借貸有關的俗語詞》(《敦煌研究》1 期)考釋了今所見的敦煌文獻(如《吐魯番出土文書》、《敦煌契約文書輯校》、《敦煌資料》第一輯等)中與借貸有關的幾個俗語詞。

服飾詞研究方面,葉嬌《敦煌文獻服飾詞研究》(中國社會科學出版社)一書分上、下兩部分,不僅全面總結和闡述了敦煌文獻所見服飾詞的用字特徵、文化特徵,服飾詞的構成和應用及其研究價值,而且從頭衣、體衣、足衣、飾物四個方面,對敦煌文獻中的服飾詞進行了較爲詳盡的考釋,真實反映了唐五代時期語言使用的原貌和百姓的著裝風情。

敦煌文學作品中相關語詞的研究方面,啓功《季布罵陣詞之"潘"字》(《文獻》1 期)對敦煌本《捉季布傳》中的"潘"字進行了考釋,認爲當爲"拌"之借字。趙家棟、董志翹《敦煌詩歌語詞釋證》(《貴州師範大學學報》1 期)結合敦煌寫本原卷影印資料、中土文獻和佛經材料,運用訓詁學、音韻學及漢語俗字研究的最新成果,從漢語詞彙史的角度對敦煌詩歌中"珠騎"、"軟互"等部分疑難語詞作了嘗試性的延證考釋,以便學術界更好地利用敦煌詩歌進行相關研究。劉傳鴻《敦煌變文詞尾"即"考辨》(《敦煌研究》5 期)通過綜合比較"即"的固有功能與"遂即"、"便即"、"乃即"等在文獻中的用法,結合與之相關的其他組合的類比分析,認爲"即"在上述組合中主要發揮了其副詞和連詞的連接和強調功能,并非用以湊足音節的詞尾。岳秀文《從〈敦煌變文集〉"V +(X)+了"中的"V"看"了₁""了₂"的産生》(《寧夏社會科學》3 期)考察《敦煌變文集》中的"V +(X)+了"的不同類型影響到了"了₁"的産生方式,并認爲"了₁""了₂"都是從表"終了、完結"義的動詞"了"發展而來,但從事態助詞"了₁"到"了₂"的演變過程和"了"的功能研究還有待深入。

有關敦煌宗教類文獻字詞研究,于淑健《敦煌佛典語詞和俗字研究——以敦煌古佚和疑僞經爲中心》(上海古籍出版社)以敦煌佛典爲主要研究對象,重點選取古佚經 111 篇、疑僞經 68 篇加以介紹,回顧了敦煌古佚、疑僞經研究狀況,分析了敦煌佛典的研究價值,探討了敦煌佛典語詞和俗字研究對於佛教典籍的校勘與整理、字典辭書的編撰與完善、推進近代漢字研究不斷深入等所具有的意義。李洪財《讀〈敦煌佛經字詞與校勘研究〉——兼談涅槃合文問題》(《敦煌研究》5 期)對曾良《敦煌佛經字詞與校勘研究》一書進行了評述,同時就書中提到的涅槃問題提出不同看法。聶志軍《唐代景教寫經中的訛誤字例釋》(《敦煌研究》1 期)通過利用其他相關資料,從字形和語音兩方面對這些訛誤字進行了考釋。敦煌本佛經校勘方面,有張小艷《〈佛説相好經〉校錄補正》(《敦煌學輯刊》3 期)一文,認爲黃霞關於敦煌本《佛説相好經》的校錄在釋錄、標點、校勘方面存在一些不足,并對這些值得商榷的地方進行了補正,同時,借助於敦煌本《相好經》,又校正了《大正藏》所收《佛説觀佛三昧海經》中不少文字的錯訛衍奪。李小榮《幾個有關"俗講"問題的再檢討》(《敦煌學輯刊》1 期)利用此前學術界未曾注意的"俗講"史料,對俗講的生成年代和含義演變進行新的考訂,指出俗講當生於隋末唐初,而俗講因受"順合俗心"的影響,其"俗"字從"僧俗"之"俗",演變成後來的"世俗"、"通俗"甚至"媚俗"之"俗"。

關於俗字方面,趙紅《敦煌寫本漢字論考》(上海古籍出版社)一書分上編述論和下編字形考辨兩部分:上編以敦煌漢文寫本爲考察對象,對俗字流行的原因,俗字的概念和俗字的産生方式等問題進行了論述,還輯錄了一批武周新字的手寫字形,并對其特殊性和正俗特性進行了研究;下編就千餘個敦煌寫本中選擇了二百多個字進行了考證和辨析,糾正了一批俗字、訛字的識讀錯誤,并依據新材料對一批常見字的特殊字形和疑難字形得出了新結論。黎新第《入收聲在唐五代西北方音中應已趨向消失——敦煌寫本願文與詩集殘卷之別字異文所見》(《語言研究》3 期)指出在唐五代漢語西北方言的韻母系統中,已經出現較多的不宜用"—p、—t、—k 在高母音 i、u 後面不太顯著"作解釋的舒入代用例證;入聲字互代也不限於—k 尾和—t 母音作 i 或 u 的字,—p、—t、—k 韻尾已經開始相混;在 18 種漢藏對音材料中,還總共出現了 30 字、51 例以舒注入的對音。

六、文　學

本年度敦煌文學研究主要涉及敦煌文、變文、詩歌、《文選》、佛曲、童蒙文學等方面。

關於敦煌文學總括性的研究,朱鳳玉《百年來敦煌文學研究之考察》(民族出版社)對百年以來學界在敦煌變文、詩歌、王梵志詩、曲子詞和賦等方面的研究史進行了考察和總結,并對臺灣地區和日本敦煌文學研究的情況進行了考察,作者還對王重民、潘重規、關德棟和饒宗頤等先生於敦煌文學研究所取得的成就進行介評。朱鳳玉《三教論衡與唐代爭奇文學》(《敦煌研究》5 期)主要從宗教、政治到娛樂看三教講論的轉化來考察三教論衡對唐代爭奇文學的促進。顏廷亮《關於敦煌文學歷時性研究的若干思考》(《絲綢之路》24 期)認爲敦煌文學研究包括敦煌俗文學研究,也包括敦煌雅文學研究,敦煌文學的歷時性研究有了清晰的輪廓。伏彥冰、楊曉華《敦煌文學的傳播方式》(《敦煌學輯刊》2 期)指出講經文、變文、因緣、俗賦等以講誦爲主,一些文人詩也通過講誦傳播;曲子詞、佛曲、民間俗曲等通過歌唱的方式傳播。同一篇作品在敦煌寫本中有大量的復本,是其通過抄寫傳播的標誌之一;同時,一些抄本工整規範,校勘認真,就是寫本時代的"書籍",是作爲標準範本而流傳的。陳燦《農耕文化歲時節日儀式與敦煌文學》(《甘肅理論學刊》5 期)以敦煌文書中與農耕文化相關的各類歲時節日材料爲基礎,結合各類歲時節日的起源,通過分析它們與相關敦煌文學作品題材、內容、風格等因素的關係,揭示這些文學作品的撰寫背景、用途等。

本年度對敦煌文的集中探討,主要有鍾書林《敦煌文的駢偶之美與六朝唐五代的文風演變》(《唐都學刊》2 期)結合民族心理、時代風氣、佛教文化、敦煌紙張匱乏等因素,探討了敦煌文講求駢偶的多種淵源,并從對偶、平仄、句法、數典隸事等方面探索其駢偶之類的具體表現。鍾書林《"敦煌文"概念的再確立和分類的新思考》(《西北大學學報》3 期)強調應充分重視文體資源豐富的敦煌文寶藏,在吸收歷來的研究成果的基礎上,對其加以系統整理研究。

敦煌變文的研究方面,河西寶卷與敦煌文學存在密切的關聯,慶振軒主編《河西寶卷與敦煌文學研究》(人民出版社)一書收錄了數篇與之相關的敦煌文獻研究方面的文章,包括對河西寶卷與敦煌變文淵源關係、敦煌本《五更轉》、敦煌歌辭之敍事特徵、敦煌碑銘之文學價值和敦煌佚名邊塞詩之悲美特徵等内容的探討。吴真《敦煌孟姜女變文與招魂祭祀》(《北京大學學報》1期)認爲敦煌孟姜女變文是從招魂儀式向祭祀演劇進化的一種中間形態,孟姜女的祭祀身份在鄉村祭祀演劇中至今尚有遺存。許松《〈伍子胥變文〉校讀記五則》(《敦煌學輯刊》3 期)對目前學界關於《伍子胥變文》中"子胥告令軍兵"、"君不索吾身命,由自予之"、"限形即立"、"抽刀劍吼"等處的解釋進行了商榷。董志翹《敦煌寫本〈啓顔録〉箋注(選)》(《西南民族大學學報》3 期)指出敦煌文書中有編號爲 S. 610 爲《啓顔録》之傳抄本之一,且非完本,其文獻價值不可小覷,并將以往學者對該卷的注釋進行了重新箋注。王偉琴《敦煌〈王昭君變文〉河西地域特徵探析》(《青海社會科學》6 期)指出敦煌《王昭君變文》與歷史記載的王昭君故事及唐前詩文的相關内容比較,顯示出了濃郁的河西敦煌地域特徵,其地域特徵的形成在於作者對傳統昭君故事的改造以及歷史生活在文學作品中的反映。

有關敦煌本《文選》的研究成果,包括徐華《俄藏敦煌寫卷 Дx. 242 號〈文選〉考異——兼論寫卷的版本系統及作注年代》(《敦煌研究》2 期)指出俄藏敦煌寫卷 Дx. 242 號《文選》係唐抄注本,其作注時間大約在唐貞觀末至高宗顯慶年間,與李善注同時或稍早,有可能是在釋道淹《文選音義》爲底本基礎上的抄本,并吸收蕭、曹兩位早期《文選》學者的知識,形成了以釋義、博物、普及爲主的注釋體例,乃蕭、曹之後《文選》注釋與傳授的一種重要注本。王立群《敦煌白文無注本〈文選〉與宋刻〈文選〉》(《長春師範學院學報》1 期)認爲敦煌白文無注本《文選》不僅能夠爲考察《文選》正文的演化提供起點與參照,并以此確立一個《文選》白文演化的序列,而且也爲考察從抄本到刻本的《文選》變化提供了參照的依據。

敦煌詩歌的相關研究,主要有李小榮《王梵志詩佛教典故補注》(《敦煌研究》1 期)一文對項楚先生《王梵志詩校注》一書中未能詳注出處的幾個佛教典故——"厥磨/摩師"、"瓠蘆"、"婆羅草"等進行補注,希望使相關作品的主旨得到更好的解釋。馮天亮《S. 4654〈巡禮仙嵒〉組詩再探——讀張先堂〈S. 4654 晚唐《莫高窟紀遊詩》新探〉劄記》(《敦煌研究》3 期)針對張先堂先生《S. 4654 晚唐〈莫高窟紀遊詩〉新探》一文再做探討,更新標題爲《巡禮仙嵒組詩》,重新校釋確定組詩的文字内容,并從作者身份、詩歌内容、創作時間及文卷段落關係等方面進行考論,認爲組詩中《巡禮仙嵒詩二首并序》之作者當爲晚唐敦煌詩僧悟真。顔廷亮《歸義軍設立前夕敦煌和長安僧界的一次文學交往——悟真和長安兩街高僧酬答詩略論》(《敦煌研究》6 期)指出這次詩歌酬答既是歸義軍設立前夕兩地僧界唯一的一次文學交往,也是整個歸義軍張氏時期兩地間的第一次文學交往,在敦煌文學史上頗具史料意義和文學意義。

童蒙文學方面,王金娥《敦煌訓蒙文獻研究述論》(《敦煌學輯刊》2 期)認爲敦煌遺書中蒙訓文獻的研究可分爲起步、發展、興盛三個階段,并分析歸納出各階段敦煌訓蒙文獻研究的不同特點。

佛曲方面,魯立智《敦煌佛曲"三皈依"考辨》(《文獻》2 期)對敦煌寫卷中數量繁多,體式各異的皈依類佛曲進行研究,并對聯章齊、雜言歌讚進行了重點探討。

七、藝　術

本年度藝術研究主要涉及石窟、佛塔、壁畫、經變、舞蹈、曲譜、書法等方面。

石窟藝術方面,敦煌研究院編,樊錦詩主編《敦煌吐蕃統治時期石窟與藏傳佛教藝術研究》(甘肅教育出版社)是"2010 敦煌論壇:吐蕃期敦煌石窟藝術研究國際學術研討會"的最終成果,共收錄論文 38 篇,内容涉及對敦煌吐蕃石窟藝術樣式的研究、社會政治背景探討、造像思想研究、吐蕃密教文獻研究、石窟經變畫與圖像專題研究、密教尊像研究、西藏考古與藝術研究、毗沙門天王像研究、莫高窟第 465 窟研究等多個領域,是目前爲止學術界有關吐蕃統治時期敦煌石窟與敦煌藏傳佛教專題研究的第一本論著。敦煌研究院、甘肅省文物局編的《甘肅石窟志》(甘肅教育出版社)是在全面調查甘肅省石窟的基礎上完成的石窟志,較爲全面地記錄了甘肅省的石窟資料,爲學術界提供了較完整的資料,同時也吸取了甘肅石窟研究中最新的學術研究成果,以新的學術視野來記錄石窟文物。由中共高臺縣委等編著的論文集——《高臺魏晉墓與河西歷史文化研究》(甘肅教育出版社)收集了研究國内外專家學者的論文 57 篇,涉及河西魏晉墓、河西歷史文獻、河西歷史地理、河西歷史、中西文化交流等課題研究。寧強《敦煌石窟寺研究》(甘肅人民美術出版社)集中了敦煌石窟寺研究方面的最新成果,全方位展示了各個歷史時期敦煌石窟寺的歷史沿革及藝術特色。久野美樹著,賀小萍譯《石窟藝術筆記——隋唐時期的敦煌莫高窟與龍門石窟》(《敦煌研究》5 期)探討了敦煌莫高窟與龍門石窟造像的思想背景,列舉了基於"一即多,多即一"法則的"諸佛"概念、"本迹思想"作用的事實。胡同慶《論古代舉重活動的表演性和娛樂性——兼論對敦煌、炳靈寺等石窟藝術中的一些畫面的定名》(《敦煌研究》3 期)通過大量文獻和圖像資料論證了古代舉重活動的表演性和娛樂性,然後在此基礎上對一些看上去很像舉重活動的畫面進行了分析,認爲對這些畫面的定名應該慎重。劉永增、陳菊霞《莫高窟第 98 窟是一懺法道場》(《敦煌研究》6 期)參照傳世佛教懺法典籍和一些敦煌禮懺文的"啓請"儀式,認爲莫高窟第 98 窟應該是一個懺法道場。任平山《兔本生——兼談西藏大昭寺、夏魯寺和新疆石窟中的相關作品》(《敦煌研究》2 期)收集整理了佛經中的兔本生故事,它們可以分爲五個不同的版本,并在此基礎上,對大昭寺、夏魯寺及新疆石窟中的相關藝術作品進行了考釋。

佛塔藝術研究方面,梁曉鵬《作爲符號的塔及其意義初探》(《敦煌學輯刊》2 期)從詞源角度對"塔"的譯名及其含義進行了分析,確定了它的符號性質,并在此基礎上探討了它在敦煌石窟《法華經變》中所扮演的功能。臧衛軍《西安唐代五重佛舍利塔的佛像系統考釋》(《敦煌學輯刊》1 期)通過探討早年從北方黃河沿岸某地流失的五重寶塔的佛像的不同屬性,認爲五重寶塔的毗盧遮那佛具有顯現的十方三世諸佛的功能,在五重寶塔中賦予了法身舍利的永恒、普遍性。本年度對於桑奇大塔的研究,首推揚之水的相關著述。其《桑奇三塔:西天佛國的世俗情味》(三聯書店)詳細介紹與解讀了桑奇大塔浮雕上的佛傳故事、本生故事及天神聖物等,并將其他佛教遺址與之相關的圖像藝術一起參照討論;《桑奇大塔浮雕的裝飾紋樣》(《敦煌研究》4 期)指出桑奇大塔浮雕的裝飾性部分,雖有異域風格去絲毫不掩"國色",本土性是基本語法,外來樣式衹是各種各樣的修辭,是爲了潤色和豐富。

壁畫方面,趙聲良《敦煌隋代山水與空間表現》(《敦煌研究》5 期)認爲大畫面經變是隋代壁畫的新氣象,一方面源於當時佛教對淨土世界宣傳的需要,一方面也由於當時的繪畫對山水、建築等風景有成熟的表現,使得宏大的佛國世界表現成爲可能。嚴耀中《關於敦煌壁畫中來自婆羅門教神衹星象的詮釋》(《敦煌學輯刊》2 期)列舉了婆羅門教神衹在敦煌壁畫中的各種存在形式,闡述這些形式的代表意義、出現原因和在宗教傳播學上的作用。郭永利《河西魏晉十六國壁畫墓》(民族出版社)首先分析了敦煌、酒泉、武威所表現出的地域差異,其次將這三個地區的墓葬壁畫題材做了分類,最後考察了河西壁畫墓的源流及影響。高啓安《莫高窟第 17 窟壁畫主題淺探》(《敦煌研究》2 期)認爲敦煌莫高窟第 17 窟的壁畫內容,表達的是高僧圓寂的主題,通過對壁畫中各種器物的分析,認爲第 17 窟壁畫顯示了禪宗高僧在往生西方世界過程中的行頭和願望表達以及與世俗生活割捨不斷的關係。阮立《唐敦煌壁畫女性形象研究》(武漢大學出版社)以唐敦煌壁畫中的女性形象爲中心,對其造型特點、服飾風格、裝扮特點、色彩特點等方面進行分析,并對唐代的女性形象審美觀的起源和成因進行探討。趙蓉《莫高窟第 93 窟龕內屏風畫內容新釋》(《敦煌研究》1 期)認爲莫高窟第 93 窟龕內屏風畫表現的并不是

《藥師經》“十二大願”和“九横死”的内容,而是表現“觀音救諸難”及相關内容的。同時作者對屏風中出現的“T”等形狀題記框和吐蕃裝人物與本窟開鑿年代背景相關的現象也作了一些初步探討。鄒清泉《莫高窟唐代坐帳維摩畫像考論》(《敦煌研究》1 期)以對莫高窟第 220 窟主室東壁的坐帳維摩畫像的考察爲起點,對莫高窟唐代坐帳維摩畫像作了系統研究,認爲莫高窟第 220 窟主室東壁貞觀十六年(642)的坐帳維摩確立了此後敦煌地區維摩畫像表現的新格局,使維摩畫像由南北朝時期的多重樣式進入坐帳維摩的圖像格式。L. 金德爾、N. 夏爾瑪著,黄蓉譯《〈敦煌佛教繪畫〉前言》(《深圳大學學報》1 期)介紹了敦煌第一石窟開鑿的緣起、過程以及敦煌藝術的分期,探討了華嚴與敦煌的關係,并以一些造像中手印的區域性特點爲例提出研究印度國家博物館藏敦煌繪畫藝術的必要性和重要性。趙栗暉《敦煌壁畫:人物綫描篇》(遼寧美術出版社)所選用的綫描均來源於古絲綢之路上的敦煌壁畫藝術珍品。吴岩《敦煌畫派基礎理論分析》(《隴東學院學報》6 期)指出敦煌畫派基礎理論的框架應該圍繞方法、題材、意義情感三個方面建立。陳粟裕《敦煌石窟中的于闐守護神圖像研究》(《故宫博物院院刊》4 期)認爲敦煌莫高窟中的于闐守護神圖像中呈現出的漢化傾向,可能與初盛唐時期中原王朝在于闐的經營有關,這一時期漢地文化、佛教被于闐人了解、認知,從而以漢地的造像樣式爲藍本創造了屬於自己的守護神。米德昉《敦煌曹氏歸義軍時期石窟四角天王圖像研究》(《敦煌學輯刊》2 期)對敦煌曹氏歸義軍時期石窟四角天王圖像進行了研究,認爲四角天王圖像的産生,一方面是受西域于闐佛教思想影響的結果,另一方面與當時曹氏内憂外患的政治格局密切相關,其特殊形制既表達了一定的宗教思想,也隱含了某種社會世俗的意義。吕德廷《論“菩薩相”類型的摩醯首羅天形象》(《敦煌學輯刊》3 期)對唐代至明清時期摩醯首羅天形象的歷史變遷進行了考察,認爲明清時期,常見於水陸畫中的“菩薩相”類型之摩醯首羅天形象帶有濃厚漢地風格,作者還認爲這一類型的摩醯首羅天可以追溯到高昌回鶻時期的柏孜克里克第 17 窟中的形象,是内地文化影響的結果。張善慶《馬蹄寺千佛洞第 1 窟“梨車”榜題釋論——甘肅馬蹄寺石窟群千佛洞第 1 窟北朝壁畫考(一)》(《敦煌學輯刊》4 期)指出馬蹄寺石窟群千佛洞第 1 窟中心塔柱南向面現存北朝壁畫一方,内含地神和梨車供養人圖像,其中梨車供養人榜題彌足珍貴。孫曉峰《麥積山第 127 窟七佛圖像考》(《敦煌學輯刊》4 期)指出麥積山第 127 窟前壁七佛圖是現存中國北朝時期最完整的七佛繪畫之一,其圖像來源、藝術風格都受到中原和南朝地區的强烈影響,其中諸多本生故事畫充分體現出與釋迦信仰之間的密切關係。邱忠鳴《吐蕃時期敦煌石窟壁畫中的屏障畫探究》(《民族藝術》1 期)認爲吐蕃時期敦煌石窟中的屏障畫是連接壁畫與卷軸畫的肯綮,在吐蕃統治時期顯示出與漢族傳統文化的聯繫,反映出窟主的複雜心態以及工匠對"視覺轉譯"等手法的成功運用。任平山《克孜爾第 118 窟的三幅壁畫》(《敦煌學輯刊》3 期)一文重新考證了克孜爾石窟第 118 窟中一幅重要壁畫的主題——"須彌山上的欲天宮",并就該石窟其餘相關壁畫的圖像構成提出了新的觀點。卓民《試論敦煌早期壁畫"色面造型"》(《美術》2 期)以敦煌早期壁畫爲例,對"色面造型"繪畫樣式進行論述。王中旭《敦煌吐蕃時期〈陰嘉政父母供養像〉研究》(《中國國家博物館館刊》3 期)以敦煌陰嘉政窟(莫高窟 231 窟)《陰嘉政父母供養像》爲基礎,探討吐蕃時期窟主父母供養像呈執爐胡跪之姿的原因及其與邈真的關係,以及所體現的洞窟祀祖的功能。孫曉崗《敦煌"伴虎行腳僧圖"的淵源探討》(《敦煌學輯刊》4 期)從最新的調查的材料"伴虎行腳僧圖"入手,對其形成和演變以及與"玄奘取經圖"的關係加以探討,對研究佛教藝術的中國化、世俗化具有重要的意義。梁曉鵬《從敦煌石窟藝術看符際翻譯——以敦煌莫高窟第 45 窟爲例》(《敦煌研究》5 期)從符號學的視角出發,對比敦煌莫高窟第 45 窟盛唐圖像和《妙法蓮華經》等相關佛經,探討了符際翻譯的內容,解釋了從文字符碼到圖像符碼轉換中所表現出的基本特點。

經變研究方面,八木春生著,李梅譯《敦煌莫高窟第 220 窟南壁西方淨土變相圖》(《敦煌研究》5 期)着重討論唐代以後的安定期,人們對淨土往生的認識產生大的變化,完全擺脫了隋代佛教美術的影響而進入了新的階段,是第 220 窟特別是南壁的西方淨土變相出現的依據。王中旭《贊普的威儀——試論敦煌吐蕃時期贊普及隨從像的演進》(《藝術設計研究》4 期)從藝術的角度,對敦煌吐蕃時期《維摩變》中贊普及隨從像的創作、演進過程進行分析。楊鬱如、王惠民《新發現的敦煌隋代彌勒圖像》(《敦煌研究》2 期)一文在前人的基礎上考察發現敦煌莫高窟第 262 窟彌勒上生經變、第 419 窟彌勒經變中的七寶供養榜題和來自《法華經》的榜題,豐富了我們對敦煌隋代彌勒圖像的認識。沙武田《莫高窟第 45 窟觀音經變時代新探》(《敦煌研究》6 期)認爲莫高窟第 45 窟觀音經變的產生時間有可能是沙州陷蕃前,仍屬盛唐時期,但不會早於東壁門南補繪盛唐觀音立像,也有可能晚到沙州陷蕃後的中唐時期。王治《敦煌莫高窟中唐西方淨土變理想模型的構成》(《故宮博物院院刊》4 期)以敦煌中唐晚期成熟的西方淨土變作爲歷史縱軸上的切片樣本,利用中國古代畫論當中體現的視學理論,分析西方淨土空間的構成模型及縱深空間的表達方式,并提出"視階"概念來觀察、解讀中古時代畫師對於不斷延伸的縱深空間的處理方法,分析其蘊含的宗教寓意。張海亮、張元林《關於敦煌法華經變窮子喻圖像的幾個問題》(《敦煌研究》4 期)比較分析了敦煌法華經變窮子喻的幾種表現形式及變化,并初步探討了這些變化產生的原因。

造像方面,史曉明《克孜爾石窟第 69 窟的龍圖像》(《敦煌研究》4 期)通過對克孜爾石窟第 69 窟殘存獸頭紋的介紹與梳理,大致認爲這種在龜兹佛教石窟内十分鮮見的建築裝飾是龍面紋圖案。陳曉露《大佛像源流芻議》(《敦煌研究》3 期)通過對地面佛寺的考察,認爲大佛像首先出現於公元 4 世紀的犍陀羅地面佛寺中;龜兹地區的大像窟,是將犍陀羅大佛像和回字形佛寺這兩種因素融合在一起而創造出來的;新疆米蘭地區亦發現有犍陀羅風格的大佛像,這證明地面佛寺中的大佛像也傳播到了西域地區。封鈺《敦煌莫高窟早期雕塑源流》(《東南文化》3 期)指出敦煌莫高窟早期的雕塑像莫高窟其他藝術一樣,是一部中西藝術交流史,是中國民族藝術早期向西傳播的圖像見證。衣麗都《邯鄲成安縣出土的北魏太和六年釋迦三尊像》(《敦煌研究》3 期)指出成安縣出土的北魏太和六年釋迦三尊像的造像樣式既表現出來自雲岡石窟造像的影響,同時又展現了來自南朝秀骨清像的塑畫風格的影響;正面釋迦佛兩側的脅侍像,應認定爲帝釋天和大梵天,其圖像來源與犍陀羅藝術有關,更直接的來源應是長安。八木春生著,李梅譯,趙聲良審校《隋代菩薩立像衣着飾物》(《敦煌研究》1 期)以原北齊、北周領地爲考察範圍,概觀各地區隋代前期菩薩造像,闡述各個地區的特徵,由此分析華北地區東西造像的差異及其相互影響關係,進而論述通體遍飾瓔珞菩薩造像出現的時代背景。雷蕾、王惠民《敦煌早期洞窟佛像的卍字相與如來心相》(《敦煌研究》4 期)對敦煌莫高窟早期洞窟中佛胸前的卍字相、心相及其佛經來源進行了考察,認爲"如來心相"即對心臟的描述,不屬於三十二相、八十種好的内容,而與《觀佛三昧海經》密切相關,顯示《觀佛三昧海經》對早期洞窟造像的影響。霍旭初《龜兹石窟"過去佛"研究》(《敦煌研究》5 期)以佛經等文獻資料爲據,結合龜兹石窟各種形式的"過去佛"造像,爲認識部派佛教時期説一切有部的菩薩觀與佛陀觀,揭示龜兹石窟更深刻的佛教内涵,進而探索龜兹佛教的發展歷史和思想演變,做了一些基礎性的研究。

舞蹈方面,史敏《敦煌舞蹈教程:伎樂天舞蹈形象呈現》(世界圖書出版公司)對莫高窟洞窟中的樂舞形象進行論述,并以圖文并茂的形式着重對伎樂天舞蹈進行了呈現,還對敦煌飛天藝術形象、敦煌壁畫伎樂天舞蹈形象呈現、敦煌舞蹈創作方法等方面進行了研究。蔡淵迪《杏雨書屋藏敦煌舞譜卷子校録并研究》(《敦煌研究》1 期)對新近公佈的杏雨書屋藏敦煌寫卷編號爲羽 49 號殘卷的著録給予糾正,認爲該寫卷在曲名、序詞、譜字等方面都有不同於其他舞譜文獻的特點,具有重要的研究價值。黎國韜《敦煌遺書戲劇樂舞問題補述》(《敦煌研究》1 期)對敦煌遺書中的"後座"、"頭"、"了"、"鍾馗"

等問題作出考析,并得出新的看法。李婷婷、孫漢明《從琵琶舞看壁畫樂器在敦煌舞中的作用》(《北京舞蹈學院學報》3 期)認爲壁畫樂器在敦煌舞中的合理運用對豐富和增強敦煌舞蹈的藝術表現力及感染力都起到極大的推動作用。鄭怡楠《河西高臺墓葬壁畫娛樂圖與龜兹樂舞蘇幕遮——兼論隊舞的起源及其高臺墓葬壁畫樂舞圖的性質》(《敦煌學輯刊》4 期)指出高臺地埂坡M4 墓葬壁畫娛樂圖像演奏的樂器是龜兹樂中的腰鼓,表演的形式來自西域的胡舞,蘇幕遮是隊舞的起源,發端於十六國,形成於唐宋時期,是中外樂舞交流的一個重要内容。

曲譜方面,安達智惠《林謙三的敦煌琵琶譜第一組定弦研究》(《文化藝術研究》2 期)對林謙三研究《敦煌琵琶譜》的方法作進一步研究,并着重考察了林謙三對於 P. 3808 卷《敦煌琵琶譜》的一組十曲的定弦研究。

書法方面,毛秋瑾《漢唐之間的寫經書法——以敦煌吐魯番寫本爲中心》(《南京藝術學院學報》3 期)以敦煌吐魯番寫本爲例,探討"寫經體"如何形成和發展,強調"寫經體"這一概念的原因,如何用類型學的方法來分析寫經書法,南北朝時期不同地域寫經書風的異同。王菡薇《現階段敦煌書法研究存在的問題及其意義》(《江蘇社會科學》6 期)闡述了現階段敦煌書法研究中存在的問題及其原因以及敦煌文獻對書法史研究的意義,并以敦煌南朝寫本寫法爲例初步構建了敦煌書法的研究框架。

八、考古與文物保護

考古方面,米德昉《敦煌莫高窟第 100 窟窟主及年代問題再議》(《敦煌研究》4 期)通過考證認爲第 100 窟始建於曹議金執政晚期 931—935 年間,完成時間在曹元德任職期(935—939),窟主爲曹議金夫婦。楊富學《敦煌莫高窟第 464 窟的斷代及其與回鶻的關係》(《敦煌研究》6 期)通過研究發現,莫高窟第 464 窟甬道與前室爲元代末期的回鶻窟,而後室壁畫可以確定爲元代遺墨,但早於甬道與前室之壁畫,可定爲元代早期遺存。石勁松、王玲秀《炳靈寺第 171 窟唐代大佛史事鉤沉》(《敦煌研究》4 期)通過分析大佛在不同的歷史時期的維修痕迹和保存狀況,論述了其盛衰起伏的時代背景和由此所反映的炳靈寺發展軌迹。王百歲《甘肅西和佛孔石窟調查與研究》(《敦煌學輯刊》3 期)對甘肅隴南的西和佛孔石窟的現狀、佛孔寺的興廢、佛孔石窟的開鑿情況進行了考察,并認爲在明、清時期宗教及開窟造像活動中,釋、道、儒三教走向合流。符永利、劉文慶《南京牛首山明代佛龕的調查與初步探討》(《敦煌研究》4 期)通過對南京牛首山明代佛龕的探查,認爲牛首山佛龕造像及題刻,爲我們提供了藏傳佛教對漢地產生影響的珍貴實證資料。文靜、魏文斌《甘肅館藏佛教造像調查與研究(一)》(《敦煌研究》4 期)選擇十六國銅造像、西魏大統二年造像塔、"太平真君二年"款銅菩薩像及出自麥積山石窟的泥塑造像等幾件年代稍早的作品,結合其他資料對其年代及特點、來源等作必要的補充説明及辨識。張延清、梁旭澍、鐵國花《敦煌研究院藏拉薩下密院金馬年銅釜考》(《敦煌學輯刊》4 期)對敦煌研究院藏拉薩下密院金馬年銅釜上的銘文進行釋讀,并對銘文記載的人物進行考證,進而根據關鍵人物的事迹和銅釜藏曆紀年,推定出銅釜的準確年代。

文物保護方面,王喜民《淺談國圖敦煌遺書的文物研究價值與保護》(《科技情報開發與經濟》1 期)指出敦煌遺書是人類文化的瑰寶,并從多個側面論述了敦煌遺書的文物價值,介紹了國家圖書館對敦煌遺書的保護和利用狀況。楊永生《敦煌文化遺産保護利用的現狀與對策》(《河西學院學報》3 期)指出"敦煌文化産業特區"推進敦煌旅遊交通基礎設施建設,開發核心文化旅遊景區和黃金旅遊路綫,更有效地保護敦煌文化遺産,充分挖掘其價值,爲促進地方經濟社會發展發揮積極作用。沙武田、汪萬福《古代敦煌文物保護述略》(《敦煌研究》1 期)通過檢閱藏經洞敦煌文獻與莫高窟、榆林窟等石窟資料,發現其中存在大量古代敦煌文物保護的事例,涉及敦煌歷代祠廟寺觀維修、崖面加固、洞窟維修、清沙掃窟、佛經維修等多個方面。余生吉、吳健、王江子、俞天秀《敦煌莫高窟狹小空間内立體面攝影採集與圖像處理——以莫高窟第 254 窟數字化爲例》(《敦煌研究》6 期)指出第 254 窟的狹小空間制約了立體面攝影採集,依據攝影數字技術和積累的經驗,採用焦點堆棧技術有效解決了部分立體面攝影採集景深問題。張昺林、唐德平、張楠等《敦煌莫高窟中細菌多樣性的研究》(《微生物學通報》5 期)通過敦煌莫高窟内細菌多樣性及生理生化特徵的分析,爲壁畫微生物病害防治提供試驗依據。段奇三、呂文旭《三維鐳射掃描技術在曲面展開中的應用》(《敦煌研究》3 期)提出用斷面法解決佛龕展開的問題,在三維點雲數據上製作横、縱斷面,繪製平面圖,提高了曲面展開爲平面的精度,爲曲面測量提供了新的解決方法。邵明申、裴强强、王思敬、李最雄、王恩志《PS 非飽和入滲的現場試驗》(《敦煌研究》3 期)針對遺址中的表面風化層,在交河故城現場夯築模擬試驗牆,研究PS 溶液在滴滲條件下的入滲規律,并取得一系列的研究成果。

九、少數民族歷史語言

本年度,少數民族歷史語言方面的研究成果頗爲豐富,主要包括藏文文獻、于闐語文書、吐火羅語文書、回鶻文文獻、蒙文文獻、吐蕃歷史文化等多個方面。

藏文文獻研究方面,束錫紅《海外藏敦煌西域藏文文獻的多元文化内涵和史學價值》(《敦煌研究》1 期)揭示了海外藏敦煌藏文文獻的獲取與收藏、分佈及研究整理等,闡述了這些流失海外的珍貴藏文文獻的多元文化内涵和史學價值及現實意義,提出了法藏、英藏敦煌西域藏文文獻的研究出版計劃。任小波《敦煌藏文寫本研究的中國經驗——〈敦煌吐蕃文獻選輯〉兩種讀後》(《敦煌學輯刊》1 期)對《敦煌吐蕃文獻選輯》之"文化卷"和"文學卷"的學術價值作了綜論,特就中國老一輩學者在敦煌藏學領域的持守精神和學術優長給予表彰,同時結合西方學者的研究路徑和進展對這兩卷的特色和内容作了評述,進而對中國敦煌藏文寫本研究的現狀與未來提出些許思考。宗喀・漾正岡佈、拉毛吉、端智《七(bdun)、九(dgu)與十三(bcu gsum)——神秘的都蘭吐蕃墓數字文化》(《敦煌學輯刊》1 期)認爲吐蕃(藏人)多喜奇數三、七、九、十三等,它們在吐蕃數字文化中有特殊而重要的地位,這在都蘭熱水吐蕃古墓中有充分的體現,此文主要探討其中的七、九、十三所隱含的文化内涵。陸離《敦煌吐蕃文書中的"色通(Se tong)"考》(《敦煌研究》2 期)認爲敦煌吐蕃文書中出現的地名色通(Se tong)應該是敦煌漢文文書中的西同,即今甘肅省阿克塞哈薩克族自治縣境内的蘇幹湖及其附近地區,并指出吐蕃統治時期在該地設有敦煌通頰色通巴(mt hong kyab tong phavi)軍事部落,由吐蕃、吐谷渾、党項、漢等部族成員組成,西同亦即敦煌吐魯番文書中記載的墨離川、墨離海地區。楊銘、索南才讓《新疆米蘭出土的一件古藏文告身考釋》(《敦煌學輯刊》2 期)刊佈并漢譯了一件出土於南疆米蘭的古藏文文書,將其與敦煌文書 P. T. 1071《狩獵傷人賠償律》以及藏文歷史文獻《賢者喜宴》進行對比研究,可見其記錄的吐蕃告身種類之多,彌足珍貴,是研究唐代吐蕃職官制度以及藏文化交流的重要材料。

關於藏文佛教文獻的研究,楊本加《敦煌藏文寫卷〈根本薩婆多部律攝〉研究》(民族出版社)對敦煌藏經洞出土的古藏文文獻——法藏 P. T. 903《根本薩婆多部律攝》的創譯、主題、次第和詞彙等方面進行探討,并與漢譯本進行比較研究。陳立軍《關於敦煌本古藏文〈般若波羅蜜多心經〉的解讀》(《西藏研究》3 期)認爲古藏文本《般若波羅蜜多心經》略本説明在吐蕃時期藏文《心經》的流傳是廣本與略本并存的,并且該文本受到漢傳佛教與藏佛教的重疊影響,別具自身特色,非常具有研究價值。才讓《法藏敦煌藏文文獻 P. T. 992 號〈分別講説人的行止〉之研究》(《中國藏學》1 期)對法藏敦煌文獻 P. T. 992 號《分別講説人的行止》部分進行了轉録和翻譯,在此基礎上分析了該文獻的内涵,認爲其中講述了爲人處世及行爲取捨方面的是非標準,提出了君臣、主僕、夫妻、父子、朋友之間的行爲規範,屬於倫理類文獻。

于闐語、吐火羅語文書方面，吉田豐著，田衛衛譯，西村陽子校《有關和田出土 8—9 世紀于闐世俗文書的劄記(三)》(上、中、下)(《敦煌學輯刊》1 期、2 期、3 期)根據一系列被考證爲 8 世紀後半期至 9 世紀初期左右的于闐語世俗文書，從人頭稅、徭役、布帛、穀物、勞動力、其他物品以及利息六個方面深入討論了于闐之稅的徵收情況以及相關文書的運行情況，探討了于闐的稅制、歷史、文書運行制度的應用狀態。慶昭蓉《唐代安西之帛練——從吐火羅 B 語世俗文書上的不明語詞 Kaum* 談起》(《敦煌研究》4 期)從龜茲語(吐火羅 B 語)世俗文書與敦煌、新疆出土唐代文書的比較出發，考訂用作價值尺度與支付工具的 Kaum* 應該指帛練一類的絲織品。

回鶻文、蒙古文方面，張鐵山《吐魯番柏孜克里克出土四件回鶻文〈因薩底經〉殘葉研究》(《敦煌研究》2 期)首次對四件回鶻文《因薩底經》殘葉(80TBI：656b、80TBI：658b、81TB10：06、81TB10：08a)進行原文換寫、拉丁字母轉寫、漢譯文和注釋，并根據以往的研究對相關問題進行探討。廖玲《羌族"釋比"與彝族"畢摩"的比較研究》(《敦煌學輯刊》1 期)試從稱謂與歷史源流、主要職能、宗教活動與傳承慣制及經書等諸多方面，對"釋比"與"畢摩"進行比較研究，希望能促進西南少數民族宗教文化這一領域的研究，有助於民族宗教學的全面了解。蒙文文獻方面，羅納·塔斯著，敖特根譯《蒙古文文獻目録編纂史概述》(《敦煌學輯刊》4 期)對捷爾吉·卡拉著《匈牙利科學院圖書館所藏滿洲蒙古手抄本與木刻本文獻目録》進行評述。包文勝《讀〈暾欲谷碑〉劄記——türk sir 與"鍛奴"》(《敦煌學輯刊》3 期)認爲《暾欲谷碑》中所見 türk sir 可能與漢籍史料所記"鍛奴"有關，即與突厥煉鐵有關。

吐蕃歷史與文化方面，楊富學、樊麗莎《新世紀初國內敦煌吐蕃歷史文化研究述要》(《西夏研究》1 期)記述了新世紀在古藏文文獻研究、漢文吐蕃史料研究和吐蕃石窟藝術研究方面取得的豐碩成果。朱悦梅《從出土文獻看唐代吐蕃佔領西域後的管理制度》(《敦煌研究》2 期)認爲從西域出土藏文文獻看，吐蕃在西域針對不同的管理對象，實施軍事、民事與羈縻三種管理模式，這是建立在吐蕃部落聯盟制基礎之上的。王祥偉《吐蕃對敦煌寺院屬民的管理考論》(《西藏研究》3 期)指出吐蕃在敦煌地區建立了專門的寺院屬民户册加強對管理，在實際管理過程中，由都司代表吐蕃政權行使對寺院屬民的管理。任小波《吐蕃盟歌的文學情味與政治意趣——敦煌 P. T. 1287 號〈吐蕃贊普傳記〉第 5、8 節探析》(《中國藏學》2 期)對敦煌 P. T. 1287 號《吐蕃贊普傳記》第 5、8 節這兩組盟歌作重新的翻譯和分析，初步揭示了其文學情味與政治意趣的結構關係。

十、古　籍

　　本年度對古籍的整理與研究，主要包括對《論語》、《毛詩音》、《孔子家語》、《劉子》和類書等方面。

　　郝樹聲《從西北漢簡和朝鮮半島出土〈論語〉簡看漢代儒家文化的流佈》（《敦煌研究》3 期）通過對敦煌、居延、西域出土漢簡和朝鮮半島出土漢簡中的《論語》等儒家文獻的分析可知，西漢王朝武力開拓邊疆的同時，還把當時代表主流意識形態的儒家文化和思想理念傳播到了河西、西域以及朝鮮半島，同軍事、政治三位一體，維護了大一統局面的實現和東亞漢文化圈的形成。平山久雄《敦煌〈毛詩音〉殘卷裏直音注的特點》（《中國語文》4 期）認爲甲祖本把藍本的普通反切和直音按自己採用的獨特結構原則改換爲新式反切，祇留存了"同聲直音"；乙祖本則把這些直音都改換成新式反切。張新朋《〈敦煌寫本《太公家教》殘片拾遺〉補》（《敦煌學輯刊》3 期）對新發現的 8 件《太公家教》的寫卷進行了介紹，并就它們與已認定的《太公家教》寫卷的關係進行了初步的探討。王文暉《俄藏敦煌寫本〈孔子家語〉殘卷再探》（《敦煌研究》4 期）指出俄藏敦煌寫本《孔子家語》殘卷是繼英藏敦煌寫本《家語》殘卷之後發現的又一份新材料，其中所蘊含的信息對校勘今本《家語》及推動《家語》相關研究具有重要意義。屈直敏《敦煌寫本 S.6029〈劉子〉殘卷校考》（《敦煌學輯刊》3 期）一文主要考定了敦煌寫本 S.6029 殘卷是敦煌寫本《劉子》之一種，進而廣泛收集各種《劉子》版本，對其進行釋錄校考，并對關於敦煌寫本《劉子》的寫卷概括及近百年來的研究成果進行了系統性的梳理和回顧。潘超《敦煌文獻 P.4837A〈八陣〉（擬）及相關問題研究》（《敦煌研究》6 期）認爲敦煌文獻 P.4837A 是一部借用《握奇經》中的"八陣"作爲基本框架而講述用兵哲理的文獻，而《握奇經》的成書時代，應在當代之前。

　　類書研究方面，耿彬《敦煌寫本類書〈應機抄〉的性質、內容成書年代研究》（《敦煌學輯刊》1 期）就《應機抄》的編排情況和撰述方式談其體制特徵；通過《應機抄》援引書籍的情形和所反映的思想體系探討其性質與內容；從《應機抄》卷中文字的避諱特點和援引書籍的情形推斷其成書年代。秦樺林《東洋文庫藏敦煌寫卷〈唐人雜抄〉拾遺》（《敦煌研究》3 期）在池田溫先生對東洋文庫藏敦煌寫卷《唐人雜抄》的錄文基礎上加以補正，并對該寫卷的類書部分進行相關考索。

十一、科　技

　　醫學文獻方面的重要成果，有王淑民《英藏敦煌醫學文獻圖影與注疏》

（人民衛生出版社），此著乃依據館藏於英國國家圖書館的敦煌醫學文獻寫卷的原貌所做的整理釋文與注疏，全書分圖影篇和注疏篇，圖影篇列有高清晰敦煌醫學文獻寫卷的彩色圖影 152 幅，注疏篇依據圖影篇的文獻順序對它們進行釋文、注釋、疏證，在前人研究的基礎上進一步精確釋文，補入原來因條件所限而無法識別的字，糾正以往的誤識文字，并對殘卷進行輯補與綴合，且出校注説明；還對寫卷涉及的文獻考證内容用"疏證"形式論證説明。郭淑芹《唐代涉醫文學與醫藥文化》（人民出版社）對傳世文獻和敦煌文獻中的涉醫文學作品進行了討論，主要論述了唐代涉醫文學所反映的醫學思想、創作中的文化成因及其對後世的影響。王杏林《跋敦煌本〈黄帝明堂經〉》（《敦煌研究》6 期）對俄藏敦煌文獻收録的五片《黄帝明堂經》進行綴合，并將綴合後的寫卷與傳世醫籍相對勘，同時探討了寫卷與傳世醫籍之間的關係。陳明《"蘓伏靈善"——絲路出土殘片的藥名溯源》（《敦煌學輯刊》4 期）指出大谷文書4364 號"藥方書斷片"中的"蘓伏靈善"一詞爲印度梵語眼藥名的音譯，爲理解中古中外醫學文化交流提供了一個例證。

張儂、張延英、于靈芝《敦煌醫藥文獻中的行散方法》（《敦煌研究》3 期）指出甘肅省敦煌市莫高窟藏經洞所出的我國中世紀文書，與唐代醫藥有關的醫學寫卷有 30 多個卷號，其中行散之法是漢代以來就有記載的輔助服藥方法，有珍貴的臨牀指導作用。惠宏、段玉泉《黑水城出土西夏文醫方芍藥柏皮丸考釋》（《敦煌研究》2 期）在系統梳理出中醫文獻中各種芍藥柏皮丸不同配伍、不同記載的基礎上，對同名的西夏文草藥方反覆辨識，識録出了一篇基本清晰、完整的西夏文芍藥柏皮丸。這一藥方大致可與近代醫學家劉完素的守真芍藥柏皮丸勘同。僧海霞《唐宋時期敦煌地區藥酒文化探析》（《中醫藥文化》1 期）指出敦煌文書提供了大量的藥酒方劑，對這些方劑的系統梳理和分析，可以見證唐宋時期藥酒發展狀況，以引起民衆對敦煌醫藥文獻及民族特色文化的關注，從而促進民族醫藥事業的發展。

王亞麗《敦煌遺書中牲畜病名及牲畜病療方考》（《敦煌研究》4 期）對敦煌遺書中牲畜病名及牲畜病療方的原卷一一校釋，對脱文和誤録之處做了必要的校正和補充。王亞麗《出版史上抄寫書卷特點探賾——以敦煌醫籍寫本爲例》（《中國出版》10 期）認爲敦煌寫本大多爲卷軸形式，也有經折裝、蝴蝶裝、册頁裝等，文字使用方面受書手水準和態度的影響較大，并對這些寫本所反映當時裝幀、版本、文字使用方面的時代烙印進行了分析。

王樂、趙豐《從敦煌發現的刺繡看唐代刺繡的種類及其變化》（《絲綢》9 期）通過研究敦煌刺繡，發現唐代刺繡技法除了鎖繡還包括從中發展出來的劈針繡、平針繡、釘金繡和盤金繡等，其中平針繡最爲常見。

十二、學 術 動 態

書評方面,劉安志《敦煌吐魯番文書與唐代西域史研究》出版後,得到學界的廣泛關注與好評。王素《〈敦煌吐魯番文書與唐代西域史研究〉述評》(《中國史研究》2 期)對劉安志《敦煌吐魯番文書與唐代西域史研究》一書進行評述,指出本書所收的十幾篇文章涉及唐代西域史的方方面面,并認爲每一篇都不同程度地體現了作者扎實的傳世文獻功底,以及得心應手地駕馭出土文獻的能力。馮培紅《出土文書與傳世史籍相結合的典範之作——劉安志〈敦煌吐魯番文書與唐代西域史研究〉介評》(《敦煌學輯刊》3 期)認爲劉著是利用中國吐魯番、庫車、敦煌與塔吉克斯坦出土的漢文文書,并結合中原傳世史籍對西域史事的記録,研究唐代前期西域歷史的論文結集,是一部出土文書與傳世典籍相結合的典範之作,同時指出了該著的一些不足。柴劍虹《敦煌科技史著述的奠基之作——讀〈敦煌學和科技史〉感言》(《敦煌研究》3 期)對王進玉先生所著《敦煌學和科技史》的學術價值給予高度評價,認爲其可稱爲具有較高學術價值的奠基之作,同時指出其中存在有待規範化的章節和引述等。郁龍餘《敦煌學研究的新里程碑——簡論〈敦煌佛教繪畫〉》(《深圳大學學報》1 期)指出《敦煌佛教繪畫》標誌着學術界期望已久的印度藏敦煌繪畫文獻正式刊佈問世,此書的刊佈爲中印合作和多國合作提供了學術基礎和思想基礎。明成滿《爲敦煌學史和絲綢之路研究書寫新篇章——評劉進寶教授〈絲綢之路敦煌研究〉》(《社會科學戰綫》3 期)認爲劉進寶《絲綢之路敦煌研究》一書把敦煌文化的千年畫卷展現在人們的面前,引起我們的深入思考,是對敦煌學術史的總結,也是一個新的開端。

研究綜述方面,土曉梅《西夏統治時期的敦煌研究綜述》(《絲綢之路》4 期)指出敦煌自古以來就是一個多民族聚居地區,被稱作各民族經濟、文化交融的大都會,西夏勢力進入敦煌以後,在敦煌地區建立起了行之有效的管理制度,爲該地區政治、經濟、文化的發展做出了不可磨滅的貢獻。杜海《敦煌書儀研究述評》(《史學月刊》8 期)認爲學術界已有的成果主要從書儀文書的整理、書儀的名實與源流、敦煌書儀與唐代禮俗所反映的相關史實,書儀的語言學價值等方面對敦煌書儀作了深入研究。

會議綜述方面,趙青山《2012 敦煌·絲綢之路國際研討會綜述》(《敦煌學輯刊》3 期)對 2012 年 8 月 20 日至 24 日由日本神户大學文學部美術史研究室主辦的"敦煌·絲綢之路國際研討會"的論文發表和學術考察活動進行了介紹。2012 年 5 月 18 日,國家重點基礎研究計劃(973 計劃)項目"文化遺産數字化的理論與方法"討論會在敦煌莫高窟召開,來自武漢大學、敦煌研究院、浙江大學、國家基礎地理信息中心、清華大學、北京建築工程學院等課題成員單位的專家和研究人員在會議上就課題展研究展開了討論。

2011 年 11 月 16—30 日,由中國國家圖書館、英國國家圖書館、敦煌研究院共同舉辦的"敦煌舊影——敦煌莫高窟歷史照片展"在國家圖書館古籍館展出。本次展覽展出的百幅歷史照片,包含了"敦煌城景"、"莫高窟景觀"、"莫高窟的寺院"等六個部分的内容。2011 年 11 月 20 日,由中國文化部、土耳其文化旅遊部和中國駐土耳其大使館共同舉辦,敦煌研究院和中國對外文化集團公司共同承辦的"印象敦煌——中國文化大展"在土耳其伊斯坦布爾市米瑪爾錫南大學展覽館展出。

敦煌研究院編《敦煌研究院年鑒(2007—2008)》(《敦煌研究》5 期)一文對敦煌研究院 2007 年和 2008 年的工作内容進行了介紹,主要分爲工作概述、敦煌莫高窟保護利用工程、學術研究、國際交流、文物保護、信息資料建設、陳列展覽、開放接待與石窟管理、組織人事與隊伍建設、設施建設管理、大事記等部分。

2012 年吐魯番學研究綜述

王蕾（蘭州大學）

據初步統計,2012 年中國大陸出版吐魯番學專著與文集共 23 部,論文共計 212 篇。總體來看,2012 年吐魯番學研究成果主要體現在以下幾方面：一是吐魯番出土文書的研究成果顯著,歷史、經濟方面的研究仍佔主要地位,地理方面的研究逐漸受到重視；二是在民族、宗教與語言文字研究中,摩尼教與回鶻文的研究成果突出；三是繪畫藝術方面,不僅對石窟壁畫,對墓葬出土的圖像考證也有較大進展；四是考古發掘工作向前推進的同時,文物考證與修復工作的重要性也體現出來。現將該年度吐魯番學研究成果分爲文書、歷史與地理、經濟、民族、宗教、藝術、考古、文化、語言文字、書評與綜述、專著與文集十一個方面,綜述如下。

一、文 書

吐魯番文書的出土推動了吐魯番政治、經濟等各方面的研究,文書內容的釋讀是利用文書最基本而又重要的工作。許建平《吐魯番出土文獻中的〈尚書〉寫本》（《高臺魏晉墓與河西歷史文化研究》,甘肅教育出版社）對 19 世紀末至今一個多世紀出土的 7 件《尚書》寫本分別進行介紹并錄文,反映了唐西州與中原的文化交流狀況及中原對吐魯番文化的影響。華喆《鄭玄禮學的延伸——敦煌吐魯番出土寫本〈論語鄭氏注〉研究》（《西域研究》3 期）通過吐魯番地區出土《論語》鄭注殘卷內容的分析,探索鄭玄《論語》注具有尊用《周禮》,參用《儀禮》、《禮記》的學術特點,認爲《論語》鄭注是鄭玄禮學的延伸,對研究鄭玄的經學有重要意義。吳麗娛、陳麗萍《中村不折舊藏吐魯番出土〈朋友書儀〉研究——兼論唐代朋友書儀的版本與類型問題》（《西域研究》4 期）通過對中村不折舊藏吐魯番出土文書第 130 號的錄文及原圖版排列次序的研究,根據主要部分將其重新定名爲《朋友書儀》,并與敦煌本《朋友書儀》相比較,展現這類書儀從初期纂抄傳世本到適應時勢和地方特色的改編。李肖、朱玉麒《新出吐魯番文獻中的古詩習字殘片研究》（《西域文學與文化論叢》1 輯）通過吐魯番出土文書習字殘片中的古詩內容,將兩件文書殘片進行綴合與錄文,并進一步研究“古詩習字”在文學史料與文學史上的價值與意義。張艷奎《吐魯番出土的兩件算學文書初探》（《絲綢之路》22 期）介紹吐魯番出土的兩件算學文書狀況,并對內容進行分析與錄文,認爲當時吐魯番地區除了《急就章》、《千字文》等典籍,數學在當地教育中也佔有一定的位置。湯士華《吐魯番博物館藏〈洪憲元年(1916)迪化道公署禁用翻印教科書飭文〉》(《吐魯番學研究》2 期)對該年迪化道公署爲禁用翻印教科書下給吐魯番的飭文及給上海書業商會的稟報附件進行録文,探討本文書産生的歷史背景、價值意義及清末民初吐魯番地區的教育等情況。鄧文寬《鞋幫鞋底也關情——吐魯番文書整理散記》(《吐魯番學研究》1 期)對吐魯番出土鞋幫鞋底的文字拼讀過程進行詳細描述,反映了文書研究者們嚴謹的態度及對新疆歷史研究的熱忱。

二、歷 史 與 地 理

歷史方面的研究首先體現在國家政權、法律文書這兩方面。國家政權方面的研究如王素《從麴文泰入唐逸事談高昌與唐關係的變化》(《吐魯番學研究》2 期)對貞觀四年(630)十二月高昌王麴文泰攜妻入唐朝貢的時間、過程進行研究,認爲高昌與唐關係發生變化的原因蓋源於此。艾尚連、邢香菊《常建詩〈送李大都護〉之“李大都護”考辨》(《吐魯番學研究》1 期)通過考辨,證明常建詩中李大都護的任官歷程中曾任安西都護兼御史中丞、西州刺史等高位,及詩人常建的籍貫與生活年代等背景。楊富學、張海娟《蒙古豳王家族與元代西北邊防》(《中國邊疆史地研究》2 期)敍述蒙古諸王在西北吐魯番等地區的混戰與豳王烏魯斯的形成,并及其對西北施行鎮守及固邊、促進當地社會經濟的恢復與發展的措施。郭勝利《明朝吐魯番僧綱司考》(《青海民族大學學報》1 期)敍述了永樂至嘉靖近 120 年吐魯番僧綱司的置廢及其執掌、治所、管理的變化與明朝國力興衰的始終,認爲吐魯番僧綱司的置廢折射着明朝與察合臺汗國之間政治、經濟力量的消長與變化,同時反映了吐魯番地區民族、宗教、文化的演變過程。馬曉娟《清朝法制在吐魯番地區的重建》(《新疆大學學報》1 期)敍述 1877 年吐魯番地區的光復、1884 年的改土歸流及新政在當地的施行情況,認爲吐魯番地區的清朝法制始終無法擺脱封建主義固有的局限性。

法律文書方面的研究,如田振洪《唐代契約實踐中的國家法律與民間規則:以民間借貸契約違約責任爲視角》(《東南學術》4 期)明確唐代律令對借貸契約違約責任的規制,利用吐魯番文書對民間社會關於借貸契約違約責任的約定和實際運行進行考察,展示國家法律與民間規則互相影響、互相補充,從而構建唐代基層社會的契約秩序。李全德《再談天一閣藏明鈔本〈天聖令·關市令〉之“副白”與“案記”》(《西域研究》3 期)結合唐宋文獻與新近發現之吐魯番文獻,認爲《天聖令》中所出現的“副白”與日令之“録白”義同,至於"案記"則是相關部門在文書行政過程中所作的登記在案的記錄,而新出吐魯番文書中的《唐天寶十載交河郡客使文卷》即可視爲客館"案記"之後形成的文書。韓英、李晨《從出土材料看漢唐間戶籍檔案的變遷》(《檔案學通訊》6期)利用秦漢簡牘、三國吳簡、傳世典籍、敦煌吐魯番出土文書等,從載體、形制、内容三個方面論述漢唐間戶籍檔案的變遷,認爲其與紙張利用、賦役制度的變化有密切聯繫。

該年度對歷史地理方面的研究非常重視,戊己《西域綠洲人與自然的互動與演變——以高昌綠洲爲例》(《中國地方誌》8期)從高昌綠洲爲代表的西域綠洲文明所經歷萌發、成長、成熟這三個不同的階段,體現了人與綠洲生態環境的良性互動。孫長龍《〈唐益謙、薛光泚、康大之請給過所案卷〉若干問題考》(《塔里木大學學報》2期)對吐魯番出土文書中奴典信、奴歸命的尚書省過所、福州都督府長史唐循忠、烏蘭關的位置及路綫等問題進行探討,認爲奴典信、奴歸命是路經長安在京城申請過所後來西州,烏蘭關與金城關一樣,是玉門關以東扼守黄河關津的重要渡口。海濱《岑參對唐詩西域之路的雙重建構》(《力耕集——薛天緯教授七十壽辰學術紀念文集》,學苑出版社)敍述岑參出關與其詩歌創作的概況,通過詩中樓蘭、輪臺、北庭、安西等地理詞語,在地理交通層面建構了唐詩西域之路,對莫賀延磧、銀山、焉耆、鐵門關、熱海等進行了詳細論述。榮新江、文欣《"西域"概念的變化與唐朝"邊境"的西移——兼談安西都護府在唐政治體系中的地位》(《北京大學學報》4期)利用唐朝官方文獻、地理類文獻,認爲初唐的"西域"主要指的是敦煌以西的地區,與漢到隋的"西域"含義相同,貞觀十四年(640)"西域"指的是西州即今吐魯番以西的地區,從長壽元年(692)至晚唐,"西域"都特指帕米爾以西的地區,而不包括當時稱作"安西"的四鎮地區;提出在這種詞義變化的背後,體現了唐在西北邊陲統治方式的深刻轉變。李并成《新疆渭干河下游古綠洲沙漠化考》(《西域研究》2期)經過對新疆渭干河下游古綠洲多座古城址、烽燧、佛寺等遺址的實地考察及有關史料考證,深入探討了這片古綠洲在唐代的土地開發狀況及其沙漠化發生的時間、原因和機制。Б·В·多爾別熱夫著,佟玉泉譯《探尋别失八里遺址》(《吐魯番學研究》2期)介紹俄國探險家多爾別熱夫在1908年從烏魯木齊到吉木薩爾、經天山到吐魯番和達坂城等歷程,并記錄沿途山川、地理、村落、宗教遺迹、驛站、古城址等情況,尤其針對八里古遺址進行多方面探尋與論證。邢立濤《試論吐魯番地區之歷史沿革及地名來源》(《群文天地》6期下)對吐魯番地區的歷史沿革進行概述,認爲按照突厥語言的語音規律,"吐魯番"一詞來源於地名"吐蕃"。

三、經　　濟

　　吐魯番綠洲農業發達,又是絲綢之路商業貿易的重要中轉地,對其經濟方面的研究分爲農業、商業與貨幣三方面。農業方面體現在:陳躍《魏晉南北朝西域農業的新發展》(《中國經濟史研究》3 期)利用樓蘭、尼雅漢晉簡牘和吐魯番出土文書以及佉盧文書等材料,論述魏晉南北朝時期西域農業進一步發展的區域不平衡,及唐代西域農業爲當地經濟發展奠定的堅實基礎。張安福、朱麗娜《唐代西州地區種植業發展研究》(《吐魯番學研究》1 期)利用吐魯番文書介紹唐代西州地區的種植種類、管理技術、勞動經營方式等,認爲這對穩定基層社會秩序與西域社會經濟的發展起到了促進作用。王希隆《唐代西域屯田述略》(《貴州大學學報》5 期)介紹唐滅高昌後建立郡縣制及安西、北庭大都護府的設立與管轄地域,論述西域高昌等地的駐軍與供給情況,通過研究唐代西域屯田的發展、規模與分佈及勞動者來源與組織管理,進一步探討了唐代西域屯田的生産工具和屯糧管理制度,并對唐朝在統治管理西域的經濟、政治、交通、各民族交流方面産生的意義給予肯定。張安福《西域屯田預期嬗變的歷史動因分析》(《中國地方誌》2 期)概述了漢代至清代西域屯田的發展歷程,從國家戰略、屯田形式、區域等方面分析屯田西域預期嬗變的動因,總結其經驗,以期爲今天新疆社會的穩定和發展、兵團屯墾經濟效益的不斷提高提供歷史借鑒。

　　商業方面,楊潔《漢唐間吐魯番地區的蠶絲生産與貿易》(《吐魯番學研究》2 期)追溯吐魯番地區的植桑與養蠶歷史,對吐魯番地區的蠶絲貿易狀況、官府參與的影響及吐魯番蠶絲的外銷問題進行深入探討。她的《中古絲路綠洲城鎮的貿易活動》(《社科縱橫》1 期)以高昌國爲例,介紹了中古絲路綠洲城鎮地理位置、民族融合、商品匯集的地理特性,通過商業市場的管理與貿易契約考證高昌國以中轉貿易爲主,是整個絲路貿易圈中的重要一環。鄭燕燕《論高昌地區粟特商業的運營》(《西域研究》2 期)利用吐魯番出土文書,討論中古時期該地區粟特商業的運營,特別是分析商隊的規模、組成和貿易特點及商人在旅途中的衣食住行情況,并由此判斷吐魯番在絲路貿易中的地位及粟特人在吐魯番的勢力。劉子凡《唐前期西州民間工匠的賦役》(《西域研究》3 期)敍述了西州民間工匠的賦役以役和雜徭爲主,利用吐魯番出土文書論證西州民間工匠的役及其徵發程序與種類,并對西州民間工匠的雜徭進行分析,對充夫、雜使等進行詳細説明。中田裕子《吐魯番文書中的“群牧”和“市馬使”》(《高臺魏晉墓與河西歷史文化研究》,甘肅教育出版社)考證吐魯番文書中的“群牧”一詞,通過對“市馬使”一職探討西州馬匹的買賣情況,認爲西州也設有群牧、經營馬匹和其他家畜,而且分爲官營和私營兩種,另外論述開元十六年赴西州的市馬使較多的原因可能是由於河西節度使受到吐蕃的打擊,使官營牧場的馬匹不足徵用,祇好從私營群牧購馬。趙貞《唐代的"三賈均市"——以敦煌吐魯番文書爲中心》(《中國社會經濟史研究》1 期)追溯"三賈均市"的淵源,利用吐魯番文書説明"三賈均市"的製作與運用、實踐,認爲"三賈均市"在平贜定罪、和市及和糴等領域都有普遍運用,每隔十天的物價評估沿用至兩宋及清代。

貨幣方面,楊文清《對〈吐魯番發現銀質高昌吉利錢〉的質疑——兼與儲懷貞等先生商榷》(《新疆錢幣》2 期)對諸家收藏"高昌吉利"錢幣的真僞提出質疑,從外觀、考古與文書方面考證"高昌吉利"錢應爲銅質,并從書法上相比較,認爲儲先生的"銀質"和"新版"的"高昌吉利"錢是含銅較高的"雜銅"假錢。畢波《西域出土唐代文書中的"貫"》(《北京大學學報》4 期)通過對唐代西域地區出土胡語、漢文文書中的相關例證分析"貫"的用法,并從"貫"的使用初步考察中原貨幣文化在西域地區的傳播。楊潔《從粟特文文書看入華粟特人的貨幣問題》(《史林》2 期)從希臘式樣錢幣、波斯薩珊銀幣及仿製幣、唐開元通寶式樣的錢幣這三方面,介紹了粟特本土的貨幣體系,并利用河西、吐魯番出土的粟特文文書等進一步深入分析,揭示粟特人交易所用貨幣延續了索格底亞那本土貨幣傳統,主要是斯塔特銀幣和波斯薩珊銀幣,并認爲應把波斯薩珊銀幣和仿製幣分開來看。王祥偉《一件新出吐魯番文書及其在四柱結算法研究中的意義》(《西域研究》3 期)分析《唐神龍二年(706)西州史某牒》的記賬結構,認爲中國會計史上著名的四柱結算法并不是一成不變的,其結構可以是四柱式,也可以根據記賬的需要靈活演變爲五柱、六柱甚至更多柱,五柱、六柱是四柱結算法發展完善的結果,同時又是四柱結算法成熟的標誌。李樹輝《古代西域非金屬貨幣研究》(《西域歷史語言研究集刊》5 輯)對吐魯番敦煌等西域地區流行的皮幣、棉布貨幣、紙幣的流行進行介紹,并對吐魯番出土回鶻文寫卷中代稱棉布貨幣的通稱與泛稱進行考證,認爲非金屬貨幣的出現與高昌地區作爲東西文化交流中轉站的地理環境及多元文化爲一體的地域特點密切相關。

四、民　族

吐魯番是絲綢之路的重要中轉地,也是各民族的聚居地。李剛《回鶻文買賣奴隸文書初探》(《語言背後的歷史——西域古典語言學高峰論壇論文集》,上海古籍出版社,以下簡稱《語言背後的歷史》)回顧回鶻文社會經濟文書的研究歷程,并對其中一篇吐魯番出土回鶻文買賣奴隸文書進行原文轉寫、注釋與漢譯,探討其所反映的高昌回鶻社會制度。李樹輝《聖彼得堡藏 SI 2 Kr 17 號回鶻文文書研究》(《語言背後的歷史》)對聖彼得堡所藏兩件回鶻文書進行譯釋、注疏,從譯文内容、語言特點等方面考證其是 1053 年高昌回鶻王國統治者發給駐守在西部邊疆指揮官的命令,是作爲範本用於學習的抄件。張鐵山《吐魯番柏孜克里克出土兩葉回鶻文〈慈悲道場懺法〉殘葉研究》(《語言背後的歷史》)介紹出土於柏孜克里克千佛洞崖前的兩葉回鶻文《慈悲道場懺法》的保存情況,對其内容進行原文换寫、拉丁字母轉寫、漢譯和注釋,并探討回鶻文譯本的版本、年代與抄寫者的身份等相關問題。其又在《吐魯番柏孜克里克出土四件回鶻文〈因薩底經〉殘葉研究》(《敦煌研究》2 期)一文中對 1980 年 10 月至 1981 年 7 月柏孜克里克出土的四件回鶻文《因薩底經》殘葉(80TBⅠ:656b、80TBⅠ:658b、80TB10:06－1b、80TB10:08a)進行原文换寫、拉丁字母轉寫、漢譯文和注釋,并根據以往的研究對相關問題進行探討。張鐵山、茨默著,白玉冬譯《十姓回鶻王及其王國的一篇備忘録》(《西域歷史語言研究集刊》5 輯)闡述中國文化遺産研究院編號 xj 222－0661.9 號文書的情況、内容與年代等,并對其内容進行拉丁字母的轉寫、换寫及漢譯,認爲此文書非常珍貴,彌補了維吾爾西州回鶻王國史料的匱乏。茨默《一件古回鶻文 idiyut 文書》(《語言背後的歷史》)描述 1967 年柏孜克里克出土編號 67 TB 2 的回鶻文 idiyut 文書的基本狀況,對其内容進行原文换寫和英文翻譯,并詳細分析文獻中出現的個別術語的起源、含義等。洪勇明《回鶻文〈玄奘傳〉第十章七葉釋讀》(《中央民族大學學報》5 期)對 20 世紀 30 年代出土於吐魯番的回鶻文《玄奘傳》第十章七葉進行拉丁字母的轉寫和翻譯,認爲僧古薩里的翻譯水準相當高,譯文以意譯爲主,删繁就簡。朱玉麒《王樹柟的西域胡語文書題跋》(《語言背後的歷史》)論述王樹柟題跋六卷 13 則胡語的文書狀況,其中包括出土於吐魯番的《唐人書寫草書經》與《高昌佛迹》等文書。其還在《王樹柟吐魯番文書題跋箋釋》(《吐魯番學研究》2 期)對流散美國、日本、中國各地帶有王樹柟題跋的 46 篇吐魯番文書按年代録文并進行箋釋。馬小鶴《中古波斯文文書 M101 i－j－c－k－g－l 譯釋——摩尼教〈大力士經〉研究》(《西域歷史語言研究集刊》5 輯)介紹吐魯番出土摩尼教中古波斯文文書《大力士經》的殘片情況與研究背景,并對其内容進行漢譯,對故事情節做了詳細分析。芮傳明《摩尼教帕提亞語讚美組詩〈胡亞達曼〉譯釋》(《西域研究》2 期)對《胡亞達曼》進行漢文釋譯,并對其中的重要辭彙作出詳細的解釋或辨析,大體展示了組詩的内容結構和文化因素。閆飛《民族地區傳統聚落人居文化溯源研究——以新疆吐魯番地區爲例》(《甘肅社會科學》6 期)對吐魯番傳統聚落的營建模式與社會形態的文化内涵溯源,進一步探索新疆吐魯番傳統人居空間的交往與習俗及傳統聚落的民族內涵和地域特色。彭無情《魏晉南北朝隋唐時期新疆佛教文化與民族演變關係研究》(《史學理論研究》1 期)論述了新疆佛教文化與新疆民族的演變特徵,通過宗教、文化、語言、信仰及活動等方面體現了新疆的佛教文化與民族演變之間互相影響、緊密相連的關係。李肖《吐魯番: 歐亞大陸種族、語言交流的十字路口》(《石河子大學學報》5 期)追溯吐魯番地區自古以來的民族與語言變遷,對 19 世紀末各國對新疆探險出土文書語言的研究進行概括,分析近年來吐魯番考古發掘情況及對學術的推進。

五、宗　　教

宗教方面,朱國祥《簡論高昌古城的歷史與宗教》(《新疆地方誌》1 期)對漢魏晉、南北朝至隋唐,唐末、宋、遼、金及蒙、元、明時期的歷史與宗教信仰進行詳細論述,體現了在高昌歷史進程中,總體上形成的佛教佔主導地位且多種宗教并存的格局。楊戩《從出土文獻看高昌國三種信仰的流變》(《絲綢之路》22 期)以阿斯塔那墓出土的幾件衣物疏所載內容,分析高昌百姓在各種宗教信仰的撞擊交融中採取樸素的實用主義態度,相容佛教、道教及天神的信仰,從而流變出高昌國地方特色的宗教信仰。該年度摩尼教的研究成果豐碩,如楊富學《回鶻摩尼教的消亡及相關問題》(《西南民族大學學報》9 期)通過史籍資料、吐魯番出土文書,敍述了以高昌、北庭爲中心的新疆地區摩尼教傳播、興盛與衰落過程,通過分析《大霍加傳》的譯文及內容,排除 16 至 19 世紀南疆存在摩尼教的可能性,并將摩尼教在新疆地區最終消亡的時間定爲 11 世紀中葉或稍後不久,亦即 12 世紀以前。其還在《回鶻摩尼寺的形成及其功能的異化》(《吐魯番學研究》2 期)一文中探討摩尼教寺院的形成、興盛、功能的異化及會昌滅法的過程與原因,對回鶻摩尼寺封建莊園化的寺院分佈、等級制度與寺院經濟等進行深入研究,認爲寺院封建莊園化標誌着其功能異化的完成。李樹輝《摩尼教在維吾爾族中消亡的時間和原因》(《絲綢之路》22 期)利用吐魯番出土文物與壁畫及傳世典籍,論述了摩尼教在維吾爾族的消亡過程,認爲 18 世紀末或 19 世紀初塔里木盆地北緣的阿克蘇以東地區,是摩尼教在維吾爾族中堅守的最後一塊陣地,并對此前關於維吾爾族 15 世紀末已實現全部伊斯蘭化的觀點予以糾正。胡同慶《摩尼教在中國晉江、敦煌、吐魯番的遺址、遺物》(《隴右文博》1 期)利用晉江草庵的摩尼教遺址和摩尼光佛石刻造像、敦煌藏經洞出土摩尼教經典及吐魯番高昌出土的摩尼教繪畫,從東南到西北介紹了摩尼教信仰思想與宗教活動。

其他宗教的研究如耿世民《試論古代維吾爾語佛典的翻譯》(《民族翻

譯》2 期）追溯佛教的誕生與基本教義及其在印度境外與新疆于闐、吐魯番、龜兹等地的傳播，概述各國探險隊在新疆吐魯番等地區發掘的回鶻佛教文獻與研究，并從經、律、論等方面系統地介紹，認爲這些佛教文獻并不祇是翻譯作品，而是爲適應回鶻人的口味和觀念而進行的改作。其又在《西域研究》2 期介紹了柏林 Klaus Schwarz Verlag 出版社發行的皮特·茨木的研究成果《回鶻佛教文獻研究——皮特·茨木文選》的結構、内容，其中包括吐魯番出土佛教大乘派《大涅槃經》古代突厥語譯本殘卷、柏孜克里克出土《地藏經》古代突厥語譯本殘卷等；另外還有比利時 Brepols 出版社發行的兩本著作：2010 年出版的阿不都熱西提·亞庫甫《回鶻文般若婆羅米多文獻研究》與 2011 年出版的笠井幸代《古代突厥語〈維摩經注釋〉研究》，并分別對這些著作的導論、文獻、字典、縮寫字、參考書目錄、圖版等進行簡要介紹。劉海威《也論祆神與火神之融合——以小説〈封神演義〉爲例》（《世界宗教研究》3 期）以小説《封神演義》中的火神爲考察點，在形象、姓名和文化意義方面證明其與文獻記載的祆神相似，佐證了陳垣先生的結論，即宋元以後祆神與中國火神信仰已經融合，并解決了爲何唐宋典籍均將祆神比附爲摩醯首羅的疑問。

六、藝　　術

　　隨着宗教的發展，多種藝術形式也隨之昌盛，主要表現在石窟與出土文物的壁畫、雕塑、文物方面，本年度相關研究成果豐碩。樂睿《作爲典籍符號的圖像敍事——西域石窟壁畫阿闍世王題材再探討》（《西域文學與文化論叢》1 輯）對佛經中阿闍世王題材進行探索，并將龜兹石窟、高昌回鶻時期的寺院及敦煌石窟壁畫進行對比研究，探討這一題材演變過程中佛教文化理念與社會生活的不同結合點及佛教文化理念發展的規律。任萌《天山東、中部地區突厥時期典型岩畫分析》（《西域研究》4 期）以近幾年在新疆天山東、中部地區發現的一批以騎馬人形象爲主題的岩畫，使用文化因素比較分析的方法，爲岩畫年代和文化屬性等問題的解決提供了新的突破口。周菁葆《絲綢之路石窟壁畫中的民俗文化》（《新疆師範大學學報》3 期）探索新疆吐魯番地區石窟壁畫佛教故事、供養人畫的民俗文化，并對石窟壁畫中的民俗人物造型、菱形格裝飾進行説明，認爲大量西域民俗文化因素進入故事壁畫，使人物形態的造型典型西域化。任平山《兔本生——兼談西藏大昭寺、夏魯寺和新疆石窟中的相關作品》（《敦煌研究》2 期）從圖像、文獻兩方面收集整理佛經中的兔本生故事，通過傳世佛經與吐魯番出土文書記載，分其爲 5 個版本，經過文圖對照，對大昭寺、夏魯寺及新疆石窟中的相關藝術作品進行了釋讀。周菁葆《絲綢之路與新疆石窟壁畫中的動物形象》（《絲綢之路》2 期）探索絲綢之路石窟壁畫中動物畫的淵源、表現內容與形式,證明絲綢之路石窟壁畫中很多動物畫的描繪與佛教思想有密切關係。葉嬌《唐代文獻所見"袴奴"形制考》(《中國國家博物館館刊》1 期)結合敦煌吐魯番文書及壁畫,認爲"袴奴"即"袴褶",源於軍中服飾,可直接貫穿,緊縛於膝下足上,以麻布製成,是便於跳騰遠行之物,做工精緻者即爲軍禮儀仗用服,後逐漸以中原本有的"袴襪"取代"袴奴",俗稱"膝褲"。陳文福、王萍《裕固族與維吾爾族服飾藝術探源》(《絲綢之路》2 期)通過新疆石窟有關壁畫,探索裕固族與維吾爾族的服飾特徵,認爲由於迥異的生活環境和周邊不同文化的影響,使回鶻遷徙後各分支的生產生活方式、民族風俗與精神文化產生差異。

墓葬出土文物方面的研究進一步發展,如張弛《淺談新疆博物館館藏十二生肖俑》(《絲綢之路》10 期)敍述了十二生肖俑作爲隨葬品出現及流行的時間與範圍,通過對新疆維吾爾自治區博物館館藏吐魯番阿斯塔那古墓群出土兩尊大型生肖俑的介紹,體現了中原文化與西域文化的結合。蔡欣《吐魯番巴達木墓地的藍底佛像獅紋錦》(《東方收藏》3 期)對巴達木墓地出土的藍底佛像獅紋錦中護法獅、化生童子、連珠團花蓮花紋及迦樓羅舉仰蓮瓣上香爐的來源形式進行分析,判定織物雖然是用中國漢式經錦的技術織成,紋樣的佛教題材卻明顯體現了高昌古國的地域文化特徵。阿旦《新疆古代雕塑與文物探討》(《科技嚮導》26 期)介紹吐魯番阿斯塔那出土的幾件唐代墓俑雕塑,并與内地出土唐代墓俑雕塑進行對比分析,認爲在藝術形式方面新疆古代雕塑繼承和發揚了先秦以來中國雕塑藝術的優良傳統。王天軍《吐魯番出土文物與古代體育文化》(《飛天》16 期)利用吐魯番出土文物與史籍記載,爲我們介紹西域騎射、馬球、圍棋、獅子舞的興盛,爲體育地域特徵、民族體育文化交流與融合等研究提供了依據。趙新《多元交融、獨具風情——記新疆古代服飾展》(《收藏家》1 期)介紹國家博物館、新疆維吾爾自治區文化廳及新疆維吾爾自治區博物館聯合主辦的"新疆古代服飾展",敍述新疆鄯善、吐魯番等地區出土的服飾樣式與歷史背景。王衛平《絲路擷英——旅順博物館藏絲綢之路文物展(上)》(《收藏家》8 期)對旅順博物館藏絲綢之路文物展中"多彩的社會生活"、"絢麗的染織藝術"、"滋厚的繪畫藝術"、"繁榮的商貿經濟"、"流佈的佛教社會"進行簡介,包括吐魯番墓葬中的唐俑、陶罐、墓表等文物的基本情況。

七、考　　古

該年度考古研究方面成果顯著。遺址發掘方面新疆文物考古研究所《高昌故城第五次考古發掘簡報》(《吐魯番學研究》2 期)論述 2009 年 2—4 月新疆文物考古研究所在高昌故城進行的第五次考古發掘,包括七處重要遺址和可汗堡遺址,并分別對其位置、佈局與出土文物進行描述。中國社會科學院考古研究所邊疆民族考古研究室、吐魯番學研究院、龜兹研究院《新疆鄯善縣吐峪溝東區北側石窟發掘簡報》(《考古》1 期)對吐魯番、吐峪溝石窟的發展歷程進行概述,論述吐峪溝東區北側石窟的編號説明、地層堆積、遺迹及遺物、文書情況,并對其中幾篇佛教寫經進行録文。他們的《新疆鄯善縣吐峪溝西區北側石窟發掘簡報》(《考古》1 期)一文考察了吐峪溝西區北側石窟的地層堆積、遺迹以及遺物的基本信息。這兩次發掘爲了解整個吐峪溝佛教石窟群的佈局、演變以及吐魯番地區的佛教石窟、佛教藝術等課題,提供了又一批寶貴的資料。文史參考編輯部《十年十大考古發現系列之⑩新疆鄯善縣吐峪溝石窟寺遺址見證東西佛教文化交匯》(《文史參考》22 期)對作爲漢文化和西域文化交融標誌的吐峪溝石窟寺遺址的結構與主要内容進行簡要介紹,通過石窟寺的衰榮論述高昌政權的統治,提倡對吐峪溝石窟寺的保護,認爲對其發掘將對整個新疆石窟寺遺址的保護起到示範作用。吐魯番地區文物局、吐魯番學研究院《吐魯番大桃兒溝石窟調查簡報》(《吐魯番學研究》1 期)介紹吐魯番大桃兒溝石窟的地理位置和保存現狀、調查與研究回顧,并對 10 個洞窟的位置、形制、現狀、壁畫及佛塔與佛寺遺址進行描述,判定其年代、功能。吐魯番地區文物局、吐魯番學研究院《吐魯番小桃兒溝石窟調查簡報》(《吐魯番學研究》1 期)詳細描述了吐魯番盆地小桃兒溝石窟的洞窟形態,并介紹其 6 個洞窟的位置、形制、現狀與壁畫情況及佛寺與佛塔遺址,判斷石窟的功能及壁畫的繪畫年代爲宋元時期。新疆文物考古研究所《新疆柏孜克里克千佛洞窟前遺址發掘簡報》(《文物》5 期)詳細論述新疆柏孜克里克千佛洞窟前遺址的地層堆積、發掘方法及出土遺物情況,對石窟的年代判斷和一些遺迹的新認識給予很大的啓示。吳勇《新疆吐魯番勝金口石窟考古發掘新收穫》(《西域研究》3 期)對新疆吐魯番勝金口石窟的地理位置和保存現狀進行概述,介紹其發掘情況與出土遺物,認爲勝金口石窟不僅具有鮮明的佛教藝術内涵,還有摩尼教等其他宗教的藝術表現,彰顯出吐魯番地區多民族、多宗教兼收并蓄、互相融合發展的地方文化色彩。新疆文物考古研究所《新疆吐魯番市臺藏塔遺址發掘簡報》(《考古》9 期)簡要概述新疆吐魯番市臺藏塔遺址的地層堆積、主要遺迹和出土遺物情況,并對兩座早期墓葬的形制、出土遺物進行描述。韋正《試談吐魯番幾座魏晉、十六國早期墓葬的年代和相關問題》(《考古》9 期)論述 1972 年發掘的阿斯塔那 M148、M233 與 2004 年發掘的阿斯塔那西區 M408、M409 等魏晉、十六國早期四座墓葬形式、出土遺物情況及時代辨別,進而分析魏晉、十六國早期吐魯番地區的墓室壁畫和紙畫的性質。

　　文物考證方面,艾克拜爾‧尼牙孜《吐魯番洋海墓地出土的馬銜與馬鑣》(《吐魯番學研究》1 期)以近期洋海墓地的馬銜與馬鑣的考古資料爲基礎,在分類後對與其相關的問題進行初步分析。同氏《吐魯番盆地洋海墓地出土的馬具及相關問題研究》(《新疆大學學報》3 期)通過對吐魯番盆地洋海墓地出土馬具的分析,認爲洋海墓地早期可能存在兩組人群并在階層上存在差異。李曉岑、鄭渤秋、王博《吐魯番阿斯塔那——哈拉和卓古墓群出土古紙研究》(《西域研究》1 期)對吐魯番哈拉和卓古墓群出土的一批東晉到唐代的古紙採用外觀觀察和纖維分析等方法進行研究,分析其原料、生產方法、加工方法等,認爲當時加工紙的技術已普遍應用於新疆,并對新疆地區紙的製造方法和流傳具有一定影響。余欣《冥幣新考:以新疆吐魯番考古資料爲中心》(《世界宗教研究》1 期)以新獲吐魯番考古資料爲主,與其他各地域出土漢唐間的冥幣材料及傳統文獻相印證,對冥幣的源流、形制、性質與功能進行考索,闡釋其在中古時代的演化與這一喪葬習俗的變遷過程。

　　文物、遺址修復方面,庫爾班‧熱合曼《新疆吐魯番巴達木墓出土深藍地聯珠新月紋錦殘片的修復》(《吐魯番學研究》2 期)對巴達木墓出土深藍地聯珠新月紋錦作了科學檢測,採用傳統的針綫法對其加以保護修復。王雲《新疆吐魯番阿斯塔那唐代墓出土織成履——彩色編織鞋保護修復》(《西部考古》6 輯)對阿斯塔那出土的織成履進行除塵、清洗、平整、染色、針法等一系列步驟的修復,復原彩色編織鞋的歷史面貌。郭金龍等《新疆博物館新獲紙質文書結構與成分的分析研究》(《文物保護與考古科學》3 期)採用含水率測定儀、纖維測量儀等技術,爲製定保護修復吐魯番出土文書的方案提供科學依據。艾爾肯‧伊明尼牙孜《搶救和保護維吾爾族古籍文獻 爲繼承和弘揚中華民族優秀文化遺産作貢獻》(《語言背後的歷史》)介紹維吾爾族古籍文獻的種類與價值,及對其搶救和保護所做的工作。古麗拜克熱‧買明、沙代提古麗‧買明《現時的交河故城保護》(《黑龍江史志》16 期)對吐魯番地區交河故城的歷史沿革與現狀進行概述,從自然與人爲兩方面探討了交河故城的破壞原因及現時交河故城的保護和存在問題,認爲交河故城在絲綢之路文化研究中具有重要的歷史價值和學術價值。

八、文　　化

　　吐魯番地區的社會文化體現在當地人民生活習俗與傳統的各個方面,閆延亮《麴氏高昌延昌末瘟疫試探》(《吐魯番學研究》1 期)通過吐魯番出土的一份高昌延昌末的佛經題記,論述瘟疫給高昌社會帶來災難的同時,也深刻影響了高昌百姓的信仰，成爲促使這一時期佛教進步的重要因素。吕博《釋"搔囊"——讀高臺駱駝城前涼木牘劄記之一》（《敦煌學輯刊》2 期）把"高臺駱駝城前涼墓葬出土衣物疏"中"紫搔囊"、"早搔囊"二詞，與吐魯番出土衣物疏中的"爪囊"或"抓囊"相對比，認爲二者是指裝有手腳指甲的袋子，體現了"禮"和"俗"在河西地區的不同張力，并認爲"爪囊"在高昌時期的衣物疏中最終消失，可能和佛教理念在喪葬層面的不斷滲透相關。朱玉麒《中古時期吐魯番地區漢文文學的傳播與接受——以吐魯番出土文書爲中心》（《西域文學與文化論叢》1 輯）對中古時期吐魯番地區漢文化的傳播進行概述，并介紹吐魯番文書的碎片性與社會性、世俗性、偶然性及吐魯番漢文文學的寫本形態，并從内地移民的傳播、文化制度的保障、文學史三方面對吐魯番漢文文學的傳播與接受進行討論。郭勝利、陳亮《畏兀兒婚俗制度研究》（《北方民族大學學報》4 期）利用回鶻文書和傳世文獻等，考察 13 至 15 世紀佛教、基督教向伊斯蘭教轉型時期畏兀兒社會的婚姻習俗，認爲其與宗教上的變化相呼應，并對今天維吾爾的婚姻習俗産生重要影響。張小艷《"坐社"與"作社"》（《敦煌研究》4 期）對敦煌吐魯番文書、傳世典籍以及現代民俗中"坐社"與"作社"的使用進行調查，認爲"坐社"指舉行聚會社日團坐，"坐"與"作"讀音雖相近，但意義迥然不同。李正元《饢的起源》（《中國邊疆史地研究》1 期）利用文獻與吐魯番出土文物，認爲饢起源於新疆南部地區，作爲適應自然條件和人類需要的"生態食物"，在新疆南部回鶻化、伊斯蘭化以及維吾爾族演變過程中最終形成以饢爲核心、具有很强地域特色的新疆飲食文化。陳習剛《吐魯番文書中的"醬"、"漿"與葡萄的加工、越冬防寒問題》（《古今農業》2 期）對吐魯番文書中有關"醬"、"漿"的記載進行系統地歸納統計，分析葡萄加工製品葡萄漿的"醬"、"漿"、中原醬文化的"醬"、專用名詞的"漿"、"踏漿"與"葡萄漿"的用途，并對葡萄的加工、越冬防寒問題進行探討。衣霄《吐魯番出土織物樹紋特徵源流考》（《南京藝術學院學報》4 期）追溯樹紋的興起與崇拜，探討吐魯番出土織物樹紋的特點及源流，認爲吐魯番出土織物中生命樹紋樣帶有古兩河流域"原始生命樹"的印記，應是通過絲綢之路從古兩河流域入境融入吐魯番本土文化而形成。

九、語言文字

吐魯番作爲絲綢之路的樞紐，所出土的文字記録了古代東、西方的對話與絲路沿綫燦爛的文明。語言方面的研究成果豐碩，如《語言背後的歷史》一書中收集了 12 篇文章，徐文堪《略論古代西域的語言和文字》回顧古代西域語言史的研究背景，總結其語言、文字的種類與相互之間的關係。王啓濤《吐魯番出土漢文獻的借詞》闡述吐魯番地區多民族多語言兼收并蓄的特點,對吐魯番出土文獻中粟特語、突厥語及"胡"類詞語中借詞的使用情況進行考察。吉田豐《論幾件突厥化粟特語文書及其社會語言學的背景》介紹兩篇突厥化粟特語文書的基本情況,并對内容進行轉寫和英文解釋,着重探討了文書的社會語言學背景。德金《從中古波斯語、帕提亞語底本看粟特語本的翻譯特徵》舉例分析中古波斯語、帕提亞語譯爲粟特語的翻譯特徵,并指出粟特語與源語言的相互聯繫。松井太《阿拉提藏品中的一件粟特語-回鶻語雙語文書》描述阿拉提藏品中的一件編號 U9248 的粟特語-回鶻語雙語的文書狀況,對其内容進行换寫、翻譯及點評,并與其他幾件文書共同研究。阿不都熱西提·亞庫甫《〈大乘無量壽宗要經〉回鶻文譯文的多語言原典》論述印刷體與手寫體的回鶻文《大乘無量壽宗要經》的基本情況,重點分析回鶻文譯本與多種源語言文獻的聯繫。伊斯拉菲爾·玉素甫、張寶璽《文殊山萬佛洞回鶻文題記》論述文殊山萬佛洞回鶻文的題記情況,并對每篇題記進行换寫、注釋、翻譯。亨特《吐魯番葡萄溝景教遺址出土的敍利亞語、粟特語和回鶻語寫本》論述德國吐魯番考察隊在吐魯番葡萄溝地區景教遺址出土的敍利亞語、粟特語和回鶻語的寫本狀況,并對重要文書内容進行解讀。辛姆斯-威廉姆斯《吐魯番出土的敍利亞語與近世波斯語醫藥文獻》介紹吐魯番出土敍利亞語與近世波斯語的文獻,其内容主要涉及佛教、摩尼教、基督教三大宗教的醫藥學相關文獻。穆拉維耶夫《吐魯番出土的一件敍利亞文寫本中所見近世波斯語婚約》闡述吐魯番出土的一件敍利亞文寫本對歷史學、語言學、古文書學研究的重要性,并對文書内容進行轉寫和翻譯。茅埃《柏孜克里克新出婆羅謎文寫本》研究柏孜克里克出土的婆羅謎文的寫本情況,并分析婆羅謎文與其他語言的聯繫。王丁《中古碑誌、寫本中的漢胡語文劄記(三)》對中古碑誌、吐魯番敦煌寫本的漢胡語文中的詞語進行考釋。其又在《中古碑誌、寫本中的漢胡語文劄記(二)》(《西域歷史語言研究集刊》5 輯)結合碑誌、吐魯番出土文書等一手材料與傳世文書記載,討論中古時期中亞東部伊朗系部族及突厥與中原漢文化交涉中的一些語言制度現象。荻原裕敏《一件吐火羅 A語—梵語雙語律藏殘片》(《西域歷史語言研究集刊》5 輯)利用德國所藏高昌出土文書等研究西格(Emil Sieg)和西格林(Wilhelm Siegling)出版的吐火羅 A語殘片,介紹 A 語文獻裏的法律文獻概要。慶昭蓉《唐代安西之帛練——從吐火羅 B 語世俗文書上的不明語詞 kaum* 談起》(《敦煌研究》4 期)以龜兹語(吐火羅 B 語)世俗文書與敦煌、新疆出土唐代文書的比較出發,從寫本年代到 kaum* 的價格、本質和語源,考察絹帛在安西的通行與使用,認爲 kaum* 應指帛練一類的絲織品。王啓濤《吐魯番出土文獻的語言系統》(《西南民族大學學報》3 期)認爲吐魯番出土文獻屬於河西方言,内容涉及行政、軍事、法制、經濟、宗教諸領域,把吐魯番出土文書的語言系統分爲口語系統、書面系統以及套語術語系統,并舉例説明吐魯番出土文獻的語言系統和文字系統具有一定的特殊性。許多會、熱合木吐拉·艾山《有關回鶻文的幾個問題》(《西域研究》2 期)以文獻和出土文物、文書爲依據,對什麽是回鶻文、回鶻文如何産生以及其創製情況、使用範圍等諸問題進行了梳理。楊富學《甘州回鶻行用文字考》(《語言背後的歷史》)考證了回鶻文、漢文、吐蕃文、梵文和波斯語文在吐魯番敦煌等西域的行用情況,認爲民族成分不一、宗教文化交流頻繁等原因導致多種文字在甘州回鶻的行用,同時體現了甘州回鶻文化的多樣性色彩。

　　該年度對吐魯番出土文書的詞意、字形與補校研究方面均有成就。文字方面如聶志軍《〈吐魯番出土文書詞語例釋〉辨正》(《敦煌研究》4 期)選取吐魯番出土文書詞語考釋中"復緣、比爲、不便水土、寒良、記姓"等進行重新解釋,認爲對於新材料中新詞新義的提出要慎重,不能隨意産生新詞,應在充分考察文意的基礎上進行論證。趙晨霞《吐魯番出土文書字詞再考釋》(《語文研究》2 期)認爲吐魯番出土文書中"奨"、"褋"、"兆"、"頴"、"裱"、"壈"分别是"槳"、"襖"、"永"、"穎"、"衣"、"墥"的變體,"件"常作動詞,爲"分别列舉"的含義。劉哲《敦煌吐魯番文獻一組性別詞語的語義分析》(《西安文理學院學報》3 期)認爲敦煌吐魯番文獻中畜牧業類詞語可以構成一個母語義場,其中包含餵養類、放牧類、性別類等幾組同義詞子語義場,對其中雌性類詞與雄性類詞進行舉例分析,爲近代漢語辭彙史的研究提供參考。潘夢麗《〈吐魯番出土文書〉校補(節選)》(《文教資料》1 期)對吐魯番阿斯塔那四十八號墓出土文書進行校補,爲研究者在文書解讀、利用方面提供參考。

　　書法研究方面,毛秋瑾《〈新獲吐魯番出土文獻〉的書法史研究價值》(《中國書畫》1 期)論述新疆出土 4 世紀的寫本書迹,對《新獲吐魯番出土文獻》一書中所列諸多文書與各地博物館所藏文書的字體進行分析介紹。同氏《漢唐之間的寫經書法——以敦煌吐魯番寫本爲中心》(《南京藝術學院學報》3 期)用類型學的方法探索敦煌吐魯番寫本中"寫經體"的形成和發展,研究南北朝時期不同地域寫經書風的異同、特徵及産生原因。周珩幫《從地方回應到書寫變革——公元 7—8 世紀的吐魯番民間書法》(《伊犁師範學院學報》2 期)利用 7—8 世紀吐魯番文書分析此時期的民間書法,探索魏晉至隋唐之間書法藝術的民間形態、發展歷程及演變,重構書法史上民間"俗書"與書法家的互動關係。

十、書評與綜述

該年對劉安志《敦煌吐魯番文書與唐代西域史研究》一書共有三篇書評，馮培紅《出土文書與傳世史籍相結合的典範之作——劉安志〈敦煌吐魯番文書與唐代西域史研究〉介評》（《敦煌學輯刊》3 期）把該書分爲三組分別進行介紹與評論，認爲該書是出土文書與傳世史籍、微觀與宏觀相結合的典範之作，同時對錄文及個別問題指出可商榷之處。王素《〈敦煌吐魯番文書與唐代西域史研究〉述評》（《中國史研究》2 期）主要對書中的前十一篇以唐西州爲主的論文進行梳理與說明，在讚賞的同時提出一些小問題與精益求精之處。王旭送《唐代西域史研究的創新與拓展——〈敦煌吐魯番文書與唐代西域史研究〉評介》（《西域研究》2 期）對該書進行了簡要介紹，評價此書注重傳統文獻與出土文書的結合，認爲其對政治史、軍事史研究將會起較大的推動作用。

綜述方面，朱艷桐、王蕾《2011 年吐魯番學研究綜述》（《2012 敦煌學國際聯絡委員會通訊》）從文書、政治、經濟、社會文化、民族、宗教、藝術考古、文字、學術動態與紀念文以及重刊論文十一個方面，對 2011 年吐魯番學研究成果進行概述。楊潔《百年來敦煌吐魯番商業貿易研究回顧》（《2012 敦煌學國際聯絡委員會通訊》）從材料的刊佈及整理、通論及專題論著、粟特人的活動及聚落分佈、貿易市場與商品、貿易契約及貨幣、與中原的貿易往來等方面，對百年來敦煌吐魯番商業貿易研究進行歸納總結。侯文昌《近六十年吐魯番漢文契約文書研究綜述》（《西域研究》1 期）對 1949 年以來吐魯番漢文契約文書的搜集與刊佈進行整理，從宏觀與具體兩方面加以詳細介紹，指出中古時期西域社會史研究的不足，古代民族文字契約文書與漢文文書比較研究相對薄弱，在吐魯番契約文書法學方面研究中，許多重要理論問題仍被擱置等問題。徐暢《存世唐代告身及其相關研究述略》（《中國史研究動態》3 期）對中、日告身學研究狀況及特點進行歸納，并運用敦煌、吐魯番文書對出土告身的個案研究進行總結，通過圖表方式展示了《天聖令》發現以來的告身研究，爲從事唐代公文書制度、選官制度及相關研究的學者提供便利。會議綜述方面，張秀清《中國敦煌吐魯番學會理事會暨民族文獻學術研討會綜述》（《2012 敦煌學國際聯絡委員會通訊》）從文獻整理與研究、西域歷史文化研究、石窟與考古研究三方面，對中國敦煌吐魯番學會理事會暨民族文獻學術研討會進行回顧，認爲研討會議促進了國內學者間的學術交流，增強了民族文獻的整理研究水準，具有重要的學術意義。魯迪《“新疆宗教史學術研討會”綜述》（《西域研究》3 期）對 2012 年 6 月 21—22 日《新疆通史》編委會在烏魯木齊召開的“新疆宗教史學術研討會”的宗教民間信仰等有關文章進行説明,其中朱磊《新疆地區北斗信仰研究》對吐魯番阿斯塔那墓地所見北斗現象進行分析,認爲這些墓葬爲遷徙吐魯番的漢人之墓。

研究動態方面,王友奎《“2012 年中國敦煌吐魯番學會理事會暨絲路歷史文化研討會”在烏魯木齊召開》(《敦煌研究》4 期)概述 8 月 3 日至 5 日在烏魯木齊博物館舉行的“2012 年中國敦煌吐魯番學會理事會暨絲路歷史文化研討會”,會議議程分學術討論會、理事會會議及參觀考察三部分,會議提交的關於吐魯番研究方面的主要成果有黄正建《吐魯番文書中的〈辯〉》、劉屹《德藏吐魯番雙語文書殘片 Ch/So10334(Tlα)v 的道教内容考釋》、張小艷《敦煌吐魯番契約文書詞語輯考》、賈應逸《從新疆出土毛織品圖案看絲路上的中外交流》等。安士佳《第四届吐魯番學國際學術研討會暨古代錢幣與絲綢高峰論壇紀要》(《吐魯番學研究》2 期)介紹了 2012 年 10 月 18 日至 22 日在吐魯番召開的以古代錢幣與絲綢爲主題的論壇。湯士華《吐魯番學專家委員會成立》(《吐魯番學研究》2 期)對吐魯番學專家委員會成立的過程進行論述,此活動爲研究吐魯番地區社會、經濟、文化等方面搭建了良好的平臺。梅村坦《柏孜克里克出土非漢文文獻國際合作項目綜述》(《語言背後的歷史》)介紹了“柏孜克里克出土非漢文文獻國際合作項目”的建立背景與目的以及研究材料的一些特點。辛姆斯-威廉姆斯《重議國際敦煌學項目資料庫》(《語言背後的歷史》)簡述國際敦煌學項目的建立背景、數據特點及現狀,并展望未來進行規劃。李肖、陳愛峰《重聚巴別塔——記吐魯番西域古典語言學峰會》(《語言背後的歷史》)追溯新疆歷史的發展歷程與國外國内探險者的發掘情況,對近年來吐魯番文獻整理、考古與文物保護等工作給予肯定。

十一、專 著 與 文 集

據不完全統計,該年度中國大陸出版吐魯番學專著與文集共 23 部,蘭州大學出版社推出的系列叢書“歐亞歷史文化文庫”該年度有 3 本關於吐魯番學研究的著作:殷晴《絲綢之路經濟史研究》介紹懸泉漢簡和西域史事、新疆古代畜牧業的發展、漢唐時期新疆農墾事業的發展、物種源流辨析、西域佛寺經濟的興衰等内容,細緻全面地論述了絲綢之路與新疆經濟開發史的發展過程。耿世民《西域文史論稿》對西域各地的民族、語言、歷史地理進行研究,包括吐魯番、敦煌出土回鶻文獻等内容。王頲《内陸亞洲史地求索(續)》對内陸亞洲各地的歷史進行介紹,其中“瘦裂得嬰——高王祠與元高昌王世系”論述了高昌國的發展歷程。張峰峰、張鵬《吐魯番不寂寞——高昌王國傳奇》(中國國際廣播出版社）從高昌的樞紐地理位置出發，講述高昌從高昌壁壘、高昌郡到高昌王國的發展歷史，探尋了其與周圍西域政權及中原王朝的溝通與戰爭及吐魯番地區獨特的自然人文景觀。鄭顯文《出土文獻與唐代法律史研究》（中國社會科學出版社）以現存的中國古代文獻典籍爲基礎，結合新發現的秦漢法律竹簡、敦煌吐魯番文書、天一閣藏北宋《天聖令》殘卷、韓國發現的元代《至正條格》以及日本的《令集解》、《延喜式》、韓國的《高麗史》等文獻資料，廣泛參考了日、韓、歐、美及港、臺學者的最新研究成果，大體上反映了大陸學者目前對唐代法制史研究的最新進展。石墨林編著，陳國燦校訂《唐安西都護府史事編年》（新疆人民出版社）搜集散見於各類歷史典籍中的豐富史事進行比對考校，逐年逐月逐日加以排列編纂，對各種記載的矛盾之處予以考訂與推論。靈均在《西域研究》3 期《〈唐安西都護府史事編年〉出版》一文中認爲該書是研究唐安西都護府問題最爲完備的資料集。李之勤《西域史地三種資料校注》（新疆人民出版社）全面、深入、正確地闡明新疆歷史，包括各民族的發展史和宗教演變的歷史，推動學術研究的深入發展。余欣《博望鳴沙——中古寫本研究與現代中國學術史之會通》（上海古籍出版社）提出中古寫本研究與現代中國學術史會通的命題，通過對敦煌吐魯番文獻和日本古抄本的整合性探討，來觀照現代中國學術史，構建起中古寫本研究的現代鏡像，并借此對寫本文化的意義進行反觀與省思。王啓濤《吐魯番出土文獻詞典》（巴蜀書社）爲研究者釋讀吐魯番文書提供了方便。莫尼克·瑪雅爾著，耿昇譯《中世紀初期吐魯番綠洲的物質生活》（中國國際廣播出版社）對不同民族及宗教在古代高昌地區留下的建築、服裝、喪葬等門類衆多的物質文明狀況進行了深入、細緻的探討與研究，展示了這一地區的歷史風貌。楊富學、陳愛峰《西夏與周邊關係研究》（甘肅民族出版社）體現了西夏與高昌在政治與經濟上的互相影響和兩者互相牽制的關係。少數民族語言方面的著作有謝爾巴克（А. М. ЩЕРБАК）著，李經緯譯《十至十三世紀新疆突厥語文獻語言語法概論》（甘肅民族出版社），此書從語言學和詞法學兩方面對 10 至 13 世紀新疆突厥文獻的語言、語法進行系統概述，爲我們了解新疆古文獻語言提供了便利。新疆吐魯番學研究院《語言背後的歷史》一書收集了中外學術界著名學者對西域出土的大量文獻中豐富多彩的死文字進行研究的最新成果。對文物介紹及保護方面的研究有新疆維吾爾自治區文物局《帶你走進博物館——吐魯番博物館》（文物出版社），全書論述吐魯番博物館的歷史沿革、館藏精品及展覽陳列，其中藏品涉及史前至明清各個時期，另有基本陳列及對外交流等內容，是了解吐魯番博物館的重要窗口。山西博物館、新疆維吾爾自治區博物館、吐魯番博物館《天山往事——古代新疆絲路文物精華》（山西人民出版社）收集了新疆出土的 190 多件文物，有服飾、陶器、錢幣、文書、金銀器等，生動再現了古代活躍在絲綢之路大舞臺上不同語言、不同服飾、不同宗教信仰的各民族的文化、宗教、藝術等人文景觀，充分展示了東西方文明在新疆的碰撞、交融、吸納、傳播與發展。張銘心、徐婉玲《文化遺産保護與區域社會發展研究——以吐魯番地區故城遺址爲例》（民族出版社）闡述新疆吐魯番地區的文化遺産保護及民族文化發展等諸多方面的問題，包括吐魯番的自然地理、歷史源流、各民族文化以及交河故城、高昌故城等多個文化遺産的具體情況。中共高臺縣委、高臺縣人民政府、甘肅敦煌學學會、敦煌研究院文獻所、河西學院編《高臺魏晉墓與河西歷史文化研究》（甘肅教育出版社），周珊、朱玉麒主編《西域文學與文化論叢》第 1 輯（學苑出版社），趙立新、海濱主編《力耕集——薛天緯教授七十壽辰學術紀念文集》（學苑出版社）三部文集都收録了關於吐魯番學研究的文章，前文已做介紹，故不贅述。

該年度有三部收録往年已刊論文的論文集與一本譯文集，現簡介如下：鄧小南、曹家齊、平田茂樹《文書·政令·資訊溝通：以唐宋時期爲主》（上册，北京大學出版社）有 3 篇文章主要運用吐魯番文書對唐宋時期的文書、政令、信息溝通的相關運行路徑與演進過程做了全面、深入的探討，如赤木崇敏《唐代前半期的地方公文體制——以吐魯番文書爲中心》利用吐魯番文書，從地方官府的公文格式、民政系統的文書傳遞路徑等方面對唐代前半期的地方公文體制特徵進行系統地歸納，有助於了解唐代乃至宋代在內的文書體制和統治模式。陳國燦《陳國燦吐魯番敦煌出土文獻史事論集》（上海古籍出版社）選取作者有關吐魯番、敦煌出土文獻的研究論文 36 篇，利用出土的地下文獻與傳統史籍相結合，對吐魯番、敦煌地區的社會、經濟等問題進行深入探討。朱雷《朱雷敦煌吐魯番文書論叢》（上海古籍出版社）以敦煌吐魯番出土文書爲主要研究對象，利用佛教寫經、官私公文、戶籍賬簿、來往書信、買賣契約、石窟題記中的殘存內容，探幽索隱，以小見大，挖掘出許多反映歷史真相的史料，通過 18 篇文章揭示了自漢至唐在政治、經濟、典章制度、宗教、文化、科技等方面具體而豐富的內容。楊富學譯《回鶻學譯文集》（甘肅民族出版社）爲我們介紹了國外學者對吐魯番地區的研究情況及國外所藏吐魯番文書的狀況，其中有 13 篇以吐魯番文獻爲主的譯文，如兩篇德國學者的文章：茨默《高昌回鶻王國的商業》追溯高昌回鶻王國的貿易背景、交易商品，分析出土契約文書及其所體現男女奴婢價格、度量衡、貨幣，最後通過對幾封回鶻文書的譯注分析，認爲在商業領域中各個緑洲之間也存在一定交往；葛瑪麗《高昌回鶻王國（840—1400 年）的君主觀念》對高昌回鶻王國君主的稱號、神明、座位、標誌進行探索，介紹君主、特權人物與人民三者的地位與關係。

　　以上是 2012 年吐魯番學研究的總體概況，該年度對吐魯番各方面的研究可謂成績顯著，其中文書與考古研究的進展是推動吐魯番研究向前發展的重要動力，把出土文書、文物與傳世文獻相結合，微觀與宏觀相結合，吐魯番學研究在原有史料的基礎上將會繼續獲得新的突破。

敦煌石窟中的外道形象研究綜述

吕德廷(蘭州大學)

　　敦煌石窟包括莫高窟、西千佛洞、安西榆林窟、東千佛洞以及肅北五個廟石窟。其中,莫高窟自前秦建元二年(366)開鑿以來,經北涼以至元代,修建陸續進行,佛教藝術内容豐富、題材多樣。藏經洞出土的文書以及絲麻等藝術品豐富了敦煌佛教藝術的内容。

　　佛教所稱的外道指佛教以外的宗教或派别。外道,梵語爲 tīrthika,原指神聖而應受尊敬的隱遁者。最初爲佛教稱呼其他派别,後世附加異見、邪説之義,指真理之外的邪法者,外道一詞遂成爲侮蔑排斥的貶稱。

　　諸經論所舉外道的種類很多,佛典中記載有九十六種或九十五種。諸外道中較爲常見的是六師外道。六師外道爲富蘭那·迦葉(Pūraṇa Kassapa)、阿耆多·翅舍欽婆羅(Ajita Keśakambali)、婆浮陀·伽旃那(Pakudha Kaccāyana)、末伽梨子·拘舍羅(Makkhali Gosāla)、散若夷·毗羅梨子(删闍夜·毗羅胝子 Sañjaya Belatthiputta)、尼乾子·若提子(Nigantha Natāputta)。

　　有的佛典將外道分爲兩大類:一爲外外道,一爲内外道。外外道即泛指佛法以外的教派,内外道包括附佛法外道、學佛法成外道等。佛教典籍中既有對佛教思想的宣傳,也有對外道理論的批駁,一立一破的説教方式可增强佛教影響力。佛教藝術中既包含佛、弟子、菩薩以及護法神的形象,也有對外道的描繪。佛教藝術中的外道出現於勞度叉鬥聖變、報恩經變、涅槃經變等經變,須摩提女因緣、外道踩佛曬衣石等佛傳因緣中,除此之外還有執雀外道、鹿頭梵志等外道形象。

　　20世紀上半葉,學者在研究莫高窟中的勞度叉鬥聖變時,涉及該變相中的六師外道。直至80年代,有關外道形象的研究成果并不豐富。近三十年來,敦煌學界對敦煌佛教藝術極爲關注,隨着研究廣度、深度的不斷增加,逐漸深化了對外道形象的認識與理解。

一、經變中的外道形象

(一)勞度叉鬥聖變中的六師外道

1933年松本榮一《敦煌地區流行的牢度叉鬥聖變相》一文考察了莫高窟

中的勞度叉鬥聖變①。之後，尼古拉-旺迪埃《舍利弗與六師外道圖卷考》②、秋山光和《敦煌本降魔變（牢度叉鬥聖變）繪畫考》、《敦煌變文與繪畫——再以牢度叉鬥聖變爲中心》、《牢度叉鬥聖變白描粉本與敦煌壁畫》③將文本與壁畫對照進行研究，釋讀畫面，探討圖像與佛典、變文之間的關係。李永寧、蔡偉堂《〈降魔變文〉與敦煌壁畫中的"牢度叉鬥聖變"》將變相的構圖方式分爲三種類型，介紹了畫面情節，探討了變文的發展變化④。近年，簡佩琦仍側重於以文本和圖像結合的方式解讀《勞度叉鬥聖變》，但對外道涉及不多⑤。

除了探討圖像本身外，一些學者開始探討圖像所反映的社會背景。殷光明認爲《勞度叉鬥聖變》是印度的《祇園精舍圖》不斷中國化的過程，《勞度叉鬥聖變》的出現、發展、成熟應與佛道之爭有關。敦煌西千佛洞北周第 12 窟的《勞度叉鬥聖變》完全依據《賢愚經》繪製，這一題材是在北周佛道鬥爭的背景下出現的，通過描繪舍利弗戰勝勞度叉，以表達佛教終將戰勝道教的願望。初唐莫高窟第 335 窟中的《勞度叉鬥聖變》反映了武則天時期佛教戰勝了道教。晚唐時期，《勞度叉鬥聖變》在敦煌石窟中大量出現，既與張議潮驅逐吐蕃收復敦煌關係密切，也與唐武宗滅佛的影響有關。經變對稱的佈局增強了畫面的觀賞性，也諷刺了外道的無能。這一時期，新出現的"經壇焚書"畫面應來源於《漢法本內傳》，有些情節則是畫工增加的⑥。

包銘新、沈雁認爲晚唐五代的束裙是由幾片上小下大的矩形裁片拼合而成，莫高窟第 146 窟勞度叉鬥聖變壁畫中外道信女穿的不是束裙，而是縛褲。褲子加縛，有較強的裝飾作用。與中原地區寬大型的褲子相比，經變中褲子上部爲緊身型，可能受到西域的影響⑦。

與建祇園精舍相關的還有第 76 窟的八塔變相，八塔變相的第五塔爲釋迦牟尼佛在祇陀園現大神通。孫修身《莫高窟第 76 窟〈八塔變相〉中現存四塔考》介紹了畫面，抄錄了榜題，認爲畫面爲舍利弗同須達長者於祇陀園建精舍，釋迦牟尼佛受請入祇陀園降伏六道，波斯匿王獻花供養釋迦牟尼佛、請佛

① 松本榮一《敦煌地方に流行せし牢度叉鬥聖変相》，《仏教美術》第 19 號，1933 年，2—11 頁。
② Nicole Vandier-Nicolas, *Sariputra et les six maitres d'erreur: fac-simile du manuscrit Chinois 4524 de la Bibliotheque Nationale*, Imprimerie Nationale, 1954.
③ 秋山光和《敦煌本降魔変（牢度叉鬥聖変）畫卷について》，《美術研究》第 187 號，1956 年，43—77 頁。秋山光和《敦煌における変文と繪畫——再び牢度叉鬥変（降魔変）を中心に》，《美術研究》第 211 號，1960 年，47—74 頁。秋山光和《牢度叉鬥変白描粉本（Pelliot Tibétain 1923）と敦煌繪畫》，《東京大學文學部文化交流研究施設研究紀要》第 2 卷第 3 號，1979 年，1—28 頁。
④ 李永寧、蔡偉堂《"降魔變文"與敦煌壁畫中的"牢度叉鬥聖變"》，《1983 年全國敦煌學術討論會文集》（石窟・藝術編）（上），蘭州：甘肅人民出版社，1987 年，第 165—233 頁。
⑤ 簡佩琦《勞度叉鬥聖變之文本與圖像關係》，《敦煌學》第 27 輯，臺灣：樂學書局，2008 年，第 493—520 頁。
⑥ 殷光明《從〈祇園精舍圖〉到〈勞度叉鬥聖變〉的主題轉變與佛道之爭》，《敦煌研究》2001 年第 2 期。
⑦ 敦煌研究院編《2004 年石窟研究國際學術會議論文集》（下），上海古籍出版社，2006 年，第 478 頁。

住精舍①。

"釋迦牟尼佛在祇園降服六道"的觀點值得商榷。第76窟八塔變相糅合了唐代《大乘本生心地觀經》和宋代法賢譯《八大靈塔名號經》以及佛傳中的情節②。《八大靈塔名號經》中,第四塔爲"舍衛國祇陀園現大神通處"③。據《賢愚經·須達起精舍品》,須達購得祇陀太子的園地,準備爲佛陀建立精舍,但是六師外道依恃國王權勢,約佛鬥法,以勝負決定是否建精舍。佛遣舍利弗應約,舍利弗戰勝以勞度叉爲代表的六師外道,外道皈依佛教。於是須達長者爲佛建精舍,然後請求波斯匿王遣使迎請釋迦牟尼佛前往舍衛城。釋迦到舍衛城現神變,演説佛法。由此可見,建精舍前,降服六師外道的是舍利弗;建精舍後,佛陀在舍衛城現神變。因此不應説釋迦牟尼佛在祇陀園降服外道。

《敦煌石窟全集·佛傳故事畫卷》"第五塔龕内繪佛陀和兩個化佛,表現佛陀於舍衛國爲了戰勝外道,現種種神通,作無數化佛"的觀點亦不確切。

賀小萍《莫高窟第76窟八塔變中三佛圖像辨析》將第五塔的内容等同於舍衛城神變,還探討了舍衛城神變的佛典依據④。該文將舍衛城神變定義爲"在舍衛城祇陀園建精舍時,出現的釋迦顯神通與六師外道鬥法也被稱爲'舍衛城神變'",此説法值得商榷。舍衛城神變,依《賢愚經·降六師品》:釋迦牟尼佛在王舍城説法,瓶沙王的弟弟信奉六師外道,在瓶沙王的勸説下,王弟設大會供養佛僧。佛與眾僧食訖,佛爲眾會説法,瓶沙王弟以及眾人皈依佛教。六師惱怒,在天魔波旬的幫助下,六師要求與佛比試神足。最後佛在舍衛城現神變,六師羞愧,投水自盡。據《根本説一切有部毗奈耶雜事》:佛陀在王舍城羯蘭鐸迦池竹林園住,與僧眾多獲供養之物,而諸外道不受恭敬,不獲飲食乃至資身之物。於是魔王波旬趁機變化爲諸外道,試圖惱亂佛陀。《四分律》記載舍衛城神變的緣起爲:賓頭盧因現神足取長者安置的鉢中食物而遭到了佛陀的呵責,諸外道見佛禁止比丘在白衣前現神足,於是到瓶沙王處要求與佛比試神足。由此可見舍衛城神變與須達建精舍無關。所以舍衛城神變和勞度叉鬥聖變各有經文依據以及各自的藝術表現形式,兩者并不存在前後演變關係。

克孜爾石窟中有釋迦降伏六師外道圖,趙莉《克孜爾石窟降伏六師外道壁畫考析》介紹了克孜爾第80、97、114窟中釋迦牟尼佛降伏六師外道的壁

① 孫修身《莫高窟第76窟〈八塔變相〉中現存四塔考》,《敦煌研究》1986年第4期。
② 樊錦詩主編《敦煌石窟全集·4·佛傳故事畫卷》,香港:商務印書館,2004年,第191頁。
③ (北宋)法賢譯《佛説八大靈塔名號經》,《大正藏》第32册,臺北:新文豐出版公司,1983年,第773頁。
④ 賀小萍《莫高窟第76窟八塔變中三佛圖像辨析》,《敦煌研究》2010年第1期。

畫,并結合《賢愚經‧降六師品》對壁畫進行解讀。文章認爲降伏六師外道的壁畫的年代爲5—6世紀,此主題的出現受到了小乘佛教説一切有部的影響。龜兹地區出現三幅降伏六師外道圖與小乘佛教、大乘佛教的思想鬥爭有關。降服六師外道故事,宣揚了釋迦牟尼的威力,強化了過去六佛、現在一佛和未來一佛的觀念,闡發了小乘説一切有部的基本思想,以此對大乘多佛觀予以駁斥[1]。

西安碑林博物館收藏一件刻有"釋迦牟尼佛降伏外道時"題記的造像碑,該造像碑正面雕釋迦牟尼佛立像,右手上舉,手掌向上,左手下垂,手掌向下。右手上方懸有一圓圈,内有一位遊戲坐的神祇,雙手上舉,執飛舞飄帶;身下有圓形坐墊,置於兩匹馬的背上。左手下方、左腳旁亦有一圓圈,圓圈内的神祇爲遊戲坐,雙手上舉,執飄帶;身下有圓形坐墊,置於坐雙鵝的背上。造像碑下爲凸起的石臺,臺正面右側刻有題記。

索珀(Alexander C. Soper)《敦煌的瑞像圖》[2]根據敦煌石窟和寫本資料,認爲絹畫Ch. xxii. 0023中右手托日的佛像所繪應是"指日月瑞像",此像表現的是釋迦牟尼在打敗魔軍後獲得超自然力時的情景。此件造像碑中的佛像與絹畫中的基本相同,石刻上的銘文或許是後來補寫的,後人對"指日月瑞像"的含義已不清楚[3]。榮新江《〈釋迦降伏外道像〉中的祆神密斯拉和祖爾萬》認爲造像碑中雙馬背以及雙鵝之上的神祇分别爲祆神密斯拉(Mirhra)和祖爾萬(Zurvan)[4]。筆者讚同佛教體系内的形象和祆教的神靈形象有互相借用的現象,佛教體系中日天和月天與祆教的密特拉和祖爾萬形象有共同之處,但是目前在佛教藝術中未見明確表現佛陀降服祆教神祇的事例,將此雕像認爲是佛陀降服祆教神祇尚缺乏佛教藝術的實例支撐。

《中國内地舍衛城大神變造像遺存探索》[5]認爲此雕像是"釋迦降伏外道時身處地上能夠以手捫日月或使日月光明隱蔽的神通",借用祆神來表示日月,至於用土星神來表示月神,應是雕刻者犯了常識性錯誤。學者也注意到該觀點難以解釋釋迦在舍衛城降伏外道,顯現的神變不包括以手捫日月。筆者認爲,此件雕刻與舍衛城神變没有相似之處,很難將其確定爲舍衛城神變。

---

① 趙莉《克孜爾石窟降伏六師外道壁畫考析》,《敦煌研究》1995年第1期。
② A. C. Soper, "Representations of Famous Images at Tun-huang", *Artibus Asiae*, XXVII, 4, 1964–1965, pp. 349–364.
③ 榮新江《〈釋迦降伏外道像〉中的祆神密斯拉和祖爾萬》,《華林》第2卷,北京:中華書局,2002年,第201頁。
④ 同上,第201—213頁。
⑤ 王劍平、張建榮、雷玉華《中國内地舍衛城大神變造像遺存探索》,中國古迹遺址保護協會石窟專業委員會、龍門石窟研究院編《石窟寺研究》,北京:文物出版社,2010年,第152—160頁。

(二) 涅槃經變中的外道

學者在研究涅槃圖的過程中,注意到了圖中的外道。自 20 世紀初期開始,經福歇、A. 巴雷歐、J. 亞伯特、宮治昭等學者的努力,目前已揭示了印度至中亞涅槃圖的地域特徵以及演變情況。

犍陀羅涅槃圖中,在佛陀牀座前面都有一位穿僧衣結跏趺坐、結禪定印的人物。福歇(Alfred A. Foucher)將其認定爲佛最後的弟子須跋陀羅[①]。宮治昭根據漢譯本以及巴利文文本,對比不同文本對外道名稱的記載,認爲須跋陀羅是異教的托鉢遊行者。他還分析了須跋陀羅身着的覆頭衣,認爲覆頭衣是修行者的特徵,水袋表明了持三杖者(tyidandin)的婆羅門行者身份[②]。劉永增根據《大唐西域記》"有白衣外道……唯留少髮,加之露形,或有所服,白色爲異,據斯流別,稍用區分",認爲犍陀羅雕刻中的須跋陀羅符合白衣外道"唯留少髮"的特徵,加之《緬甸佛傳》提到須跋穿白色衣服,由此判定犍陀羅和克孜爾石窟中的須跋陀羅原屬耆那教白衣派[③]。

釋迦涅槃時,大迦葉正率領五百弟子從波婆國趕往拘尸那揭羅。途中大迦葉遇到從拘尸那揭羅來的外道,得知佛陀已於七日前涅槃。宮治昭介紹了描繪大迦葉與外道對話的犍陀羅浮雕,并考察了不同譯本的《涅槃經》對外道名稱的記載[④]。

盛唐莫高窟第 148 窟中佛涅槃畫面的左下方有六位年老的婆羅門形象,面對佛而手舞足蹈。六人頭頂結有髮髻,上身自左肩至右腰有披帛,上部有榜題:"拘尸那城中外道六師聞佛/涅槃……歡樂。"賀世哲《敦煌壁畫中的〈涅槃經變〉》認爲繪製幸災樂禍的六師外道依據了《佛入涅槃密迹金剛力士哀戀經》[⑤]。吐蕃統治敦煌時期(786—848 年)的莫高窟第 158 窟涅槃臺東向壁開龕,龕外北側繪毗沙門天王、六身婆羅門形象和獅鹿供養。賀世哲認爲這幾身婆羅門形象同第 148 窟中的一樣,是六師外道。而劉永增基於印度以音樂舞蹈爲逝者祈禱祝願的習俗以及佛經中存在釋迦涅槃時末羅族伎樂供養的記述,認爲該組形象是以樂舞供養禮敬釋迦的末羅族人[⑥]。沙武田也傾向於劉永增的觀點。他認爲第 158 窟中的涅槃經變相對於第 148 窟內容簡單,祇

① A. Foucher, *L'Art Gréco-Bouddhique du Gandhara*, Tome I, Paris, 1905, pp. 566－567.

② 宮治昭著,李萍、張清濤譯《涅槃和彌勒的圖像學:從印度到中亞》,北京:文物出版社,2009 年,第 112 頁。

③ 劉永增《敦煌莫高窟隋代涅槃變相圖與古代印度、中亞涅槃圖像之比較研究》,《敦煌研究》1995 年第 1 期,第 25 頁。

④ 宮治昭著,李萍、張清濤譯《涅槃和彌勒的圖像學:從印度到中亞》,北京:文物出版社,2009 年,第 113—114 頁。

⑤ 賀世哲《敦煌莫高窟的〈涅槃經變〉》,《敦煌研究》1986 年第 1 期。又見:賀世哲《敦煌壁畫中的〈涅槃經變〉》,《敦煌研究文集·敦煌石窟經變篇》,蘭州:甘肅民族出版社,2000 年,第 90 頁。

⑥ 劉永增《敦煌莫高窟第一五八窟的研究》,劉永增編著《敦煌石窟藝術·莫高窟第 158 窟(中唐)》,南京:江蘇美術出版社,1998 年,第 24 頁。

是對《涅槃經》主題性的表現。這些人物的畫面很大,身後是供養釋迦的動物,如看作外道則與畫面表現的供養、舉哀思想的主題不合。另外,第 158 窟的圖像特徵,與中亞的樣式更爲接近,在犍陀羅地區的涅槃圖中,末羅族是不可缺少的人物。由此判定這幾身人物爲末羅族人[①]。

柏孜克里克第 16(屬於唐西州時期,640 年至 9 世紀中葉)、31、33 窟(高昌回鶻前期,9 世紀中葉至 12 世紀初)中的涅槃圖中各有一組奏樂的婆羅門。學界一般認爲是六師外道[②],但霍旭初《柏孜克里克"奏樂婆羅門"壁畫新考》對此説產生質疑,認爲是伎樂供養釋迦的末羅族人[③]。作者根據佛經有拘尸那城民衆向佛作伎樂供養的記載,"從佛教觀念和佛教經典依據來説,佛涅槃前所有的外道已被降伏,所有的異端邪論都已破斥,起碼在拘尸那城已經没有外道存在,所以認爲佛涅槃時有外道婆羅門在演奏樂器慶賀的觀點没有任何依據了"。但佛涅槃前拘尸那城不存在外道的觀點并不準確,如告訴大迦葉釋迦涅槃消息的外道就是從拘尸那城離開的。該文可説明存在以伎樂供養佛的拘尸那城民衆,但以此解釋柏孜克里克涅槃圖中的奏樂婆羅門爲末羅族人,則論證顯得薄弱。筆者將柏孜克里克第 31 窟左壁出現的與迦葉交談的外道與樂舞婆羅門形象進行對比,認爲外道形象與部分樂舞者形象類似,加之寶頂山大佛灣第 17 號龕中亦有奏樂的六師外道,因此推測樂舞婆羅門也是見佛涅槃而幸災樂禍的外道[④]。

兖州興隆塔地宮所出石函左側依次刻"比丘衆"、"諸土衆"、"波旬衆"。"波旬衆"由五身形象組成,"中央爲波旬,頭戴高冠,身穿寬袖長袍,雙手置胸前持笏板。其餘的均服圓領窄袖對襟衣,腰結帶,下裳寬鬆似裙,足蹬高腰靴。位於波旬左側的持拍板,後面的兩人分別敲答臘鼓,吹長笛;前面的一身戴尖頂高帽,右手置前,左手上舉,正在舞蹈"[⑤]。賈應逸根據此圖的定名,將柏孜克里克石窟涅槃圖中的樂舞者比定爲波旬衆。值得注意的是,該地宮鎏金銀棺右擋涅槃圖中也有一位舞者,與該圖類似的還見於河北定縣宋代六號塔基(淨衆院舍利塔塔基)和朝陽遼代北塔。淨衆院地宮內北壁涅槃圖中佛牀兩側各有一身手舞足蹈的婆羅門,發掘簡報認爲是"天使"[⑥],此定名不正確。朝陽北塔天宮中的木胎銀棺東側銀片綫刻涅槃圖,畫面左側有三身婆羅

① 沙武田《敦煌莫高窟第 158 窟與粟特人關係試考(下)》,《藝術設計研究》2010 年第 2 期。
② 趙敏主編《中國美術分類全集·中國壁畫全集·新疆·6·吐魯番》,瀋陽:遼寧美術出版社、烏魯木齊:新疆人民出版社,1990 年,圖版説明第 32 頁。
③ 霍旭初《柏孜克里克"奏樂婆羅門"壁畫新考》,《吐魯番學研究》2001 年第 2 期。
④ 吕德廷《論涅槃圖中的外道形象》,待刊。
⑤ 賈應逸《山東兖州興隆塔地宮出土遺物與新疆于闐佛教關係考》,《新疆師範大學學報》2010 年第 1 期。
⑥ 定縣博物館《河北定縣發現兩座宋代塔基》,《文物》1972 年第 8 期。

門形象。至於興隆塔地宮石函波旬衆中的奏樂者與鎏金銀棺右擋涅槃圖中的舞者的身份是否一致，目前難以判定。

（三）報恩經變中的外道

《大方便佛報恩經·序品》記載，阿難入王舍城乞食，見一婆羅門子擔負老母行乞，稱讚此人能供養父母。有一位六師徒黨薩遮尼乾對阿難説："汝師瞿曇……是不孝人。"

敦煌石窟報恩經變共有 35 幅，其中莫高窟 32 幅，榆林窟 3 幅。20 世紀初，川崎芳治、松本榮一對報恩經變進行釋讀[1]。李永寧《報恩經和莫高窟壁畫中的報恩經變相》首先介紹了《報恩經》的形成年代、內容的出處，之後將莫高窟中的報恩經變分爲四種類型，并對畫面進行解讀，最後分析了該經變在敦煌出現的意義。該文對報恩經變進行了整體研究，但細節部分有待深入[2]。簡佩琦《敦煌報恩經變研究》主要依據圖像學研究方法，即形式、內容與意涵等層次來理解報恩經變[3]。

相比敦煌石窟中的報恩經變，學界對大足大佛灣的報恩圖投入的熱情更多。宋代大足寶頂山大佛灣第 17 號龕，主尊爲釋迦牟尼佛半身像，主尊兩側有 12 組與釋迦報恩相關的雕刻。主尊左側下層爲"六師外道謗佛不孝"。畫面中間爲一男子肩挑父母；左側是垂首而立的阿難；右側爲六師外道，包括五男一女，其中左數第一身手指阿難，第三位手持拍板，第四位手舞足蹈，第五位持鼓，女子吹橫笛[4]。《報恩經》中，指責佛陀的是六師徒黨薩遮尼乾，而此處以六位人物表示六師外道。

胡文和《大足寶頂和敦煌的大方便（佛）報恩經變之比較研究》認爲六師外道依次爲滿迦葉波、末羯黎、瞿舍離子、想吠多子、迦羅鳩馱，離系親子未刻出。吹笛的女子，名旃遮摩那[5]。胡同慶、宋琪認爲該定名"似乎有些牽強，不知如此定名究竟依據什麼？"[6]筆者也認爲定名不準確，將吹笛女定名爲旃遮摩那尤不可取。旃遮摩那，梵名 Ciñca Mānavika。世尊於祇園精舍説法時，其聲譽日隆，遭外道嫉妒。外道指使旃遮婆羅門女繫木盂於腹，偽裝爲孕婦，在大衆中揚言，腹中之子是釋種。帝釋天化作白鼠，將繫盂之繩咬斷，木盂脱

---

① 川崎芳治《大方便仏報恩経変相画に就て》，《國華》第 463 卷，1929 年，第 155—161 頁。松本榮一《敦煌畫の研究·圖像部》，東方文化學院東京研究所，1937 年。

② 李永寧《報恩經和莫高窟壁畫中的報恩經變相》，敦煌文物研究所編《敦煌研究文集》，蘭州：甘肅人民出版社，1982 年，第 189—219 頁。

③ 簡佩琦《敦煌報恩經變研究》，臺南藝術大學碩士論文，2003 年。

④ 圖版見：胡文和《大足寶頂和敦煌的大方便（佛）報恩經變之比較研究》，《敦煌研究》1996 年第 1 期，第 43 頁。

⑤ 胡文和《大足寶頂和敦煌的大方便（佛）報恩經變之比較研究》，《敦煌研究》1996 年第 1 期。

⑥ 胡同慶、宋琪《大足"釋迦行孝、修行圖"中的外道人物及其相關問題研究》，《敦煌研究》2005 年第 6 期，第 35 頁。

落。旃遮婆羅門女陰謀敗露,墮入地獄[1]。由此可見,旃遮婆羅門女與報恩經變并無關係。

胡同慶、宋琪《大足"釋迦行孝、修行圖"中的外道人物其相關問題研究》[2]一文將全圖定名爲"釋迦行孝、修行圖"。通過比對造像、碑文、經文,認爲在"六師外道謗佛不孝"圖中,造像與碑文内容基本一致,而與經文存在差異。"六師外道謗佛不孝"在"釋迦行孝、修行圖"中是爲了烘托"釋迦行孝"的重大意義。六師外道以逆增上緣助釋迦成道。該文介紹了六師外道的主要觀點,但佛教與六師外道的關係仍值得繼續探討。

該文將釋迦前生修外道行時的雪山大士以及帝釋變幻的羅刹稱爲外道,如此一來,則包括剜睛出髓爲藥的太子、善友太子、睒子統統可以稱之爲外道。將釋迦牟尼佛的前生看做外道不符合第 17 龕的内涵。該石刻提到"大藏佛言:過去世,我修菩薩行,能通達一切外道經論。修寂滅行,不爲外道破壞受持。常樂我淨,求索大乘。雪山坐禪,經無量歲,亦不聞如來出世、大乘經名。我修如是苦行。"雖然釋迦過去世通達外道經論,不聞如來出世、大乘經名,但修的仍是菩薩行。佛典中,外道一詞主要指釋迦牟尼時代及其以後的宗教派別及其信徒,因此,不宜包括釋迦牟尼前生的人物。

六師外道中左數第三位男子手執拍板,第五位拍鼓,外道女吹笛,修海林認爲這組形象源於宋雜劇中"五花爨弄"的表演形式,五花爨弄是宋雜劇、金院本由末泥、引戲、副淨、副末和裝孤五個角色組成。因鼓、笛、拍是宋雜劇的主要樂器,此六師外道中呈現了笛、鼓、拍板三種樂器,是宋代南方雜劇音樂伴奏的直接證明[3]。後又發表《宋代雜劇南傳形式的文物遺存——四川大足石窟"六師外道謗佛不孝"群像考》[4]一文,該文在内容與敍述方式上有了增加、變動,但觀點未變[5]。

二、佛傳因緣圖中的外道形象

(一) 須摩提女因緣中的外道

李其瓊、施萍亭《奇思馳騁爲"皈依"——敦煌、新疆所見〈須摩提女因緣〉故事畫介紹》釋讀了莫高窟第 257 窟中的須摩提女因緣,并將莫高窟與克

[1] 玄奘、辯機著,季羨林等校注《大唐西域記校注》,北京:中華書局,2000 年,第 497 頁。
[2] 胡同慶、宋琪《大足"釋迦行孝、修行圖"中的外道人物及其相關問題研究》,《敦煌研究》2005 年第 6 期。
[3] 修海林《"六師外道"——大足石刻中宋代雜劇》,(《四川日報》1992 年 8 月 9 日)以及修海林《宋代雜劇藝術形式的物態遺存——四川大足石窟"六師外道"群像考》,《音樂研究》1993 年第 2 期。
[4] 水野清一《執雀バラモンについて》,《東方學論集:東方學會創立十五周年記念》,東京:東方學會,1962 年,第 336—341 頁。
[5] 修海林《宋代雜劇南傳形式的文物遺存——四川大足石窟"六師外道謗佛不孝"群像考》,《黄鐘》(《武漢音樂學院學報》)2004 年第 1 期。

孜爾石窟中的圖像在結構佈局、表現手法、人物造型與藝術風格等方面進行比較,認爲"新疆壁畫以裝飾性見長,敦煌壁畫以形象生動取勝",該因緣中的外道未引起較多關注。

(二)執雀外道和鹿頭梵志

一手握鳥的婆羅門和手執頭顱的鹿頭梵志較早出現於雲岡第 19 窟 A 洞東壁釋迦多寶龕龕外兩側、第 9 窟前室北壁明窗兩側。水野清一較早研究了這組形象[①]。

莫高窟西魏第 285 窟西北南側小龕龕外有一身老年婆羅門,立姿,左臂彎曲,左手持鳥。1987 年,賀世哲《敦煌莫高窟第 285 窟西壁內容考釋》認爲該形象爲婆藪仙,作爲"密教的護法神"繪製於西壁[②]。饒宗頤認爲婆藪仙也要行禪定法纔能取得神通,繪婆藪仙有取於善修禪定之意,和密宗無關。婆藪仙曾見色動妄念失去神通,可爲人所借鑒[③]。1994 年賀世哲《關於敦煌莫高窟的三世佛與三佛造像》提及"婆藪仙是釋迦牟尼佛的護法神之一,鹿頭梵志是釋迦牟尼佛的弟子之一",所以主尊就是釋迦牟尼。并依據《增一阿含經》解釋了鹿頭梵志[④]。

小南海石窟中窟、東窟的東壁主題爲彌勒淨土,東壁南側刻婆藪仙;西壁主題爲西方淨土,西壁南側刻鹿頭梵志。顏娟英《北齊禪觀窟的圖像考——從小南海石窟到響堂山石窟》認爲賀世哲"凡有這兩位護法神,其主尊必爲釋迦牟尼佛"的觀點不適於小南海石窟[⑤]。

2002 年,王惠民《婆藪仙與鹿頭梵志》[⑥]一文系統研究了這組形象。作者收集了敦煌及其他地區關於此組形象的材料,將敦煌壁畫中的 29 組鹿頭梵志圖像分爲北魏、西魏,北周,初唐三個發展階段。該文仍將執雀者釋爲婆藪仙,引《大方等陀羅尼經》、《大智度論》、《摩登伽經》以説明"敦煌畫中的婆藪仙是提倡殺生的婆羅門,其特徵是裸體外道形象和手執一鳥,前者表示他的身份,後者表示他主張可以殺生"。與執雀外道相對的執骷髏者是鹿頭梵志,而非《五分律》中的耆域。北朝至初唐佛教造像中常出現婆藪仙、鹿頭梵志是因爲婆藪仙提倡殺生,將其描繪爲猥瑣的形象,以襯托佛的偉大;鹿頭梵志是

① 水野清一《執雀バラモンについて》,《東方學論集:東方學會創立十五周年記念》,東京:東方學會,1962 年,第 336—341 頁。

② 賀世哲《敦煌莫高窟第 285 窟西壁內容考釋》,段文傑主編《1987 年敦煌石窟研究國際討論會文集·石窟考古編》,瀋陽:遼寧美術出版社,1990 年,第 374 頁。

③ 饒宗頤《圍陀與敦煌壁畫》,中國敦煌吐魯番學會編《敦煌吐魯番學研究論文集》,上海:漢語大詞典出版社,1990 年,第 22 頁。

④ 賀世哲《關於敦煌莫高窟的三世佛與三佛造像》,《敦煌研究》1994 年第 2 期。

⑤ 顏娟英《北齊禪觀窟的圖像考——從小南海石窟到響堂山石窟》,《東方學報》第 70 冊,1998 年。

⑥ 王惠民《婆藪仙與鹿頭梵志》,《敦煌研究》2002 年第 2 期。

外道中的大智慧者,而與佛相比,仍有不足,由此襯托佛教的地位。

與前輩學者相比,王氏已經認識到二位婆羅門位於龕内或龕外最低下方,其形象鄙小,舉止猥瑣,是外道的代表,而非主尊的眷屬。佛教對他們的征服,即象徵對所有外道的征服。作者也已經對"執雀外道爲婆藪仙"的觀點有所懷疑。

2010 年,王惠民《執雀外道非婆藪仙辨》對執雀外道的定名這一問題取得了重要進展[1]。作者根據《俱舍論記》等佛典認爲執雀外道是裸形外道尼乾子,而非婆藪仙。尼乾子執雀向佛,問雀死生,佛以無言對之。這正與鹿頭梵志持羅漢骷髏而難定因果輪回的情節相對應。兩則故事都顯示了佛法的精深,因而在佛教造像中廣泛存在。此題材在北朝至唐初較爲流行,但隋代敦煌以外地區很少出現。作者認爲受到了"造像的時代潮流變化、外道猥瑣形象有損佛國莊嚴、對外道的鄙視態度也有違佛教的衆生平等思想"的影響。除此之外,還可能與三階教有關。因爲三階教的苦行、乞食、露屍葬等行爲與裸形外道十分接近,當三階教出現後,不宜再宣傳這些與裸形外道相似的行爲與思想,尼乾子在佛教造像中走向消亡。但作者也認爲這一推測尚不足據,有待進一步求證。

(三) 外道踩踏曬衣石爲雷所擊

初唐莫高窟第 323 窟北壁佛傳故事畫中有"外道踩踏曬衣石爲雷所擊"的畫面。金維諾《敦煌壁畫中的中國佛教故事》介紹了畫面,抄録了題記[2]。馬世長《莫高窟第 323 窟佛教感應故事畫》結合《大唐西域記》釋讀畫面[3]。孫修身《莫高窟佛教史迹故事畫介紹(三)》根據《佛國記》、《洛陽伽藍記》、《大唐西域記》、《法苑珠林》的記載,認爲釋迦牟尼洗衣、曬衣的遺迹有洗衣池、曬衣石。洗衣池有婆羅疣斯國鹿野苑中的三個水池、摩揭陀國菩提垣的水池。在這兩處水池旁有曬衣石,除這兩處外,烏仗那國和摩揭陀國彗峰山也有曬衣石。榜題中出現了"大夏波羅奈國",婆羅疣斯國鹿野伽藍側的水池和曬衣石符合畫面内容,且符合《大唐西域記》的記載,因此畫面表現的是婆羅疣斯國曬衣石的故事。作者還分析了畫面情節的順序[4]。

(四) 其他

胡同慶、張元林《莫高窟第 275 窟中的外道人物及相關問題研究》通過分析北涼時期的第 275 窟中的佛本生故事畫,認爲窟中的外道既有以勞度叉爲

---

① 王惠民《執雀外道非婆藪仙辨》,《敦煌研究》2010 年第 1 期。
② 金維諾《敦煌壁畫中的中國佛教故事》,《美術研究》1958 年第 1 期。
③ 馬世長《莫高窟第 323 窟佛教感應故事畫》,《敦煌研究》1982 年第 1 期。
④ 孫修身《莫高窟佛教史迹故事畫介紹(三)》,《敦煌研究》1982 年第 2 期。

代表的貪婪、奸詐、凶殘的婆羅門,也有心地善良、明辨是非的婆羅門,還有自私自利但尚存良知的婆羅門。國王求法和勞度叉說法的關係,反映了古印度婆羅門和剎帝利之間的矛盾。戢釘、刻肉、砍頭、刻眼等行爲與婆羅門的苦行及古印度的刑罰制度乃至商品交換意識都有一定的關係。

該文將本生故事中的婆羅門視爲外道,但《賢愚經》并未稱勞度叉爲外道。婆羅門表明一個人的種姓,而不確切反映一個人的宗教信仰。如舍利弗出身婆羅門家庭,但是後來他皈依了佛教。毗楞竭梨王本生、月光王本生等本生中,釋迦牟尼佛的前生爲了聽法而不惜以妻子、兒女、自身布施,這強調的是其布施精神,而不是強調内道與外道的差别。

2005 年,胡同慶、張元林從構圖、造型、綫描、賦彩等方面分析了莫高窟第275 窟本生故事畫中的外道人物等畫面,認爲畫面具有統一感、節奏感、運動感、穩定感、親近感等美學特徵[①]。

總的來説,學界已經對包含外道的佛傳因緣、經變畫進行了整體性論述,爲進一步研究圖像細節奠定了基礎。部分外道形象也得到學者關注,爲研究其他個案提供了很好的借鑒。今後應將敦煌石窟中的外道與同一時期其他地區的形象進行對比,考察共同性以及地方特徵,進而總結外道形象演變、傳播的路綫。在考察圖像的基礎上,揭示外道形象在畫面中的作用、歷史背景對外道形象的影響。

---

① 胡同慶、張元林《莫高窟第 275 窟外道人物及相關畫面的藝術特色與美學特徵》,《敦煌研究》2005 年第 1 期。

唯有三界寺　白雲依舊多
——敦煌三界寺研究綜述

劉泓文（蘭州大學）

一、引　言

　　三界寺，是晚唐五代敦煌佛教教團管轄的十七寺之一，敦煌遺書中又簡稱“界”。據李正宇先生爲《敦煌學大辭典》撰寫的“三界寺”詞條記載，吐蕃統治時期暨公元 820 年左右初見其名，北宋天禧三年猶存《天禧塔記》。唐末有僧、沙彌二十二人。此寺禪院寬宏，建有觀音堂，後梁乾化五年（915）至後漢乾祐二年（949）前後設有寺學，曹議金次子元深（後亦爲節度使）即就讀於此。有藏經，鈐有“三界寺藏經印”，當地男女多就該寺受戒，敦煌遺書中存有該寺戒牒十餘件。今莫高窟第 148、443 窟，榆林窟第 35 窟有該寺僧人左興兒、戒昌的供養人像及題名，敦煌名僧道真、法松等皆出家於該寺[①]。20 世紀初，伴隨着敦煌藏經洞的發現，圍繞着對莫高窟藏經來源等問題的探討拉開了三界寺各專題研究的帷幕。

　　古代敦煌是絲綢之路上的一顆璀璨的明珠，是溝通中西交通的咽喉，也是中西佛教文化交流的橋頭堡和中轉站，因此敦煌與佛教淵源深刻。至晚唐五代時期，由於長時間受佛風釋化的漸染，敦煌佛教的世俗化、庶民化、本土化已經很深，佛教成爲民衆生活中不可或缺的一部分。而寺院作爲佛教存在和發展的重要物質基礎之一，既是佛教外在形態的主要表現，也是民衆認識佛教和進入佛教的橋樑；同時爲了鞏固已有的社會經濟地位和擴大社會影響，佛教寺院和僧侶也積極通過政治、宗教、經濟、文化、娛樂等各種途徑，溝通并調整與世俗社會的互動關係，在維繫當時的社會秩序和協調民衆生活中扮演了重要的角色。三界寺雖爲晚唐五代敦煌地區的小寺，但在五代時期，由於與敦煌歸義軍政權關係密切，三界寺聲名漸隆，備受信衆崇奉；又因其藏經在敦煌遺書中佔有較大分量以及其與敦煌莫高窟的特殊淵源而引起衆多國内外學者的注意。時至今日，學者們對三界寺的研究已相當深入，雖無鴻篇巨制，但圍繞三界寺從不同視角進行的專題研究亦謂可圈可點。爲便於學界更好地了解敦煌三界寺的研究歷史和研究現狀，本文力圖從學術史的角

[①]　季羨林編《敦煌學大辭典》，上海辭書出版社，1998 年，第 632 頁。

度,通過分類的方法,以三界寺出現時間研究、三界寺寺址研究、三界寺藏經研究、三界寺寺學教育研究、莫高窟戒牒研究等爲題全面地介紹敦煌三界寺研究歷程并對其特點略作總結。

二、研　究　現　狀

(一) 三界寺出現時間研究

本課題主要是利用敦煌遺書、傳世史籍等資料,對敦煌三界寺出現的時間進行考證。

1980 年日本學者土肥義和先生發表《莫高窟千佛洞と大寺と蘭若と》(《講座敦煌 3. 敦煌の社會》,東京: 大阪文化出版社,1980 年,第 357 頁),根據敦煌寫本認爲三界寺始建於 843 年前後,是歸義軍時期敦煌的名寺之一。

孫修身先生也是較早注意到敦煌三界寺問題的學者之一,他在 1982 年發表《敦煌的三界寺》(《甘肅省歷史學會論文集》,1982 年,又收入《中國敦煌學百年文庫》宗教卷一,甘肅文化出版社,1999 年,第 51—62 頁)一文,通過對敦煌文獻 S.542 號《敦煌諸寺丁壯車牛役簿》、《敦煌諸寺丁壯眷屬名簿》,S.2614 號卷背《敦煌諸寺僧尼名簿》及 S.2669 號《敦煌諸寺比丘尼姓名年齡籍貫表》等資料的比對,認爲敦煌三界寺修建的年代是在五代時期,而不是吐蕃統治沙州的中唐時期。

1992 年李正宇先生完成《唐宋敦煌世俗佛教研究》(1994 年國家社科基金專家成果報告,第 79 頁)專題研究,根據敦煌文書中"西沙州三界寺僧……"的記載并聯繫西沙州的設置存廢時間,認爲三界寺早在武德五年至貞觀七年已經存在,開闊了學術界的視野。

(二) 三界寺寺址研究

本課題主要是利用敦煌文獻與莫高窟中有關三界寺的資料,對敦煌三界寺的具體位置進行推測考證。

孫修身先生於 1982 年發表《敦煌的三界寺》(《甘肅省歷史學會論文集》,1982 年,又收入《中國敦煌學百年文庫》宗教卷一,甘肅文化出版社,1999 年,第 51—62 頁)一文,根據敦煌文獻與莫高窟中有關三界寺的資料,特別是敦煌研究院藏 322 號《敦煌石窟臘八燃燈分配窟龕名數》寫本,對三界寺的寺址進行了考證,推測三界寺的寺址當在敦煌莫高窟的範圍之内。又根據 S.5663 號寫卷題記中有"道真造劉訶薩和尚(像)施入",進一步考證敦煌莫高窟現存第 72 窟的窟内壁畫内容,認爲莫高窟第 72 窟極有可能就是敦煌三界寺的寺址。

1996 年謝稚柳先生出版其大作《敦煌藝術敍録》(上海古籍出版社,1996

年,第2頁),認爲三界寺寺址在莫高窟以東,莫高窟上、中寺即爲唐之三界寺。

1996年日本學者土肥義和先生發表《敦煌遺書封閉之謎》(《歷史與地理》486號,第33頁),認爲在缺乏確實的記録和考古學調查的結果的現狀下,作出三界寺在莫高窟的論斷祇能是一種假說,提醒學界要慎重對待。

1996年,榮新江先生發表《敦煌藏經洞的性質及其封閉原因》(《敦煌吐魯番研究》第二卷,北京大學出版社,1996年,第23—48頁)一文,除根據道真以沙州釋門僧政身份簽發的《辛亥年(951)臘八燃燈分配窟龕名數》以及P.2130題記"三界寺道真,經不出寺門,就此靈窟記"等材料外,更提出俄藏敦煌文書《于闐天壽二年(964)九月弱婢佑定等牒》記君泉造窟和三界寺供善事,作爲三界寺在莫高窟的新證據;還根據藏經洞文獻、文物與三界寺藏經、供養具之間的種種聯繫,認爲"藏經洞的主體文獻佛典和供善具,原是三界寺的藏經和資產"。

2002年,榮新江先生發表《再論敦煌藏經洞的寶藏———三界寺與藏經洞》(《敦煌學新論》,甘肅教育出版社,2002年,第8—28頁)一文,根據敦煌遺書中帶有寺院標記的寫本以三界寺最多的現象,認爲敦煌藏經洞封閉原因與三界寺有密切的關係,明確提出藏經洞寶藏是三界寺的供養具,并進一步推測16窟前俗稱"下寺"的古寺院遺址應是三界寺的寺址。

2008年,鄭阿財先生發表《敦煌石窟寺院教育功能探究——論敦煌三界寺的寺學》(《華學》第九、十輯,上海古籍出版社,第1040—1060頁),在前人研究的基礎上,根據敦煌文書的記載,從功能的角度對三界寺的石窟結構進行了剖析,認爲三界寺的寺址在莫高窟是毋庸置疑的。

(三)三界寺藏經研究

本課題主要是利用敦煌遺書等資料,對敦煌三界寺藏經的狀況、來源、性質、管理等問題進行考證和復原。

1996年,榮新江先生發表《敦煌藏經洞的性質及其封閉原因》(《敦煌吐魯番研究》第二卷,北京大學出版社,1996年,第23—48頁),全面地考察了藏經洞中以經卷、經帙、繡像、幡畫四類爲主的出土物及其與三界寺的關係,認爲"藏經洞的主體文獻佛典和供養具,原是三界寺的藏經和財產";并認爲1006年與敦煌歸義軍節度使曹氏家族聯姻的于闐王國經四十年血戰後滅於信仰伊斯蘭教的穆斯林,敗逃沙州的于闐人促使了三界寺供養具的封閉。

1995年,施萍亭先生發表《三界寺·道真·敦煌藏經》(《1990年敦煌學國際研討會文集·石窟考古編》,遼寧美術出版社,1995年7月,第196—197頁),着重探討三界寺的藏經及三界寺的重要人物道真的藏經活動。

　　2001 年榮新江先生出版其大作《敦煌學十八講》(北京大學出版社,2001
年),在其第四講《敦煌藏經洞的原狀及其封閉原因》中對三界寺藏經的殘缺
情況略作敍述。

　　2004 年,鄭炳林先生發表《晚唐五代敦煌三界寺藏經研究》(《西北第
二民族學院學報》(哲學社會科學版)2004 年第 2 期),對三界寺藏經的
來源及所反映的幾個問題進行詳細論述,進一步梳理了敦煌三界寺的藏
經狀況。

　　2005 年鄭炳林先生發表《晚唐五代敦煌諸寺藏經與管理》(《敦煌歸義軍
史專題研究三編》,甘肅文化出版社,2005 年,第 1—24 頁),對包括三界寺在
內的敦煌諸寺的藏經內容與管理作了細緻探討。

　　2005 年鄭炳林先生發表《晚唐五代敦煌地區〈大般若經〉流傳與信仰》
(《敦煌歸義軍史專題研究三編》,甘肅文化出版社,2005 年,第 148—160
頁),對包括三界寺在內的敦煌諸寺收藏《大般若經》的情況進行了考證。

(四) 三界寺寺學教育研究

　　本課題主要是利用敦煌文獻與莫高窟中有關三界寺寺學教育的資料,對
三界寺開辦寺學的條件、影響及意義進行探討。

　　2007 年鄭阿財、朱鳳玉出版合著《開蒙養正——敦煌的學校教育》(甘肅
教育出版社,2007 年 12 月),在其第一章中,對學術界圍繞三界寺在莫高窟的
出現時間、所處位置的研究成果進行了綜述和總結,并對三界寺寺學的受學
對象、辦學條件進行了探討。

　　2008 年鄭阿財先生發表《敦煌石窟寺院教育功能探究——論敦煌三界
寺的寺學》(《華學》第九、十輯,上海古籍出版社,第 1040—1060 頁),對三
界寺出現的時間、寺址以及三界寺設置寺學的條件等問題進行了梳理和
探討。

　　2008 年李翔先生發表《佛畫與功德——以集美博物館藏 17775 號絹畫為
中心》(《故宮博物院院刊》2008 年第 5 期)一文,通過對絹畫細緻的解讀,對
敦煌三界寺的寺學及其對敦煌民生生活的影響以及與敦煌貴族的關係略作
探討。

　　2009 年祁曉慶先生發表《晚唐五代敦煌三界寺寺學教育與佛教傳播》
(《青海社會科學》2009 年第 2 期),對三界寺的寺學教育以及三界寺在佛教
教育傳播方面所作出的貢獻進行探討,并指出,晚唐五代敦煌寺學教育具有
三教雜糅之特徵。

(五) 三界寺戒牒研究

　　本課題主要是利用敦煌文獻與莫高窟中遺存的有關三界寺戒牒的資料,

對三界寺《授戒牒》的性質、依據等問題進行探討:

1997 年王書慶先生發表《敦煌文獻中五代宋初戒牒研究》(《敦煌研究》1997 年第 3 期),利用敦煌遺書中保存完整的幾十件沙州三界寺爲男女佛教信徒受戒的寫本文書——《授戒牒》,對五代宋初敦煌文獻中的戒牒的狀況進行了初步梳理,并就《授戒牒》的性質、依據等問題進行了探討。

2002 年李德龍先生發表《沙州三界寺〈授戒牒〉初探》(李忱主編《甘肅民族研究論叢》,甘肅人民出版社,2002 年),通過對敦煌遺書中保存完整的幾十件沙州三界寺爲男女佛教信徒受戒的寫本文書——《授戒牒》的考釋和研究,澄清了前人對《戒牒》、《度牒》的模糊認識,并對宋初沙州三界寺寺院的《授戒牒》進行了整體研究,以此窺探沙州《授戒牒》所反映的社會問題。

(六) 其他

還有幾篇文章從不同視角對三界寺問題進行了單獨或附帶研究,開拓了三界寺研究的新領域,如:

謝和耐著,耿昇譯《中國 5—10 世紀的寺院經濟》(上海古籍出版社,2005 年)利用敦煌寺院會計文書對淨土寺、三界寺、安國寺和報恩寺四個寺院的經濟收入來源及經濟規模進行了簡單比較,認爲敦煌諸寺之間的財富存在不平等性。

2008 年陳大爲完成其博士論文《唐後期五代宋初敦煌僧寺研究》(上海師範大學,中國古典文獻學專業),該文以敦煌文獻記載爲主,并參考傳世史料及莫高窟題壁中的相關内容,對包括三界寺在内的敦煌諸寺建築作了一番考證。

三、結　語

愚以爲就學術史而言,圍繞敦煌三界寺研究主要表現出以下幾個特點:

1. 就敦煌諸寺研究史整體現狀而言,相比較其他諸寺研究,學術界對三界寺的研究顯得相當薄弱,研究成果較少,内容單一,均是單篇文章的研究,或在研究其他問題時附帶探討三界寺問題,尚未出現研究專著。

2. 就研究内容和方向而言,由於資料有限,單篇文章的研究主要集中在諸如三界寺的位置、寺學、藏經等問題,且多停留在推測和假說階段,研究的深度不夠,沒有形成系統,對敦煌三界寺歷史存續性問題的研究尚未出現。

3. 就研究範圍而言,受敦煌遺書具有時間輻輳性質的約束,單篇文章的研究主要集中在晚唐五代宋初這一時間段内,未能從中古歷史時期這一大的時代背景出發去考慮三界寺的有關問題,造成三界寺研究視野的局限性和狹隘性。

　　總之,到目前爲止國內外學者對敦煌三界寺的研究仍處於十分單薄的境地,需要研究者在加強交流合作、開拓新的視野的基礎上付出更大的努力。相信隨着敦煌寶藏的相繼公佈和學者們對敦煌文獻研究的深入,敦煌三界寺的研究將會揭開新的篇章。

原卷是最終的依據

——英倫核查敦煌原卷的收穫

"英藏敦煌社會歷史文獻整理與研究"課題組
執筆：游自勇（首都師範大學）

2012 年 9 月 10 日至 22 日，"英藏敦煌社會歷史文獻整理與研究"項目組部分成員赴英國國家圖書館進行了爲期 12 天的原卷核查工作。本次核查工作由項目組首席專家、首都師範大學歷史學院郝春文教授帶領，成員包括游自勇、聶志軍和陳于柱。

由于歷史原因，敦煌莫高窟藏經洞出土的文獻散佈於世界各地，英國國家圖書館是世界四大敦煌文獻收藏地之一。"英藏敦煌社會歷史文獻整理與研究"項目的最終目標是將英國國家圖書館所藏一千多年前的手寫體的敦煌社會歷史文獻釋録成通行的繁體字，使得一般讀者都能夠像閱讀二十四史一樣來閱讀敦煌文獻。這就決定了項目組必須定期赴英國國家圖書館核查敦煌原卷，最大限度地將寫本信息還原出來，盡可能地減少文字釋録工作中產生的錯誤。通過近半個月的工作，我們深切感受到核查敦煌原卷的必要性和重要性。

一、據原卷增補現有圖版漏收的文書

目前學界比較便利查閱英國國家圖書館收藏的敦煌漢文文獻所依據的圖版主要是《敦煌寶藏》和《英藏敦煌文獻》，二者收録了原計劃收録文獻的絕大部分。但如果我們拿敦煌文獻原件按號與上述兩種圖版合集逐一核對，就會發現這兩種圖集都有遺漏。此外由於學界以往對敦煌文獻的整理多以分類釋録爲主要特徵，整理者未能查閱全部敦煌文獻，因此也極易造成部分敦煌文獻的遺漏。此次核查，我們就發現并整理了部分學界以往未曾注意和釋録的文書，茲舉一例：S. 5556 號，册子裝，《英藏敦煌文獻》公佈的圖版是以"曲子望江南三首"爲起始，然該册子首面實是一份牒文樣稿，《英藏敦煌文獻》漏收。據我們初步考察，這份牒文樣稿抄寫年代當在歸義軍曹議金時期。此件極難辨識，我們釋録的文字如下：

> 太保阿郎鴻造之，念見（?）□出（?）單貧
> 之流，家計□乏，□□□
> □□無□乞賜□□□容（?）上州
> □□□處□厶年月日牒

此件牒文之後還有若干雜字,但在現有條件下已很難辨認。類似 S.5556 的情況并非孤例,我們在編著《英藏敦煌社會歷史文獻釋録》前七卷的時候,就發現了不少這樣的情況。如果不是核查原卷,按號與圖版對照,這些被遺漏的文書是不可能被發現的,勢必影響到本項目最終成果的完整性與權威性。

二、據原卷釋録了朱書文字和經過朱筆校改的文字

不少敦煌文獻原件都是用朱筆書寫,有的是用朱筆修改過,這些用朱筆書寫或修改過的文字在黑白圖版上有的僅顯示出很淡的筆畫,有的則完全看不見,很難辨識。因此,僅據影印圖版整理研究敦煌文獻,遇到以上情況,將很難盡善盡美,如不研讀原件,經常會出現文字釋録及對文書年代判定上的失誤。茲舉幾例:

S.3824 背面抄寫了《孝經鄭氏注(喪親章)》、《御注孝經讚天子長第二》、《宣宗皇帝御製勸百僚文》、《乾符三年具注曆日》、《正月七日南交曲子》五種內容,前三種全部是用朱筆書寫,後兩種墨書。《敦煌經部文獻合集》將第一件的抄寫時間定在天寶二載至元和十四年間,但從原卷來看,因爲前三件均爲朱書,且筆迹相同,所以必然是同一時期同一人所爲,抄寫時間必定是在宣宗大中以後。

S.5471《千字文注》,正文均是朱筆書寫,注解用墨筆書寫,并且還有一個細節需要指出,《千字文》正文從“果珍李柰”開始,到“豈敢毀傷”爲止,原件都是先用朱筆書寫,然後在朱筆基礎上用墨筆描黑,有點類似於習字練習。從“女慕貞潔”開始,一直到文末的“墨悲絲染”,就全部是朱書,不再墨筆描黑了。這些具體信息在黑白圖版上一律呈現墨色,如不核查原卷,原本可以作爲古代教育史上極其生動、珍貴的資料的信息就可能被湮没。此件文書還經朱筆修改過,例如在注解“四大五常”之時,有相關內容:“禮曰:‘兒向者在田取菜逢賊,欲殺兒,兒爲阿娘未朝餐,乞命少時。若欲愁憂,恐娘不樂,是以歡悅。見今就死。’”其中的“兒”字,底本原用墨筆寫作“我”字,後用朱筆直接在墨筆上改爲“兒”。《英藏敦煌文獻》黑白圖片此處并不能很好地顯現出這些信息,但是核查原件,就一目了然了。

S.5540《百行章一卷并序》,原件有朱筆點讀,“孝行章第一”處有朱筆分段。這些都是《英藏敦煌文獻》圖版無法顯示的信息。

S.5969《相書》,該件殘缺較多,現存 30 行,中間部分斷爲兩截,《敦煌寫本相書校録研究》曾將此件 13、16、24 行文字分別釋録如下:

　　　　　　官,鼻爲三官,口爲四爲〔官〕,耳爲五官　　　

　　　　　〔髮〕第六　凡人髮長角(?),烏細潤澤

`_____`精鳳目,富貴。以龜眼者,貴。眼`_____`

原件中第 13 行"口爲四爲"之第二個"爲",其下實有朱筆"官"字,很明顯文書的書寫者是用朱筆的"官"來代替原來的"爲"字,從而校訂成"口爲四官",文義由此通暢。《敦煌寫本相書校錄研究》據文義又補"官"字,實是多此一舉。又第 16 行"凡人髮長角(?)",《英藏敦煌文獻》黑白圖版中的文字的確如此,然其義不明,通過原件可以看到"角"字已用朱筆圈塗,所以應釋作"凡人髮長"。第 24 行"眼"字之下,從《英藏敦煌文獻》黑白圖版來看似爲空白,然原件此處實有用朱筆書寫的"愛"字,《敦煌寫本相書校錄研究》很顯然將其遺漏了。此外,文中有多處朱筆點勘的痕迹,并用朱筆劃段落符號。這些朱書文字及文書特徵在以往公佈的釋文中多被遺漏。

由於技術和成本的原因,現在還很難期待英國國家圖書館所藏敦煌文獻能夠以彩色圖版的形式被影印出版,IDP 網站上所公佈的彩圖又十分有限,所以祇能通過核查原卷的方式來了解這些朱書文字及朱筆校改的文字。而上舉諸例已經能夠説明,這些朱書文字及朱筆校改之處對於我們正確釋錄敦煌文獻的重要性。

三、據原卷辨識出現有圖版不清楚或者完全不能釋讀的文字

《英藏敦煌文獻》、《敦煌寶藏》圖版上的文字較清晰,據之可辨識圖版上的絕大部分文字。但由於敦煌文獻已歷經數百年至千年以上,不少原卷文字的墨迹已經脱落,有些原卷的墨迹現在看上去已經很淡,據之拍攝照片出版的圖版就更加難以辨認了,但如果核查原卷,有些文字還是可以釋讀出來的。

S.2053 背面是《禮記音》,此件文書殘泐嚴重,很多文字模糊,依靠現有黑白圖片根本無法正確釋錄。通過核查原件,我們發現了一些新的文字信息。例如"雜記下章"中"比"條切下字,《敦煌經部文獻合集》等諸家釋文均作缺字處理,但在原卷上却可以清晰辨認此字爲"志",與音注也吻合;"祭儀章"中"竭"條的切上字,《敦煌經部文獻合集》等諸家釋文均作缺字處理,但在原卷上可辨認出是"勒"字,"勒"與"竭"音注似不相吻合,然細查字書,《集韻》收錄有"竭"的一個音切:舉欣切,音斤,可知"勒"能作爲"竭"的切上字。

S.3835 背面有一處是《社司轉帖》,圖版墨迹極淡,《敦煌社邑文書輯校》未收錄。核查原卷之後發現,原卷的墨迹同樣很淡。經我們在燈光下、多角度反覆辨識,大致可以釋錄出以下文字:"社司轉帖`____``_____`席,準,人各麵壹斤,油半升,柴一束`_____`請諸公。"

S.5482 有一題記:"弟子高盈信心無□怠,至心持誦,時不暫□。□願如來伏降慈悲□助,所求遂心。"句中有四字難以識認,前期釋文祇能用缺字符

號代替。通過原件核查,可以清晰確認此四字分別爲"懇"、"舍"、"惟"、"護",并且此題記前還有四字雜寫"輕猾羈拉",墨迹較淡,與正文和題記墨迹不一樣,有待進一步研究。

S.5539 正面,册子裝,《英藏敦煌文獻》定名"雜寫",底本紙張已經油漬,顏色烏黑,和墨筆書寫的顏色混雜,祇能依稀識認出"大得"、"我今舍却人間"等文字。我們調出原卷,卷面依舊發黑,但原卷透過燈光的照射,由於墨色深淺不一,一些文字就可以浮現出來。經我們反覆辨認,大體可以將文字釋錄出來:

> 開元寺大得(德)釋門法律□□□。
> 南無十二上願藥師留(琉)利(璃)光佛。
> 我今舍却人間報,觀橱堂(?)□□□□。

此件文書正文包括《十空讚文一卷》、《出家讚一本》、《十空讚一本》等內容,可以看作是佛門弟子做法事時用來吟誦的內容,結合封面題寫的"開元寺大得(德)釋門法律□□□",我們可以得知此件文書應該是開元寺某位釋門法律(雖然名字殘泐)的私人物品,有點類似個人筆記本之類。像此類情況,即便是看到原卷,也要通過各種方式反覆辨認纔能獲取最大的信息量,單憑圖版的話,祇能辨認出幾個字而已。

S.5540 中有抄錄了《燕子賦一首》,這是一篇廣爲人知的寓言,釋錄的文本很多,其中有:

> 可中鷂子搦得,百〔鷰〕當時了竟,遂罵燕子:"你甚頑侃(愚),些些少(小)事,何得紛紜? 直欲危他性命,作得如許不仁。兩個都無所識,宜吾不與同群。"

原卷"頑侃(愚)"二字之後有書寫空間,前期釋文均視作空白,不予釋錄,直接接抄下行"些些"。細審原件,"頑侃(愚)"二字之後實有"口齒"二字,加上這二字,文義更加清楚。可見即使被衆多專家學者研究過的文書,在核查原卷之後仍然能發現新的問題。

S.5573,册子裝,其首頁在現刊圖版中文字極其模糊,很難識別,IDP 亦未公佈其彩色圖版,原件雖也不甚清晰,但據之可以釋讀出大部分文字,釋錄如下:

> 滿少□□□五台□□
> 大衆□廊(?)上殄(?)□□
> 南台(?)南見靈□寺靈(?)
> 五臺山讚仏子道場屈請斬時間
> 五臺山讚仏子道場屈請暨時

五臺山讚天(？)子(？)仏□道場屈請暫

時間至心

這些内容與該件後面的《五臺山讚》筆迹不一，應是在《五臺山讚》成册之後另行書寫在首面的雜寫。

　　敦煌文獻是一千多年前的手寫文獻，經過一百多年的收藏，有些紙張已經變形，導致文字扭曲，不易辨認；有些則在修復的過程中部分文字被掩蓋。如果祇是參照圖版，文書本身的變化就無法得知。如 S.5486 正面第一部分内容是《諸寺僧油面抄》，與第二部分内容《壬寅年六月九日社司轉帖》用麻綫縫接。由於縫接過頭，導致前者最後一行的部分文字被掩蓋到另一面，從《英藏敦煌文獻》圖版上并不能釋讀。通過核查原件，我們可以翻過去看被掩蓋的内容，釋録如下：

（前缺）

圖孔法律油，開戒宗油，界慈保油，福建油，隨求油，

何法律油，願通油，唐光福油，福最油，蓮保進油，承戒油，

延福油，願通油，聖修善油面，信修油面，界修油面，

開智力油，曇應油面，開光油，智行油面，定深油面，智忍油面，

願果油，法力油，法善油，法珍油，戒紹油面，慶願油面。

從"法善油"一直到行末，如果不親自核查原件，從正反兩面仔細識認，顯然是不能夠完整釋録此件文書的。

四、據原卷改正之前釋文中的錯誤之處

　　以前的釋文中出現錯誤，這是在核查原卷時最常遇到的情況。兹舉兩例。

　　如 S.5520《社條本》："結義已後，但有社身遷故贈送，營辦葬義（儀）車畢，□仰社人助成，不德（得）臨事踈（疏）遺，勿合乖笑。"底本"社"與"身"之間正文原有一"内"字，《敦煌社邑文書輯校》釋作"人"，但是細審原件，"内"旁有卜煞符號，因此按照體例，"内"字可以不録，也不當釋作"人"；"笑"，原件作"唉"，是"笑"的俗字，《敦煌社邑文書輯校》釋作"嘆"，誤；又："結義已後，須存義讓。大者如兄，小者如弟。若無禮□，臨事看過（愆）輕重，罰釀醶（臚）一延（筵）。""結"字之前，原件有一橫，《敦煌社邑文書輯校》釋作"一"，疑爲上字殘缺的一橫，不當釋録；"醶"字《敦煌社邑文書輯校》釋作"醴"，誤。

　　又如 S.2053V1《禮記音》"樂記章"中"莫"字的切下字前期釋文爲缺字符"□"，校改作"伯"，原件可以清晰辨認此字左半爲"木"部件，不可能是"伯"；"敖"字的切下字前期釋文爲"報"，原件可以確認爲"到"；"櫬（壏）"字的切上字前期釋文補作"許"，原件爲"況"；"莨"字切下字前期釋文爲"良"，原件爲

"乓";"陝"字切上字前期釋文爲"失",原件墨迹較淡,但字中間有一"丨"可辨,"丨"中間有一重墨"、",從字形輪廓來看,疑似"升"的草書寫法;"雜記下章"中"濯"條切上字前期釋文爲"治",原件可以確認爲"沖";"喪大記章"中"虞"條切下字前期釋文均是據《禮記正義》補爲"逾",原件可以確定有字不用補,并且可以確定爲"揄";"祭儀章"中"緒"條切下字前期釋文爲"煮",原件可以確認爲"渚";"哀公問章"中"楸(愀)"條第二條音注切下字前期釋文爲"糾",原件可確認爲"虬";"中庸章"中"卷"條第二條音注前期釋文爲"一權",原件可以確認爲"一歡"。

本項目的成果要想較前人有所推進,首先要保證的是文字釋録盡可能地準確。雖然我們現在可以通過圖版、IDP 提供的部分彩圖作爲依據,但細細與原卷核對仍然是必不可少的環節。因爲祇有原卷纔是最後的依據,其他都祇能作爲參照而已。事實也證明,即便是之前我們認爲已經足夠完美的釋文,經過與原卷的核查,仍然能發現問題。所以,核查原卷看似在做重複工作,其實是最後一道關口,絕對不是可有可無的。

五、據原卷可以了解文書形態,釐清文書各部分間的關係,糾正之前圖版中順序錯誤等問題

敦煌文獻卷帙龐大,經過一千多年的歲月洗禮之後,很多文獻本身變得極其脆弱,在修復的過程中,由於種種原因使得一些文獻的本來順序發生了錯亂;另外,在拍攝照片出版《英藏敦煌文獻》時,由於順序擺放的錯誤,導致圖版的順序出現錯亂。這些情況自然會誤導研究者的視綫。

比如編號爲 Fragment58(756)(IOL. C. 118)之《先賢周公解夢書一卷》,其序言的部分文字在原件中被連續書寫三次,始於"先賢先賢周公解夢書一卷并序,蓋聞解夢者,二氣已分,三才列位,五行頭緣,天地交泰。陽爲日,陰",但在《英藏敦煌文獻》第 14 冊中,原件起首部分却被置於圖版的最後一頁,若非核查原件,這個錯誤一般讀者恐怕很難發現。

又如 S.2071《切韻箋注》原爲散頁,首尾均缺,中間亦有多處斷裂殘缺,有的斷裂處已經不能直接綴合,英國國家圖書館在修復時對其進行過托裱粘接,將其重新粘貼爲長卷。但在重新粘接的過程中,各段的排列次序出現了錯誤。如第十六、十七兩紙被置於第二十紙中間,從而造成此卷前後次序的混亂。原件部分文字有殘缺、破損現象,并且有過修補痕迹。至於是何人、何時進行修補,具體情況目前不得而知。從原件上平聲第廿四"寒"韻來看,此處原件多處破損,但是底本用一小張有字的紙進行過修補,原件殘缺的地方,修補所用紙張上的文字就透露出來,如"寒胡"處露出"故"字,"矵一丸反"處

露出"内地絕"三字,"嵬網"處露出"者"字。這些都還是冰山一角,修補用的紙張大約有 10 cm 寬,應該都是寫有文字的,祇是被用來修補原件,粘貼在原件背面,導致無法閱讀,祇在殘破處露出部分文字。這些信息,以往的《英藏敦煌文獻》黑白圖片也有反映,祇是整理者將它當作與原件無關的内容沒有介紹和釋錄。這些信息其實是比較重要的,具有進一步研究的價值。

再如 S.3877 是一份長卷,背面抄寫内容較多,《英藏敦煌文獻》拍攝時,將起首的《社司轉帖》和《葬經》作倒書處理,後面的書寫内容成爲正書。通過核查原卷,我們發現,實際情況正好相反。

以上這些由於各種原因導致傳遞給閱讀者錯誤信息的文書形態,如果不是核查原卷,根本不可能被發現。

以上,我們從五個方面總結了本次赴英核查敦煌原卷的收穫。可以看到,在短短的 12 天時間裹,通過與原卷核對,我們發現了不少需要修訂的問題,并且都是依靠圖版無法解決的問題。實踐證明,郝春文教授提出的以收藏地爲單位按照流水號逐一整理和研究敦煌文獻的方法是科學、切實可行和卓有成效的;到英國國家圖書館核查敦煌原卷是完成"英藏敦煌社會歷史文獻整理與研究"項目必可不少的環節,是本項目取得創新性成果的基本保障,因而是十分必要和重要的。

爲敦煌文獻整理提供範例
——寫在《英藏敦煌社會歷史文獻釋録》第 8 卷出版之際

游自勇(首都師範大學)

百年前,一個偶然的機會,敦煌莫高窟藏經洞向世人開啓,引來了無數的探險者、劫掠者及關注者,對這批總數約六萬多件的古代文獻的整理與研究隨即展開。百年後,當世人早已熟知"敦煌藏經洞",相關的學術研究成果也足以支撐一門國際性的顯學——敦煌學時,驀然回首,其實我們對於敦煌文獻所藴涵的豐富文化内涵的了解還很不夠,很多非常有價值的資料一直未能得到充分的研究和利用。很多人雖然明知敦煌文獻的重要性,却將之視爲畏途。造成這種局面的原因主要有兩個:其一,敦煌文獻原件大量收藏在海外圖書館,影印件價格昂貴,流傳不廣,造成一般讀者閱讀上的不便。其二,敦煌文獻多爲寫本,充斥着大量的俗字、異體字,還有河西方音,一般讀者直接閱讀有很大困難。因此,對敦煌文獻的利用目前還祇是局限在少數專門研究者,仍不能爲各學科一般學者充分利用。换言之,敦煌文獻包羅萬象的資料價值尚不能得到充分的展示。所以,對這批文獻進行全面整理和研究,將手寫文字全部釋録成通行繁體字,是將這批文獻推向整個學術界、充分發揮其文獻作用、提高其利用價值的關鍵步驟,是推動敦煌學進一步深入發展、弘揚祖國優秀傳統文化的重大基礎性工程。

二十年磨礪　二十年收穫

在 20 世紀 90 年代之前,要想對敦煌文獻進行全面的整理,幾乎是一項不可能完成的任務。由于歷史原因,敦煌文獻分散於世界各地,中國國家圖書館、英國國家圖書館、法國國家圖書館和俄羅斯科學院東方研究所聖彼得堡分所是最重要的四家收藏地,要想奔波於這四國間全部調閲敦煌文獻,對任何人來説都祇能是一個夢想。雖然後來有了縮微膠片,但拍攝的質量差,膠片又是黑白的,很多重要的信息都無法顯示,基本的文字都無法正確釋讀,更遑論全面整理了。90 年代以後,國際間的合作加强,分散於各地的敦煌文獻先後被影印出版,使得我們能夠較爲完整地了解到這批文獻的全貌。同時,百年的學術積累,也匯聚成一批敦煌文獻的分類釋録本,即對某一專題的整理。這使得對敦煌文獻進行全面整理不再祇是一個夢想,而是有着可操作性的現實計劃。

　　最早提出這一計劃的是首都師範大學歷史學院的郝春文教授。早在 20 世紀 80 年代中期,他就萌生了這一設想,儘管當時的條件還不成熟,但他已經着手進行前期準備工作,即對數十年來學術界研究敦煌文獻的情況進行全面系統的調查。同時,他參加了《英藏敦煌文獻》的編纂工作,又與寧可先生合作完成了《敦煌社邑文書》的輯校,在青年一代的敦煌學者中是極爲突出的。1996 年,《英藏敦煌社會歷史文獻釋録》工程正式啓動,已經出版了七卷,在敦煌學界引起強烈反響。在這期間,郝春文教授專門赴英國國家圖書館進行了爲期一年的查閱敦煌文獻原件的工作,解決了許多靠閱讀縮微膠卷和黑白圖版無法解決的問題,從而使得《釋録》的質量得到了提高。

　　從 2001 年開始,郝春文教授和中國大陸的柴劍虹先生、日本京都大學的高田時雄等發起成立了"敦煌學國際聯絡委員會",郝春文爲中國大陸執行委員。這個委員會成員已有英、法、德、日、美等多國學者參加,并已在日、英、俄、哈薩克斯坦等國組織了多次國際學術會議,推動了敦煌學的國際化,提昇了中國的軟實力。2010 年,由於郝春文教授長期擔任敦煌吐魯番學會副會長,協助季羨林會長主持學會的工作。季羨林會長不幸去世以後,他被推選爲會長。爲了推動敦煌學的持續發展,在他的動員和聯絡下,國內外一流的敦煌學者都加入到《釋録》的隊伍中,并最終成功中標國家社科基金重大項目"英藏敦煌社會歷史文獻整理與研究"。

　　時光荏苒,如果從碩士期間從事敦煌學研究算起,郝春文教授在這個領域已經辛勤耕耘了三十年;從 1989 年參加《英藏敦煌文獻》的編纂工作算起,他在這個工程上也已磨礪了二十多年。每一卷《釋録》完成後他都要生一次病,幾乎已成慣例,2009 年的重病甚至讓他以爲自己將不久於人世而着手安排學術後事。但他無畏於此,接下來的十年光陰,他仍將全部精力奉獻給自己熱愛的敦煌文獻整理事業,一如他常説的一句話:用生命來撰寫著作!

發凡起例　身體力行

　　整理敦煌文獻,沒有什麽捷徑可以走,郝春文教授採取的是"讀書班"形式。

　　"讀書班",顧名思義,就是一種成員集體會讀、研討,集思廣益,共同解決出現的問題的研究方式。這種方式在歐美和日本的學術界有其傳統,其優勢在於由某個領域執牛耳的學術領袖作爲班長,組成人員則是來自同一領域或相關領域的不同機構的年輕研究者或在讀研究生,他們關心相同的文獻或問題,而又有着各自不同的學術特長和知識背景,對於研究目標能夠提供基礎知識支撐和不同的觀察角度。近二十年來,國內學術界也開始引入這樣的讀書班形式,很多學科都因此形成了新的學術團隊,有了新的學術突破。但像國家社科基金重大項目這樣的工程,採取讀書班形式,在國內實不多見。

根據《釋錄》前七卷的整理經驗,郝春文教授首先爲本項目製定了詳細的整理體例,發給每位項目組成員認真學習、揣摩,以求在整理過程中保持體例統一。從 2011 年 2 月 20 日開始,除去寒暑假和法定假日,每周日的下午,讀書班都按時舉行。具體做法是:第一,由子課題負責人各自挑選出一兩件具有代表性的敦煌文書,這些文書涵蓋了不同類型的文獻,整理起來問題多、難度大;第二,反覆核對圖版,盡量從"國際敦煌項目(IDP)"官方網站上下載高清晰彩色照片作爲錄校圖版進行錄文;第三,徹底調查前人的校錄成果和研究信息,選擇有校勘價值的校本進行比對和校對,彙集各家所長,作出一個最好的錄文本;第四,在會讀過程中,對存在的問題進行商討、交流,發現并解決問題;第五,撰寫整理"説明"并附參考文獻信息。爲了進一步提昇本項目的工作質量,從 2011 年 9 月起,郝春文教授決定成立讀書班中心組,成員包括各子課題負責人及讀書班的骨幹成員。中心組成員的任務包括:第一,通讀各卷初稿,發現不合體例等各種問題;第二,把釋文核對一次圖版,提出問題。最後在中心組成員工作的基礎上,再由郝春文教授統一整理。爲了保證質量,中心組成員的選擇引入競爭機制,採取動態方式,長期無貢獻者將退出,讀書班中成績優異者可進入中心組。這樣一種方式,是對讀書班會讀形式的提昇,可以保證每件敦煌文獻經過至少 6 個人的審讀,最大限度地減少錯誤的產生。

兩年多的實踐證明,讀書班形式是整理敦煌文獻切實可行的方式,主要表現在以下幾個方面:首先,項目組成員把難度最大、疑惑最多的文獻拿到班上來共同研讀,有傳統經學文獻中的韻書,唐五代重要通俗文學體裁中的變文和因緣,與社會生活密切相關的陰陽占卜之書,還有反映中古婚俗的《下女夫詞》以及官府統計人口和田產的戶籍,等等。豐富多樣的文獻都匯聚在讀書班上,使得諸位成員對於整理過程中可能會遇到的問題及處理方法都有了親身體驗與了解,特別是有關整理的規則、體例、方法等,這有助於保持項目最終成果的一致性,最大程度避免因衆手修書帶來的體例不一等老問題。其次,項目組諸成員各有專長,集體會讀有助於最大限度消除因個人知識結構缺陷導致整理錯誤等問題。比如,敦煌文獻多是手寫體,辨識困難,項目組成員中有精於書法者,也有專門研究漢語言文字者,這對於文字的辨識無疑有很大幫助。再次,本項目組的錄校原則是盡量與原件核對,集體會讀選擇的多是 IDP 上的彩色圖版,一些原本在黑白圖版上顯示不明顯的朱書文字、朱筆校改及文字模糊不清等問題得到了較大突破,項目組還定期赴倫敦英國國家圖書館核查原件,解決遺留問題。最後,讀書班允許部分高年級研究生列席,參與討論,這無疑有助於培養後備人才,使他們儘早進入敦煌文獻整理這個領域,同時,通過讀書班氛圍的熏染,也可使年輕學子對於學術有敬畏之心,保持學術的純潔性。

總之,採用讀書班形式集體整理典型的英藏敦煌社會歷史文獻,既利用集體智慧解決疑難問題;同時通過從個別到一般的形式凝聚共識、統一整理體例。希望通過這種形式達到提高項目的質量、加快進度和培養人才三個目的。

字斟句酌　突出創新

敦煌文獻多爲手寫體,其中的社會歷史文獻存在大量的俗體字、異體字以及用河西方音書寫的文字,加上書寫者的水平參差不齊,錯訛之處比比皆是,要想順利地讀完一件文獻都不是容易的事情。"英藏敦煌社會歷史文獻整理與研究"項目的重要目標之一,就是要將一千多年前的手寫文字釋錄成規範的繁體字,從而爲廣大讀者使用敦煌文獻提供便利。

我們最經常遇到的問題是,某個字在圖版上十分清晰,但由於手寫體的緣故,就是辨認不出來。比如我們在會讀 S. 3702 號文書時,將其中的一句釋錄成"怡神衛道",意思明顯不通。該句中的"衛"字在圖版中雖然清晰可辨,但比較潦草。通過查閱相關工具書,我們發現,此字與草書的"至"字很接近,而與"衛"字相去較遠,所以這句話最終被確認爲"怡神至道",這樣在字形與文意上就都通了。

另一個時常碰到的問題是,一些現在我們耳熟能詳的文字在敦煌文獻中卻寫成了別的字,對於這種情況則要慎重處理,不能臆改。因爲很多現在使用的文字其實是後起的,以後起的文字去校改古代文獻,這是古籍整理工作中的一大禁忌。比如現在通行的"俸禄",敦煌文獻中則寫成"奉禄",後者早在《史記·平津侯主父列傳》中就有使用;又如"早世",稍不小心就會把它當做"早逝"的訛寫,其實《續高僧傳·釋僧若》就有這樣的記載。類似的例子還有"眼精"、"者個"、"條教"等,絕不能校改成現在通行的"眼睛"、"這個"、"調教"。現在,項目組的成員在接觸到這樣的問題時,都會自覺地去查閱相關資料,杜絕臆改的現象發生。

對於敦煌文獻整理而言,除了文字的準確識讀是一道難關外,文書的定性、定名、定年問題也是一項富有挑戰性的工作。在郝春文教授的指導下,我們認識到,要準確把握一件敦煌文書的性質,首先要牢牢把握敦煌文書的手寫本特徵。敦煌文書很多是古人的筆記本,有些內容可能是古人有意抄寫的,而有些可能是隨手拈來的,這些内容更多體現出的是個人行爲,這與印本書籍有很大的不同。如果我們僅僅用印本書籍的思維和要求來看待這些文書,往往對於文書的性質理解會出現偏差,因此看待這些文書時,要常常懷有對古人的敬畏之情,從文書實際使用者的角度去理解和把握文書性質。其次,要注意用全景式的眼光來把握文書的性質。敦煌文獻殘件多,雙面書寫多,一些互不相干的内容往往會出現在同一件卷子裏,判定這些文書的性質、用途以及書寫年代就具有了相當的難度。這就需要對正反面以及相連的文書進行觀照。在這樣的認識下,項目組對很多敦煌文獻的性質有了新的判斷。比如,一件文書同時抄寫了很多不同的内容,各内容間毫無聯繫,以往的研究往往是據具體内容將這份文書分割爲很多部分,項目組則認爲不能割裂各部分的内容,將之作爲一個整體進行研究。

郝春文教授常説:"對於出土文獻的整理來説,細節決定成敗,看似簡單的識字、斷句,以及對文書的定性、定年等工作,却與嚴謹的治學態度息息相關。能否嚴格按照體例整理好一件具體的文書,既可衡量一個人的學術水平,也可看出一個人的治學態度。"以這種嚴謹認真的態度,在兩年多的時間裏,項目組初步完成了《英藏敦煌文獻》第3—6册圖版的文字釋録工作,作爲《英藏敦煌社會歷史文獻釋録》第8—16卷的底本,總數約280萬字。

我們傾注最多心力的是《釋録》第8卷。本卷在不少文書的釋録上取得了突破性進展,對一些早經前輩學者研究定論的文書又有了新的發現和認識。比如S.1810V《小地子抄》的字迹十分模糊,之前依據縮微膠卷和黑白圖版,祇能釋録出幾個字,但這次我們幾乎全部釋録出來了。又如S.1815V1《六十甲子納音抄》,之前的研究已經非常多,一律定名爲《六十甲子納音》,幾成不刊之論。但本次整理,郝春文教授敏鋭地發現這類文獻存在幾個不同的系統,每個系統的書寫目的又不一樣,從而糾正了以往學界對此類文書的錯誤判斷,廓清了以往研究中模糊不清的地方,使人們對相關占卜文書的種類和用途有更加深入的了解和正確的認識。再如S.1815V4《除夕驅儺文》,不但字迹十分潦草,而且墨迹極淡,《敦煌詩集殘卷輯校》和《全敦煌詩》曾將其作爲詩歌做過釋録,但僅能辨認出起首四句。我們這次的工作雖然也有多處地方尚待校定,但基本上將全文釋録出來,從釋録出來的文字看,這件應該是《除夕驅儺文》,而非之前認定的詩歌,而且其中提到的"家長鬼"、"不業作鬼"、"造飯鬼"等9種鬼名在其他的"驅儺文"中未見,而學界整理的"兒郎偉・驅儺文"也未收此件。所以,項目組對於此件文書的釋録及性質判定,爲今後的研究奠定了基礎。

　　對於每年要完成 2—3 卷《釋録》的進度來説,項目組花費在第 8 卷上的時間足夠慷慨了。之所以這樣不斷錘煉打磨,就是爲了給今後的工作建立一套較爲科學、完善的流程、體例。目前,《釋録》第 8、9 卷已經出版,本年度還將出版第 10、11、12 卷。古籍文獻整理工作不同於論著的撰寫,它需要極大的耐心、細心和對文獻的敬畏之心。本項目又不同於一般的古籍整理,因爲我們面對的是千年之前以原始面貌流傳下來的文獻,又多河西方音、俗字,文獻内容包羅萬象,極大考驗我們的知識儲備,整理難度遠遠大於一般的古籍。這就要求項目組成員時刻保持如臨深淵、如履薄冰的謹慎態度,以確保此項工作能夠順利和高效地開展。希望通過我們的摸索和努力,能爲敦煌文獻整理提供一個成功的範例,早日完成英藏敦煌社會歷史文獻的整理工作,使《英藏敦煌社會歷史文獻釋録》成爲厚重的、代表國家水平的標誌性成果。

“英藏敦煌社會歷史文獻整理與研究”
項目讀書班側記

杜立暉(首都師範大學、濱州學院)

首都師範大學郝春文教授舉辦的國家社科基金重大項目“英藏敦煌社會歷史文獻整理與研究”讀書班,至今已兩年有餘。我從前年開始負笈郝先生門下讀書,因緣際會,也幸運地參加了該班。讀書班爲方便校外學長參加,一直安排在周日下午開展活動,除寒暑假外,幾乎風雨無阻。該班規模不大,每次參加者約十幾人,其中既有項目組成員,亦有前來旁聽的研究生。通過近兩年的學習,我收穫頗豐,感覺讀書班在對項目研究的推進、對青年學子的成長等方面都具有非常重要的意義。

首先,堅持精益求精的精神,力求字斟句酌,在識讀文字上有突破。

長期以來,正確識讀敦煌文書的文字是廣大讀者使用敦煌文書的最大障礙。英藏敦煌社會歷史文獻多爲手寫文本,其中不乏俗體字、異體字以及用河西方音書寫的假借字。由於文書的書寫時代不同,書寫者的書法水準參差不齊,因而具有楷書、行書、行草、草書等多種字體,另有大量模糊不清的文字、朱筆、校改文字和一些不易識讀的文字符號,等等。這些情況的存在,使得很多讀者對敦煌文書敬而遠之。“英藏敦煌社會歷史文獻整理與研究”項目的重要目標之一,就是要將上述種種手寫文本,釋録爲通行的繁體文字以呈現給讀者,從而爲廣大讀者使用敦煌文書掃清障礙。

爲做出更爲準確的文書釋文,郝先生在讀書班上特別強調,一定要堅持精益求精的精神,務必字字求真。通常,他要求我們將項目組成員所作釋文打印出來,下功夫將其與文書 IDP 圖版逐字反覆比對,在遇到某些文書没有 IDP 圖版時,則要將文書紙版轉換成圖片格式,通過放大黑白圖版的方式來仔細觀察字形,確定文字。通過這種反覆的核對工作,我們識讀出了一些前人没有識讀的文字,糾正了許多前人識讀的錯誤。如關於 S.1815V4《除夕驅儺文》文書,這是件墨色極淡、書寫極爲潦草的文書,此前《敦煌詩集殘卷輯考》、《全敦煌詩》等僅釋録了前四句,此次通過大家反覆查看圖版,辨識出爲他人所未識的“着火鬼”、“受作鬼”、“師姑鬼”、“腳子鬼”、“偷羊鬼”等“新鬼”,且將該件文書後半部分的絶大部分文字都識認出來。再如 S.3702背《雜緣喻因由記》文書,以往學者將其中“有一婆羅門遊行,將秒糖蜜果子種種於路上吃”一句中的“種種”,或釋作“和□”,或未予釋録,此次通過核對圖版,識讀出此二字。"種種"被準確識讀後,這句話便很容易被理解了。再如,S.6203《大唐隴西李氏莫高窟記功德記》中"[大悲來]儀於鷲嶺"之前的數行文字,前人多漏錄,此次通過核對圖版,已將前人漏釋的文字全部釋錄,還原了該件文書的原貌。像這樣通過反覆查看圖版所得的收穫,俯仰皆是。

由於敦煌文書的情況十分複雜,尤其是當遇到一些特殊的草書文字或俗體字、訛字的時候,往往僅通過查看圖版很難做出判斷。爲解決此問題,郝先生帶領大家在讀書班上摸索出了一套行之有效的辦法。首先要參考前人的釋文、傳世文本等,但不能盲從。其次要善於利用工具書,如《敦煌俗字典》、《中國書法大字典》、《康熙字典》、《漢語大詞典》等,如在識讀S.3702《文樣》文書時,對於該文書中的一句話,項目組成員最初將其釋錄爲"德重齒尊,怡神衛道",其中的"衛"字在圖版中雖清晰可辨,但比較潦草,至於此字是否爲"衛"字大家意見不一,於是我們開始查閱《中國書法大字典》,結果發現,此字與草書的"至"字很接近,而與"衛"字相去較遠,所以這句話最終被確認爲"德重齒尊,怡神至道",等等。

當然,我們有時還會遇一些這樣的情況,即文書中的文字雖能識讀,但文義不通,於是還需利用其他傳世文獻以及文書文本上下間的句意、句法結構等再做出或"校"或"改"或保留原形的判斷。

以上可見,識讀敦煌文書文字的過程是複雜而艱辛的,郝先生以及項目組的成員們爲此付出了巨大的努力,但這一過程又是快樂的,那種柳暗花明的快感,釋疑解惑的成就感,祇有參加過讀書班的人纔能體會得到。

其次,在準確把握文書性質、實現文書整理的學術創新上有提高。

對於敦煌文書整理而言,除了文字的準確識讀是一道難關外,文書的定性、定名、定年問題也是一項富有挑戰性的工作,而解決上述問題的關鍵則是對文書性質的把握。爲了能讓大家更準確地把握好文書的性質,郝先生在班上講了兩點意見: 其一,要求我們牢牢把握住敦煌文書手寫文本的特徵。他常常跟我們講,敦煌文書很多是古人個人的筆記本,一些內容可能是有意抄寫的,而另外一些可能是隨手抄寫的,這些內容體現出的是更多的個性特徵,這與印本書籍有很大的不同。如我們用印本書籍的思維和要求來看待這些文書,則會對文書的性質認識出現偏差,因此在判斷文書性質時,要從文書實際使用者的角度去理解和把握。其二,要注意從整體上來把握文書的性質。英藏敦煌文獻和其他敦煌文獻相似,殘件多,雙面書寫多,一些互不相干的內容往往會混雜在一起,要準確把握好這些文書的性質、時代,孰非易事。郝先生告誡大家,務必要對文書的正背面及全部內容做全面的考察,而不應僅僅注意其中的一部分。如在整理 S. 3287V《吐蕃子年礜三部落百姓泛履倩等户手實案卷》文書時,最初整理者將該件文書定性爲"户口申報單",班上的同學亦未提出異議。郝先生讓大家仔細觀察文書的文本特徵,大家發現,該文書實由五紙粘連而成,共記載了五户的户口,在每兩紙連接處有空白四行,在第四、五紙連接處還寫有五言詩一首,在人名旁又有朱筆添加文字等,據此特徵可以判斷,此件文書應爲一件"手實","五言詩"屬於"後人在廢棄的手實案卷上隨手所寫的文字",應另作釋文,而不是將其與"手實"混爲一談。接着,他又讓大家觀察該件文書的背面 S. 3287 文書形態,通過紙張粘結處的文字形態和粘結痕迹,很明顯可看出所謂的正面 S. 3287 文書,實際上是在手實廢棄後抄寫的,并且知道這件手實應爲一件長卷,因此宜將 S. 3287 背文書定性爲"手實案卷",而非此前的"户口申報單"。同時又根據 S. 3287 文書的時代,反推出手實書寫的大體年代,這樣對 S. 3287 背文書的性質有了比較科學、準確的判斷。通過在讀書班進行類似這樣的學習和訓練,大家逐漸掌握了判斷文書性質的方法。

在文書性質斷定之後,接着便是"説明"與"定名"的撰寫。敦煌文書釋録中"説明"和"定名"的撰寫,是一項學術含量很高的研究工作,它既要求研究者具有豐富的文書整理經驗,又需要其具備扎實的學術素養和敏鋭眼光。在敦煌文書研究成果極其豐富的今天,怎樣來寫文書的"説明"和"定名",則具有一定的挑戰性。爲此,郝先生要求,大家所寫的"説明"和"定名"要具有一定的學術貢獻和創新性。他指出,大家在撰寫時,需要盡量吸收前人的研究成果而又不能重蹈前人的窠臼,别人已講明白的問題要少講或不講,别人的疏忽和訛誤要予以糾正,要力爭將文書的文本特徵、内容、時代、價值等信息,在"説明"中全面而準確地反映出來,尤其是要注意補充前人没有提及的内容,爭取每一句話都有學術含量。如上文提到的 S. 3287 背文書,最初撰寫的"説明"是:"此件係吐蕃佔領時期敦煌百姓泛履倩等五户居民向吐蕃政權基層行政組織申報户口的申報單,每户一紙,共五紙,連接在一起,第一户前面殘缺,最後一户尾部殘缺。"在班上,郝先生對以上"説明"進行了修改:首先,將"申報單"改爲"手實";其次,增加了紙張連接形態、朱筆校改問題、文書正背關係等問題的描述;再次,指出手實的正式文書性質以及五言詩的書寫原因;最後,對該件文書的朱筆文字添加者及朱筆點勘者進行了推斷。在郝先生的指導下大家對如何撰寫"説明"有了更深刻的認識。關於"定名",郝先生要求大家一定要遵循忠實於文書實際的原則,把文書的性質、内容、時代特徵等在"定名"中體現出來。通過讀書班的訓練,大家對文書"定名"的把握也有提高。

再次，嚴格了文書整理規範，在體例統一上有進展。

《英藏敦煌社會歷史文獻釋錄》是“英藏敦煌社會歷史文獻整理與研究”的最終成果，由於英藏敦煌社會歷史文獻的數量巨大（預計該成果將達 30 多卷）、內容駁雜，也就注定了該項目需借助眾人之力方能完成。然而，參加者眾多也容易造成書出眾手而體例不一的問題。爲了避免這種情況的發生，郝先生先是在班上印發了此前制定的《英藏社會歷史文獻釋錄整理細則》等規定，他要求項目組成員以及班上的所有同學都要將敦煌文書整理規範爛熟於心，無論是體例、結構，還是標點符號、遣詞造句等的規定，在整理和研究時都要嚴格遵守。另外，他還經常提醒大家要注意學習前面已經出版的釋錄文本，在遇到棘手問題時，不妨先“照貓畫虎”，比照前期業已形成的範式進行整理，然後再一遍遍地修改、完善、提高。這些規定和範本對於統一各個整理者的釋錄文本起到了很好的規範作用。

雖然有整理規定和已經完成的範本作參考，但在整理的過程中還是會遇到各種各樣的問題，比如在整理過程中對於繁體字的使用問題，由於敦煌卷子的年代不同，內容各異，即使同一個文字在不同的卷子中也可能會有不同的書寫方式，再者就我國的繁體文字而言，同一文字又往往會有多種寫法，如“并”字，現在就有“幷”、“併”、“并”、“竝”等多種字形，故而在讀書班開班初期，大家對於繁體字的把握還是有一定的難度。鑒於此種情況，郝先生在班上反覆強調，整理者要以通行的繁體文字爲基礎，對相關的俗體字、古用法、舊字形等等進行校改，對一些特殊的繁體字，還單獨印發了相關使用規定。然後郝先生和大家所作的工作，就是對於班上提出的問題文字進行逐字糾正。另外，對於“説明”涉及的遣詞造句問題，如在表述研究對象時是使用“此件”文書還是使用“本件”文書、“該件”文書，有時大家并不太在意，所以導致寫出來的釋錄初稿往往是“此件”、“本件”、“該件”間而有之，郝先生要求大家逐一進行改正、統一，等等。

通過這種規範先行、範本參照，然後再逐一校理的模式，一件在班上討論、研讀的文書釋錄文本，經過讀書班研讀之後，其先前的“個性”往往會不斷地被抹殺，而代之以更加規範、嚴謹和統一的表述方式。讀書班在推動不同整理者整理文本的規範和統一方面，起到了很好的促進作用。

最後，在項目研究與人才培養方面實現了有機結合。

“英藏敦煌社會歷史文獻整理與研究”項目讀書班的舉辦，不僅對推進該項目研究的順利進行有很好的作用，而且在促進青年學子的快速成長，提高大家的學術水準和科研能力等方面也有重要貢獻。

班上濃濃的學術氛圍，當你置身其中，便在不自覺間已被熏陶和感染。

更爲重要的是,郝先生經常會以某些學術問題、或某一號文書、或某一個術語爲切入點,就治學的方法、門徑以及相關專業知識等問題展開説明,有時候可能祇是片言隻語,有時候則可能是鴻篇大論,有時候是有感而發,有時候則是刻意強調,這種結合具體文書和具體問題進行的分析與指導,具體而生動,深受廣大同學們的歡迎。如在研讀S.4021(2)《齋儀抄》文書時,最初釋録者將該件文書定名爲《諸雜齋文詞句類抄》,對於該文書定名中使用的"齋文"一詞,郝先生結合他早年所撰寫的《關於敦煌寫本齋文的幾個問題》一文,對齋文的文本結構、不同的表述方式、齋文與發願文的關係等内容進行了深入講解,從而確定了該件文書應爲一件"齋儀抄"而非"齋文"。通過郝先生的講解、分析,不僅明確了文書的定名,而且使大家增加了對於齋文的認識,擴大了知識面。有時郝先生還會對治學的路徑進行指導,如有一次,他談到了治學的三重境界問題,我至今記憶猶新。他説:"學術研究可以分爲三個層次:第一個層次是對於相關問題的研究提出了不同的看法或有了新的看法;第二個層次是學術研究有特色,包括選題、論證、研究方法的使用等方面有獨到之處;第三個層次,也是學術研究的最高境界,即'無可替代'性",他還勉勵大家爭取在學術研究上練就獨門武功,以達到"無可替代"的境界。大家因之深受鼓勵。有時,爲了讓大家進一步了認識究敦煌文書的研究方法,郝先生還會親自上陣,做出研究示範,如在討論S.1815背《六十甲子納音》文書時,郝先生親自撰寫了一篇研究文章,就《六十甲子納音》及其相關的十幾件文書進行了系統文獻學分析。雖然這些文書此前已有多名學者做過研究,但此次郝先生另闢新徑,從文書的寫本形態入手,根據文書的性質、用途,將這些文書劃分成了正式文本、非獨立正式文本、隨手抄寫文本、興趣所致的隨意抄寫文本等四種類型,并根據使用這些文書的不同群體,對文書在當時的使用目的、流行情況等進行了探討,多發前人之未發。這種研究思路和方法的指導,對於大家如何在敦煌文書中選擇研究題目,如何進行具體問題的分析和研究等,都具有非常重要的啓發意義。由此我們也堅定了從事敦煌學研究的決心,大家意識到,儘管敦煌學研究已經走過了百年歷程,但敦煌學依然具有廣闊的發展前景和巨大的開拓空間。

當然,在班上不時還會閃現出思想碰撞的火花,這種碰撞,或能增益見聞,或能開拓思路。同時,讀書班上的研討過程,又是一個教學相長的過程,比如在研讀S.3702《文樣》文書時,有一句爲"仰惟梁僧政等和尚,并洞曉五乘,精閑八藏,開《華嚴經》、《大雲經》、《起世經》",其中的《華嚴經》、《大雲經》、《起世經》等經名爲文書校改者以草書添加,以往學者僅辨識出"大雲經"三字,郝先生最初對其他兩經的經名亦未識讀,在班上有位學習語言學的同學,他根據文書前後文的結構及文字殘筆劃,識讀出"華嚴經"、"起世經"等字,後我們查閱相關工具書及傳世文獻證實,果爲此數字,這位同學的識讀,被郝先生評價爲"天才般的解讀"。大家在班上的交流,不僅開拓了同學們的思路,同時對包括郝先生在內的所有項目組成員也是一種促進。讀書班已成爲了大家共同成長、共同進步的平臺。

藝壇之雄　永載史冊
——回憶常書鴻先生
金維諾（中央美術學院）

　　1954 年美術研究所組織研究人員去西北考察,由中央美術學院副院長、美術研究所所長王曼碩領隊,有畫家劉淩滄、韋江凡,理論家俞建華、洪毅然和我等十來人參加。在西安等地沿途考察後抵達敦煌,在常書鴻所長的熱情接待下,我們在敦煌考察了將近兩個來月。在常所長的特許下,和所內人員一樣,劉淩滄、韋江凡等人可以直接在石窟內從事臨摹,其他人多自由考察、記錄和拍照,美術史學者俞建華先生也臨摹了不少小幅壁畫。敦煌研究所并且多次組織討論,與所內研究人員交流,使我們了解到敦煌研究所在極爲艱苦的條件下所取得的成就與經驗。第二年,我個人又去敦煌考察,這次就住在常先生家。常先生把他寫的新疆克孜爾石窟的文章給我閱讀,并且把存放在炕下的留學時期所畫的油畫讓我觀摩學習。使我看到常先生在法國留學時期的主要作品,也使我真正了解到老一輩的畫家在學習、創作上的艱辛與成就。

　　1942 年我在四川江津武昌藝術專科學校學習的時候,聽到老師唐一禾先生談到常先生在巴黎學習的情況,就開始了解到常先生的藝術道路。常先生、唐先生他們同在法國留學,同在法國新古典主義藝術大師勞倫斯畫室學畫。常先生 1927 年報考浙江省教育廳赴法國里昂中法大學公費生的考試,先在里昂中法大學利用庚子賠款學習繪畫和染織圖案設計,兩年後以優异成績畢業,考入巴黎高等美術學校,進入法蘭西藝術學院勞倫斯院士的畫室深造。常先生接受勞倫斯新古典主義風格影響,創作了許多人體、人物肖像和靜物畫。勞倫斯的繪畫典雅而單純,不畫高光,也不强調陰影,色彩微妙,用筆不留痕迹。這些特點,在常先生的作品中也可以感受到。常先生在法國停留的時間最長,夫婦倆在巴黎居住了近十年,在法國留學時所作的油畫是最多的。其中有在教室的習作,也有在家庭畫室畫的大畫。人體習作表現得很有功力,色彩也莊重質樸,幾乎可以和當時巴黎名家的作品媲美,這在留學人員的作品中是很少見到的。他所作的裸婦、莎娜畫像、病婦均被法國里昂國立美術館和巴黎近代美術館收藏。靜物創作也有很成功的作品,構圖的富於變化,實物的質感,都不同於一般作品。在他的很多人物作品中,雖然是室內創作,人物的性格、氣質都表現得很充分,恬淡的内涵,深刻感人。1935 年常先生在巴黎舉辦個人畫展,展出 50 多幅作品。40 年代又在重慶舉辦畫展,徐悲鴻先生爲畫展寫的前言上稱常書鴻爲"藝壇之雄",謂展出的 40 餘幅作品"類皆精品"。應該説常書鴻先生的油畫作品的功力,代表了他們那一代藝術家所取得的傑出水平。許多人都知道常先生在敦煌石窟藝術研究上的成就與貢獻,而常先生在油畫創作上的成就却介紹得不夠,這使我們學習油畫的年輕人失去很多體會前人的經驗與智慧的機會。希望今後能多介紹老一輩油畫家的作品與特色。

常先生在繪畫藝術上的成就也體現在敦煌研究的成果中,他在敦煌研究所除親自參加壁畫臨摹,研究敦煌石窟藝術,發表學術論文,這些不同的工作使他對藝術有了更深刻的理解;他帶領所内畫家認真從事壁畫臨摹,使敦煌壁畫臨摹在保存原作藝術成就上達到前所未有的水平;他親自臨摹的《法華經·幻城喻品》是富有藝術品質的摹本,實際上是一幅既具忠實性又富有藝術性的繪畫作品,代表着敦煌壁畫摹本的典範。他組織研究人員從事敦煌石窟内容著録,把前人的研究和所内人員的研究心得都體現在石窟内容的總録上,使之具有重要的學術價值。常先生研究石窟藝術的成就也體現在對克孜爾石窟藝術的研究上,他所編寫的《克孜爾石窟藝術》一書,既對石窟内容和時代作了辨識,也有獨到的藝術評價,是國内較早的有關著作。常先生雖然把主要精力放在石窟保護和研究所的組織工作上,但是在工作之餘,仍然從事油畫靜物和風景創作,不斷在油畫的民族化上進行探索。他在繪畫藝術上的成就以及研究、保護敦煌石窟的功績將永誌史册。他的繪畫代表着老一輩藝術家的傑出水平,而他爲保護民族文化遺產所作出的偉大貢獻,則是他光輝的藝術道路的標誌。

王永興先生與敦煌吐魯番學及其他
盧向前（浙江大學）

2012 年 11 月下旬,李錦綉給我來信道:"前兩天在民族大學開會遇到柴劍虹先生,他説敦煌學會正在編一個紀念敦煌學會成立 30 周年的文集,發表一些回憶的文章,對敦煌學會有貢獻的人都要有一篇紀念文章,主要是寫一些他們爲學會、爲中國的敦煌學作出了哪些貢獻等等。關於王先生的,他想約你和吳麗娛兩人寫一下。字數不限,今年 12 月中交稿即可。請你們倆商量一下,誰寫,或者兩人一起寫。我是 1985 年來北大的,之前王先生的活動我并不是太了解,所以就拜託你們倆了。就你們記憶所及,需要我提供什麽,我可以翻箱倒櫃地找找。"

很快地,吳麗娛給我一信,説"王先生最早來北大那幾年,包括與敦煌的關係、相關活動(爭取經費、出論集等)、上課和指導做研究的情況你最清楚,有些是親自參加的。而我來學校已經較晚,很多事都不清楚,印象也非常模糊,所以没法寫,十分過意不去,祇好勞動你了"。在另一信中,她還提出了如何撰寫的建議:"文章的事,内容有些重複也没關係,尤其是紀念文章。這次可以添些如何教學培養學生的内容,尤其是關於指導做敦煌卷子的。因爲我發現現在一些學生完全没有一般的唐史和制度史基礎,所以敦煌文章也寫得淺薄。而先生則是兩種一起教的,所以我們做學問可以兩邊抱,這方面你一定體會更深,相信你一定寫得非常好。"

當然,在此前的 2010 年 6 月 20 日,北京大學中國古代史研究中心、北京大學歷史學系、中華書局曾聯合主辦"紀念王永興教授誕辰九十六周年暨《通向義寧之學——王永興先生紀念文集》出版座談會"。會上,趙和平認爲,對王永興先生於敦煌學的貢獻,學界還談得不夠,重要的是,(先生)他通過自己對敦煌吐魯番學術著作的撰述、對學生的培養,推動了北京大學中古史中心和敦煌學的發展。

柴先生及三位同門的話給我指明了寫本文的意義、方向及方法,於是,我便要來回憶并闡述先生對於敦煌學及敦煌學會作出的一些貢獻了。

人的回憶有時候是不大能夠很精準的。比如我在《清明祭先生》(載《通向義寧之學》)一文中有關王先生的一些事的記憶,就有一些錯誤。前些天,我把當年的一些上課筆記、雜記之類的找了一些出來,就發現王先生與張廣達先生合開的"敦煌、吐魯番文書研究"課程并不在 1979 學年第一學期的 9

月,而是在(1979 學年)第二學期的 2 月,確切的時間則是 2 月 26 日。就在這一天,先是張先生講課,後則爲王先生佈置的閱讀已經經過整理的《西魏大統十三年計帳》及有關文獻材料的任務。

根據筆記,張先生的課上了兩次四個單位的時間,主要介紹敦煌學的基本情況以及基本目録。基本書目目録的介紹中,有向達《斯坦因西域考古記》、姜亮夫《敦煌——偉大的文化寶藏》,有王重民《敦煌文書總目索引》等。還有"二三十年來的國外的一些目録",其中斯坦因部分包括 1957 年版翟理斯編的目録(1963 年格倫斯泰作了主題索引)、1962 年牛津版普散編的目録(日本榎一雄作了附録);伯希和部分 1970 年版敦煌漢文寫本目録;奧登堡部分孟希科夫亞洲民族研究所所藏敦煌漢文文書注記目録;又有日本人編的"東洋文庫敦煌文獻委員會編斯坦因敦煌文獻及西域出土漢文文獻内容分類目録(非佛教文獻之部)"、"京都大學東洋學文獻類目(一年一册)",又有"東洋史研究",等等。

王先生給我們正式上課的時間則自 3 月 11 日起。當然,在 2 月 26 日的課堂上,他就佈置了讀書任務。我的筆記載道:"王先生:看《隋書·食貨志》、《通典》卷十二、《册府元龜·邦計部》",并且,還發了《計帳》文書複印件。此後,我的筆記還載道:"王先生,3.7 晚,周書卷 1—5,帝紀,卷 23,蘇綽傳。"這應該表明先生在 3 月 7 日晚上曾到過我們的寢室。現在想來,這當然是爲以後的文書解讀作準備——讀好基本史籍再來考察文書問題是先生們的基本要求。

而記録王先生講課的課堂筆記起首便是:

80.3.11,王先生,讀《敦煌劫餘録序》,陳寅恪。

我似乎記得,當時還發了油印的《序》文,而場景則應該就是馬小紅回憶的:

> 第一堂課,我被王先生的開頭語所震撼。王先生介紹了敦煌文書的來龍去脈,當說到"日本學者說敦煌在中國,敦煌學在日本"時,王先生說"爲什麼要研究敦煌文書,我念一下陳寅恪先生爲陳垣所寫的《敦煌劫餘録序》,希望大家能記住"。王先生一字一句地念着,并不時停下來講解,爲什麼說"敦煌學者,今日世界學術之新潮流也"。爲什麼說"敦煌者,吾國學術之傷心史也"。等等。先生那平緩、蒼老并對我們充滿期望的聲音重重地打在我們心上。王先生說:"儘管有些同學不了解敦煌,不了解敦煌文書,都不要緊。祇要努力,你們就能趕上世界學術新潮流,就能把敦煌學的中心搬到中國。"

然後,王先生介紹了自"1909—今天的九種(有關敦煌文書的集子)",其中有歷史研究所編的《敦煌資料第一輯》、劉復的《敦煌掇瑣》、許國霖的《敦煌石室寫經題記與敦煌雜錄》、羅振玉編的《敦煌零拾》一册和《敦煌石室碎金》一册、蔣斧輯《沙州文錄》和羅福萇輯"《沙州文錄補一卷》及附錄一卷"、羅振玉"據伯希和的文書按原件大小影印的"《鳴沙石室佚書》及《貞松堂藏西陲秘籍叢殘》、1909 年鉛印本《敦煌石室遺書》等。王先生也略作點評，如特意指出，《敦煌資料第一輯》是有關社會經濟方面的文書集結，"要注意，有不少錯誤"；如劉半農編《敦煌掇瑣》，"有些太亂的，（他就）不抄了"，等等。

緊接着資料的介紹，就是《西魏大統十三年計帳》的解讀。我的筆記中，先生應該以幾周的時間，分四個層次向我們介紹這份領多少人進入敦煌學大門的文書。"｛甲｝，先解釋名詞"；"｛乙｝，文書的時間性和地域性"；"｛丙｝，文書的結構和名稱"；"｛丁｝，從文書所見西魏北周的均田制"。這樣的講解當然不是一次完成的，但我的筆記之時間記載祇到 3 月 26 日，此後則省略了，現在想來真是遺憾。

這樣的講解，對於我們以後做敦煌吐魯番文書可説是有着極大的示範意義的：它指明了文書解讀及學問研究的明晰的路徑——從"一個字一個字"地讀文書（錄文），讀文獻材料，再到認清文書的結構、性質，最後完成理論的分析、提昇而不拘泥於就事論事——這難道不就是敦煌吐魯番文書研究的不二法門嗎？

就在這一學期，先生還講解了他有獨到心得體會的《唐天寶年代（BC750年）敦煌郡差科簿》。一如既往，在講課前，他還是佈置閱讀文獻材料，其中有"通典卷 35 職官 17，新唐書卷 55 食貨志，唐會要卷 83、84，舊唐書玄宗紀，通鑑卷 125—127"，還有"天寶六載户籍、大曆四年手實"等。先生用的還是那一套看起來簡單，而實際上須有扎實根柢而又行之有效的方法來解讀差科簿："一、年代"，"二、地域"，"三、文書結構"，"四、解釋名詞（以文書出現爲序，以類別劃分）"，"五、關於色役的初步意見"，"六、文書的使用和文書的名稱"。而在色役的研究中，先生還就"色役制的起源"作了一個"補遺"，我的筆記載道：這個"補遺"，"根據周一良先生意見"。他還把他的講課內容再加研究整理發表在《敦煌吐魯番文獻研究論集》上，這就是《唐天寶敦煌差科簿研究——兼論唐代色役制和其他問題》。

而我當年寫的第一篇發表的文字以及其後的一些文字，基本上也是走的這樣的路子。

於是在這樣的教學過程中，我們 1978 級的很多學生，便一步一步地在先生們的引導下，走進了敦煌吐魯番學的殿堂。

我還留着一份當年先生輔導我們寫敦煌論文的紀錄稿，我把它全文錄下，連當時的格式亦一仍其舊，以見先生的風采：

1981.1.16　在（北大）文史樓107　王永興先生、張廣達先生輔導"文書作業"

（盧向前案：以下為王先生講話）

有19個同學做文書。身體一定要注意。

總的做得不錯，三年級學生做起來是很滿意（我們）。

盧向前的文書要做好還得花（化）大力氣。冷鵬飛這個土地文書也是很難的，做得很不錯。

我提出一個要求，就是要有發表水平。五月份以前要交給我和張先生。中華書局答應出一個集子，七月份要交稿。所以非得在五月中交給我們不行。

論文標準。首先，要有準確的文書錄文。（！）所謂準確就是要符合原文，有缺字要補全，錯字給糾正。這是最主要的。

① 符合原卷；② 俗、異、替代、簡、古體、錯字要正確的校注；（當時我的筆記中的按語：草體字怎麼辦？）③ 空字要盡量地正確地替補；④ 格式、行數等等都要符合原卷，不要有改動；（當時的按語：橫，豎？）⑤ 要斷句，標題；⑥ 長的，複雜的要分段。

第二，論文的形式、體裁可分下列形式：（取決於性質、內容）

① 短的，一個錄文，一個校注，一個跋；

② （稍長的，）錄文，校注，名詞解釋，跋；

③ 複雜的，再加一個文書研究。

注意不要勉強拉長。

簡潔、準確、通暢。避免龐雜。

名詞解釋，一條祇有一個內容。

問題研究要有一個中心內容。不要一個問題套一個問題。假定一千字能解決問題，絕不要用一千零一個字。（盧向前按：這絕對是有先生特色的話。）

第三，推測和懷疑也是（要？）準確。

① 凡是有論點一定要有根據，不要空。要有充分資料，要善於分析，推論。邏輯推理。

② 引材料一定要有出處。僻的書要有作者。

③ 寫字要清楚，不要草率。一個格子一個字。

④ 直行寫繁體字。

下面講寫文章的事。

簡明,説理充分,句子通順,銜接等。技術性問題也是要緊的。

反覆地,一段一段地,一個字一個字地讀原卷。要讀懂讀通。同時要讀熟斟酌史料。

識別異體字,填空字,糾正錯字。

(盧向前關於)馬的顏色查《説文》。蔡治淮的"順仁□( )以覆雲,布惠澤以朕照蘇",朕爲衍字。雲當爲育。照蘇爲昭蘇。

講一下缺點和問題。

一、基本史料不熟。

二、如何抓問題,抓錯了白費力氣。當從原卷出發抓問題,熟悉當時社會的歷史背景。

三、展開要規定範圍。如時間範圍、地區範圍,都要搞得狹一點。

重複一下,文字問題。鄧小南的可以,其他的都要注意一點。

(張先生講話。)

每個人都有所創獲。

以念書搞文書。

基本文獻書——以(讀通)一本書爲看家手藝。

(可讀)王國維《觀堂集林》。

表達的問題。

弱點在於敦煌文書不熟。

盧向前的(對於)徵發制度、長行馬文書等都不熟悉。這是弱點。

在做文書的基礎上,搞深一點,社會制度方面注意是不是能提高一點。

解決不了的不硬解決。

這是先生在具體的教學中,指導我們做學問的方法。先肯定我們的成績,讓我們充滿了信心,再指出我們的不足,促使我們努力向上,這是鼓勵,是鞭策。通過這樣的課內、課外的講習,先生教授了最基礎而實用的知識。在做卷子的過程中,我們不僅逐漸了解和熟悉有關敦煌文書的內容、價值以及相關文獻,而且與唐史貫穿結合,懂得如何利用敦煌文書補史證史,發現問題。總之重要的是通過親自動手,領會學習和研究的樂趣,在短短的一、二年時間內,即能夠掌握最基本的做學問的方式。現在想起來,當年的我們跟著先生搞敦煌吐魯番文書,搞學問,是多麼地幸福!

當然,以上記載僅僅是我們整個集體的一次活動。據我的記憶,這樣的集體活動有過多次。記得有一次周日先生講唐代制度,我因外出未能出席,當時就覺得非常遺憾。當然,先生在課下的個別輔導,花費的心血就更多。

我的論文稿中就有多處王先生的筆迹；而馬小紅曾説，她們的論文曾經修改 7 次，謄清 7 次；吳麗娛與張小舟做的車坊文書，王先生更是不厭其煩改了不下 10 次，并親自動手示範應如何寫作。這種嚴格要求與親力親爲的教學，使得我們以後畢業論文的選題與寫作都相當順利。以此爲開端，我們也走上了學術研究、學術教學的道路。

上面筆記中王先生所説"中華書局答應出一個集子"，就是後來中華所出的《敦煌吐魯番文獻研究論集》。看來，從 1980 年 2 月到 1981 年 1 月的 11 個月中間，王先生就與中華書局取得了聯繫。他有着極大的抱負、極大的自信，他要爲敦煌學在中國的發展貢獻自己的力量。而參加文章撰寫的 19 位本科生同學中有 6 位同學及 4 位研究生的文字得以發表。

這本《論集》是在 1982 年 5 月出版的，周一良先生在《敦煌吐魯番文獻研究論集·序言》中，對於王、張二位先生的工作給予了充分的肯定，對於他們工作的意義、作用給予高度的評價，他説：

> 祇有在充分研究唐代歷史的發展，研究唐代政治經濟文化的狀況，并且詳盡佔有舊有史料的條件之下，纔能有效地運用敦煌文獻，恰到好處地説明非它不足以説明的問題……祇有精研唐代（當然也涉及北朝和五代、北宋）歷史，纔能更好地認識并發揮敦煌文獻寶庫的作用。基於上述認識，王永興同志和張廣達同志在北京大學歷史系爲唐史研究生開設了"敦煌文書研究"這門課，并有部分中國史專業三年級學生選修。在王、張兩位同志的指導之下，他們作爲實習，分別整理了敦煌和少數吐魯番出土的文獻，寫出論文，形成了這本《敦煌吐魯番文獻論集》的主要部分。敦煌吐魯番文獻的整理利用和研究，今後還需要較多的生力軍。我們歡迎青年歷史工作者對此發生興趣，不斷充實學力，提高水平，參加到這一行列中來。

而在"出人才、出成果"思想的指導下，兩位先生對敦煌吐魯番學的貢獻自不待言，他們的辛勤汗水，換來的是豐碩的成果與一大批人才。

假若讀讀哈佛大學楊聯陞先生於 1983 年 4 月 15 日所撰寫的《〈敦煌吐魯番文獻研究論集〉讀後》，則意義更爲顯明。楊先生在逐篇評論了論文後下結論説：

> 各位長老及準長老（盧向前按，指在《論集》上發表文章的各位先生），自不待言。各位研究生與本科生都是當行本色，各有貢獻。他們諸位大作的水平與同級的外國第一流大學的研究生大學生比起來，我覺得有過之無不及。這是我最欣慰的事情，這不止是北大中國中古史研究中心之光，更是我國學術前途光明之象！

我記得王先生把楊先生的信拿到了北大圖書館213室（楊先生的信，我好像也曾讀到，嗣後發表在《北大學報》1983年第4期的這篇評論原本應該就是這封信），我記得先生當時長舒了一口氣，眼中泛着若隱若現的泪花，百感交集，而欣慰之情溢於言表。此情此景，至今仍歷歷如在眼前。今天的人們，或許很難體會當時先生的心情，體會他與他領導的敦煌團隊獲此評語的心情。歷經多少劫難，終於能夠在國際學術之林中有我們自己的一席之地，這是多麼值得高興的事。而興奮之餘，回首三五十年的辛酸往事，心情的複雜也是可想而知的了。而我也跟着先生興奮不已。

現在想來，先生們也真值得揚眉吐氣。歷盡"浩劫"，中國的傳統治學方式已經被破壞殆盡，而在改革開放的初期，北大中古中心的敦煌研究成果竟能達到與國際接軌的水平是多麼不可思議，重新獲得海外學界的承認又是多麼引人驕傲。這一點正是通過王先生他們的辛苦努力達到的。重要的是，當時大多數人還不知道應當做什麼和怎麼做，對於歷久彌新的學術傳統的繼承還不能有所領會。而首先將真正的學術傳承與歷史教學結合在一起的是王先生，將復興文化的理想落實於具體實踐的是王先生。王先生通過他的教學以及學生們的成果告訴人們什麼是精湛而優良的學術，什麼是應當遵循的學術方向。而先生培養的學生及所傳授的研究方式也給敦煌學的未來打下了基礎，今天敦煌的教學仍不能脱離他們開創的道路。楊先生當年的評議就是對"祇要努力，你們就能趕上世界學術新潮流，就能把敦煌學的中心搬到中國"的最好説明吧！"這不止是北大中國中古史研究中心之光，更是我國學術前途光明之象！"

這裏，我還得提到宿白先生。楊聯陞先生文中説到的"各位研究生"——安家瑶、馬世長、陳英英是宿白先生的研究生（劉俊文則是王先生的研究生，我忘了張先生是否是他的導師），而楊先生手上的《論集》也是宿白先生寄給他的。假若聯繫各種情況看來，宿白先生對於敦煌吐魯番學的貢獻也是應該爲人們所記住的。

這本《論集》，假如我没記錯的話，還送呈給了當時的中央主要領導。敦煌吐魯番學會得到最高領導的支持，是否在這時就打下了基礎？我想。

而如果比較一下《論集》第一輯與第二輯的作者名單，假若我們根據第一輯，説敦煌吐魯番文獻研究還僅僅局限於北大歷史系的話（當時，考古專業隸屬於歷史系，當然，亦有左景權先生的一篇文章，那是王、張二先生請他到北大給我們講學以後的事），那麼，到第二輯的時候，即敦煌吐魯番學會成立前後，其陣容已經擴展到整個北大乃至全國了（第二輯雖在是年12月出版，但鄧廣銘先生所寫的"序言"，王先生所寫的"編輯後記"都署時間於是年是月，則文章的收錄更在其前）。在第二輯的作者中，我們看到了季羨林先生、王仲犖先生、周祖謨先生、唐耕耦先生、姜伯勤先生、饒宗頤先生、周一良先生、祝總斌先生等足以令人肅然起敬的大學者名單，學生的名錄亦有所增添。這樣的狀況的出現與王、張二位先生的努力應該是大有關係的吧！而寫作陣容的壯大，或者本身就是大陸敦煌學走向強盛的表現。

我想，這是一種氣勢，一種山雨欲來風滿樓的氣勢，一種萬馬奔騰的氣勢，一種排山倒海的氣勢。這種氣勢是會起化學反應的！我們現在從這樣的視角看待先生對於敦煌吐魯番的業績，是無論怎樣高度評價都不會過分的。

我所知道的，南開大學的傅玫老師就到北大向王、張先生來學習敦煌吐魯番文書來了，來聽課的外校學生更是不計其數；而擴展其影響力最具代表性的則是唐文學學會。

我手上存有傅璇琮先生當年給王先生的兩封信。我把它們抄錄在下面：

王先生：

　　昨天給您的電話中沒有說清楚，現在奉上一函，為《唐代文學研究年鑒》組稿事，請您大力支持。

　　去年五月，在西安成立全國唐代文學學會，會議決定創辦《唐代文學研究年鑒》由學會主辦，由學會會長山東大學的蕭滌非先生任主編，下設副主編若干人，琮也是其中之一。第一輯（即1980年的內容），將於本年內出版，現在正着手於第二輯的組稿、編輯工作。這一輯選題，由琮提出，報導一下北大歷史系敦煌吐魯番文書研究室的情況，作為一個欄目，已獲通過。前曾寫信給張廣達同志，可能他將出去，也未知他是否收到信，因此未接到回答。如您能執筆，或您指導下請別的同志寫，那就更好。內容大致包括：研究室機構本身的大致情況（如人數、負責人），研究項目，今後發展方向、打算，及已出的這本論文集內容概況。字數二、三千字至四、五千字均可。雖然您的研究室主要是歷史方面的，但這對唐代文學的研究也足資參考。文稿最好能在十一、十二月內寫成，寄給我即可。此事務請鼎助。如確定後您給我電話通知即可（55.4751）；如我不在，告守儼同志也可。專此，謹候

　　近安

　　　　　　　　　　　　　　　　　　　　　　　　璇琮上

　　　　　　　　　　　　　　　　　　　　　　　　83.9.14.

王先生：

　　十三日來示敬悉，所寄文稿也已拜讀，寫得極好。非常感謝您的支

持,也感謝盧向前同志的協助。稿件即由我寄給《唐代文學研究年鑒》編輯部,以後有什麼事與我聯繫也可,與文稿該編輯部聯繫也可(聯絡人是閆慶生,陝西師範大學中文系)。稿件的作者就題盧向前同志如何?

　　專此,即候

近安

　　　　　　　　　　　　　　　　　　　　傅璇琮上

　　　　　　　　　　　　　　　　　　　　1983.10.15

　　在這樣的風雲際會的過程中,學會的成立便也順理成章。我在網上看到鄭炳林發表於 2011 年 1 月 26 日《國際學術視野的段文傑先生》的博文,他回顧當時形勢的文字,寫得極好。他説:

　　　　1982 年段文傑先生任敦煌文物研究所所長,1984 年任敦煌研究院院長。一直到 1998 年。主持敦煌研究院工作 17 年。這個時期正好是中國結束文革迎來改革開放春風的年代,學術界一片欣欣向榮的景象。同時這又是一個轉折關鍵時期,百廢待興,一切從零做起。當我們打開國門走向世界,我們突然發現自己與世界拉開很大一截差距。我是 77 級,78 年元月入校,我們了解敦煌學是聽段先生的敦煌藝術課程開始的,但是我們了解敦煌學的狀況是聽藤枝晃先生講座留下的印象,就是"敦煌在中國,研究在國外",留校從事敦煌研究也是勵志改變這種狀況走過的。當時大家都鼓足勁將中國敦煌學研究趕上去,但是我們畢竟經過多年的文化蕭條,要改變這種狀況并非易事,段先生能夠很快改變敦煌研究學術力量走上國際學術的前沿,就值得我們學習。

　　這裏的話正是當時時勢人心的切實寫照。對敦煌學和學人而言,新時代意味着學術走向世界,意味着等待開創、充滿希望的勃勃生機。在這樣的年代,"敦煌在中國,研究在日本(或國外)"到底是誰説的已經不再重要,歸根結蒂,敦煌吐魯番研究將要起翻天覆地的變化了。而站在潮頭之前,得風氣之先,揚帆破浪、指點江山的不正是腳踏實地努力做着貢獻的王永興先生、張廣達先生等老一輩學者嗎?

　　王先生在敦煌吐魯番學會的創建籌備中,也是有着他獨特的貢獻的。我記得 1982 學年的一天,平時總是囑咐我們一心搞學問而不讓分心於雜務的王先生破天荒地讓我和寧欣、李鴻賓隨他到東語系去參加學會的籌備會議。當然,我們是列席會議,爲會議做記錄。我記得,主持會議的是季羨林先生,當時教育部副部長、曾經是北大書記的周林先生在會上作了主題發言,參加會議的還有寧可先生、金維諾先生、教育部的章處長等。參加的人員有十數人吧。這次會議應該説是很重要的,從其議題即可看出。主要議題有二:一爲學會掛靠教育部事,一爲提出學會的領導機構即理事會的單位候選名單事。還有一事好像是學會的名稱是否加上"藏學"成"中國敦煌吐魯番藏學(西藏?)學會"事。我記得的是：季先生説,還是不加了吧,如果加上,那麽其他的加不加呢？用敦煌吐魯番涵蓋吧。王先生讚同季先生的意見。從這裏也可以看出,王先生在學會創建過程中,也是運籌帷幄不可或缺的一位人物。

還有一件事爲人所共知。王先生當時曾數次找到老同學姚依林副總理,既爲申請設立"北京大學中古史研究中心"事,也爲學會成立暨經費事。馬小紅年底到杭州,回憶起往事説,先生曾説起,他到中南海,警衛打電話給姚副總理,副總理親自到門口將先生接進去的事。又説,先生笑着説中南海的警衛讓他今後穿體面一點,而先生則教育他們不可以衣帽取人。馬小紅還帶着極其欽佩的神情説,先生的本事大着呢。

作爲敦煌學的先行者和學會的奠基人,王先生他們對於中華學術文化的復興、推動、發展的豐功偉績是永遠值得我們懷念稱頌的。

2012 年 12 月 27 日於杭州啓真名苑

《敦煌舞教程》評價

盧秀文（敦煌研究院）

西北民族大學舞蹈學院教授、碩士生導師、國家一級編導、甘肅省藝術學校名譽校長高金榮著《敦煌舞教程》（修訂本），於 2011 年 7 月由上海音樂出版社出版。該書1993 年出第一版，此次再版時作了系統地整理并新增加了研究内容。書中"舞從敦煌來"，是季羨林先生的題字。

該書運用藝術學、考古學、歷史學等多種研究方法，以石窟中的舞姿、音樂爲主綫，從多角度、多層面論述了樂舞的基本特徵。從總體上分析了敦煌舞姿的基本模式及研究意義。作者把舞蹈放在敦煌整個歷史與中國藝術史框架内進行解讀，系統地創編出敦煌舞的基本訓練内容。

全書分五部分：首先爲緒論；第一部分爲元素訓練；第二部分爲基本動作訓練；第三部分爲性格組合訓練；附録有"敦煌舞訓練大綱"、"敦煌舞基本訓練伴奏樂曲"及作者的相關研究論文。

作者將敦煌舞樂内容納入中國舞蹈史進行考察，探討敦煌舞蹈藝術在中國舞樂史上的地位及其影響和意義。書中採用大量的示範圖像和文獻作爲具體例證，充分展示了敦煌舞樂的内容。這些圖像和文獻除了可以作爲研究石窟的第一手資料外，作者還通過壁畫與史料的相互印證，全面梳理了學界關於舞樂教學相關問題的不同觀點，起到了以圖證史、糾正錯誤看法的重要作用，大大拓寬了敦煌舞教程的研究思路和藝術史籍的價值。同時作者在編寫教材等諸多問題上，視野開闊，頗多創見，對壁畫舞蹈等進行了系統梳理，標誌着國内教育界及學術界在石窟舞樂考古研究中取得了重要突破。該書是一本高質量、高水準的敦煌舞教材，是作者多年來的學術研究的結晶，也是中國舞蹈藝術研究領域的結晶。綜觀全書，筆者以爲，《敦煌舞教程》的學術價值有以下幾個方面的特點：

一、結合敦煌樂舞圖像、文獻資料，發掘、整理和研究敦煌舞蹈，點明教材的指導思想和研究方法

敦煌壁畫、藏經洞遺畫保存了從十六國至元代大量的不同的舞樂形象，其形態各異，以成群的樂隊和舞蹈呈現，是我國文化史上珍貴的藝術財富，是學界在藝術實踐中創新、借鑒的寶貴資料。這些舞蹈音樂方面的壁畫，還有相當一部分是出土實物，屬石窟藝術範疇，爲藝術類作品，與敦煌藝術研究關

係密切。結合洞窟壁畫中所見到的豐富的舞樂作品，我們需要去挖掘、探討其意義與價值，并得出富有創建性的結論，這是我們目前要進行的重要課題。對此相關領域，之前學界作了研究，尤其是近幾年，發表了一些可喜的研究成果。但從整體上說，這些成果屬於理論性的個案和綜合性的研究，從教學的視角進行創新的研究尚屬空白。高金榮教授做了這方面的工作。作者以舞蹈史學研究成果爲依據，全方位地涉獵了敦煌天樂和俗樂兩大主題，具體涉及仙神形象，經變畫中的純舞蹈造型，天宮伎樂的各種舞姿，飛天的神奇動作，力士金剛的粗獷形象以及彩塑菩薩的各種姿態等。作者所研究的基本立足點，旨在通過考察，發掘敦煌石窟舞蹈造型及各種不同的舞姿形態，進而說明敦煌俗舞和經變中的舞蹈是敦煌舞樂的主題。作者指出，佛傳故事中的各種樂舞場面，反映了歷史和社會生活中"出行圖"的樂舞場景，不論天樂還是俗樂，舞姿皆栩栩如生，造型獨特，既富時代特徵，又具民族特色，這是展現我國古代西部舞蹈風貌的寶貴遺產，是我們今天研究、探索我國古代西部舞蹈的風格特點和發展演變的珍貴的形象資料，也是繼承我國舞蹈優秀傳統、繁榮我國舞蹈藝術的一個重要源泉。作者的研究思路，豐富了敦煌舞蹈的研究內容及讀者的視野。

作者在討論敦煌舞創建時，涉及這一領域的不同層面。在緒論中首先將敦煌舞有關問題從三方面進行了論述：第一，"創建敦煌舞的依據及其價值"。在敍述這一問題時，說明了敦煌舞訓練的依據，主要是敦煌石窟中的各類舞蹈形象，本書就是作者以這些形象爲依據并結合有關史料創編而成的舞蹈教材。第二，在"認真解讀敦煌壁畫舞姿"時，作者對敦煌舞姿的具體分佈作了考察，說明了壁畫舞姿主要有在北涼至北周的伎樂天、唐代的經變畫和各代的飛天、蓮花童子、金剛力士與天王、世俗樂舞等。同時，作者從總體上分析了舞蹈的基本模式及研究意義，認爲飛天是敦煌壁畫突出的獨特而優美的舞蹈形象，雖然和現實生活相距甚遠，但其美妙姿勢依然是人間舞蹈的昇華。第三，在"敦煌樂舞"的名稱和內容、創建敦煌舞的價值及敦煌壁畫舞姿的典型姿態等問題上，作者通過探究，分析了敦煌壁畫舞姿有豐富的眼神和表情等"七點"。又概括了壁畫舞姿五個方面的外部特徵：第一，手的形狀豐富多姿、纖細秀麗，富有中國的古典美；第二，手臂柔曼多彎，手腕和肘部呈棱角；第三，赤足，腳的基本形狀爲勾、翹、歪；第四，體態基本下沉，出胯沖身形成三道彎；第五，使用長綢、腰鼓、琵琶等道具。作者指出，敦煌壁畫舞姿的外部特徵是形成獨特風格的重要因素，而更爲重要的是舞姿之間的起承轉合，即舞蹈的動作和舞姿的外部特徵必須協調一致，完美結合。這是創編中的難點，也是重點。作者正是在這一認識的基礎上，經過三十年的不斷創新，反覆思考,特別是幾經實踐,明確了指導思想：抓住共同的基本格調,確立舞蹈的風格,確定中國古典舞的範疇,突出民族特徵。其後作者又通過對相關問題的不同層面的分析,提出對莫高窟中不同的壁畫舞姿,既不能看作一個混沌的整體,但又不能把不同時代的舞姿截然分開,而應看到它們的發展、演變,從發展、演變中去研究它們的内在聯繫。作者的觀點頗具説服力,啓發我們作進一步的思考。

我們知道,舞蹈的發展,離不開古代不同時期的舞樂創新,而藝術的創新是在吸收借鑒不同的成果之後産生的,敦煌壁畫舞姿繪畫體現了這一創新,作者的研究也肯定了敦煌壁畫對敦煌舞的創編具有決定作用與重要意義。在第三個問題"創建敦煌舞教材的指導思想"中,作者提出,首先要確立舞姿風格,壁畫舞姿、彩塑造型是靜止的,在如何使"靜"變"動"變"活",并保持壁畫舞姿的特色,是能否形成一門獨立的舞蹈教材的關鍵,也是教材有無訓練價值的關鍵。這就要求訓練者必須解決好、把握準敦煌舞的風格特點。這是作者提出的一個可供舞蹈教學借鑒的有益觀點。作者研究了大量的敦煌壁畫舞姿的特點和動勢,并參閱史料,強調敦煌舞教材應該選取隋唐時期所製定的九部樂、十部樂中的《西涼樂》爲敦煌舞訓練的背景音樂。這些觀點的提出顯示了作者嚴謹的治學態度,也保證了本書的内在質量。

本書的研究成果,無疑是關於敦煌壁畫舞蹈變化和發展的新認識。書中分析和研究了古典舞創作與社會發展的密切關係,説明了古典舞教材主要是在研究繼承戲曲舞蹈和武術動作的基礎上形成的,爲中國古典舞研究提供了啓示,并幫助我們從中了解這一領域的研究意義。這些都使讀者看到了作者學術探索的歷程。

二、從中國藝術史、樂舞史的宏觀角度,科學地探討敦煌、西域、印度等地舞樂之間的關係及學術意義

舞樂是民族藝術文化的重要組成部分。近年來有學者提出敦煌舞樂文化的概念,這有利於從總體上觀察和認識世界舞樂文化的架構和分佈。不論從歷史角度還是從藝術特質看,古代中國的樂舞文化同時與中亞樂舞文化、印度藝術文化有交叉和聯繫。作者從這一基本立足點出發,針對"敦煌舞姿造型"作了研究,認爲敦煌、西域樂舞文化的突出特點和作用,在於它們是印度和中國漢地兩大樂舞文化之間的重要橋樑。中國内地樂舞藝術更多更直接接受的是西域式的舞蹈,敦煌樂舞與印度樂舞有十分密切的關係。這是作者站在世界史、文化史的高度得出的結論。其後作者通過查閱相關文獻,説明敦煌早期的舞姿具有一定的印度風格和西域特徵。從唐代開始壁畫中的

舞姿漸漸融入了中原因素，説明它們來源於生活，符合歷史的真實。同時又説明了元代敦煌舞姿受尼泊爾和印度的影響。

敦煌壁畫中的舞蹈不僅與印度有關係，而且與高麗樂中的舞蹈造型也有關係。從高麗樂的歷史來看，高麗樂吸收西域的胡旋舞是完全可能的。作者指出，北魏是統一北方十六國的一個較強盛的王朝，又崇尚歌舞。它不僅滅北燕得到高麗樂，而且同西域通好，得到疏勒、安國、龜茲等西域樂舞。當時在北魏流傳的不僅有北魏本民族的鮮卑樂舞，而且有中原傳統樂舞清商樂以及高麗樂、西涼樂等。作者認爲，莫高窟初唐第 220 窟北壁兩組雙人胡旋舞似是高麗樂中的朝鮮舞；莫高窟晚唐第 156 窟宋國夫人出行圖中的四人方隊舞蹈姿勢——屈身下沉，提腳邁步的瞬間正似朝鮮古典舞；榆林窟唐代第 25 窟經變畫中的擊鼓伎樂菩薩和莫高窟五代第 98、5、146 窟中的擊鼓伎樂的舞姿，同當今朝鮮的長鼓舞一脈相承。如此系統的研究，使讀者對“敦煌舞的價值”有了全面的了解。

敦煌舞姿是我國西部流行舞樂的問題，創建敦煌舞教程是研究敦煌石窟舞樂歷史以來的重要問題。如果敦煌舞的基礎教學問題得到論證解決，就是敦煌乃至西域舞樂藝術研究的突破。高金榮教授正是從這一角度出發進行研究的。對於敦煌壁畫舞蹈的研究成果，前人的研究大多是對某一壁畫樂舞内容的考證，而本書的研究則建立在圖像資料的基礎上對敦煌舞姿進行系統的解讀。作者指出，研究石窟壁畫還有一種思路，就是基於對現有大量洞窟壁畫與其他地區實物的探討，亦即單獨從壁畫舞蹈出發，從中看到壁畫内容與周邊的相關問題。這是作者站在中國文化的背景下進行的研究，從舞蹈的人物、中國舞蹈音樂的源流等方面進行了探討。作者以敦煌石窟與印度文化交融的視角，進一步闡述了敦煌舞樂藝術與域外文化的關係。認爲交叉式後踏步，即踏步時膝蓋外側支撐腿略彎，給人以吐氣、下沉、鬆弛的特殊美感。這種舞姿在印度古典舞和印度壁畫中都有實例，顯然是印度石窟藝術對敦煌壁畫舞姿的影響，是印度古典舞同我國舞蹈藝術相融合的典型形象。在這一層面上，作者進一步考釋了敦煌與西域、中原舞樂的關係。通過考察，確定敦煌壁畫舞姿的典型姿態，即豐乳細腰，擰身出胯，在新疆龜茲壁畫舞姿中顯見。作者強調了這種舞姿的表現形式，在印度壁畫中更爲突出，祇是唐代壁畫中這種舞姿已具有我國傳統的表現形式。進一步説明了“赤腳足舞”的典型姿態，完全是印度的習俗。龜茲壁畫中也有赤足，敦煌壁畫中的“多棱多彎”的特點，在龜茲壁畫中有保存。作者強調了敦煌舞與龜茲、印度、高麗樂舞的關係。與此同時，還指出了印度舞樂經過西域的橋樑傳入中原後，經歷了與中國傳統舞樂相互碰撞、磨合、吸收、合一的歷程，明示西域舞蹈藝術對中國漢地舞蹈藝術産生了十分深遠的影響。使讀者從中看到了舞蹈發展的複雜過程和時空上的廣闊層面,也可以從壁畫由造型藝術到舞蹈的演化中,觀察到敦煌舞樂文化向中原佛教文化發展的一個側面。

我們知道,西域石窟樂舞造型記錄了我國西域樂舞活動的真貌。印度舞樂文化借佛教載體傳向東方,但它首先在西域與當地藝術進行交流、融合。注入了西域繁盛的文化因素,形成西域式的佛教藝術,舞蹈藝術尤其如此,中國漢地舞樂形式受到西域舞樂藝術的直接影響。作者針對這一問題,以推論分析爲主要方法,把敦煌舞蹈藝術放在西域與中原舞蹈關係的大背景下進行研究,將敦煌舞蹈藝術、新疆舞蹈藝術以及中原舞蹈藝術史迹交替呈現,爲讀者理清了敦煌石窟舞蹈藝術與印度舞蹈藝術、中原舞樂藝術的脈絡及界定。

三、舞臺實踐和理論總結相結合,盡可能全方位把握敦煌舞蹈教材的科學性、系統性、創新性

舞樂藝術的發展,離不開畫師們的創新,而藝術的創新是建立在吸收、借鑒不同繪畫作品的基礎之上的結果,敦煌壁畫就是這種創新的表現形式。20世紀初,有學者提出,敦煌壁畫中的舞蹈形象豐富多彩,特別是舞姿,如果能將其編成一部教材,將是對敦煌學研究的最大貢獻。1979 年,舞劇《絲路花雨》初創階段,當時任甘肅省舞協主席、甘肅省藝術學校校長的高金榮,以一個舞蹈教育家的敏鋭,意識到一個獨特的舞蹈流派雛形正在萌動。一個舞派不僅要有劇目,還要有科學的教學體系,作者正是在這一思路的基礎上,於1980 年編製完成了《敦煌舞基礎訓練教學大綱》。作者的這一成果,是對中國古典舞教學經驗及編舞實踐經驗的總結。印度藝術史學家多希夫人對此給予肯定:"它既不是古典舞,也不是印度舞,它就是敦煌舞。"之後,在系統化的教學基礎上,作者又創作編排了敦煌教學舞蹈節目。1986 年,作者應邀赴京進行基本訓練和教學劇目《敦煌夢幻》的彙報演出,受到了國內史學界、敦煌學界季羨林、任繼愈、常書鴻、潘絜兹等學者以及吳曉邦、董錫玖、盛婕、張均、李征一等舞蹈藝術界專家的高度評價和讚譽。唐史學家胡戟先生撰文:高金榮敦煌舞基本訓練課的開設,宣告了中國敦煌舞派的誕生。1988 年,作者從美國講學歸來,時任文化部部長的王蒙曾對她説:"一個人一生做成一件事,足矣!"這些都表明了作者對敦煌學事業的熱愛,對敦煌舞蹈教學的創新,對中國舞蹈史研究的貢獻。

《敦煌舞教程》是自成一體、獨具一格的創作,該教材講求科學性。作者在研究、提煉、編排的全過程中,特別重視教材的科學性、系統性,力求達到精練而有訓練的價值。首先從浩如煙海的敦煌壁畫舞姿中,按人體的各個部位

選取典型的有訓練價值的動作姿態,是一件龐大而細緻的工程,不但要有大量的感性、直觀的圖像資料,而且要參考有關的文獻史料,在此基礎上按舞蹈藝術規律等進行考論。這其中既考察了洞窟圖像,又具體分析了各時代壁畫舞蹈圖像的前後變化因素。其中作者對壁畫舞姿的分佈特點展開討論,并說明了敦煌舞在教學中的應用。這是研究這一領域的學者很少涉及的。作者利用自己掌握的資料,在調查洞窟的基礎上,把敦煌藝術史料和文物等相對照,在整理的基礎上對我國舞蹈藝術的歷史加以分析,使讀者從中得到了新的啓發。

　　該書的出版,引起了世人的關注,特別是舞蹈界。它啓發我們進一步認識該書的科學性、系統性、創新性的價值所在。因爲明確了它是一套風格性訓練教材,目的是培養學習者掌握敦煌舞風格韻律,因此,作者提出,使用教材要與舞蹈基礎訓練課密切配合。在注意教材的精練和相對穩定的原則基礎上,作者對敦煌舞加以分析、研究和創作,確定了手的練習、臂的練習、腳的練習、腿的控制練習、腰的柔韌練習、步法的練習、旋轉的練習、持琵琶的舞動練習、舞綢訓練、飛天形象與基本動作等。作者還提出了教材中的性格組合練習。作者在認真考察敦煌壁畫舞蹈的内容後,從中分析并總結了敦煌舞蹈的特徵。認爲,手和腳是形成敦煌舞獨特風格的重要組成部分,它和其他舞蹈的不同之處就在於它的手勢、腳姿動作別致。壁畫中的手形千姿百態,每種手勢變化無窮,有垂、揚、俯、仰、背、向、轉、側等多種。作者經過嚴格篩選,歸納爲 17 種手勢,并且依據其形狀一一起了名稱,創編了手的訓練動作。在此基礎上,作者又研究出腳的基本形狀:勾腳翹趾、繃腳翹趾、歪腳翹趾、勾腳、半繃腳等,并編排了腳的訓練和動作。教程遵循由淺入深、由易到難的原則,安排好各部的訓練。這是作者多年實踐的總結。

　　舞蹈元素是形成敦煌舞風的核心内容。教學實踐證明,要使學習者較快地、準確地掌握敦煌舞的風格特點,必須首先分析、提煉出若干舞蹈元素進行訓練。作者認爲,準確自如地掌握了敦煌舞特殊的造型、韻律,即可自然而然地將其運用貫通到各部分的基本動作中,逐漸做到“形神兼備、身心并用,内外統一”,收到事半功倍之效。作者在“教材元素訓練”中,分出呼吸與眼神,肋、胯、膝與肢體曲綫三節,運用到手、臂、腳、腿、腰、步法、旋轉、舞綢、擊鼓、彈琵琶等基本訓練中。在這一層面上,作者概括了敦煌舞的基本動作訓練,説明了敦煌舞是依據壁畫中各種舞姿造型而產生的。作者又對基本舞姿、基本動作以及旋轉等技巧,進行了形體上的規範,目的是訓練學生掌握外部動作與心理動作相結合的能力,即通過外部的舞蹈動作準確地揭示人物的内心活動,提高身體的表現力和表演素質,培養學生塑造不同的性格形象和不同氣質風度的能力。通過各種組合的練習,還可以使敦煌舞元素訓練和基本動作訓練在實際的應用中得以發展、昇華,爲過渡到教學打好牢固的基礎。作者的這一研究思路,無疑是值得我們借鑒的。

作者在對敦煌壁畫舞蹈藝術進行研究的同時,論述了敦煌壁畫通過佛教內容反映了人類心靈活動的一個方面,對於當前的舞蹈藝術發展來説具有一定的意義。其後,作者經過研究,分析了敦煌舞的發展與社會的密切關係,并從中看到了過去所忽視的這一領域的研究意義。另外,作者按舞蹈和石窟藝術相互從屬的關係分類,借古代舞蹈理論的研究視角和方法,從結構、形式、類型、演變的角度,對敦煌壁畫的舞蹈結構、發展,展開了具體的論述,既探討了敦煌石窟舞蹈與洞窟壁畫之間關係的變化發展,又具體探討了相關壁畫內容的特徵意義,爲學界開拓了研究思路。

《敦煌舞教程》在廣泛搜集資料的基礎上,對相關史料作了嚴謹考證,在舞蹈教學訓練方面多有精闢見解和新的認識,得出了不少與前人不同且頗具新意的結論,所取得的成績是突出的。從表面看作者研究的是敦煌舞教材問題,實質上是中國舞樂藝術研究的細化,是多學科聯合的表現。因爲要進行舞樂研究,如果離開了中國古典藝術史等背景,則必將失去基礎。故而作者在這一問題上,以敦煌壁畫中的舞樂研究爲教學起點,由淺入深,將敦煌壁畫中的舞樂資料作爲教學實踐和考察的一個中心,以填補敦煌藝術歷史上特別是敦煌舞蹈教材史上的空白,具有一定的學術價值和現實意義。

總之,該書從舞蹈史、藝術史的角度對敦煌舞蹈進行研究,雖非首創,但無疑是迄今爲止,唯一一部專門針對敦煌舞教材作專題訓練、研究,并且多有創新的專著,加之作者在論述時言之有理,持之有據,其學術價值十分突出。該書作爲教材呈現給讀者,足可稱得上是敦煌舞蹈教學訓練領域中的一部力作。它填補了中國古典舞中敦煌舞蹈流派的空白,這是該書最重要的價值所在。當然,任何一部著作,都不可能盡善盡美,或多或少都存在不足,如果我們全面梳理就會發現該書作爲教程的首創,有許多方面還需要加強,如書中雖有衆多的舞姿示範圖,但也需要有相關的原始圖錄,文獻資料尚需要深入發掘。另外,如果能將男子舞姿選入其中,那將更加完美。

小區域與大視野
——陳于柱《區域社會史視野下的敦煌禄命書研究》介評
劉泓文（蘭州大學）

陳于柱先生的《區域社會史視野下的敦煌禄命書研究》是利用區域社會史理論所闡釋的三種"重寫歷史的方式"——新材料、對新材料新的解讀模式、新的闡釋視角——研究敦煌術數文獻的創新之舉，使新方法論與史學相結合，突破史學領域的傳統模式，另闢蹊徑，開拓了敦煌術數文獻研究的視野和領域，從而在敦煌術數文獻研究深入發展的道路上邁出了重要的一步。本文在介紹陳著的基礎上力圖作出相關評論，但爲能力與學識所限，可能無法作出準確無誤的全景式分析，若有誤解甚或曲解之處，敬祈陳于柱先生給予諒解。

《區域社會史視野下的敦煌禄命書研究》一書由研究篇和校錄篇兩部分組成，前冠文庫"緣起"、該書目錄及凡例，後附《P. t. 127〈人姓歸屬五音經〉與歸義軍時期敦煌吐蕃移民社會史研究》、"主要參考文獻"、"後記"，共520頁。其中研究篇又剖爲七章：第一章"緒論"通過回顧敦煌禄命書近百年來學術研究的歷程和成果，"省思目前敦煌術數文獻研究的總體狀況與面臨的困境，進以提出敦煌禄命書與區域社會史理論結合研究的合理性，以及對於擴展敦煌術數文獻研究的意義"（第14頁）。第二章圍繞對敦煌寫本禄命書的類型性分析，作者在前人研究的基礎上，對敦煌禄命書的分類與定名問題提出了自己的認識和見解，并依據敦煌諸件禄命書所反映的主體命理特徵及内容形式，將41件敦煌禄命書殘卷分爲十四類，爲學界完整認識敦煌禄命書的整體面貌與基本形態提供了便利。第三章、第四章，作者針對敦煌禄命書中未曾被學術界深入研究的部分，圍繞源流和演變、年代、命理特徵、内容形式、在唐宋之際敦煌的信仰狀況等關鍵性問題，結合傳世史籍展開探討，"詳細考量各類禄命術與相關信仰在敦煌地區的傳播狀況，藉以洞察該地區民衆的精神生活與内心世界"（第14頁）。第五章通過對敦煌醫藥文獻的詳細梳理與研究，揭示出古代術數與醫學資源共用機制的實際存在及術數在包括敦煌在内的古代社會醫療活動中所扮演的歷史角色，并"分析唐宋敦煌醫者群體的構成、醫療形態與民衆醫療選擇、主要疾病與時疫，力求從醫學以外的視角考察唐宋時期敦煌社會整體醫療狀況"（第14頁）。第六章通過對敦煌術數文獻中不同宗教因素的爬梳及對唐宋之際敦煌區域社會中由術數、宗教、族群所構成的相互交織的動態系統的觀照,對蕃佔敦煌時期、歸義軍時期,敦煌的宗教格局、族群結構、族群觀念、社會心態進行了探討與分析。第七章"結語"主要對本書的研究思路與認識加以歸納與總結;其中的校錄篇按照前述 14 中分類,對 41 件敦煌禄命書殘卷進行了系統、深入的文獻學整理,并對相關問題加以考釋,具有明顯的工具書性質,極大地方便了學術界的參考與利用,爲今後敦煌禄命書研究的全面展開奠定了基礎;本書後面還附錄一篇文章《P. t. 127〈人姓歸屬五音經〉與歸義軍時期敦煌吐蕃移民社會史研究》,通過對法藏敦煌藏文寫本 P. t. 127 的文本屬性、抄寫時間與使用群體的分析和探討,揭示出吐蕃移民社會地位的提高與以術數文化爲代表的地方秩序語言之間的互動關係,這對於深度解讀歸義軍時期敦煌吐蕃移民社會歷史,具有重要的學術價值。

作爲一名敦煌學領域的初學者,筆者懷着激動興奮的心情通讀此書,既加深了對包括禄命書在內的敦煌術數文獻的認識和理解,又油然燃起了對陳于柱先生寬宏的學術視野、認真執着的學術態度的佩服之情。現懷揣冒昧,略述筆者對該書一些不成熟的認識和看法。

敦煌術數文獻是敦煌文獻的重要組成部分,對於深入認識中古時期的思想史、文化史、宗教史、社會史、民俗史等具有獨特的意義,是敦煌學的一個分支研究領域。但長期以來人們對占卜、相書、葬書等術數所帶有的故有偏見,促使學術界對這種民間俗文化進行了錯誤的定性分析,一味地斥之爲"迷信"、"糟粕",充滿了蔑視與不屑。再加上敦煌術數文獻寫本本身所具有的內容龐雜、書寫混亂、保存不佳等客觀性原因,爲研究者的釋讀、分類、定名等工作帶來了諸多困難,并且要求研究者具有深厚的專業知識儲備和較高的研究素養。所有這些都限制了敦煌術數文獻研究的深入發展,使之成爲敦煌學研究中"先天不足,後天畸形"的弱勢領域,與百年敦煌學的輝煌盛況極不相稱。所幸,經過一個多世紀的積累、醞釀,再加上近幾十年來學術界對中國傳統社會文化、思想的逐漸重視和研究的不斷深入,使得敦煌術數文獻的研究也將步入全面收穫的金秋時節。近十年來,鄭炳林[①]、王晶波[②]、金身佳[③]、陳于柱等前輩先後出版了一批專著,使敦煌術數文獻中的大部分內容得到了較爲系統的釋錄、整理和研究,開闢了敦煌術數文獻研究的新天地,而陳于柱先生的《區域社會史視野下的敦煌禄命書研究》正是其中的代表作之一。

社會的發展進步是一個繼往開來、推陳出新的過程,學術研究亦是如此,

---

①　鄭炳林《敦煌寫本解夢書校錄研究》,北京:民族出版社,2005 年。

②　王晶波《敦煌寫本相書研究》,北京:民族出版社,2010 年。

③　金身佳《敦煌寫本宅經葬書校注》,北京:民族出版社,2007 年。

需要在前人研究的基礎上,利用新方法和新材料,對前人甚或自己的研究結論和成果提出大膽的質疑,或推翻或補充,從而將學術研究推向深入。本書作者陳于柱先生即時常能在證據比較充分的情況下對前人或自己的研究結論提出新的看法,其視角新穎,其方法獨特。如針對敦煌祿命書的分類問題,作者在肯定黄正建、馬克·卡林諾斯基兩先生分類方法的基礎上,又指出了兩者的不足,并獨闢蹊徑,根據敦煌諸件祿命書的主題命理特徵、內容形式,將41件敦煌祿命書殘卷區分爲14類。又如劉永明先生曾撰文認爲命算之學主要出自道教,作者則利用傳統典籍和佛教文獻,論證出命算説并非由道教所獨創而是源自於戰國墨家學説和漢晉讖緯之學,并在晉唐時蔓延於世俗社會和道教、佛教。再如作者過去曾一度認爲遊年八卦可能肇始於隋唐五代,但在新證據《蝦蟆經》的支撐下,作者大膽地調整了自己的觀點,認爲敦煌祿命書《推人遊年八卦圖/法》所據底本至遲在晉宋時期即已創製。凡此種種,均在懷疑和探索中推動了學術研究的深入和發展,展示了作者敏鋭的學術嗅覺和深厚的史學底藴。此爲本書特色之一。

鄧文寬先生曾説:"我們知道,中古時期,科學同術數文化是無法分割的:術數文化中雖有不少迷信,但上至皇帝,下及平民,絶大多數都相信并運用它,因此,術數又是當時人文精神的重要組成部分。"[①]陳于柱先生正是深悟并踐行了鄧先生的意旨,對中國傳統文化的內涵進行了反思和再定位,認識到包括祿命書在內的敦煌術數文獻相對於當今科學既具有迷信的一面,又對建構中古敦煌社會歷史框架具有不可輕視的價值和意義,故能在前人研究的基礎上利用科學的方法和嚴謹的態度,力圖對充滿"迷信的"、"僞的"、"渣滓的"敦煌祿命書進行"回收再利用",從中辨析、篩選出"科學的"、"真的"歷史訊息,變廢爲寶,以點帶面,進而穿越千年時空隧道,勾勒中古敦煌社會歷史場景,還原歷史真相,給人以耳目一新的感覺。此爲本書特色之二。

近年來,區域社會史理論逐漸成爲中國社會史研究的主流。作爲一種嶄新的方法論基礎和研究視野,區域社會史理論是局部的地方史研究模式與跨區域研究取向相結合的成果彙編。趙世瑜先生在其大作《小歷史與大歷史——區域社會史的理論、方法與實踐》中認爲區域社會史"是一個史學新範式,一個取代傳統史學的政治史範式的新範式"[②],給予區域社會史以極高的評價。爲了更好地詮釋中古敦煌社會歷史并從敦煌地方視角去重新理解中

---

① 鄧文寬《敦煌吐魯番曆日的整理研究與展望》,載鄧文寬《敦煌吐魯番天文曆法研究》,蘭州:甘肅教育出版社,2002年,第127—128頁。

② 趙世瑜《小歷史與大歷史——區域社會史的理念、方法與實踐》,北京:生活·讀書·新知三聯書店,2006年,第2—3頁。

古中國,陳于柱先生把區域社會史理論引入到敦煌禄命書研究之中,從區域社會史的視角出發,將敦煌禄命書與相關的社會醫療、宗教、族群問題聯繫起來進行探討,賦予敦煌禄命書以濃厚的社會性和歷史性,進而通過提煉禄命書所蘊含的區域社會訊息復原中古敦煌社會歷史圖景。緊跟學術潮流,引用最新史學理論,此爲本書特色之三。

敦煌術數文獻雖然自問世以來就得到了國内外研究者的關注,但與其他種類的文書相比較,其整理和研究的力度明顯滯後,雖然有少數研究者也曾先後涉足過禄命書,但其着力點主要集中在文書的釋讀、考訂等文獻學領域,極少進行文本研究和文化研究。獨陳于柱先生以其宏大的學術視野和深厚的史學積澱,打破常規,圍繞以往研究者未曾涉足的有關敦煌禄命書的命理特徵、創製背景、宗教成分及其所反映的信仰群體、醫卜關係、宗教演變、族群關係等關鍵性問題進行探討,借以透視中古敦煌社會風化的全貌,從而爲敦煌術數文獻研究開闢了一個全新的研究視角。“不走尋常路”,勇於創新,此爲本書特色之四。

此外本書還有實用性和工具性強等特點,此不具述。僅上述幾點,即可略窺陳于柱先生深厚的史學功底、文獻學素養和寬宏的學術視野。對敦煌禄命書這種長期以來被置於主流研究領域之外的課題進行創新性研究,本身就是一種學術挑戰,没有深厚的文獻學、史學功底,没有寬宏的學術視野,是絶對無法完成的。

當然,不可否認的是書中也存在着諸多問題。首先是理論與實踐之間出現了偏差。該書既然名爲《區域社會史視野下的敦煌禄命書研究》,那麼區域社會史理論就應成爲本書各個研究子課題的方法論基礎,而且“區域社會史的宏旨并非視分析區域爲根本目的,而是要關注‘如何從地方的視角去重新理解中國和世界,而不是像以往或現在許多論著依然如故的那樣,恰好倒過來’”(第 13 頁)。縱覽全書,研究篇中共設七章,除第一章“緒論”、第七章“結語”外,能稱得上“研究”的也祇有第二~六章,而三、四章又基本屬於文本研究,間及文化研究,五、六章對區域社會史理論的應用也祇能用“蜻蜓點水”來形容,祇是在部分章節套用理論公式,并未把此理論貫徹到整個篇章之中,甚有牽強附會之嫌。如果説本書是以區域社會史理論爲方法論基礎研究敦煌禄命書的嘗試,那麼這個嘗試并算不上成功。

其次,在引録文書上也存在着一些失誤。該書既然是立足於敦煌術數文獻所作的研究,自應對文書的録文持嚴謹的態度,可惜作者有時引録文書頗爲隨意,不僅格式多不統一,而且有些重複引用的文書在録文上也互有參差。以 P.3398《推十二時人命相屬法》爲例,書中兩處引録,現將不一致之處節列

於下表(因第 121 頁中的録文没有標記行數,此處以第 385 頁所標記的行數爲準):

頁數／行數	121 頁	385 頁
81 行	日料黍三石五十一升	日料黍三石五斗一升
82 行	大厄子午年	大厄子午之年
121 行	三十保財	卅保財

　　從列表可以看出,錯誤主要出在錯字、漏字及數字書寫格式上,都是一些比較低級的錯誤,核查圖版,稍加注意,即可避免。通覽全書,筆者發現類似的錯誤還有不少,如 113 頁引英藏 S.5553《三元九宮行年》第 47 行有“子疾父母運上看”,而第 343 頁引英藏 S.5553 號第 47 行則作“子病父母運上看”,經筆者核查文書圖版,113 頁“疾”字應爲“病”字;再如 72 頁引法藏 P.2830《推人遊年八卦圖／法》第 5 行有“亦有口鬼”,而第 301 頁引法藏 P.2830 則作“亦有斷没鬼”,經筆者核查文書圖版并聯繫上下文,“口鬼”應爲“斷没鬼”,諸如此類錯誤,還有若干,本文不一一列舉。

　　再次,行文中個別論斷過於草率。如第 129 頁第 4～7 行:“P.2499＋P.4058V 中的《推十二相屬法》在記述寅生人時不説‘虎相’而説‘大蟲相’,周知唐代吐蕃慣稱‘虎’爲‘大蟲’,那麽 P.2499＋P.4058V 中的《推十二相屬法》很可能抄寫於吐蕃統治敦煌時期或此後不久。”筆者認爲,僅憑一句“唐代吐蕃慣稱‘虎’爲‘大蟲”而斷定文獻的抄寫年代顯然過於草率,且筆者查閲典籍發現晉代干寶的《搜神記》中即有文字曰:“扶南王範尋養虎於山,有犯罪者,投於虎,不噬,乃宥之;故虎名大蟲。”由此可見,至遲到晉代民間已有稱“虎”爲“大蟲”的習俗;中唐李肇所撰《國史補》上卷中亦有“大蟲,老鼠,俱爲十二相屬”之説。另據民間傳聞,唐朝開國皇帝李淵的祖父名曰李虎,故其登基後,爲了避諱,老百姓就不能説“虎”字而以“大蟲”代之,時間一長,“大蟲”也就自然而然成了老虎約定俗成的名字。中原如此,想必長期受中原王朝控制的敦煌民衆亦不例外,慣稱“虎”爲“大蟲”;且敦煌禄命書大都流傳於民間,在民間傳抄,知識水準和理解能力較低的現實促使他們把“虎相”説成通俗易懂、約定俗成的“大蟲相”也是完全可能的。由此可見,作者上述論斷未必成立;此外,書中還出現了一些錯別字及行文方面的瑕疵,甚有礙於全書的美感,此不贅述。

　　創新與繼承同在,優點與錯誤并存,是本書在創作上的總體特徵。黄正建先生在研究敦煌占卜文書時曾説:“將敦煌占卜文書與唐五代歷史文化有機結合起來","不僅研究敦煌占卜,而且希望清理整個唐五代的占卜現象、進而研究占卜在唐五代歷史文化中的地位與作用"①。本書中,陳于柱先生對敦煌禄命書的研究,正是採取了類似黄先生的研究方法,從一開始就進行自覺的探索敦煌社會歷史文化的嘗試,將敦煌禄命書的研究與唐五代社會歷史研究結合在一起,并將區域社會史理論引入其中,將小區域與大視野結合起來,取得了良好的效果,并奠定了本書創新的基色,爲敦煌術數文獻研究者呈現了一席文化盛宴。當然,書中存在的諸多錯誤也不容忽視。

---

① 黄正建《敦煌占卜文書研究的回顧與展望》,《敦煌吐魯番研究》第 7 卷,北京:中華書局,2004 年。

書訊二則

《浙藏敦煌文獻校錄整理》出版
陳大爲（上海師範大學）

黃征、張崇依著《浙藏敦煌文獻校錄整理》已於 2012 年 6 月由上海古籍出版社出版發行。

《浙藏敦煌文獻》以圖錄本的形式收錄浙江省所藏敦煌文獻二百餘件，藏品以漢文寫本爲主，也有少量藏文、回鶻文寫本，還有零星裱裝及包裹寫卷的唐代實物。内容有佛經、道經、小説、願文、詩詞、書儀、經濟文書和繪畫、絲織品等。本書從文獻整理、訓詁校勘和佛教研究、書法研究等角度出發，校錄了全部圖錄中的文字，分《全文校錄》、《著錄解題》、《校注考證》三部分，詳加解題、標點、校勘、考釋。本書的出版，使得這批内容豐富的手寫本影印圖錄得以轉換成校注精良的全文文本，從而爲學術界提供了一個完整的《浙藏敦煌文獻》標點校注本。

《敦煌石窟寺研究》出版
陳大爲（上海師範大學）

　　寧強著《敦煌石窟寺研究》（Studies in the Cave-shrines of Dunhuang）已於2012 年 1 月由甘肅人民美術出版社出版發行。

　　敦煌石窟，是漢唐以來敦煌郡沙州管轄地區內的石窟總稱，包括今敦煌的莫高窟、西千佛洞，瓜州的榆林窟、東千佛洞、旱峽石窟，肅北的五個廟石窟和一個廟石窟以及玉門的昌馬石窟等。敦煌石窟的歷史是一部最具代表性的系統的石窟藝術編年史。寧強編寫的《敦煌石窟寺研究》集中了敦煌石窟寺研究方面的最新成果，全方位展示了各個歷史時期敦煌石窟寺的歷史沿革及藝術特色。內容包括：敦煌藝術的起源與歷史分期、敦煌早期藝術（前秦—北周）、敦煌盛期藝術（隋—盛唐）、敦煌中期藝術（中唐—宋）、敦煌末期藝術（西夏—元）等。本書是一部集學術性、知識性、可讀性及可賞性於一身的佳作。

國家圖書館敦煌吐魯番學資料研究中心簡介

王姿怡（中國國家圖書館）

中國國家圖書館敦煌吐魯番學資料研究中心正式成立於 1988 年 8 月，由國家圖書館與中國敦煌吐魯番學會聯合創建，是學會與國內學術機構共同創辦的三個敦煌學資料中心之一。

一、成 立 背 景

國家圖書館是敦煌遺書四大藏家之一，并長期致力於敦煌學相關資料的搜集與整理工作。1910 年，劫餘的敦煌遺書入藏京師圖書館。20 世紀 30 年代，北平圖書館先後派王重民、向達前往英、法等國調查流散海外的敦煌遺書等珍貴古籍，抄錄、拍攝了大批珍貴文獻。建國以來，又通過交換、購買等方式，入藏了英、法等國所藏敦煌遺書的縮微膠卷。在不同的歷史時期，這些資料都曾爲中國敦煌學者的研究工作提供了不少便利。

1983 年 8 月 15 日至 22 日，“中國敦煌吐魯番學會成立大會暨一九八三年全國敦煌學術討論會”召開期間，常書鴻、任繼愈、季羨林、段文傑等 22 位學者聯名上書中央領導同志，申述開展敦煌吐魯番學研究的意見，請求國家財政撥款，支持在北京、蘭州、烏魯木齊分別建立敦煌吐魯番學資料中心。這一建議得到相關部門的批復。1983 年冬，北京圖書館與中國敦煌吐魯番學會共同籌建“敦煌吐魯番學北京資料中心”。經過五年的籌備，資料中心於 1988 年 8 月 20 日，亦即“1988 年敦煌吐魯番學術討論會”開幕同日，正式對外開放。

成立二十餘年來，資料中心積極從事敦煌吐魯番學有關資料的系統搜集、整理、入藏，爲敦煌學界提供閱覽和諮詢，編輯出版有關目錄和論著，組織舉辦大型國際研討會，舉辦敦煌學系列講座，爲國內外學者進行學術交流與合作搭建平臺。

二、主 要 藏 品

資料中心藏有大量敦煌吐魯番學及隋唐史、西域歷史地理、宗教文化等相關領域的各類文獻資料近 5 萬冊件，包括縮微膠卷、照片、圖書、期刊、會議資料、多媒體資料等文獻類型，有中（包括少數民族文字）、英、俄、日、法、德等多種文字。

各國所藏敦煌遺書縮微膠卷,英、法、德藏敦煌吐魯番文獻老照片,敦煌西域文獻與藝術品圖録等,爲資料中心的基本館藏。新近出版的敦煌學論著、文集及期刊,一般均有收藏。此外,還藏有多種佛教大藏經及《叢書集成》等大型叢書,便於學者研究參考。

三、編輯目録索引與資料彙編

1. 資料中心所編目録索引有以下多種:

《敦煌吐魯番論著目録初編(歐文部分)》,林世田編,敦煌吐魯番學北京資料中心 1988 年 8 月印行。

《北京圖書館藏敦煌遺書目録索引》,陳晶、王新合編,此目録索引爲 1988 年 8 月由資料中心油印發行。

《敦煌吐魯番學論著目録初編(日文部分):1886—1992.3》,李德範、方久忠編,北京圖書館出版社 1999 年 4 月出版。

《中國散藏敦煌文獻分類目録》,申國美編,國家圖書館出版社 2007 年 10 月出版。

《英藏法藏敦煌遺書研究按號索引》,申國美、李德範編,國家圖書館出版社 2009 年 1 月出版。

《國家圖書館藏敦煌遺書研究論著目録索引(1900—2001)》,申國美編,北京圖書館出版社 2001 年 9 月出版。

2. 資料中心所編文獻彙編有如下數種:

《敦煌大藏經》,徐自強、李富華、黄振華、吳樹平等編,由北京星星出版公司、臺灣前景出版社於 1989 年影印出版。

《敦煌禪宗文獻集成》,林世田、劉燕遠、申國美編,全國圖書館文獻縮微中心 1998 年 4 月出版。

《敦煌道藏》,李德範輯,全國圖書館文獻縮微複製中心 1999 年 12 月影印出版。

《敦煌密宗文獻集成》及其《續編》,林世田、申國美編,全國圖書館文獻縮微複製中心 2000 年 4 月、8 月影印出版。

《王重民向達所攝敦煌西域文獻照片合集》,李德範主編,北京圖書館出版社 2008 年 4 月出版。

四、舉辦會議、展覽、講座等學術活動

作爲國家圖書館古籍館(原善本特藏部)的下屬機構,資料中心依托國圖的館藏優勢與事業平臺,參與了一系列學術活動、文化推廣活動的策劃、組織

和執行。

1. 資料中心參與了多次敦煌學學術會議的籌備、組織工作,比較重要的有:

"1988 年敦煌吐魯番學國際學術研討會",1988 年 8 月;

"1992 年敦煌吐魯番學國際學術研討會",1992 年 9 月;

"國際敦煌學學術史研討會",2002 年 8 月;

"敦煌寫本研究、遺書修復和數字化國際學術研討會",2003 年 9 月;

"粟特人在中國——歷史、考古、語言的新探索國際學術研討會",2004 年 4 月;

"國際敦煌項目第六次會議",2005 年 4 月;

"西域文獻學術座談會",2006 年 11 月;

"敦煌文獻、考古、藝術綜合研究——紀念向達教授誕辰 110 周年國際學術研討會",2010 年 6 月。

2. 資料中心參與了多次敦煌文獻展覽的籌備、組織工作,如:

"敦煌吐魯番資料展覽",1988 年 8 月 20 日開幕;

"敦煌遺書及敦煌遺書修復展覽",1992 年 9 月舉行;

"秘籍重光,百年敦煌"文獻資料展覽,2000 年 8 月 16 日開幕;

"敦煌舊影——晚清民國敦煌歷史照片展",2012 年 10 月 16 日開幕。

3. 組織學術講座也是資料中心的一項重要工作。

2002 年 8 月至 2003 年 12 月,資料中心與學會合作舉辦"敦煌與絲路學術講座"。這個系列共舉辦 38 講,講座內容涉及敦煌學的每一個領域,主講者多是敦煌學界的中堅力量,并邀請到諸多海外學者主講,一定程度上起到了學術交流的作用。講座錄音經整理,編爲《敦煌與絲路文化學術講座》,第一輯由北京圖書館出版社 2003 年出版,第二輯於 2005 年出版。

資料中心承辦的"中國典籍與文化系列講座",至 2013 年初已舉辦 260 場,其中近 30 場主題與敦煌學或絲綢之路研究有關。

五、進行敦煌文獻數字化

2001 年,國家圖書館與英國國家圖書館達成合作協議,共同開展國際敦煌項目(IDP)。IDP 採用專業攝像及圖像處理方式開展文獻數字化,世界各地學者可以通過 IDP 網站免費查閱、下載高清晰敦煌文獻圖像及相關目錄信息。國圖 IDP 中心設在資料中心。

2002 年 11 月 11 日,國際敦煌項目中文網站正式開通。截至 2013 年 2 月初,已完成 2000 餘件館藏敦煌遺書的數字化工作,上傳文獻圖像近 9

萬幅。

六、從事敦煌文獻研究

資料中心的多位工作人員，在日常工作之餘也從事敦煌文獻研究，代表性成果有：

唐耕耦、陸宏基合編《敦煌社會經濟文獻真蹟釋錄》，全書五輯，第一輯由書目文獻出版社 1986 年出版，第二至五輯由全國圖書館縮微複製中心於 1990 年出版。

李德範著《敦煌西域文獻舊照片合校》，北京圖書館出版社 2007 年 9 月出版。

林世田著《敦煌遺書研究論集》，中國藏學出版社 2010 年 3 月出版。

成立二十餘年來，資料中心立足於國家圖書館，努力跟蹤學術前沿，掌握學術發展動向，從事敦煌吐魯番學研究文獻收集整理、目錄索引編纂、學術活動組織、文獻數字化等方面的工作，推動了敦煌文獻的整理和研究更深層次地開發和利用，面向敦煌學界和廣大讀者提供了多層次的服務。我們期望未來繼續得到敦煌吐魯番學界的大力支持，與學者們保持良好的互動與合作，爲中外學者提供更全面、更周到的服務。

1993 年敦煌學研究論著目録
宋雪春(首都師範大學)

據不完全統計,本年度中國大陸地區共出版敦煌學專著 40 餘部,公開發表相關論文 300 餘篇。現將研究論著目録編製如下,其編排次序爲: 一、專著部分;二、論文部分。論文部分又細分爲概説、歷史地理、社會、宗教、語言文字、文學、藝術、考古與文物保護、少數民族歷史語言、古籍、科技、學術動態與紀念文十二個專題。

一、專 著

上海古籍出版社、上海博物館《上海博物館藏敦煌吐魯番文獻》(1),上海古籍出版社,1993 年 6 月。

上海古籍出版社、上海博物館《上海博物館藏敦煌吐魯番文獻》(2),上海古籍出版社,1993 年 10 月。

法國國家圖書館《法國國家圖書館藏敦煌西域文獻》(1),上海古籍出版社,1993 年 10 月。

饒宗頤《法藏敦煌書苑精華(1—8)》,廣州:廣東人民出版社,1993 年 11 月。

俄羅斯科學出版社東方文學部、上海古籍出版社《俄羅斯科學院東方研究院聖彼得堡分所藏敦煌文獻》(2)(3)(4),上海古籍出版社,1993 年 8、9、12 月。

李國、高國祥《敦煌石室寶藏》,蘭州:敦煌文藝出版社,1993 年 11 月。

國家文物局教育處編《佛教石窟考古概要》,北京:文物出版社,1993 年 11 月。

郭鋒《斯坦因第三次中亞探險所獲甘肅新疆出土漢文文書——未經馬斯伯樂刊佈的部分》,蘭州:甘肅人民出版社,1993 年 2 月。

田衛疆《絲綢之路上的古代旅行》,烏魯木齊:新疆青少年出版社,1993 年 12 月。

敦煌研究院編《敦煌研究文集·石窟保護篇(上、下)》,蘭州:甘肅民族出版社,1993 年 6 月。

寧可、郝春文《敦煌的歷史和文化》,北京:新華出版社,1993 年 12 月。

[日] 前田正名著,陳俊謀譯《河西歷史地理學研究》,北京:中國藏學出版社,1993 年 11 月。

陳守忠《河隴史地考述》,蘭州大學出版社,1993 年 11 月。

譚蟬雪《敦煌婚姻文化》,蘭州:甘肅人民出版社,1993 年 8 月。

王震亞、趙熒《敦煌殘卷爭訟文牒集釋》,蘭州:甘肅人民出版社,1993 年 7 月。

顏廷亮主編《敦煌文學概論》,蘭州:甘肅人民出版社,1993 年 3 月。

史金波、黃振華、聶鴻音《類林研究》,銀川:寧夏人民出版社,1993 年 9 月。

楊曾文校寫《敦煌新本六祖壇經》,上海古籍出版社,1993 年 10 月。

李正宇《中國唐宋硬筆書法——敦煌古代硬筆書法寫卷》,上海文化出版社,1993 年 5 月。

段文傑《藏於幽谷的明珠——榆林窟第二五窟壁畫研究》,《敦煌石窟藝術·榆林窟第二五窟附第一五窟(中唐)》,南京:江蘇美術出版社,1993 年 7 月。

楊雄《盛唐彩塑的代表作——論莫高窟第四五窟(附四六窟)的藝術》,《敦煌石窟藝術·莫高窟第四五窟第四六窟(盛唐)》,南京:江蘇美術出版社,1993 年 7 月。

高金榮《敦煌舞蹈》,蘭州:敦煌文藝出版社,1993 年 4 月。

董錫玖《敦煌舞蹈》,烏魯木齊:新疆美術攝影出版社,1993 年 12 月。

蕭默編《敦煌建築》,烏魯木齊:新疆美術攝影出版社,1993 年 12 月。

[法]布爾努瓦著,耿昇譯《絲綢之路》,北京:中華書局,1993 年。

楊忠仁、郭勇、姜生治《敦煌歷代名人傳略》,蘭州大學出版社,1993 年 8 月。

段東昇主編《敦煌莫高窟遊覽 110 問》,蘭州大學出版社,1993 年 5 月。

敦煌研究院、中國科學院蘭州沙漠研究所編《敦煌莫高窟景觀圖》,成都地圖出版社,1993 年 6 月。

王永興《陳門學問叢稿》,南昌:江西人民出版社,1993 年 11 月。

朱謙之《中國景教——中國古代基督教研究》,北京:人民出版社,1993 年 5 月。

郭在貽《郭在貽敦煌學論集》,南昌:江西人民出版社,1993 年 12 月。

程溯洛《唐宋回鶻史論集》,北京:人民出版社,1993 年 5 月。

高山《敦煌淨土——高山油畫選》,合肥:安徽美術出版社,1993 年 1 月。

王仲犖《敦煌石室地志殘卷考釋》,上海古籍出版社,1993 年 12 月。

[法]伯希和著,耿昇、唐健賓譯《伯希和敦煌石窟筆記》,蘭州:甘肅人民出版社,1993 年 4 月。

敦煌研究院編《敦煌連環壁畫精品》,蘭州:甘肅少年兒童出版社,1993 年 5 月。

張嘉齊《敦煌飛天》,北京：中國旅遊出版社,1993 年。

高國藩《敦煌巫術與巫術流變：中國民俗探微》,南京：河海大學出版社,1993 年 3 月。

謝生保等《敦煌藝術之最》,蘭州：甘肅美術出版社,1993 年 6 月。

王征《馬軍敦煌畫集》,北京：新華出版社,1993 年 9 月。

段文傑《敦煌藝術寶庫之珍》,南京：江蘇古籍出版社,1993 年 9 月。

饒宗頤《饒宗頤史學論著選》,上海古籍出版社,1993 年 11 月。

黃新亞《絲路文化·沙漠卷》,杭州：浙江人民出版社,1993 年 10 月。

[法] 伯希和等著,耿昇譯《法國學者敦煌學論文選萃》,北京：中華書局,1993 年 12 月。

温玉成《中國石窟與文化藝術》,上海人民出版社,1993 年 8 月。

二、論　文

（一）概説

蕭新祺《敦煌遺珍知見録》,《敦煌研究》1993 年 1 期。

李并成《西北師範大學敦煌學研究所藏敦煌經卷録》,《敦煌研究》1993 年 1 期。

Jensstergard Petersen、台建群《哥本哈根皇家圖書館所藏敦煌遺書目録》,《敦煌研究》1993 年 1 期。

施萍亭《日本公私收藏敦煌遺書續録(一)——三井文庫所藏敦煌遺書》,《敦煌研究》1993 年 2 期。

陳民《俄國敦煌學研究情況》,《敦煌研究》1993 年 4 期。

顧吉辰《唐代敦煌文獻寫本書手考述》,《敦煌學輯刊》1993 年 1 期。

張啓安《敦煌遺書檔案述略》,《檔案學研究》1993 年 2 期。

李正宇《敦煌學體系結構》,《敦煌學輯刊》1993 年 2 期。

王冀青《奧萊爾·斯坦因的第四次中央亞細亞考察》,《敦煌學輯刊》1993 年 1 期。

李正宇《敦煌遺書中的檔案資料及其價值意義》,《社科縱橫》1993 年 4 期。

胡同慶、羅華慶《試論敦煌學系統工程》,《社科縱橫》1993 年 3 期。

郭祥《羅振玉與我國古代檔案史料的三次大發現》,《貴州檔案》1993 年 4 期。

黃少明《大不列顛博物館和中國讀者(二)》,《圖書館建設》1993 年 1 期。

黃少明《大不列顛博物館和中國讀者(四)——鄭振鐸和不列顛博物館》,《圖書館建設》1993 年 4 期。

趙豐《打開絲綢歷史的寶庫(之八)——敦煌探寶録》,《絲綢》1993 年 10 期。

徐時儀《敦煌藏經洞封閉年代獻疑》,《喀什師範學院學報》1993 年 2 期。

白玉岱《從敦煌遺書看我國古代的圖書翻譯和抄寫》,《出版史料》31 期,1993 年 8 月。

施安昌《敦煌石室發現的四種碑刻古拓——兼談中國書籍制度的變遷》,《故宮博物院院刊》1993 年 3 期。

譚世寶《燉(焞、敦)煌考釋》,《文史》37 輯,北京:中華書局,1993 年 2 月。

徐時儀《大漠緑洲敦煌》,《中國典籍與文化》1993 年 2 期。

侯爵良《敦煌城外鳴沙山》,《今日中國(中文版)》1993 年 4 期。

鄭阿財《學日益齋敦煌學劄記》,《周一良先生八十生日紀念論文集》,北京:中國社會科學出版社,1993 年 1 月。

榮新江《饒宗頤教授與敦煌學研究(修訂稿)》,《中國唐代學會會刊》4 期,1993 年 11 月。

李正宇《陳立夫先生與敦煌莫高窟的"緣分"》,《絲綢之路》1993 年 5 期。

杜偉生《談敦煌遺書修復》,《北京圖書館館刊》1993 年 Z2 期。

章昱《李正宇研究員與敦煌學研究》,《社科縱橫》1993 年 5 期。

仙曦《顔廷亮研究員與近代文學及敦煌文學研究》,《社科縱橫》1993 年 5 期。

張涌泉《郭在貽教授治學之道》,《文獻》1993 年 2 期。

李正宇《訪臺瑣記》,《絲綢之路》1993 年 2 期。

曹剛草《半農與文物(上、下)》,《中國文物報》1993 年 9 月 12 日、26 日。

魏福忠《圓一個敦煌夢——訪通俗敦煌學家謝生保》,《甘肅日報》1993 年 9 月 25 日。

李根萬《魂繫敦煌,無私奉獻——記敦煌專家、藝術家鄭汝中》,《新疆藝術》1993 年 1 期。

施平《于右任與張大千的敦煌情》,《中國青年報》1993 年 11 月 16 日。

裴健《錦繡詩情伴飛天》,《駝鈴》1993 年 4 期。

楊利民《古郡敦煌春潮急》,《甘肅日報》1993 年 3 月 18 日。

楊新元、牛天龍《大力開發敦煌旅遊資源芻議》,《旅遊學刊》1993 年 4 期。

韓素勤《妙筆繪飛天——記畫家范興儒先生》,《甘肅日報》1993 年 10 月 16 日。

楊寶玉《敦煌吐魯番學概述》,《九十年代中國社會科學要覽》,北京:社科文獻出版社,1993 年 8 月。

(二) 歷史地理

榮新江《關於曹氏歸義軍首任節度使的幾個問題》,《敦煌研究》1993 年 2 期。

榮新江《甘州回鶻與曹氏歸義軍》,《西北民族研究》1993 年 2 期。

晎麟《張謙逸在吐蕃時期的任職》,《敦煌學輯刊》1993 年 1 期。

晎麟《金山國名稱來源》,《敦煌學輯刊》1993 年 1 期。

晎麟《張淮深之死疑案的研究》,《敦煌學輯刊》1993 年 2 期。

晎麟《曹仁貴即曹議金》,《敦煌學輯刊》1993 年 2 期。

晎麟《南朝小考》,《敦煌學輯刊》1993 年 1 期。

晎麟《金山國建國時間問題討論》,《敦煌學輯刊》1993 年 2 期。

晎麟《〈敕河西節度兵部尚書張公德政之碑〉復原與撰寫》,《敦煌學輯刊》
　　1993 年 2 期。

蕭默《絲綢之路上的重鎮——敦煌唐宋歷史鳥瞰》,《百科知識》1993 年 1 期。

榮新江《唐五代歸義軍武職軍將考》,《中國唐史學會論文集》,西安：三秦出
　　版社,1993 年 4 月。

榮新江《敦煌寫本〈敕河西節度兵部尚書張公德政之碑〉校考》,《周一良先生
　　八十生日紀念論文集》,北京：中國社會科學出版社,1993 年 1 月。

邵如林《元一都護高昌王紐林的斤藏地考》,《敦煌學輯刊》1993 年 1 期。

鄭炳林《前涼行政地理區劃初探(涼州)》,《敦煌學輯刊》1993 年 1 期。

鄭炳林《前涼行政地理區劃初探(河州沙州)》,《敦煌學輯刊》1993 年 2 期。

李并成《漢敦煌郡的鄉、里、南境塞墙和烽燧系統考》,《敦煌研究》1993 年
　　2 期。

劉玉權《再論西夏據瓜沙的時間及相關問題》,《敦煌研究》1993 年 4 期。

楊銘《敦煌文書中的 Lho bal 與南波——吐蕃統治時期的南山部族》,《敦煌研
　　究》1993 年 3 期。

李正宇《敦煌吕鍾氏録本〈壽昌縣地境〉》,《敦煌研究》1993 年 4 期。

李并成《豬野澤及其歷史變遷考》,《地理學報》1993 年 1 期。

郭正忠《西夏地區古鹽產資源考辨——兼論若干寧甘古鹽池的位置》,《寧夏
　　社會科學》1993 年 6 期。

周偉洲《浦茹考》,《中國歷史地理論叢》1993 年 2 期。

羊毅勇《唐代伊州考》,《西北民族研究》1993 年 1 期。

余太山《東漢與西域關係述考》,《西北民族研究》1993 年 2 期。

李并成《河州古道》,《絲綢之路》1993 年 2 期。

李并成《漢張掖郡昭武、驪靬二縣城址考》,《絲綢之路》1993 年 1 期。

王尚達《唐朝前期西北交通之經營》,《敦煌學輯刊》1993 年 2 期。

王雷生《瓜州新考》,《敦煌學輯刊》1993 年 2 期。

李正宇《〈沙州都督府圖經卷第三〉劄記》,《西北師範大學學報》1993 年 2 期。

李正宇《敦煌古塞城考——〈沙州都督府圖經卷第三〉劄記之一》,《甘肅文

史》1993 年 9 期。

李并成《〈魏書・食貨志〉"河西"地望考辨》,《西北師範大學學報》1993 年
4 期。

薛方昱《隴山源名記》,《敦煌學輯刊》1993 年 1 期。

鞠勤《宋初涼州政權與中原王朝的關係淺議》,《張掖師專學報》1993 年 2 期。

趙燚《五涼史學家考》,《西北師範大學學報》1993 年 4 期。

劉安志《唐五代歸義軍政權述評》,《貴州文史叢刊》1993 年 6 期。

王永曾《唐前期河西和糴論》,《西北師範大學學報》1993 年 3 期。

朱雷《敦煌所出〈索鐵子牒〉中所見歸義軍曹氏時期的"觀子户"》,《武漢大學
學報》1993 年 6 期。

王素《吐魯番出土張氏高昌時期文物三題》,《文物》1993 年 5 期。

王素《〈吐魯番所出高昌取銀錢作孤易券試釋〉補説》,《文物》1993 年 8 期。

王永興《從田令和敦煌文書看唐代土地制度中幾個問題》,《陳門問學叢稿》,
南昌:江西人民出版社,1993 年 11 月。

唐曉軍《漢代居延地區的政權組織》,《西北史地》1993 年 3 期。

高永久《薩毗考》,《西北史地》1993 年 3 期。

劉維毅《敦煌遺書方志敍録》,《中國地方誌》1993 年 5 期。

陳琦、張國藩《論河西走廊交通的歷史地位與作用》,《西北史地》1993 年 2 期。

柴生芬《懸泉遺址發掘又獲新成果,出土漢代簡牘五千餘枚其他種類遺物六
百件》,《中國文物報》1993 年 3 月 14 日。

柴生芬《懸泉遺址發掘又獲新成果》,《簡帛研究》第 1 輯,北京:法律出版社,
1993 年 10 月。

玄權《懸泉置發掘結束、簡牘整理即將開始》,《簡帛研究》第 1 輯,北京:法律
出版社,1993 年 10 月。

鄧慧君《試論吐蕃與唐爭奪吐谷渾獲得成功的原因》,《青海社會科學》1993
年 6 期。

陳民《金山國建立年月》,《敦煌研究》1993 年 4 期。

[日]日比野丈夫著,辛德勇譯《論河西四郡的設置年代》,《日本學者研究中
國史論著選譯・第 9 卷・民族交通卷》,北京:中華書局,1993 年 10 月。

王克孝《評丘古耶夫斯基對敦煌所出某些籍帳文書的考釋》,《魏晉南北朝隋
唐史資》12 輯,武漢大學出版社,1993 年 8 月。

趙豐《唐代西域的練價與貨幣兑換比率》,《歷史研究》1993 年 6 期。

　　(三) 社會

王素《吐魯番出土〈某氏族譜〉新探》,《敦煌研究》1993 年 1 期。

李正宇《敦煌儺散論》,《敦煌研究》1993 年 2 期。

譚蟬雪《敦煌祈賽風俗》,《敦煌研究》1993 年 3 期。

劉昭瑞《關於吐魯番出土隨葬衣物疏的幾個問題》,《敦煌研究》1993 年 3 期。

鄭炳林《〈索崇和尚修功德記〉考釋》,《敦煌研究》1993 年 2 期。

熊鐵基《以敦煌資料證傳統家庭》,《敦煌研究》1993 年 3 期。

鄭炳林《敦煌碑銘讚部分文書拼接復原》,《敦煌研究》1993 年 1 期。

鄧文寬《關於曆日研究的幾點意見》,《敦煌研究》1993 年 1 期。

鄧文寬《敦煌吐魯番曆日略論》,《傳統文化與現代化》1993 年 3 期。

齊陳駿《敦煌、吐魯番文書中有關法律文化資料簡介》,《敦煌學輯刊》1993 年 1 期。

黃正建《敦煌文書與唐代軍隊衣裝》,《敦煌學輯刊》1993 年 1 期。

［日］荒川正晴著,王忻譯,李明偉校《唐政府對西域布帛的運送及客商的活動》,《敦煌學輯刊》1993 年 2 期。

郝春文《敦煌寫本社邑文書年代匯考(一)》,《首都師範大學學報》1993 年 4 期。

郝春文《敦煌寫本社邑文書年代匯考(二)》,《首都師範大學學報》1993 年 5 期。

郝春文《敦煌寫本社邑文書年代匯考(三)》,《社科縱橫》1993 年 5 期。

趙和平《晚唐五代時的三種吉凶書儀寫卷研究》,《文獻》1993 年 1 期。

鄭炳林《敦煌碑銘讚抄本概述》,《蘭州大學學報》1993 年 4 期。

汪貴海《從漢簡看漢人逃亡匈奴之現象》,《史學月刊》1993 年 6 期。

鄧文寬《敦煌文獻〈河西都僧統悟真處分常住榜〉管窺》,《周一良先生八十生日紀念論文集》,北京:中國社會科學出版社,1993 年 1 月。

鄭炳林《讀敦煌文書 P. 3859〈後唐清泰三年六月沙州儭司教授福集等狀〉劄記》,《西北史地》1993 年 4 期。

趙和平《晚唐時河北地區的一種吉凶書儀》,《周一良先生八十生日紀念論文集》,北京:中國社會科學出版社,1993 年 1 月。

佚名《敦煌文書中的"中祥"》,《西北師範大學學報》1993 年 4 期。

胡留元《從幾件敦煌法制文書看唐代的法律形式——格》,《法律科學》1993 年 5 期。

暨遠志《論唐代打馬球——張議潮出行圖研究之三》,《敦煌研究》1993 年 3 期。

賀世哲《莫高窟第 192 窟〈發願功德讚文〉重錄及有關問題》,《敦煌研究》1993 年 2 期。

梁全録、張伯昌《唐代敦煌馬球——和亞森哈斯木商榷》,《體育文史》1993 年
　2 期。

邱劍榮《敦煌壁畫與武術文化》,《甘肅畫報》1993 年 4 期。

雪凌《現存最古老的棋經——敦煌〈棋經〉》,《文史知識》1993 年 8 期。

黃聖旻《略論敦煌的結社活動》,《雲漢學刊》(創刊號),1993 年 12 月。

田海林、宋會群輯點《敦煌相書》,《中國傳統相學密籍集成》(中),貴陽: 貴州
　人民出版社,1993 年 11 月。

(四) 宗教

賀世哲《關於十六國北朝時期的三世佛與三佛造像諸問題(二)》,《敦煌研
　究》1993 年 1 期。

［俄］魯多娃 M · A 著、張惠明譯《觀音菩薩在敦煌》,《敦煌研究》1993 年
　1 期。

杜斗城《敦煌本〈歷代法寶記〉與蜀地禪宗》,《敦煌學輯刊》1993 年 1 期。

張乃翥《龍門碑刻題識所見中古寺院史料輯繹》,《敦煌學輯刊》1993 年 1 期。

都興宙《敦煌寫本〈悉達太子修道因緣〉校勘拾零》,《青海師範大學學報》
　1993 年 1 期。

羅華慶《敦煌地藏圖像和"地藏十王廳"研究》,《敦煌研究》1993 年 2 期。

姜伯勤《敦煌毗尼藏主考》,《敦煌研究》1993 年 3 期。

劉松柏《庫車古代佛教的觀世音菩薩》,《敦煌研究》1993 年 3 期。

安吉拉·霍華德著,張艷梅譯《星象崇拜——中國密教的一些文字證明材
　料》,《敦煌研究》1993 年 3 期。

郝春文《唐後期五代宋初敦煌寺院中的博士》,《中國經濟史研究》1993 年
　2 期。

姜伯勤《論高昌胡天與敦煌祆寺——兼論其與王朝祭禮的關係》,《世界宗教
　研究》1993 年 1 期。

尚林《敦煌道教文書概觀》,《中國道教》1993 年 4 期。

施萍亭《斯 2926〈佛説校量數珠功德經〉寫卷研究》,《敦煌研究》1993 年 4 期。

王惠民《敦煌〈密嚴經變〉考釋》,《敦煌研究》1993 年 2 期。

張澤洪《敦煌文書中的唐代道經》,《敦煌學輯刊》1993 年 2 期。

段晴《"慈悲者之城"與"涅槃城"》,《南亞研究》1993 年 2 期。

黃德遠《"〈壇經〉考"質疑——讀胡適壇經考之一》,《中國人民大學學報》
　1993 年 2 期。

杜斗城《敦煌本〈歷代法寶記〉的傳衣説及其價值》,《社科縱橫》1993 年 5 期。

魏德東、黃德遠《法衣與〈壇經〉——從傳宗形式的演變看禪宗的中國化歷

程》,《雲南民族學院學報》1993 年 3 期。

趙聲良《莫高窟第 61 窟五臺山圖研究》,《敦煌研究》1993 年 4 期。

趙聲良《莫高窟第 61 窟熾盛光佛圖》,《西域研究》1993 年 4 期。

（五）語言文字

周祖謨《敦煌變文與唐代語音》,《周祖謨學術論著自選集》,北京師範學院出
版社,1993 年 7 月。

張涌泉《語詞辨析七則》,《古漢語研究》1993 年 1 期。

張涌泉《"卬""卅卅""冊冊"辨析》,《敦煌研究》1993 年 2 期。

張金泉《論敦煌本〈字寶〉》,《敦煌研究》1993 年 2 期。

葉愛國《敦煌遺書與訓詁學》,《敦煌研究》1993 年 2 期。

黃征《敦煌俗音考辨》,《浙江社會科學》1993 年 4 期。

張金泉、曹方人《敦煌古字書考略》,《辭書研究》1993 年 3 期。

張金泉《論〈時要字樣〉》,《浙江社會科學》1993 年 4 期。

張盛裕《河西走廊的漢語方言》,《方言》1993 年 4 期。

蔣冀騁《敦煌釋詞》,《湖南師範大學學報》1993 年 4 期。

董希謙、馬國強《〈敦煌變文選注〉人地名指誤》,《古漢語研究》1993 年 2 期。

黃靈庚《〈敦煌變文選注〉校釋商兌》,《浙江師範大學學報》1993 年 3 期。

樊維綱《〈敦煌變文字義通釋〉商補》,《杭州大學學報》1993 年 3 期。

熊慶年《〈敦煌資料〉詞語拾零》,《江西教育學院學報》1993 年 2 期。

黃征《敦煌寫本整理應遵循的原則》,《敦煌研究》1993 年 2 期。

黃征《魏晉南北朝語詞零劄:指授、指取》,《中國語文》1993 年 3 期。

王繼如《〈醜女緣起〉補說》,《南京大學學報》1993 年 4 期。

李偉國《俄藏敦煌〈玉篇〉殘卷考釋》,《中華文史論叢》52 輯,1993 年 12 月。

王顯《也談〈增字本切韻殘卷第三種〉》,《古漢語研究》1993 年 1 期。

郭在貽《變文校勘與俗字研究》,《郭在貽敦煌學論集》,南昌:江西人民出版
社,1993 年 12 月。

吳麗君《〈敦煌變文集〉中的人稱代詞》,《語言學論叢》18 輯,北京:商務印書
館,1993 年 2 月。

錢學烈《從王梵志詩和寒山詩看助詞"了"、"著"、"得"的虛化》,《深圳大學學
報》1993 年 2 期。

（六）文學

周丕顯《敦煌"童蒙"、"家訓"寫本之考察》,《敦煌學輯刊》1993 年 1 期。

齊陳駿、寒沁《河西都僧統唐悟真作品和見載文獻繫年》,《敦煌學輯刊》1993
年 2 期。

寧志新《岑參的邊塞詩與唐朝在西域的戰爭》,《敦煌學輯刊》1993 年 2 期。

劉瑞明《項楚〈敦煌變文選注〉商補》,《社科縱橫》1993 年 2 期。

劉瑞明《項楚〈王梵志詩校注〉商兌及補遺(續)》,《敦煌學輯刊》1993 年 2 期。

伏俊璉《敦煌唐寫本〈西京賦〉殘卷校詁》,《敦煌學輯刊》1993 年 2 期。

劉凱鳴《敦煌變文校釋析疑》,《敦煌學輯刊》1993 年 2 期。

鄧文寬《新發現的敦煌寫本楊炯〈渾天賦〉殘卷》,《文物》1993 年 5 期。

鄧文寬《敦煌寫本楊炯〈渾天賦〉殘卷的發現與確認》,《文物天地》1993 年
2 期。

徐俊《敦煌寫本張祜詩集二種》,《文獻》1993 年 2 期。

王三慶《從〈王梵志詩〉的記號系統論其否定詞的内涵意義》,《周一良先生八
十生日紀念論文集》,北京:中國社會科學出版社,1993 年 1 月。

吳肅森《論敦煌歌辭的審美觀與審美價值》,《中國古代、近代文學研究》(3),
1993 年。

張錫厚《敦煌本〈雲謠集〉的文學價值》,《周一良先生八十生日紀念論文集》,
北京:中國社會科學出版社,1993 年 1 月。

楊義《敦煌變文的佛影俗趣》,《中國社會科學》1993 年 3 期。

伏俊璉《敦煌賦校補》,《社科縱橫》1993 年 3 期(又載於《江西師範大學學報》
1993 年 4 期)。

白草《敦煌曲子詞欣賞》,《咸寧師專學報》1993 年 1 期。

汪泛舟《敦煌儒家蒙書與意義略論》,《孔子研究》1993 年 1 期。

胡大浚《敦煌遺書伯 3619 號唐詩選殘卷校正述略》,《社科縱橫》1993 年 4 期。

顔廷亮《敦煌西漢金山國之文學又三題》,《蘭州教育學院學報》1993 年 2 期。

劉瑞明《王梵志詩釋詞》,《固原師專學報》1993 年 2 期。

王繼如《王梵志詩語詞劄記》,《南京師範大學學報》1993 年 3 期。

張春山《論王梵志詩的"翻著襪法"》,《安順師專學報》1993 年 4 期。

王中興《從敦煌曲子辭看盛唐景象》,《蘭州商學院學報》1993 年 1 期。

溫梁華《韋莊〈秦婦吟〉論析》,《曲靖師範學院學報》1993 年 1 期。

韓雲波《韋莊〈秦婦吟〉失傳之謎新探》,《唐都學刊》1993 年 2 期。

趙逵夫《〈韓朋賦〉補校》,《社科縱橫》1993 年 1 期。

趙逵夫《〈漢將王陵變〉校釋商兌》,《社科縱橫》1993 年 2 期。

韓雲波《〈秦婦吟〉之謎的傳播學闡釋——兼論中國傳統文學傳播的特殊規
律》,《九江師專學報》1993 年 4 期。

徐俊《王重民〈補全唐詩〉二種補校》,《北京圖書館館刊》1993 年 2 期。

蕭相愷《關於通俗小說起源研究中幾個問題的辯證》,《復旦學報》1993 年

5 期。

朱恒夫《目連故事在説唱文學中之流變考》,《文獻》1993 年 2 期。

張先堂《敦煌文學與周邊民族文學域外文學關係研究述論》,《蘭州教育學院學報》1993 年 2 期。

(七) 藝術

羅世平《敦煌泗州僧伽經像與泗州和尚信仰》,《美術研究》1993 年 1 期。

王惠民《敦煌壁畫〈十六羅漢圖〉榜題研究》,《敦煌研究》1993 年 1 期。

霍旭初《克孜爾石窟降魔圖考》,《敦煌研究》1993 年 1 期。

孫毅華《莫高窟内中心佛壇原貌探討》,《敦煌研究》1993 年 4 期。

馬德《九州大學文學部藏敦煌文書〈新大德造窟檐計料〉探微》,《敦煌研究》1993 年 3 期。

馮繼仁《日本九州大學藏敦煌文書所記窟檐的分析與復原》,《文物》1993 年 12 期。

胡同慶《敦煌石窟藝術概述》,《敦煌研究》1993 年 3 期。

趙立春《響堂山北齊塔形窟述論》,《敦煌研究》1993 年 2 期。

張學榮《涼州石窟及有關問題》,《敦煌研究》1993 年 4 期。

段文傑《臨摹是一門學問》,《敦煌研究》1993 年 4 期。

孫儒僩《敦煌莫高窟的建築藝術》,《敦煌研究》1993 年 4 期。

李永寧《敦煌莫高窟第 159 窟文殊、普賢赴會圖——莫高窟第 159 窟初探之一》,《敦煌研究》1993 年 4 期。

[俄]魯多娃 M・A、張惠明《艾米爾塔什國家博物館的敦煌莫高窟供養人繪畫收藏品》,《敦煌研究》1993 年 3 期。

陳傳席《中國早期佛教藝術樣式的四次變革及其原因》,《敦煌研究》1993 年 4 期。

張惠明《1896 至 1915 年俄國人在中國絲路探險與中國佛教藝術品的流失——聖彼得堡中國敦煌、新疆、黑城佛教藝術藏品考察綜述》,《敦煌研究》1993 年 1 期。

王光照《唐代長安佛教寺院壁畫》,《敦煌學輯刊》1993 年 1 期。

木十戊《奚康生與南、北石窟寺》,《敦煌學輯刊》1993 年 2 期。

唐勇力《敦煌之夢(水墨重彩)》,《新美術》1993 年 4 期。

田致鴻《試論敦煌壁畫、明清及近代國畫大師的創新意識》,《江蘇工學院學報》1993 年 5 期。

于平《絲路紀行》,《民族藝術》1993 年 1 期。

常青《印度佛教塔堂窟概述——兼談對中國石窟的影響》,《文博》1993 年

1 期。

陳應時《敦煌樂譜“掣拍”再證》,《音樂藝術》1993 年 2 期。

莊永平《敦煌曲拍非拍眼形式——對敦煌曲拍的重新認識》,《音樂藝術》1993
年 1 期。

王克孝《Дx. 2168 號寫本初探——以“藍”的考證爲主》,《敦煌學輯刊》1993
年 2 期。

陳應時《敦煌樂譜第一卷琵琶定弦驗證》,《交響(西安音樂學院學報)》1993
年 2 期。

莊壯《敦煌壁畫樂伎形式》,《音樂研究》1993 年 3 期。

莊壯《敦煌石窟音樂全國之冠》,《音樂周報》1993 年 2 月 12 日。

資華筠《敦煌壁畫中的〈飛天〉和舞蹈〈飛天〉》,《中外文化交流》1993 年 2 期。

梁尉英《敦煌壁畫中的藥叉》,《體育文化導刊》1993 年 1 期。

席臻貫《敦煌變文對後世曲藝戲曲的影響》,《絲綢之路》1993 年 2 期。

秦嘯《敦煌飛天記》,《絲綢之路》1993 年 5 期。

洛地《敦煌樂譜〈慢曲子西江月〉節奏擬解》,《中國音樂學》1993 年 2 期。

陳應時《敦煌樂譜的研究工作還不能告一段落——評〈唐五代敦煌樂譜新解
譯〉》,《中國音樂》1993 年 2 期。

陳應時《敦煌樂譜研究五十五年》,《傳統文化與現代化》1993 年 3 期。

段兼善《敦煌美術借鑒的回顧與展望》,《絲綢之路》1993 年 1 期。

陳民《鵲尾香爐》,《敦煌研究》1993 年 4 期。

劉家信《世界最早、最大的敦煌壁畫〈五臺山圖〉》,《地圖》1993 年 1 期。

文化《漫談敦煌壁畫》,《絲綢之路》1993 年 4 期。

席臻貫《唐代和聲思維拾沈(上)——敦煌樂譜·合竹·易卦》,《交響(西安
音樂學院學報)》1993 年 1 期。

席臻貫《唐代和聲思維拾沈(中)——敦煌樂譜·合竹·易卦》,《交響(西安
音樂學院學報)》1993 年 2 期。

席臻貫《唐代和聲思維拾沈(下)——敦煌樂譜·合作·易卦》,《交響(西安
音樂學院學報)》1993 年 3 期。

何昌林《唐代酒令歌舞曲的奇拍型機制及其歷史價值(下)——從〈敦煌舞
譜〉看唐代音樂的節拍體制》,《交響(西安音樂學院學報)》1993 年 1 期。

李敏《肅北石窟藝術》,《陽關》1993 年 2 期。

梁欣如《牆壁上的博物館系列——敦煌莫高窟》(中、下),《文物雜誌》第 7
期,1993 年 1 月。

李新《最早最大的全景影像地圖——莫高窟五臺山圖》,《陽關》1993 年 2 期。

張伯元《莫高窟 465 窟藏傳佛教壁畫淺識》,《西藏研究》1993 年 1 期。

王克文《敦煌壁畫中的〈五臺山圖〉》,《山水畫談》,上海人民出版社,1993 年 8 月。

石谷風《晉魏隋唐墨迹——試論敦煌文書的書法藝術》,《隴語文物藝術》第 17 期,1993 年 2—3 月。

吳生文、李霞、盛發賢《再造敦煌藝術的人們》,《甘肅日報》1993 年 9 月 4 日。

雒青之《潛泳在敦煌藝術的深處》,《甘肅日報》1993 年 10 月 10 日。

（八）考古與文物保護

傅成金、唐承義《四川安嶽石刻普查簡報》,《敦煌研究》1993 年 1 期。

李實《對敦煌壁畫中膠結材料的初步認識》,《敦煌研究》1993 年 1 期。

李最雄、NevilleAgnew、林博明《莫高窟崖頂的化學固沙實驗》,《敦煌研究》1993 年 1 期。

李最雄、張魯、王亨通《砂礫岩石窟岩體裂隙灌漿的進一步研究》,《敦煌研究》1993 年 3 期。

汪萬福、李雲鶴、阿根紐、林博明《莫高窟地區生物固沙植物種選擇試驗報告》,《敦煌研究》1993 年 3 期。

殷光明《關於北涼石塔的幾個問題——與古正美先生商榷》,《敦煌學輯刊》1993 年 1 期。

王克忠《石窟保護的實踐與思考》,《文物工作》1993 年 1 期(又載於《中國文物報》1993 年 2 月 28 日)。

劉建華、王紅葵《社會各界強烈呼籲,加強敦煌文物保護和利用》,《中國文物報》1993 年 4 月 18 日。

段春花《敦煌群衆文物保護意識不斷提高》,《甘肅日報》1993 年 7 月 16 日。

陳俊《我國石窟藝術保護取得成效》,《甘肅日報》1993 年 10 月 18 日。

賀養州《榆林窟修復加固第一期工程結束》,《中國文物報》1993 年 11 月 7 日。

王寶元《涼州百塔寺考察記》,《敦煌學輯刊》1993 年 1 期。

王進玉《自然科學史是敦煌學中的重要學科體系》,《中國科學技術史學術討論會論文集》,北京:科學技術文獻出版社,1993 年 2 月。

陳仲玉《莫高窟遺址近年的維護工作》,《科技史通訊》1993 年 12 期。

佚名《敦煌壁畫將輸入電腦,藝術寶窟可望永存》,《甘肅日報》1993 年 1 月 31 日。

佚名《敦煌壁畫將被輸入電腦,藝術寶窟可望永久保存》,《文匯報》1993 年 2 月 1 日。

陳惠明《敦煌壁畫將輸入電腦永久保存》,《人民日報》1993 年 2 月 3 日。

（九）少數民族歷史語言

榮新江《甘州回鶻成立史論》,《歷史研究》1993 年 5 期。

榮新江《敦煌吐魯番出土中古伊朗語文獻研究綜述》,《伊朗學在中國論文集》,北京大學出版社,1993 年 5 月。

楊銘《吐蕃在敦煌計口授田的幾個問題》,《西北師範大學學報》1993 年 5 期。

邵文實《尚乞心兒事迹考》,《敦煌學輯刊》1993 年 2 期。

齊赫文斯基著,楊自福譯《吐魯番王國的民族演進過程及農業與社會經濟關係》,《敦煌學輯刊》1993 年 1 期。

牛汝極《七件回鶻文佛教文獻研究》,《喀什師範學院學報》1993 年 1 期。

殷晴《古代于闐和吐蕃關係中的幾個問題》,《新疆文物》1993 年 4 期。

王堯《〈賢愚因緣經〉藏文本及其譯者小考》,《馬長壽紀念文集》,西安：西北大學出版社,1993 年 2 月。

楊銘《關於敦煌藏文文書〈吐蕃官吏呈請狀〉的研究》,《馬長壽紀念文集》,西安：西北大學出版社,1993 年 2 月。

李經緯《敦煌回鶻文遺書五種》,《西域研究》1993 年 2 期。

范玉梅《淺談河西回鶻的歷史作用》,《中國民族史研究》3,北京：中央民族學院出版社,1993 年 4 月。

榮新江《古代塔里木盆地周邊的粟特移民》,《西域研究》1993 年 2 期。

［日］池田温著,辛德勇譯《八世紀中葉敦煌的粟特人聚落》,《日本學者研究中國史論著選譯·第 9 卷·民族交通卷》,北京：中華書局,1993 年 10 月。

張廣達、榮新江《敦煌文書 P. 3510〈從德太子發願文(擬)〉及其年代》,《于闐史叢考》,上海書店,1993 年 12 月。

錢伯泉《西夏對絲綢之路的經營及其強盛》,《西北民族研究》1993 年 2 期。

史金波《西夏文〈六祖壇經〉殘頁譯釋》,《世界宗教研究》1993 年 3 期。

劉玉權《再論西夏據瓜沙的時間及其相關問題》,《敦煌研究》1993 年 4 期。

尕藏加《藏文文獻中所見西域佛教之比較研究》,《敦煌學輯刊》1993 年 2 期。

宋耀良《西夏：中國歷史上一個特殊的王國——兼論史與治史》,《(上海)社會科學》1993 年 10 期。

饒宗頤《上古塞種史若干問題——于闐史叢考序》,《于闐史叢考》,上海書店,1993 年 12 月。

牛汝極、楊富學《五件回鶻文摩尼教文獻考釋》,《新疆大學學報》1993 年 4 期。

（十）古籍

榮新江《兩種流散的敦煌〈劉子〉寫本下落》,《書窗》1993 年 1 期。

李正宇《老子本原序》,《湖北師範學院學報》1993 年 1 期。

許建平《伯三六〇二殘卷作者考》,《新疆文物》1993 年 4 期。

榮新江《〈唐寫本論語鄭氏注及其研究〉拾遺》,《文物》1993 年 2 期。

伏俊璉《從敦煌唐寫本殘卷看李善〈文選注〉的體例》,《社科縱橫》1993 年 4 期。

（十一）科技

党新玲《唐敦煌藥王索崇恩》,《甘肅中醫學院學報》1993 年 1 期。

李金田《關於敦煌寫本張仲景〈五臟論〉的作者與成書年代》,《甘肅中醫學院學報》1993 年 2 期。

党新玲《唐代敦煌醫王翟法榮》,《甘肅中醫學院學報》1993 年 3 期。

車離《巴黎圖書館中敦煌醫書及其他》,《中華醫史雜誌》1993 年 3 期。

李永新《敦煌殘卷治療黃疸病方探析》,《甘肅中醫》1993 年 4 期。

范新俊《敦煌卷子對隋唐傳染病的認識與防治》,《上海中醫藥雜誌》1993 年 6 期。

叢春雨《論敦煌針灸文獻的學術價值》,《上海中醫藥雜誌》1993 年 10 期。

馮誠《省中醫院研究敦煌遺書有所新發現,5 部古藏醫學文獻價值珍貴》,《甘肅日報》1993 年 6 月 16 日。

馮誠《形象醫學在敦煌——走出佛龕的敦煌中醫藥學》,《西部世界》1993 年 1 期。

張儂《〈灸經圖〉之"髓空"》,《上海中醫藥雜誌》1993 年 3 期。

余占海、白成平《淺論我國口腔衛生的歷史——敦煌壁畫"揩齒圖"的聯想》,《醫學與哲學》1993 年 8 期。

王進玉《敦煌藏經洞"神仙粥"及其食療價值》,《上海中醫藥雜誌》1993 年 11 期。

（十二）學術動態與紀念文

馬木《中國敦煌古代遺書及科技博覽會在臺北展出　段文傑等赴臺北參加海峽兩岸敦煌學術討論會》,《敦煌研究》1993 年 2 期。

賦山《〈俄藏敦煌文獻〉開始出版》,《敦煌研究》1993 年 2 期。

陳澤奎《簡評〈斯坦因第三次中亞探險所獲甘肅新疆出土漢文文書——未經馬斯伯樂刊佈的部分〉》,《敦煌研究》1993 年 3 期。

潘頌金、李樹軍《評〈居延漢簡通論〉》,《敦煌研究》1993 年 3 期。

辛一《絲路文化聯合考察團與敦煌研究院進行學術交流》,《敦煌研究》1993 年 4 期。

段文傑《〈敦煌研究〉十周年》,《敦煌研究》1993 年 4 期。

《敦煌研究》編輯部《苦心經營的十年——紀念〈敦煌研究〉創刊十周年》,《敦煌研究》1993 年 4 期。

《中國敦煌吐魯番學會賀信》,《敦煌研究》1993 年 4 期。

〔日〕池田温《慶祝〈敦煌研究〉創刊十周年》,《敦煌研究》1993 年 4 期。

趙蘭泉《敦煌豐采　光耀人間——祝賀〈敦煌研究〉創刊十周年》,《敦煌研究》1993 年 4 期。

李永寧《五洲學者聚香江、亞非研究遍寰宇——"第三十四屆亞洲及北非研究國際學術會議"簡記》,《敦煌研究》1993 年 4 期。

顧虹《〈敦煌學導論叢刊〉介紹》,《敦煌研究》1993 年 4 期。

陳民《〈伯希和敦煌石窟筆記〉漢譯本簡介》,《敦煌研究》1993 年 4 期。

《敦煌研究》編輯《日本舞蹈家花柳千代訪問莫高窟》,《敦煌研究》1993 年 4 期。

趙聲良《"絲綢之路古遺址保護國際學術會議"在敦煌召開》,《敦煌研究》1993 年 4 期(又載於《文物保護與考古科學》1995 年 5 卷)。

胡同慶、盧秀文《〈敦煌研究〉十年述評》,《社科縱橫》1993 年 2 期。

章昱《開拓敦煌學研究的新領域(敦煌遺書與古代檔案研討會述評)》,《社科縱橫》1993 年 1 期(又載於《敦煌語言文學研究通訊》1993 年 1—2 期)。

李正宇《敦煌學與第 34 屆亞非學術學術會議》,《社科縱橫》1993 年 2 期。

郝春文《填補中國書法空白——開拓敦煌學研究領域的新作》,《中國敦煌吐魯番學會研究通訊》1993 年 2 期。

榮新江《〈入唐求法巡禮記校注〉評介》,《中國史研究動態》1993 年 11 期。

李正宇《敦煌藝術普及工程的新成果——簡評謝生保〈敦煌藝術之最〉》,《蘭州晚報》1993 年 9 月 24 日。

楊木《世紀之交的回顧與瞻望——讀〈中國敦煌學史〉》,《語言教學研究》1993 年 2 期。

周紹良《〈敦煌文學概論〉序言》,《社科縱橫》1993 年 1 期。

張克復《三十年代以來西漢紙張和紙質檔案的重大發現綜述》,《檔案學研究》1993 年 1 期。

于忠正《白話六祖壇經序》,《絲綢之路》1993 年 1 期。

束遲《中國民俗文化學縱橫談——高國藩教授訪談録》,《東南文化》1993 年 2 期。

夏晚臻《運用民俗文化學研究敦煌民俗——〈敦煌巫術與巫術流變〉評介》,《東南文化》1993 年 5 期。

李謙怡《我國音樂文學的瑰寶——評敦煌曲子詞》,《遼寧教育學院學報》1993

年 1 期。

葉永勝《敦煌曲子詞研究的新收穫——讀高國藩教授曲子詞欣賞及其續集》，《廣東民俗文化研究》，1993 年。

劉榮根《淺顯話説深新理的一本好書——讀高國藩教授敦煌曲子詞欣賞續集》，《常州電子報》1993 年 1 月 20 日。

言文《中、日、英文〈敦煌佛經故事〉出版發行》，《甘肅日報》1993 年 3 月 13 日。

《〈敦煌文學概論〉編寫已畢，即將出版》，《敦煌語言文學研究通訊》1993 年 1—2 期。

辛夷《繼往開來 彪炳千秋——〈中國敦煌學史〉讀後》，《中國圖書評論》1993 年 5 期。

王點《〈漫步敦煌藝術科技畫廊〉簡介》，《中國科技史通訊》1993 年 5 期。

李永平《一本研究音樂文物的參考書——〈敦煌壁畫樂史資料總録與研究〉簡介》，《中國文物報》1993 年 11 月 28 日。

王進玉《中國古代石窟寺石質文物保護技術論著目録》，《新疆文物》1993 年 3 期。

2012 年敦煌學研究論著目録

董大學(首都師範大學)

　　本年度中國大陸地區共出版敦煌學專著 40 餘部,公開發表相關論文近 500 篇。現將研究論著目録編製如下,其編排次序爲:一、專著部分;二、論文部分。論文部分又細分爲概説、歷史地理、社會、宗教、語言文字、文學、藝術、考古與文物保護、少數民族歷史語言、古籍、科技、學術動態十二個專題。

一、專　　著

郝春文《英藏敦煌社會歷史文獻釋録・第八卷》,北京:社會科學文獻出版社,
　2012 年 11 月。

郝春文《英藏敦煌社會歷史文獻釋録・第九卷》,北京:社會科學文獻出版社,
　2012 年 12 月。

郝春文主編《2012 敦煌學國際聯絡委員會通訊》,上海古籍出版社,2012 年
　7 月。

西北民族大學、上海古籍出版社、英國國家圖書館《英國國家圖書館藏敦煌西
　域藏文文獻》3,上海古籍出版社,2012 年 11 月。

西北民族大學、法國國家圖書館、上海古籍出版社《法國國家圖書館藏敦煌藏
　文文獻》13,上海古籍出版社,2012 年 11 月。

黄正建主編《中國社會科學院敦煌學研究回顧與前瞻學術研討會論文集》,上
　海古籍出版社,2012 年 3 月。

朱雷《朱雷敦煌吐魯番文書論叢》,上海古籍出版社,2012 年 12 月。

陳國燦《陳國燦吐魯番敦煌出土文獻史事論集》,上海古籍出版社,2012 年
　9 月。

王淑民《英藏敦煌醫學文獻圖影與注疏》,北京:人民衛生出版社,2012 年
　11 月。

敦煌研究院、甘肅省文物局編《甘肅石窟志》,蘭州:甘肅教育出版社,
　2012 年。

敦煌研究院《中國石窟:安西榆林窟》,北京:文物出版社,2012 年 8 月。

敦煌研究院編,樊錦詩主編《敦煌吐蕃統治時期石窟與藏傳佛教藝術研究》,
　蘭州:甘肅教育出版社,2012 年 9 月。

敦煌研究院編《敦煌研究院年鑒(2007—2008)》,上海辭書出版社,2012 年

8 月。

中共高臺縣委等編《高臺魏晉墓與河西歷史文化研究》,蘭州:甘肅教育出版社,2012 年 4 月。

寧強《敦煌石窟寺研究》,蘭州:甘肅人民美術出版社,2012 年 8 月。

胡同慶、王義芝《敦煌古代遊戲》,蘭州:甘肅少年兒童出版社,2012 年 7 月。

朱鳳玉《百年來敦煌文學研究之考察》,北京:民族出版社,2012 年 5 月。

韓春平《敦煌學數字化問題研究》,北京:民族出版社,2012 年 5 月。

陳菊霞《敦煌翟氏研究》,北京:民族出版社,2012 年 11 月。

陳于柱《區域社會史視野下的敦煌祿命書研究》,北京:民族出版社,2012 年 10 月。

葉嬌《敦煌文獻服飾詞研究》,北京:中國社會科學出版社,2012 年 6 月。

陳曉強《敦煌契約文書語言研究》,北京:人民出版社,2012 年 12 月。

阮立《唐敦煌壁畫女性形象研究》,武漢大學出版社,2012 年 5 月。

黃征、張崇依《浙藏敦煌文獻校錄整理》(全二册),上海古籍出版社,2012 年 6 月。

于淑健《敦煌佛典語詞和俗字研究——以敦煌古佚和疑僞經爲中心》,上海古籍出版社,2012 年 4 月。

趙紅《敦煌寫本漢字論考》,上海古籍出版社,2012 年 4 月。

劉昭瑞《〈老子想爾注〉導讀與譯注》,南昌:江西人民出版社,2012 年 10 月。

葉貴良《敦煌本〈太上洞玄靈寶無量度人上品妙經〉輯校》,成都:四川大學出版社,2012 年 3 月。

楊本加《敦煌藏文寫卷〈根本薩婆多部律攝〉研究》,北京:民族出版社,2012 年 2 月。

張德芳、孫家洲《居延敦煌漢簡出土遺址實地考察論文集》,上海古籍出版社,2012 年 12 月。

郭淑芹《唐代涉醫文學與醫藥文化》,北京:人民出版社,2012 年 7 月。

胡穎、蒲向明等《甘肅儺文化研究》,北京:人民出版社,2012 年 7 月。

慶振軒《河西寶卷與敦煌文學研究》,北京:人民出版社,2012 年 7 月。

慶振軒《絲路文化與五涼文學研究》,北京:人民出版社,2012 年 7 月。

陳康《敦煌體育研究》,北京:中國社會科學出版社,2012 年 1 月。

《中華文明史話》編委會《中華文明史話——敦煌史話》,北京:中國大百科全書出版社,2012 年 7 月。

史敏《敦煌舞蹈教程:伎樂天舞蹈形象呈現》,北京:世界圖書出版公司,2012 年 7 月。

馮驥才《人類的敦煌》,銀川：陽光出版社,2012 年 5 月。

竇俠父《敦煌史迹》,蘭州：甘肅人民美術出版社,2012 年 10 月。

方健榮《敦煌花雨》,蘭州：甘肅人民美術出版社,2012 年 9 月。

趙栗暉《敦煌壁畫：人物綫描篇》,瀋陽：遼寧美術出版社,2012 年 10 月。

揚之水《桑奇三塔：西天佛國的世俗情味》,北京：生活·讀書·新知三聯書店,2012 年 11 月。

郭永利《河西魏晉十六國壁畫墓》,北京：民族出版社,2012 年 4 月。

鄭炳林、楊富學主編《中國北方少數民族歷史文化叢書》,蘭州：甘肅民族出版社,2012 年 8 月。

二、論　文

（一）概説

史金波《敦煌學和西夏學的關係及其研究展望》,《敦煌研究》2012 年 1 期。

王冀青《羅振玉〈敦煌石室書目及發見之原始〉版本問題研究》,《敦煌研究》2012 年 1 期。

袁婷《賓雍與敦煌學》,《敦煌研究》2012 年 1 期。

王冀青《和闐文物哈定搜集品獲自摩爾多瓦克説》,《敦煌學輯刊》2012 年 2 期。

孫繼民《俄藏黑水城金代文獻的數量、構成及其價值》,《敦煌研究》2012 年 2 期。

陳瑞青《黑水城文獻：敦煌學向下延伸的承接點》,《敦煌研究》2012 年 2 期。

楊富學、樊麗莎《黑水城文獻的多民族性徵》,《敦煌研究》2012 年 2 期。

姚依民《敦煌遺書的發現及其價值》,《蘭臺世界》2012 年 1 期。

朱國祥《敦煌文獻學研究回顧與展望》,《南京廣播電視大學學報》2012 年 1 期。

孫娜《改革開放以來敦煌契約文書研究文獻綜述》,《成都紡織高等專科學院》2012 年 3 期。

袁婷《巴兹爾·格雷與敦煌學》,《寧夏社會科學》2012 年 3 期。

馬德《國內散藏敦煌遺書調查隨筆》,《敦煌研究》2012 年 5 期。

劉雪平《湖南省圖書館藏敦煌寫經敍録》,《敦煌研究》2012 年 5 期。

王保東《酒泉博物館藏敦煌寫經》,《敦煌研究》2012 年 5 期。

于芹《山東博物館藏敦煌遺書敍録》,《敦煌研究》2012 年 5 期。

杜雲虹《山東省圖書館藏敦煌寫經》,《敦煌研究》2012 年 5 期。

陳寶林《重慶寶林博物館藏敦煌寫經》,《敦煌研究》2012 年 5 期。

方廣錩《敦煌遺書整理的回顧與展望》,《法音》2012 年 7 期。

方廣錩《敦煌遺書整理的回顧與展望》,《文匯報》2012 年 2 月 13 日。

余欣《索象於圖,索理於書: 寫本時代圖像與文本關係再思録》,《復旦學報》
　　2012 年 4 期。

黄征、王雪梅《陝西申德寺塔出土文獻編號簡目》,《敦煌研究》2012 年 1 期。

[日] 高田時雄著,張旭譯《日本學者品評伯希和對漢學的貢獻》,《敦煌學輯
　　刊》2012 年 4 期。

董翔、史志林、楊淑華《高被引論文視角下的〈敦煌學輯刊〉學術影響力分析》,
　　《敦煌學輯刊》2012 年 4 期。

王建疆《當代敦煌學何以成立——從國家社科基金項目〈全球化背景下的敦
　　煌藝術研究〉説起》,《甘肅社會科學》2012 年 6 期。

吳志菲《樊錦詩:"嫁"給敦煌的守護者》,《華人時刊》2012 年 11 期。

鄭廣薰《作爲絲綢之路學的韓國敦煌學》,《絲綢之路》2012 年 22 期。

(二) 歷史地理

馮培紅《歸去來兮: 昭武九姓與河西郡望》,《讀者欣賞》2012 年 1 期。

余欣《冥幣新考: 以新疆吐魯番考古資料爲中心》,《世界宗教研究》2012 年
　　1 期。

趙貞《唐代的"三賈均市"——以敦煌吐魯番文書爲中心》,《中國經濟史研
　　究》2012 年 1 期。

榮新江、朱麗雙《于闐國王李勝天事迹新證》,《西域研究》2012 年 2 期。

趙晨昕《敦煌本〈記室備要〉"西院直公"考》,《敦煌學輯刊》2012 年 1 期。

王使臻《敦煌所出三件"致書"比較》《敦煌學輯刊》2012 年 1 期。

劉滿《西秦乞伏飛橋有關問題辨正》,《敦煌學輯刊》2012 年 1 期。

白雪、馮培紅《敦煌本宋紹讀經題記及相關問題考釋》,《敦煌研究》2012 年
　　1 期。

馮培紅《敦煌大族與前秦、後涼》,《南京師範大學學報》2012 年 2 期。

楊寶玉《敦煌歸義軍入奏史研究瑣言》,《南京師範大學學報》2012 年 2 期。

段鋭超《敦煌張氏歸義軍及西漢金山國政權與中原王朝關係探究》,《石河子
　　大學學報》2012 年 1 期。

劉滿、史志林《鳳林山、鳳林津有關問題辨正》,《敦煌學輯刊》2012 年 2 期。

吳景山、張洪《〈索勛紀德碑〉辨正》,《敦煌學輯刊》2012 年 1 期。

羅見今、關守義《〈額濟納漢簡〉年代考釋》,《敦煌研究》2012 年 2 期。

段鋭超《敦煌西漢金山國政權性質及其立國舉措成敗析論》,《温州大學學報》
　　2012 年 5 期。

李永《由 P. 3547 號敦煌文書看唐中後期的賀正使》,《史學月刊》2012 年 4 期。

陸離《敦煌文書 P. 3885 號中記載的有關唐朝與吐蕃戰事研究》,《中國藏學》2012 年 3 期。

鄭炳林、曹紅《漢唐間疏勒河下游地區環境演變》,《敦煌學輯刊》2012 年 3 期。

孫繼民《唐宋之際歸義軍户狀文書演變的歷史考察》,《中國史研究》2012 年 2 期。

楊曉、吳炯炯《〈唐刺史考全編〉補正(三)》,《敦煌研究》2012 年 3 期。

沈楨雲《隋朝皮子信開皇初年任職考》,《敦煌學輯刊》2012 年 3 期。

鄧天珍、張俊民《敦煌漢簡劄記》,《敦煌研究》2012 年 2 期。

史爲樂《〈中國歷史地名大辭典〉(增訂本)前言》,《敦煌學輯刊》2012 年 1 期。

史國強《"隴山鐵漢"定維峻生平及其著述略論》,《敦煌學輯刊》2012 年 2 期。

郝二旭《敦煌陷蕃前夕人口變化淺析》,《敦煌學輯刊》2012 年 4 期。

劉戈、趙莎《也談"大女"》,《敦煌學輯刊》2012 年 3 期。

徐秀玲《唐宋之際敦煌農業領域受雇人的生活》,《敦煌研究》2012 年 5 期。

張俊民《懸泉漢簡所見西漢效穀縣的"里"名》,《敦煌研究》2012 年 6 期。

梅維恒、王啓濤《"敦煌"得名考》,《西南民族大學學報》2012 年 9 期。

高國藩《唐宋時期敦煌地區商業酒文化考述》,《藝術百家》2012 年 3 期。

曾磊《敦煌出土西晉元康三年"符信"考釋》,《敦煌研究》2012 年 4 期。

費仙梅《從敦煌漢簡看王莽伐西域後勤補給問題》,《文博》2012 年 2 期。

蘇金花《唐五代敦煌的糧食作物結構及其變化》,《中國經濟史研究》2012 年 2 期。

張多勇、李并成、戴曉剛《"西夏乾祐二年(1171)黑水城般駄、腳户運輸文契"——漢文文書與西夏交通運輸》,《敦煌研究》2012 年 2 期。

侯宗輝《漢簡所見河西邊郡"盜賊"考論》,《敦煌研究》2012 年 4 期。

羅見今、關守義《肩水金關漢簡(壹)八枚曆譜散簡年代考釋》,《敦煌研究》2012 年 5 期。

李岩雲《敦煌西湖一顆樹烽燧遺址新獲簡牘之考釋》,《敦煌研究》2012 年 5 期。

(三) 社會

趙貞《Дx. 6133〈祭烏法〉殘卷跋》,《敦煌研究》2012 年 1 期。

王晶波《敦煌的身占文獻與中古身占風俗》,《敦煌學輯刊》2012 年 2 期。

王東《吐蕃移民與唐宋之際河隴社會文化變遷》,《敦煌學輯刊》2012 年 4 期。

公維章《從〈大曆碑〉看唐代敦煌的避諱與曆法行用問題》,《敦煌研究》2012年1期。

[日]佐佐木聰《法藏〈白澤精怪圖〉(P.2682)考》,《敦煌研究》2012年3期。

吕博《釋"搔囊"——讀高臺駱駝城前涼木牘劄記之一》,《敦煌學輯刊》2012年2期。

胡同慶《論古代舉重活動的表演性和娛樂性——兼論對敦煌、炳靈寺等石窟藝術中的一些畫面的定名》,《敦煌研究》2012年3期。

李小惠、劉景剛《破譯甘肅出土簡牘中的體育符號》,《敦煌研究》2012年3期。

楊秀清《術數在唐宋敦煌大衆生活中的意義》,《南京師範大學學報》2012年2期。

叢振、李重申《試論敦煌遊藝文化中的儒家特徵》,《敦煌研究》2012年3期。

陳禕晟、白潔《文化視角下關於嘉峪關魏晉墓葬中體育題材彩繪磚畫的研究》,《敦煌研究》2012年3期。

高天霞《論唐宋時期敦煌民間結社的當代意義——以敦煌社邑文書爲中心》,《東南學術》2012年4期。

劉守華《再論〈黑暗傳〉——〈黑暗傳〉與敦煌寫本〈天地開闢已來帝王紀〉》,《民俗研究》2012年4期。

高啓安《敦煌的"團"組織》,《中國藏學》2012年2期。

耿彬《中晚唐五代時期敦煌地區的民間體育活動——以吐蕃爲例》,《寧夏社會科學》2012年3期。

陳于柱、張福慧《敦煌藏文本S.6878V〈出行擇日吉凶法〉考釋》,《首都師範大學學報》2012年6期。

石明秀《敦煌一棵樹烽燧新獲簡牘釋考》,《中國國家博物館館刊》2012年6期。

宋雪春《敦煌本〈下女夫詞〉的寫本考察及相關問題研究》,《敦煌學輯刊》2012年4期。

[日]山本孝子《應之〈五杉練若新學備用〉卷中所收書儀文獻初探》,《敦煌學輯刊》2012年4期。

宋雪春《〈俄藏敦煌文獻〉中四件〈下女夫詞〉殘片的綴合》,《敦煌研究》2012年6期。

寧宇《敦煌寫本P.3081號文書與唐代五月五日禁忌研究》,《敦煌學輯刊》2012年4期。

高國藩《敦煌本土地神考述》,《西夏研究》2012年1期。

高國藩《敦煌本西王母神話及其旅遊價值》,《寧夏師範大學學報》2012 年
　1 期。

邵鬱、王睿穎《敦煌俗講變文的社會教育作用》,《高等函授學報》2012 年
　8 期。

王斐弘《敦煌析産遺囑文書探微——以族、宗族、家族、民族爲視角的解構》,
　《北方法學》2012 年 6 期。

張紅學《敦煌壁畫中的中國古代體育研究簡述》,《商丘師範學院學報》2012
　年 9 期。

張海博《試析敦煌古代墓葬中龜的形象》,《絲綢之路》2012 年 6 期。

（四）宗教

方廣錩《略談漢文大藏經的編藏理路及其演變》,《世界宗教研究》2012 年
　1 期。

才讓《法藏敦煌文書 P. T. 449 號〈般若心經〉研究》,《敦煌學輯刊》2012 年
　2 期。

陳大爲《唐後期五代宋初敦煌僧寺、尼寺人口數量的比較》,《中國經濟史研
　究》2012 年 1 期。

王友奎《敦煌寫本〈咒魅經〉研究》,《敦煌研究》2012 年 2 期。

陶家駿、苗昱《敦煌研究院藏佚本〈維摩詰經注〉寫卷再探——兼及“子母注”
　問題》,《敦煌研究》2012 年 3 期。

方廣錩《國圖敦煌遺書〈藥師琉璃光如來本願功德經〉敍録》,《敦煌研究》
　2012 年 3 期。

董大學《〈晉魏隋唐殘墨〉第 36 號〈夾注金剛經〉研究》,《敦煌學輯刊》2012 年
　2 期。

陳雙印、張鬱萍《唐二帝播越對成都佛教的影響》,《敦煌學輯刊》2012 年
　2 期。

陳菊霞《試析翟法榮的佛教信仰》,《敦煌學輯刊》2012 年 2 期。

張穎《佛律“羯磨”一詞的翻譯及其相關問題》,《敦煌學輯刊》2012 年 2 期。

曹凌《敦煌遺書〈佛性經〉殘片考》,《中華文史論叢》2012 年 2 期。

明成滿《唐五代敦煌普通僧尼參與教團管理研究》,《南京師範大學學報》2012
　年 2 期。

龔澤軍《古代僧尼遺産處理的文獻分析——以敦煌願文爲例》,《重慶三峽學
　院學報》2012 年 2 期。

楊鬱如《佛教授記思想研究現狀與論著目録》,《敦煌學輯刊》2012 年 1 期。

阿旺平措《吐蕃時期佛教與苯教的交鋒與融合》,《敦煌學輯刊》2012 年 1 期。

鄒清泉《中古敦煌〈維摩詰經〉的書寫——以藏經洞維摩寫卷爲中心》,《敦煌學輯刊》2012 年 1 期。

王惠民《敦煌所見的經巾的形制、用途與實物》,《敦煌研究》2012 年 3 期。

杜斗城、張穎《敦煌佛教文獻女性經典試析》,《世界宗教研究》2012 年 5 期。

田啓濤《也談道經中的"搏頬"》,《敦煌研究》2012 年 4 期。

陳濤《唐代景教經典〈志玄安樂經〉的流向問題》,《五邑大學學報》2012 年 3 期。

聶志軍《唐代景教〈序聽迷詩所經〉中"移鼠"漢譯釋疑》,《宗教學研究》2012 年 3 期。

侯沖《漢地佛教的論義——以敦煌遺書爲中心》,《世界宗教研究》2012 年 1 期。

聶順新《開元寺興致傳説演變研究——兼論唐代佛教官寺地位的轉移及其在後世的影響》,《敦煌研究》2012 年 5 期。

劉顯《從敦煌本〈大智度論〉看〈漢語大詞典〉的釋義疏失》,《魯東大學學報》2012 年 3 期。

王承文《敦煌本〈靈寶經目〉與古靈寶經的分類及其内在關係考釋——以〈靈寶五篇真文〉與〈道德經〉的關係爲中心》,《敦煌學輯刊》2012 年 3 期。

彭建兵《晉唐時期河西佛經譯事鉤沉》,《敦煌學輯刊》2012 年 4 期。

王冀青《法藏敦煌本〈慧超往五天竺傳〉題名係由伯希和首定説》,《敦煌學輯刊》2012 年 4 期。

定源《敦研 178V〈佛説八師經〉譯者小考》,《敦煌研究》2012 年 6 期。

杜建録、于光建《敦煌研究院藏 0669 西夏文〈金剛般若波羅蜜經〉考釋》,《敦煌研究》2012 年 6 期。

金雙平《敦煌寫本〈四分律〉及其校勘價值》,《湖北民族學院學報》2012 年 5 期。

趙曉星《吐蕃統治敦煌時期的陀羅尼密典——中唐敦煌密教文獻研究之一》,《敦煌研究》2012 年 6 期。

劉志《敦煌道教文獻》,《世界宗教文化》2012 年 4 期。

（五）語言文字

啓功《季布罵陣詞之"潘"字》,《文獻》2012 年 1 期。

張涌泉《敦煌文獻俗語詞研究的材料和方法》,《中國典籍與文化》2012 年 1 期。

黃聰聰《敦煌文獻裏與借貸有關的俗語詞》,《敦煌研究》2012 年 1 期。

聶志軍《唐代景教寫經中的訛誤字例釋》,《敦煌研究》2012 年 1 期。

相宇劍《〈敦煌文獻語言〉引文指瑕》,《敦煌學輯刊》2012 年 1 期。

趙家棟、董志翹《敦煌詩歌語詞釋證》,《貴州師範大學學報》2012 年 1 期。

葉愛國《敦煌文書牲畜名稱"捌(八)"字解》,《敦煌研究》2012 年 2 期。

楊曉宇《敦煌本邈真讚詞語選釋》,《敦煌學輯刊》2012 年 1 期。

李小榮《幾個有關"俗講"問題的再檢討》,《敦煌學輯刊》2012 年 1 期。

黎新第《入收聲在唐五代西北方音中應已趨向消失——敦煌寫本願文與詩集
　　殘卷之別字異文所見》,《語言研究》2012 年 3 期。

張小艷《"坐社"與"作社"》,《敦煌研究》2012 年 4 期。

趙家棟《敦煌碑銘讚語詞釋證》,《敦煌研究》2012 年 4 期。

洪藝芳《敦煌文獻中奴婢稱謂詞的詞彙特色》,《敦煌學輯刊》2012 年 2 期。

趙家棟、董志翹《敦煌文獻中并不存在量詞》,《語言科學》2012 年 4 期。

劉傳鴻《敦煌變文詞尾"即"考辨》,《敦煌研究》2012 年 5 期。

聶志軍《〈吐魯番出土文書語詞例釋〉辨正》,《敦煌研究》2012 年 4 期。

王偉《懸泉漢簡劄記一則》,《敦煌研究》2012 年 2 期。

李洪財《讀〈敦煌佛經字詞與校勘研究〉——兼談涅槃合文問題》,《敦煌研
　　究》2012 年 5 期。

錢寅《敦煌〈維摩詰經解〉校說一則》,《群文天地》2012 年 16 期。

岳秀文《從〈敦煌變文集〉"V + (X) + 了"中的"V"看"了$_1$""了$_2$"的産生》,
　　《寧夏社會科學》2012 年 3 期。

于淑健《敦煌古佚和疑僞經語詞新考》,《魯東大學學報》2012 年 1 期。

吳浩軍《〈李君修慈悲佛龕碑〉校讀劄記》,《敦煌研究》2012 年 3 期。

王志敬《敦煌藏文空格結構的消失研究》,《語言研究》2012 年 4 期。

張小艷《〈佛說相好經〉校錄補正》,《敦煌學輯刊》2012 年 3 期。

史淑琴《敦煌漢藏對音材料研究的幾個問題》,《敦煌學輯刊》2012 年 4 期。

王曉平《從日本朝鮮寫本看敦煌文獻省代號研究》,《敦煌研究》2012 年 6 期。

葉愛國《〈李君修慈悲佛龕碑〉"他(tuó)"字解》,《敦煌研究》2012 年 6 期。

(六) 文學

吳真《敦煌孟姜女變文與招魂祭祀》,《北京大學學報》2012 年 1 期。

李小榮《王梵志詩佛教典故補注》,《敦煌研究》2012 年 1 期。

王立群《敦煌白文無注本〈文選〉與宋刻〈文選〉》,《長春師範學院學報》2012
　　年 1 期。

徐華《俄藏敦煌寫卷 Дx. 242 號〈文選〉考異——兼論寫卷的版本系統及作注
　　年代》,《敦煌研究》2012 年 2 期。

伏彥冰、楊曉華《敦煌文學的傳播方式》,《敦煌學輯刊》2012 年 2 期。

馮天亮《S.4654〈巡禮仙喦〉組詩再探——讀張先堂〈S.4654 晚唐《莫高窟紀遊詩》新探〉劄記》,《敦煌研究》2012 年 3 期。

羅翔《從敦煌變文看敦煌人的尋家心結——從〈伍子胥變文〉、〈李陵變文〉看流民的反抗哲學》,《寧夏大學學報》2012 年 6 期。

崔容《敦煌俗文學所見山西方言的韻攝分合現象》,《山西大學學報》2012 年 2 期。

董志翹《敦煌寫本〈啓顔録〉箋注(選)》,《西南民族大學學報》2012 年 3 期。

鍾書林《敦煌文的駢偶之美與六朝唐五代的文風演變》,《唐都學刊》2012 年 2 期。

鍾書林《"敦煌文"概念的再確立和分類的新思考》,《西北大學學報》2012 年 3 期。

陳爍《敦煌遺書中的"唱導"儀式與唱導文之關係探微》,《甘肅社會科學》2012 年 4 期。

陳爍《農耕文化歲時節日儀式與敦煌文學》,《甘肅理論學刊》2012 年 5 期。

朱鳳玉《三教論衡與唐代爭奇文學》,《敦煌研究》2012 年 5 期。

張懿紅《當代敦煌體材散文評述——"20 世紀敦煌題材文義創作與傳播"系列論文》,《甘肅高師學報》2012 年 1 期。

張懿紅《當代敦煌題材戲劇、影視劇評述——"20 世紀敦煌題材文義創作與傳播"論》,《戲劇文學》2012 年 2 期。

顔廷亮《歸義軍設立前夕敦煌和長安僧界的一次文學交往——悟真和長安兩街高僧酬答詩略論》,《敦煌研究》2012 年 6 期。

許松《〈伍子胥變文〉校讀記五則》,《敦煌學輯刊》2012 年 3 期。

樊瑩瑩《敦煌道教話本〈葉淨能詩〉詞源流考》,《求索》2012 年 10 期。

李向菲《敦煌變文中有關天命的詞語集釋》,《甘肅聯合大學學報》2012 年 5 期。

王偉琴《敦煌〈王昭君變文〉河西地域特徵探析》,《青海社會科學》2012 年 6 期。

顔廷亮《關於敦煌文學歷時性研究的若干思考》,《絲綢之路》2012 年 24 期。

魯立智《敦煌佛曲"三皈依"考辨》,《文獻》2012 年 2 期。

趙蓉、劉爲民《論敦煌民間文學藝術表達的法律表徵——基於敦煌民間文學藝術表達成果權之基礎考察》,《知識産權》2012 年 10 期。

（七）藝術

嚴耀中《關於敦煌壁畫中來自婆羅門教神祇星象的詮釋》,《敦煌學輯刊》2012 年 2 期。

梁曉鵬《作爲符號的塔及其意義初探》,《敦煌學輯刊》2012 年 2 期。

臧衛軍《西安唐代五重佛舍利塔的佛像系統考釋》,《敦煌學輯刊》2012 年 1 期。

陳曉露《大佛像源流芻議》,《敦煌研究》2012 年 3 期。

霍旭初《龜茲石窟"過去佛"研究》,《敦煌研究》2012 年 5 期。

常霞《隴西發現的元代舍利塔研究》,《敦煌研究》2012 年 6 期。

沙武田《莫高窟第 45 窟觀音經變時代新探》,《敦煌研究》2012 年 6 期。

王治《敦煌莫高窟中唐西方淨土變理想模型的構成》,《故宮博物院院刊》2012 年 4 期。

黎國韜《敦煌遺書戲劇樂舞問題補述》,《敦煌研究》2012 年 1 期。

蔡淵迪《杏雨書屋藏敦煌舞譜卷子校録并研究》,《敦煌研究》2012 年 1 期。

趙蓉《莫高窟第 93 窟龕内屏風畫内容新釋》,《敦煌研究》2012 年 1 期。

鄒清泉《莫高窟唐代坐帳維摩畫像考論》,《敦煌研究》2012 年 1 期。

高啓安《莫高窟第 17 窟壁畫主題淺探》,《敦煌研究》2012 年 2 期。

[日]八木春生著,李梅譯,趙聲良審校《隋代菩薩立像衣著飾物》,《敦煌研究》2012 年 1 期。

任平山《兔本生——兼談西藏大昭寺、夏魯寺和新疆石窟中的相關作品》,《敦煌研究》2012 年 2 期。

楊鬱如、王惠民《新發現的敦煌隋代彌勒圖像》,《敦煌研究》2012 年 2 期。

李素艷《淺析敦煌壁畫的遺書樣式》,《美術觀察》2012 年 1 期。

毛秋瑾《漢唐之間的寫經書法——以敦煌吐魯番寫本爲中心》,《南京藝術學院學報》2012 年 3 期。

李婷婷、孫漢明《從琵琶舞看壁畫樂器在敦煌舞中的作用》,《北京舞蹈學院學報》2012 年 3 期。

衣麗都《邯鄲成安縣出土的北魏太和六年釋迦三尊像》,《敦煌研究》2012 年 3 期。

邵強軍《敦煌莫高窟人字坡裝飾圖案探析》,《山西檔案》2012 年 2 期。

[日]安達智惠《林謙三的敦煌琵琶譜第一組定弦研究》,《文化藝術研究》2012 年 2 期。

葉曉麗《漢唐古典舞與敦煌舞蹈教學體系研究》,《龍岩學院學報》2012 年 2 期。

李新萍《淺析唐代飛天的藝術特色》,《藝術與設計(理論)》2012 年 9 期。

王寧《小議佛教影響下的中國傳統文化對敦煌壁畫創作的影響》,《成都紡織高等專科學院學報》2012 年 2 期。

揚之水《桑奇大塔浮雕的裝飾紋樣》,《敦煌研究》2012 年 4 期。

史曉明《克孜爾石窟第 69 窟的龍圖像》,《敦煌研究》2012 年 4 期。

張海亮、張元林《關於敦煌法華經變窮子喻圖像的幾個問題》,《敦煌研究》
　　2012 年 4 期。

雷蕾、王惠民《敦煌早期洞窟佛像的字相與如來心相》,《敦煌研究》2012 年
　　4 期。

梁曉鵬《從敦煌石窟藝術看符際翻譯——以敦煌莫高窟第 45 窟爲例》,《敦煌
　　研究》2012 年 5 期。

[日] 八木春生著,李梅譯《敦煌莫高窟第 220 窟南壁西方淨土變相圖》,《敦
　　煌研究》2012 年 5 期。

趙聲良《敦煌隋代山水與空間表現》,《敦煌研究》2012 年 5 期。

[日] 久野美樹著,賀小萍譯《石窟藝術筆記——隋唐時期的敦煌莫高窟與龍
　　門石窟》,《敦煌研究》2012 年 5 期。

張園園《以審美救世——從美學意義上看敦煌藝術的功用性》,《藝術百家》
　　2012 年 2 期。

李波《"新敦煌藝術"的價值建構及其文化產業發展研究》,《藝術評論》2012
　　年 1 期。

陳粟裕《敦煌石窟中的于闐守護神圖像研究》,《故宮博物院院刊》2012 年
　　4 期。

封鈺《敦煌莫高窟早期雕塑源流》,《東南文化》2012 年 3 期。

朱斌《當代文學對傳統的認同現象反思——以對敦煌藝術的認同爲例》,《井
　　岡山大學學報》2012 年 2 期。

米德昉《敦煌曹氏歸義軍時期石窟四角天王圖像研究》,《敦煌學輯刊》2012
　　年 2 期。

王中旭《敦煌吐蕃時期〈陰嘉政父母供養像〉研究》,《中國國家博物館館刊》
　　2012 年 3 期。

卓民《試論敦煌早期壁畫的"色面造型"》,《美術》2012 年 2 期。

[印] L. 金德爾、N. 夏爾瑪著,黃蓉譯《〈敦煌佛教繪畫〉前言》,《深圳大學學
　　報》2012 年 1 期。

任平山《克孜爾第 118 窟的三幅壁畫》,《敦煌學輯刊》2012 年 3 期。

呂德廷《論"菩薩相"類型的摩醯首羅天形象》,《敦煌學輯刊》2012 年 3 期。

徐培晨《綜合呈現敦煌南朝書法的概貌》,《中國社會科學報》2012 年 5 月
　　18 日。

楊曉峰《敦煌壁畫中的飛天——淺談飛天在不同時期的特點》,《青春歲月》

2012 年 4 期。

閆嘉哲《試析敦煌飛天的美學意蘊及其在現代藝術創意中的新生命》,《隴東
學院學報》2012 年 3 期。

李國、沙武田《粟特人及其美術影響下的敦煌壁畫藝術成分》,《絲綢之路》
2012 年 20 期。

孫曉崗《敦煌"伴虎行腳僧圖"的淵源探討》,《敦煌學輯刊》2012 年 4 期。

張善慶《馬蹄寺千佛洞第 1 窟"梨車"榜題釋論——甘肅馬蹄寺石窟群千佛洞
第 1 窟北朝壁畫考(一)》,《敦煌學輯刊》2012 年 4 期。

孫曉峰《麥積山第 127 窟七佛圖像考》,《敦煌學輯刊》2012 年 4 期。

鄭怡楠《河西高臺墓葬壁畫娛樂圖與龜茲樂舞蘇幕遮——兼論隊舞的起源及
其高臺墓葬壁畫樂舞圖的性質》,《敦煌學輯刊》2012 年 4 期。

吳岩《敦煌畫派基礎理論分析》,《隴東學院學報》2012 年 6 期。

郭思言《敦煌壁畫"飛天"的音樂性與舞蹈性》,《社科縱橫》2012 年 5 期。

胡玲《敦煌莫高窟唐代壁畫不同時期代表窟女供養人服飾款型淺析》,《讀者
欣賞》2012 年 6 期。

張舒鵬《簡述敦煌壁畫觀音形象的演變》,《大眾文藝》2012 年 18 期。

李婷婷《淺議對敦煌舞的認識誤區及對策》,《甘肅聯合大學學報》2012 年
6 期。

解雨姣《淺析眼神在敦煌舞中的產生、確立及運用》,《蘭州教育學院學報》
2012 年 9 期。

王菡薇《現階段敦煌書法研究存在的問題及其意義》,《江蘇社會科學》2012
年 6 期。

李雪芹《雲岡石窟雕刻中的長柄香爐小議》,《敦煌研究》2012 年 6 期。

馬濤《張大千敦煌壁畫臨摹繪畫技法探析》,《美術大觀》2012 年 11 期。

高宇琪《探索敦煌壁畫對現代造型藝術研究發展的重要意義》,《甘肅高師學
報》2012 年 6 期。

王中旭《贊普的威儀——試論敦煌吐蕃時期贊普及隨從像的演進》,《藝術設
計研究》2012 年 4 期。

劉永增、陳菊霞《莫高窟第 98 窟是一懺法道場》,《敦煌研究》2012 年 6 期。

肖霄《從敦煌藻井圖案談現代染織紋樣設計》,《現代裝飾》2012 年 9 期。

劉志《敦煌經變畫》,《世界宗教文化》2012 年 6 期。

(八) 考古與文物保護

石勁松、王玲秀《炳靈寺第 171 窟唐代大佛史事鉤沉》,《敦煌研究》2012 年 4 期。

米德昉《敦煌莫高窟第 100 窟窟主及年代問題再議》,《敦煌研究》2012 年

4 期。

楊富學《敦煌莫高窟第 464 窟的斷代及其與回鶻的關係》,《敦煌研究》2012 年 6 期。

邵明申、裴強強、王思敬、李最雄、王恩志《PS 非飽和入滲的現場試驗》,《敦煌研究》2012 年 3 期。

段奇三、呂文旭《三維激光掃描技術在曲面展開中的應用》,《敦煌研究》2012 年 3 期。

楊永生《敦煌文化遺産保護利用的現狀與對策》,《河西學院學報》2012 年 3 期。

沙武田、汪萬福《古代敦煌文物保護述略》,《敦煌研究》2012 年 1 期。

張昺林、唐德平、張楠等《敦煌莫高窟中細菌多樣性的研究》,《微生物學通報》2012 年 5 期。

王喜民《淺談國圖敦煌遺書的文物研究價值與保護》,《科技情報開發與經濟》2012 年 1 期。

王百歲《甘肅西和佛孔石窟調查與研究》,《敦煌學輯刊》2012 年 3 期。

張寶璽、宋文玉《寧縣普照寺金貞元銅鐘和慶城慈雲寺金泰和鐵鐘銘文考》,《敦煌學輯刊》2012 年 3 期。

余生吉、吳健、王江子、俞天秀《敦煌莫高窟狹小空間内立體面攝影採集與圖像處理——以莫高窟第 254 窟數字化爲例》,《敦煌研究》2012 年 6 期。

杜維波、汪萬福等《河西走廊明長城沿綫種子植物區系特徵與長城保護》,《敦煌研究》2012 年 6 期。

文靜、魏文斌《甘肅館藏佛教造像調查與研究(一)》,《敦煌研究》2012 年 4 期。

符永利、劉文慶《南京牛首山明代佛龕的調查與初步探討》,《敦煌研究》2012 年 4 期。

未著名《敦煌發現一處礦洞遺址疑爲千年壁畫顔料之源》,《文物鑒定與鑒賞》2012 年 12 期。

吳夢寒等《敦煌發現疑似莫高窟壁畫顔料礦洞》,《甘肅日報》2012 年 12 月 17 日。

張延清、梁旭澍、鐵國花《敦煌研究院藏拉薩下密院金馬年銅釜考》,《敦煌學輯刊》2012 年 4 期。

(九)少數民族歷史語言

束錫紅《海外藏敦煌西域藏文文獻的多元文化内涵和史學價值》,《敦煌研究》2012 年 1 期。

廖玲《羌族"釋比"與彝族"畢摩"的比較研究》,《敦煌學輯刊》2012 年 1 期。

張鐵山《吐魯番柏孜克里克出土四件回鶻文〈因薩底經〉殘葉研究》,《敦煌研究》2012 年 2 期。

楊銘、索南才讓《新疆米蘭出土的一件古藏文告身考釋》,《敦煌學輯刊》2012 年 2 期。

陸離《敦煌吐蕃文書中的"色通(Se tong)"考》,《敦煌研究》2012 年 2 期。

王金娥《敦煌訓蒙文獻研究述論》,《敦煌學輯刊》2012 年 2 期。

宗喀・漾正岡佈、拉毛吉、端智《七(bdun)、九(dgu)與十三(bcu gsum)——神秘的都蘭吐蕃墓數字文化》,《敦煌學輯刊》2012 年 1 期。

〔日〕吉田豐著,田衛衛譯,西村陽子校《有關和田出土 8—9 世紀于闐世俗文書的劄記(三)上》,《敦煌學輯刊》2012 年 1 期。

〔日〕吉田豐著,田衛衛譯,西村陽子校《有關和田出土 8—9 世紀于闐語世俗文書的劄記(三)中》,《敦煌學輯刊》2012 年 2 期。

〔日〕吉田豐著,田衛衛譯,西村陽子校《有關和田出土 8—9 世紀于闐語世俗文書的劄記(三)下》,《敦煌學輯刊》2012 年 3 期。

任小波《吐蕃盟歌的文學情味與政治意趣——敦煌 P. T. 1287 號〈吐蕃贊普傳記〉第 5、8 節探析》,《中國藏學》2012 年 2 期。

陳立軍《關於敦煌本古藏文〈般若波羅蜜多心經〉的解讀》,《西藏研究》2012 年 3 期。

才讓《法藏敦煌藏文文獻 P. T. 992 號〈分別講説人的行止〉之研究》,《中國藏學》2012 年 1 期。

朱悦梅《從出土文獻看唐代吐蕃佔領西域後的管理制度》,《敦煌研究》2012 年 2 期。

王祥偉《吐蕃對敦煌寺院屬民的管理考論》,《西藏研究》2012 年 3 期。

慶昭蓉《唐代安西之帛練——從吐火羅 B 語世俗文書上的不明語詞 Kaum* 談起》,《敦煌研究》2012 年 4 期。

任小波《敦煌藏文寫本研究的中國經驗——〈敦煌吐蕃文獻選輯〉兩種讀後》,《敦煌學輯刊》2012 年 1 期。

包文勝《讀〈暾欲谷碑〉劄記——türk sir 與"鍛奴"》,《敦煌學輯刊》2012 年 3 期。

〔匈〕羅納・塔斯著,敖特根譯《蒙古文文獻目録編纂史概述》,《敦煌學輯刊》2012 年 4 期。

(十) 古籍

郝樹聲《從西北漢簡和朝鮮半島出土〈論語〉簡看漢代儒家文化的流佈》,《敦煌研究》2012 年 3 期。

［日］平山久雄《敦煌〈毛詩音〉殘卷里直音注的特點》,《中國語文》2012 年 4 期。

張新朋《〈敦煌寫本《太公家教》殘片拾遺〉補》,《敦煌學輯刊》2012 年 3 期。

王文暉《俄藏敦煌寫本〈孔子家語〉殘卷再探》,《敦煌研究》2012 年 4 期。

屈直敏《敦煌寫本 S.6029〈劉子〉殘卷校考》,《敦煌學輯刊》2012 年 3 期。

耿彬《敦煌寫本類書〈應機抄〉的性質、内容成書年代研究》,《敦煌學輯刊》2012 年 1 期。

秦樺林《東洋文庫藏敦煌寫卷〈唐人雜抄〉拾遺》,《敦煌研究》2012 年 3 期。

潘超《敦煌文獻 P.4837A〈八陣〉(擬)及相關問題研究》,《敦煌研究》2012 年 6 期。

（十一）科技

張儂、張延英、于靈芝《敦煌醫藥文獻中的行散方法》,《敦煌研究》2012 年 3 期。

王亞麗《出版史上抄寫書卷特點探賾——以敦煌醫籍寫本爲例》,《中國出版》2012 年 10 期。

王亞麗《敦煌遺書中牲畜病名及牲畜病療方考》,《敦煌研究》2012 年 4 期。

惠宏、段玉泉《黑水城出土西夏文醫方芍藥柏皮丸考釋》,《敦煌研究》2012 年 2 期。

僧海霞《唐宋時期敦煌地區藥酒文化探析》,《中醫藥文化》2012 年 1 期。

王杏林《跋敦煌本〈黄帝明堂經〉》,《敦煌研究》2012 年 6 期。

陳明《"藕伏靈善"——絲路出土殘片的藥名溯源》,《敦煌學輯刊》2012 年 4 期。

孫守華《敦煌遺書性愛和諧醫方探析》,《西部中醫藥》2012 年 3 期。

劉喜平、辛寶、張儂《敦煌遺書〈無名氏脈經〉佚方考》,《中國中醫基礎醫學雜誌》2012 年 4 期。

王樂、趙豐《從敦煌發現的刺繡看唐代刺繡的種類及其變化》,《絲綢》2012 年 9 期。

（十二）學術動態

王素《〈敦煌吐魯番文書與唐代西域史研究〉述評》,《中國史研究》2012 年 2 期。

黄正建《敦煌學·日常生活史·名物學——評〈曾有西風半點香：敦煌藝術名物叢考〉》,《中國社會科學報》2012 年 2 月 22 日。

柴劍虹《敦煌科技史著述的奠基之作——讀〈敦煌學和科技史〉感言》,《敦煌研究》2012 年 3 期。

馮培紅《出土文書與傳世史籍相結合的典範之作——劉安志〈敦煌吐魯番文書與唐代西域史研究〉介評》,《敦煌學輯刊》2012 年 3 期。

夏國强《華戎所交一都會　千年敦煌史之旅——劉進寶〈絲綢之路敦煌研究〉讀後》,《西域研究》2012 年 1 期。

明成滿《爲敦煌學史和絲綢之路研究書寫新篇章——評劉進寶〈絲綢之路敦煌研究〉》,《社會科學戰綫》2012 年 3 期。

郁龍餘《敦煌學研究的新里程碑——簡論〈敦煌佛教繪畫〉》,《深圳大學學報》2012 年 1 期。

土曉梅《西夏統治時期的敦煌研究綜述》,《絲綢之路》2012 年 4 期。

楊富學、樊麗莎《新世紀初國内敦煌吐蕃歷史文化研究述要》,《西夏研究》2012 年 1 期。

杜海《敦煌書儀研究述評》,《史學月刊》2012 年 8 期。

劉再聰、朱斌權《二十時期前半期西北師範大學敦煌學教學史述評——以學者任教期間活動爲中心》,《西北成人教育學報》2012 年 1 期。

趙青山《2012 敦煌·絲綢之路國際研討會綜述》,《敦煌學輯刊》2012 年 3 期。

張懿紅《當代敦煌題材戲劇、影視劇評述——"20 世紀敦煌題材文藝創作與傳播"論》,《戲劇文學》2012 年 2 期。

胡中良、高小偉《蘭州大學敦煌學研究所已出版著作簡目》,《敦煌學輯刊》2012 年 3 期。

2012 年吐魯番學研究論著目録

王蕾（蘭州大學）

　　2012 年出版吐魯番學專著與文集共 23 部，論文共計 212 篇。先將本年度吐魯番學研究論著目録編製如下，其編排次序爲：一、專著與文集；二、論文。論文（以期刊中發表文章爲主）又分爲文書、歷史與地理、經濟、民族、宗教、藝術、考古、文化、語言文字、書評與綜述十個專題。

一、專著與文集

殷晴《絲綢之路經濟史研究》，蘭州大學出版社，2012 年 1 月。

耿世民《西域文史論稿》，蘭州大學出版社，2012 年 1 月。

鄧小南、曹家齊、平田茂樹《文書·政令·信息溝通：以唐宋時期爲主》（上冊），北京大學出版社，2012 年 1 月。

張峰峰、張鵬《吐魯番不寂寞——高昌王國傳奇》，北京：中國國際廣播出版社，2012 年 1 月。

石墨林編著，陳國燦校訂《唐安西都護府史事編年》，烏魯木齊：新疆人民出版社，2012 年 3 月。

鄭顯文《出土文獻與唐代法律史研究》，北京：中國社會科學出版社，2012 年 3 月。

李之勤《西域史地三種資料校注》，烏魯木齊：新疆人民出版社，2012 年 3 月。

新疆維吾爾自治區文物局《帶你走進博物館——吐魯番博物館》，北京：文物出版社，2012 年 3 月。

中共高臺縣委、高臺縣人民政府、甘肅敦煌學學會、敦煌研究院文獻所、河西學院編《高臺魏晉墓與河西歷史文化研究》，蘭州：甘肅教育出版社，2012 年 4 月。

山西博物館、新疆維吾爾自治區博物館、吐魯番博物館《天山往事——古代新疆絲路文物精華》，太原：山西人民出版社，2012 年 4 月。

余欣《博望鳴沙——中古寫本研究與現代中國學術史之會通》，上海古籍出版社，2012 年 6 月。

王啓濤《吐魯番出土文獻詞典》，成都：巴蜀書社，2012 年 6 月。

［法］莫尼克·瑪雅爾著，耿昇譯《中世紀初期吐魯番綠洲的物質生活》，北京：中國國際廣播出版社，2012 年 6 月。

周珊、朱玉麒主編《西域文學與文化論叢》第 1 輯,北京：學苑出版社,2012 年 7 月。

趙立新、海濱主編《力耕集——薛天緯教授七十壽辰學術紀念文集》,北京：學苑出版社,2012 年 7 月。

楊富學譯《回鶻學譯文集》,蘭州：甘肅民族出版社,2012 年 8 月。

楊富學、陳愛峰《西夏與周邊關係研究》,蘭州：甘肅民族出版社,2012 年 8 月。

［俄］謝爾巴克（А. М. ЩЕРБАК）著,李經緯譯《十至十三世紀新疆突厥語文獻語言語法概論》,蘭州：甘肅民族出版社,2012 年 8 月。

陳國燦《陳國燦吐魯番敦煌出土文獻史事論集》,上海古籍出版社,2012 年 9 月。

新疆吐魯番學研究院《語言背後的歷史——西域古典語言學高峰論壇論文集》,上海古籍出版社,2012 年 9 月。

張銘心、徐婉玲《文化遺産保護與區域社會發展研究——以吐魯番地區故城遺址爲例》,北京：民族出版社,2012 年 9 月。

王珽《内陸亞洲史地求索（續）》,蘭州大學出版社,2012 年 12 月。

朱雷《朱雷敦煌吐魯番文書論叢》,上海古籍出版社,2012 年 12 月。

二、論　　文

（一）文書

華喆《鄭玄禮學的延伸——敦煌吐魯番出土寫本〈論語鄭氏注〉研究》,《西域研究》2012 年第 3 期,第 96—106 頁。

吳麗娛、陳麗萍《中村不折舊藏吐魯番出土〈朋友書儀〉研究——兼論唐代朋友書儀的版本與類型問題》,《西域研究》2012 年第 4 期,第 87—104 頁。

張艷奎《吐魯番出土的兩件算學文書初探》,《絲綢之路》2012 年第 22 期,第 22—23 頁。

湯士華《吐魯番博物館藏〈洪憲元年（1916）迪化道公署禁用翻印教科書飭文〉》,《吐魯番學研究》2012 年第 2 期,第 99—104 頁。

鄧文寬《鞋幫鞋底也關情——吐魯番文書整理散記》,《吐魯番學研究》2012 年第 1 期,第 131—133 頁。

（二）歷史與地理

王素《從麴文泰入唐逸事談高昌與唐關係的變化》,《吐魯番學研究》2012 年第 2 期,第 35—43 頁。

艾尚連、邢香菊《常建詩〈送李大都護〉之"李大都護"考辨》,《吐魯番學研究》

2012 年第 1 期,第 98—112 頁。

楊富學、張海娟《蒙古豳王家族與元代西北邊防》,《中國邊疆史地研究》2012
年第 2 期,第 21—36 頁。

郭勝利《明朝吐魯番僧綱司考》,《青海民族大學學報》2012 年第 1 期,第 85—
90 頁。

馬曉娟《清朝法制在吐魯番地區的重建》,《新疆大學學報》2012 年第 1 期,第
61—66 頁。

田振洪《唐代契約實踐中的國家法律與民間規則: 以民間借貸契約違約責任
爲視角》,《東南學術》2012 年第 4 期,第 143—154 頁。

李全德《再談天一閣藏明鈔本〈天聖令·關市令〉之"副白"與"案記"》,《西域
研究》2012 年第 3 期,第 36—43 頁。

韓英、李晨《從出土材料看漢唐間户籍檔案的變遷》,《檔案學通訊》2012 年第
6 期,第 98—100 頁。

戊己《西域緑洲人與自然的互動與演變——以高昌緑洲爲例》,《中國地方誌》
2012 年第 8 期,第 59—64 頁。

孫長龍《〈唐益謙、薛光沘、康大之請給過所案卷〉若干問題考》,《塔里木大學
學報》2012 年第 2 期,第 62—65 頁。

榮新江、文欣《"西域"概念的變化與唐朝"邊境"的西移——兼談安西都護府
在唐政治體系中的地位》,《北京大學學報》2012 年第 4 期,第 113—119 頁。

李并成《新疆渭幹河下游古緑洲沙漠化考》,《西域研究》2012 年第 2 期,第
46—53 頁。

［俄］Б·В·多爾別熱夫著,佟玉泉譯《探尋別失八里遺址》,《吐魯番學研
究》2012 年第 2 期,第 128—148 頁。

邢立濤《試論吐魯番地區之歷史沿革及地名來源》,《群文天地》2012 年第 6
期下,第 28、44 頁。

(三) 經濟

陳躍《魏晉南北朝西域農業的新發展》,《中國經濟史研究》2012 年第 3 期,第
137—145 頁。

張安福、朱麗娜《唐代西州地區種植發展研究》,《吐魯番學研究》2012 年第 1
期,第 76—89 頁。

王希隆《唐代西域屯田述略》,《貴州大學學報》2012 年第 5 期,第 1—10 頁。

張安福《西域屯田預期嬗變的歷史動因分析》,《中國地方誌》2012 年第 2 期,
第 49—54 頁。

楊潔《漢唐間吐魯番地區的蠶絲生產與貿易》,《吐魯番學研究》2012 年第 2

期,第 113—121 頁。

楊潔《中古絲路綠洲城鎮的貿易活動》,《社科縱橫》2012 年第 1 期,第 107—110 頁。

鄭燕燕《論高昌地區粟特商業的運營》,《西域研究》2012 年第 2 期,第 14—22 頁。

劉子凡《唐前期西州民間工匠的賦役》,《西域研究》2012 年第 3 期,第 76—89 頁。

趙貞《唐代的"三賈均市"——以敦煌吐魯番文書爲中心》,《中國社會經濟史研究》2012 年第 1 期,第 8—20 頁。

楊文清《對〈吐魯番發現銀質高昌吉利錢〉的質疑——兼與儲懷貞等先生商榷》,《新疆錢幣》2012 年第 2 期,第 47—50 頁。

畢波《西域出土唐代文書中的"貫"》,《北京大學學報》2012 年第 4 期,第 129—137 頁。

楊潔《從粟特文文書看入華粟特人的貨幣問題》,《史林》2012 年第 2 期,第 152—158 頁。

王祥偉《一件新出吐魯番文書及其在四柱結算法研究中的意義》,《西域研究》2012 年第 3 期,第 90—95 頁。

李樹輝《古代西域非金屬貨幣研究》,沈衛榮主編《西域歷史語言研究集刊》第 5 輯,北京:科學出版社,2012 年 11 月,第 43—58 頁。

(四) 民族

張鐵山《吐魯番柏孜克里克出土四件回鶻文〈因薩底經〉殘葉研究》,《敦煌研究》2012 年第 2 期,第 83—88 頁。

張鐵山、茨默著,白玉冬譯《十姓回鶻王及其王國的一篇備忘錄》,沈衛榮主編《西域歷史語言研究集刊》第 5 輯,北京:科學出版社,2012 年 11 月,第 157—176 頁。

洪勇明《回鶻文〈玄奘傳〉第十章七葉釋讀》,《中央民族大學學報》2012 年第 5 期,第 140—148 頁。

朱玉麒《王樹枏吐魯番文書題跋箋釋》,《吐魯番學研究》2012 年第 2 期,第 69—98 頁。

馬小鶴《中古波斯文文書 M101 i-j-c-k-g-l 譯釋——摩尼教〈大力士經〉研究》,沈衛榮主編《西域歷史語言研究集刊》第 5 輯,北京:科學出版社,2012 年 11 月,第 59—74 頁。

芮傳明《摩尼教帕提亞語讚美組詩"胡亞達曼"譯釋》,《西域研究》2012 年第 2 期,第 76—95 頁。

閆飛《民族地區傳統聚落人居文化溯源研究——以新疆吐魯番地區爲例》，《甘肅社會科學》2012 年第 6 期，第 252—255 頁。

彭無情《魏晉南北朝隋唐時期新疆佛教文化與民族演變關係研究》，《史學理論研究》2012 年第 1 期，第 51—56 頁。

李肖《吐魯番：歐亞大陸種族、語言交流的十字路口》，《石河子大學學報》2012 年第 5 期，第 5—10 頁。

（五）宗教

朱國祥《簡論高昌古城的歷史與宗教》，《新疆地方誌》2012 年第 1 期，第 51—55 頁。

楊戩《從出土文獻看高昌國三種信仰的流變》，《絲綢之路》2012 年第 22 期，第 65—67 頁。

楊富學《回鶻摩尼教的消亡及相關問題》，《西南民族大學學報》2012 年第 9 期，第 210—216 頁。

楊富學《回鶻摩尼寺的形成及其功能的異化》，《吐魯番學研究》2012 年第 2 期，第 44—68 頁。

李樹輝《摩尼教在維吾爾族中消亡的時間和原因》，《絲綢之路》2012 年第 22 期，第 75—82 頁。

胡同慶《摩尼教在中國晉江、敦煌、吐魯番的遺址、遺物》，《隴右文博》2012 年第 1 期，第 32—34 頁。

耿世民《試論古代維吾爾語佛典的翻譯》，《民族翻譯》2012 年第 2 期，第 10—24 頁。

耿世民《〈回鶻佛教文獻研究——皮特·茨木文選〉出版》，《西域研究》2012 年第 2 期，第 22 頁。

耿世民《〈回鶻文般若婆羅米多文獻研究〉出版》，《西域研究》2012 年第 2 期，第 37 頁。

耿世民《〈古代突厥語《維摩經注釋》研究〉出版》，《西域研究》2012 年第 2 期，第 141 頁。

劉海威《也論祆神與火神之融合——以小説〈封神演義〉爲例》，《世界宗教研究》2012 年第 3 期，第 163—169 頁。

（六）藝術

任萌《天山東、中部地區突厥時期典型岩畫分析》，《西域研究》2012 年第 4 期，第 56—66 頁。

周菁葆《絲綢之路石窟壁畫中的民俗文化》，《新疆師範大學學報》2012 年第 3 期，第 46—52 頁。

任平山《兔本生——兼談西藏大昭寺、夏魯寺和新疆石窟中的相關作品》,《敦煌研究》2012 年第 2 期,57—65 頁。

周菁葆《絲綢之路與新疆石窟壁畫中的動物形象》,《絲綢之路》2012 年第 2 期,第 25—29 頁。

葉嬌《唐代文獻所見"袴奴"形制考》,《中國國家博物館館刊》2012 年第 1 期,第 83—89 頁。

陳文福、王萍《裕固族與維吾爾族服飾藝術探源》,《絲綢之路》2012 年第 2 期,第 56—58 頁。

張弛《淺談新疆博物館館藏十二生肖俑》,《絲綢之路》2012 年第 10 期,第 30—31 頁。

蔡欣《吐魯番巴達木墓地的藍底佛像獅紋錦》,《東方收藏》2012 年第 3 期,第 63—65 頁。

阿旦《新疆古代雕塑與文物探討》,《科技嚮導》2012 年第 26 期,第 321 頁。

王天軍《吐魯番出土文物與古代體育文化》,《飛天》2012 年第 16 期,第 84—86 頁。

趙新《多元交融、獨具風情——記新疆古代服飾展》,《收藏家》2012 年第 1 期,第 3—6 頁。

王衛平《絲路擷英——旅順博物館藏絲綢之路文物展(上)》,《收藏家》2012 年第 8 期,第 3—8 頁。

(七) 考古

新疆文物考古研究所《高昌故城第五次考古發掘簡報》,《吐魯番學研究》2012 年第 2 期,第 1—34 頁。

中國社會科學院考古研究所邊疆民族考古研究室、吐魯番學研究院、龜茲研究院《新疆鄯善縣吐峪溝東區北側石窟發掘簡報》,《考古》2012 年第 1 期,第 7—16 頁。

中國社會科學院考古研究所邊疆民族考古研究室、吐魯番學研究院、龜茲研究院《新疆鄯善縣吐峪溝西區北側石窟發掘簡報》,《考古》2012 年第 1 期,第 17—22 頁。

文史參考編輯部《十年十大考古發現系列之⑩新疆鄯善縣吐峪溝石窟寺遺址見證東西佛教文化交匯》,《文史參考》2012 年第 22 期,第 22—23 頁。

吐魯番地區文物局、吐魯番學研究院《吐魯番大桃兒溝石窟調查簡報》,《吐魯番學研究》2012 年第 1 期,第 1—17 頁。

吐魯番地區文物局、吐魯番學研究院《吐魯番小桃兒溝石窟調查簡報》,《吐魯番學研究》2012 年第 1 期,第 18—29 頁。

新疆文物考古研究所《新疆柏孜克里克千佛洞窟前遺址發掘簡報》,《文物》
　　2012 年第 5 期,第 32—62 頁。

吳勇《新疆吐魯番勝金口石窟考古發掘新收穫》,《西域研究》2012 年第 3 期,
　　第 133—135 頁。

新疆文物考古研究所《新疆吐魯番市臺藏塔遺址發掘簡報》,《考古》2012 年
　　第 9 期,第 37—44 頁。

韋正《試談吐魯番幾座魏晉、十六國早期墓葬的年代和相關問題》,《考古》
　　2012 年第 9 期,第 60—68 頁。

艾克拜爾·尼牙孜《吐魯番洋海墓地出土的馬銜與馬鑣》,《吐魯番學研究》
　　2012 年第 1 期,第 70—75 頁。

艾克拜爾·尼牙孜《吐魯番盆地洋海墓地出土的馬具及相關問題研究》,《新
　　疆大學學報》2012 年第 3 期,第 76—79 頁。

李曉岑、鄭渤秋、王博《吐魯番阿斯塔那——哈拉和卓古墓群出土古紙研究》,
　　《西域研究》2012 年第 1 期,第 62—68 頁。

余欣《冥幣新考:以新疆吐魯番考古資料爲中心》,《世界宗教研究》2012 年第
　　1 期,第 172—181 頁。

庫爾班·熱合曼《新疆吐魯番巴達木墓出土深藍地聯珠新月紋錦殘片的修
　　復》,《吐魯番學研究》2012 年第 2 期,第 122—127 頁。

王雲《新疆吐魯番阿斯塔那唐代墓出土織成履——彩色編織鞋保護修復》,
　　《西部考古》2012 年第 6 輯,第 328—340 頁。

郭金龍、孫延忠、楊淼、郭宏、龔德才《新疆博物館新獲紙質文書結構與成分的
　　分析研究》,《文物保護與考古科學》第 24 卷(2012 年第 3 期),第 41—
　　46 頁。

古麗拜克熱·買明、沙代提古麗·買明《現時的交河故城保護》,《黑龍江史
　　志》2012 年第 16 期,第 46—47 頁。

　　(八) 文化

閆延亮《麴氏高昌延昌末瘟疫試探》,《吐魯番學研究》2012 年第 1 期,第 90—
　　97 頁。

呂博《釋"搔囊"——讀高臺駱駝城前涼木牘劄記之一》,《敦煌學輯刊》2012
　　年第 2 期,118—127 頁。

郭勝利、陳亮《畏兀兒婚俗制度研究》,《北方民族大學學報》2012 年第 4 期,
　　第 53—62 頁。

張小艷《"坐社"與"作社"》,《敦煌研究》2012 年第 4 期,第 67—76 頁。

李正元《饢的起源》,《中國邊疆史地研究》2012 年第 1 期,第 112—117 頁。

陳習剛《吐魯番文書中的"醬"、"漿"與葡萄的加工、越冬防寒問題》,《古今農業》2012 年第 2 期,第 54—70 頁。

衣霄《吐魯番出土織物樹紋特徵源流考》,《南京藝術學院學報》2012 年第 4 期,第 34—36 頁。

(九) 語言文字

王丁《中古碑誌、寫本中的漢胡語文劄記(二)》,沈衛榮主編《西域歷史語言研究集刊》第 5 輯,北京:科學出版社,2012 年 11 月,第 75—86 頁。

荻原裕敏《一件吐火羅 A 語——梵語雙語律藏殘片》,沈衛榮主編《西域歷史語言研究集刊》第 5 輯,北京:科學出版社,2012 年 11 月,第 135—142 頁。

慶昭蓉《唐代安西之帛練——從吐火羅 B 語世俗文書上的不明語詞 Kaum* 談起》,《敦煌研究》2012 年第 4 期,第 102—109 頁。

王啓濤《吐魯番出土文獻的語言系統》,《西南民族大學學報》2012 年第 3 期,第 199—203 頁。

許多會、熱合木吐拉·艾山《有關回鶻文的幾個問題》,《西域研究》2012 年第 2 期,第 121—124 頁。

聶志軍《〈吐魯番出土文書詞語例釋〉辨正》,《敦煌研究》2012 年第 4 期,第 87—92 頁。

趙晨霞《吐魯番出土文書字詞再考釋》,《語文研究》2012 年第 2 期,第 45—48 頁。

劉哲《敦煌吐魯番文獻一組性別詞語的語義分析》,《西安文理學院學報》2012 年第 3 期,第 33—36 頁。

潘夢麗《〈吐魯番出土文書〉校補(節選)》,《文教資料》2012 年第 1 期,第 25—26 頁。

毛秋瑾《〈新獲吐魯番出土文獻〉的書法史研究價值》,《中國書畫》2012 年第 1 期,第 127 頁。

毛秋瑾《漢唐之間的寫經書法——以敦煌吐魯番寫本爲中心》,《南京藝術學院學報》2012 年第 3 期,第 5—17 頁。

周珩幫《從地方回應到書寫變革——公元 7—8 世紀的吐魯番民間書法》,《伊犁師範學院學報》2012 年第 2 期,第 58—63 頁。

(十) 書評與綜述

馮培紅《出土文書與傳世史籍相結合的典範之作——劉安志〈敦煌吐魯番文書與唐代西域史研究〉介評》,《敦煌學輯刊》2012 年第 3 期,第 162—171 頁。

王素《〈敦煌吐魯番文書與唐代西域史研究〉述評》,《中國史研究》2012 年第

2 期,第 191—195 頁。

王旭送《唐代西域史研究的創新與拓展——〈敦煌吐魯番文書與唐代西域史
　　研究〉評介》,《西域研究》2012 年第 2 期,第 134—135 頁。

朱艷桐、王蕾《2011 年吐魯番學研究論著目録》,郝春文主編《2012 敦煌學國
　　際聯絡委員會通訊》,上海古籍出版社,2012 年 8 月,第 202—209 頁。

楊潔《百年來敦煌吐魯番商業貿易研究回顧》,郝春文主編《2012 敦煌學國際
　　聯絡委員會通訊》,上海古籍出版社,2012 年 8 月,第 64—79 頁。

侯文昌《近六十年吐魯番漢文契約文書研究綜述》,《西域研究》2012 年第 1
　　期,第 127—133 頁。

徐暢《存世唐代告身及其相關研究述略》,《中國史研究動態》2012 年第 3 期,
　　第 33—43 頁。

張秀清《中國敦煌吐魯番學會理事會暨民族文獻學術研討會綜述》,郝春文主
　　編《2012 敦煌學國際聯絡委員會通訊》,上海古籍出版社,2012 年 8 月,第
　　138—143 頁。

魯迪《"新疆宗教史學術研討會"綜述》,《西域研究》2012 年第 3 期,第 136—
　　137 頁。

王友奎《"2012 年中國敦煌吐魯番學會理事會暨絲路歷史文化研討會"在烏
　　魯木齊召開》,《敦煌研究》2012 年第 4 期,封二。

安士佳《第四屆吐魯番學國際學術研討會暨古代錢幣與絲綢高峰論壇紀要》,
　　《吐魯番學研究》2012 年第 2 期,第 149—153 頁。

湯士華《吐魯番學專家委員會成立》,《吐魯番學研究》2012 年第 2 期,第
　　154—155 頁。

中國回鶻佛教研究著述目録

楊富學(敦煌研究院)　金琰(西北民族大學)

幾點説明:

1) 本目録以中國學者的研究成果爲限,包括專著、文集、圖録、論文、譯文和述評等,内容涵蓋總論、文獻、歷史、語言文字、石窟藝術等各個方面;

2) 收録範圍以學術性爲主;

3) 論題以回鶻佛教爲主,如柏孜克里克石窟,分爲麴氏高昌國、唐西州和回鶻高昌三個時期,僅選録以後者爲主的著述;

4) 用維吾爾文撰寫的回鶻佛教研究著述不少,但條件所囿,收録不理想,且存在印刷困難,故未入編;

5) 由於編者水平有限,加上時間倉促,難免掛一漏萬(尤其用外文發表的著述),請予諒解并補正。

一、中 文 部 分

阿布都熱西提・亞庫甫

《回鶻文雕版印刷密宗文獻概述》,張定京、阿不都熱西提・亞庫甫編《突厥語文學研究——耿世民教授八十華誕紀念文集》,北京:中央民族大學出版社,2009 年,第 1—14 頁。

《柏孜克里克出土回鶻文〈大乘無量壽宗要經〉印本殘本研究》,束迪生、李肖、娜仁高娃主編《高昌社會變遷及宗教演變》,烏魯木齊:新疆人民出版社,2010 年,第 107—117 頁。

《回鶻文〈金剛般若波羅蜜經〉的版本、原典及其重構》,吐魯番學研究院編《吐魯番學研究・第三屆吐魯番學暨歐亞遊牧民族的起源與遷徙國際學術研討會論文集》,上海古籍出版社,2010 年,第 593—609 頁。

《柏孜克里克出土〈梁朝傅大師頌金剛經〉回鶻文寫本殘葉研究》,張定京、穆合塔爾・阿布勒哈克主編《突厥與哈薩克語文學研究》,北京:中央民族大學出版社,2010 年,第 1—8 頁。

《敦煌新出敍利亞文文獻行間加寫的回鶻文頭韻詩譯釋》,彭金章主編《敦煌莫高窟北區石窟研究》下册,蘭州:甘肅教育出版社,2011 年,第 503—510 頁。

《敦煌北區石窟出土回鶻文文獻的綜合研究》,《敦煌莫高窟北區石窟研究》下册,第 429—477 頁。

《敦煌新出土回鶻文信劄殘片考釋》,《敦煌莫高窟北區石窟研究》下册,第
　478—484 頁。

《敦煌北區石窟出土回鶻文佛教文獻概述》,《敦煌莫高窟北區石窟研究》下
　册,第 485—502 頁。

《北京大學圖書館藏回鶻文〈西寧王速來蠻讚〉新探》,朱玉麒主編《西域文
　史》第 6 輯,北京:科學出版社,2011 年,第 61—77 頁。

阿不都熱西提・亞庫甫(譯)

《柏孜克里克新出三件回鶻文〈金光明經〉殘片》([德] 孜莫娜-克里斯特亞
　娜-拉施曼著),《吐魯番學研究》2011 年第 1 期,第 139—150 頁。

阿布都外力・克熱木

《從藏族對裕固族的影響看吐蕃與回鶻的文化交流》,《西北民族大學學報》
　2011 年第 2 期,第 28—33 頁。

阿合買提江・艾海提

《公元九世紀中葉以前的回鶻佛教》,《新疆社會科學研究》1987 年第 9 期,第
　9—15 頁(收入《中國西北宗教文獻・佛教・新疆卷 3》,蘭州:甘肅民族出
　版社,2012 年,第 448—454 頁)。

阿力肯・阿吾哈力

《回鶻文〈金光明最勝王經〉第十三品研究》,中央民族大學突厥語言文化系、
　中亞學研究所編《突厥語言與文化研究》,北京:中央民族大學出版社,1996
　年,第 25—46 頁。

阿里木・玉蘇甫

《論回鶻文〈説心性經〉來源》,張定京、阿不都熱西提・亞庫甫編《突厥語文
　學研究——耿世民教授八十華誕紀念文集》,北京:中央民族大學出版社,
　2009 年,第 27—36 頁。

《回鶻文〈説心性經〉來源考》,《民族語文》2010 年第 1 期,第 59—64 頁。

阿里木・玉蘇甫、帕提古力・麥麥提

《敦煌回鶻寫本〈説心性經〉中的夾寫漢字現象》,《西北民族大學學報》2010
　年第 2 期,第 105—112 頁。

阿依達爾・米爾卡馬力

《敦煌莫高窟北區 B157 窟出土回鶻文〈阿毗達磨俱舍論實義疏〉殘頁研究》,
　《京都大學言語學研究》第 24 號,2005 年,第 1—13 頁(收入《敦煌莫高窟北
　區石窟研究》下册,第 412—428 頁)。

《敦煌莫高窟北區石窟出土回鶻文〈梁朝傅大士頌金剛經〉殘頁研究》,《新疆

大學學報》2006 年第 3 期,第 55—58 頁(收入《敦煌莫高窟北區石窟研究》
　下册,第 397—404 頁)。

《從敦煌出土回鶻文佛教文獻看漢語對回鶻文佛典語言的影響》,新疆大學博
　士學位論文,2007 年。

《敦煌莫高窟北區出土兩件回鶻文佛教文獻殘片研究》,鄭炳林、樊錦詩、楊富
　學主編《敦煌佛教與禪宗學術討論會文集》,西安: 三秦出版社,2007 年,第
　484—494 頁。

《莫高窟北區出土回鶻文〈佛祖歷代通載〉殘頁再研究》,《新疆大學學報》
　2008 年第 1 期,第 145—148 頁。

《莫高窟北區出土的兩件回鶻文佛教文獻殘片研究》,《敦煌研究》2008 年第 4
　期,第 84—88 頁。

《敦煌莫高窟北區出土回鶻文〈俱舍論頌疏論本〉殘卷研究》,張定京、阿不都
　熱西提・亞庫甫編《突厥語文學研究——耿世民教授八十華誕紀念文集》,
　北京: 中央民族大學出版社,2009 年,第 37—53 頁。

《敦煌莫高窟北區新出回鶻文文獻綜述》,《敦煌學輯刊》2009 年第 2 期,第
　81—88 頁。

阿依達爾・米爾卡馬力、迪拉娜・伊斯拉非爾

《吐魯番博物館藏回鶻文〈慈悲道場懺法〉殘葉研究》,《敦煌研究》2011 年第
　4 期,第 45—51 頁。

阿依達爾・米爾卡馬力、楊富學

《回鶻文〈八十華嚴・毗盧遮那品〉殘葉研究》,《内陸アジア言語の研究》(大
　阪)XXII,2007 年,第 39—52 頁。

《敦煌莫高窟 464 窟回鶻文榜題研究》,《民族語文》2012 年第 3 期,第 78—
　80 頁。

阿依努・司馬義

《北圖收藏的回鶻文〈玄奘傳〉第七卷殘片研究》,中央民族大學碩士學位論
　文,2007 年。

艾伯特[德]

《柏孜柯里克的千手觀音絹畫》,《1987 年敦煌石窟研究國際學術討論會文
　集》(石窟藝術編),瀋陽: 遼寧美術出版社,1990 年,第 263—267 頁。

艾爾肯・伊明尼雅孜・庫吐魯克

《回鶻文與〈金光明經〉》,李晉有等主編《中國少數民族古籍論》,成都: 巴蜀
　書社,1997 年,第 185—193 頁(收入《中國敦煌學百年文庫・民族卷》4,蘭
　州: 甘肅文化出版社,1999 年,第 169—174 頁)。

艾力·阿布拉

《〈彌勒會見記〉之中的對偶詞研究》,新疆師範大學碩士學位論文,2011 年。

艾山江·阿不力孜

《維吾爾族服飾文化研究》,新疆大學博士學位論文,2004 年。

敖特根

《莫高窟北區出土 B119:13 號文書係回鶻文書》,《敦煌學輯刊》2005 年第 1 期,第 16—21 頁。

包銘新

《敦煌壁畫中的回鶻女供養人服飾研究》,《敦煌研究》(特刊)2005 年,第 1—6 頁。

邊毅

《古代維吾爾人民與藝術瑰寶〈彌勒會見記〉》,《絲路》1984 年第 2 期,第 75—78 頁。

才吾加甫

《元明時期的新疆藏傳佛教》,《西域研究》2007 年第 3 期,第 30—34 頁。

岑仲勉

《吐魯番木柱刻文略釋》,《國立中央研究院歷史語言研究所集刊》第 12 册,1947 年,第 117—119 頁(收入《金石論叢》,上海古籍出版社,1981 年,第 453—456 頁)。

陳愛峰

《高昌回鶻與西夏佛教藝術關係考》,《吐魯番學研究》2010 年第 2 期,第 50—62 頁。

陳高華

《元代内遷畏兀兒人與佛教》,《中國史研究》2011 年第 1 期,第 33—52 頁。

陳國燦、伊斯拉非爾·玉蘇甫

《西州回鶻時期漢文〈造佛塔記〉初探》,《歷史研究》2009 年第 1 期,第 147—182 頁(收入新疆維吾爾自治區博物館《西域歷史文化寶藏探析——新疆維吾爾自治區博物館論文集第三輯》,烏魯木齊:新疆美術攝影出版社、新疆電子音像出版社,2012 年,第 1—12 頁)。

《對一件西州回鶻時期漢文造佛塔記的研究》,吐魯番學研究院編《吐魯番學研究·第三届吐魯番學暨歐亞遊牧民族的起源與遷徙國際學術研討會論文集》,上海古籍出版社,2010 年,第 554—565 頁。

陳明

《回鶻文〈金光明經〉中偈語的翻譯特色初探——以第十卷二十六品〈捨身

品〉爲例》,《喀什師範學院學報》2012 年第 4 期,第 56—58 頁。

陳瑞蓮、楊富學(譯)

《中亞突厥之佛教》([德] 克林凱特著),楊富學譯《回鶻學譯文集》,蘭州: 甘
  肅民族出版社,2012 年,第 373—393 頁。

陳世良

《佛教》,李泰玉主編《新疆宗教》,烏魯木齊: 新疆人民出版社,1989 年,第
  22—85 頁。

陳世良(譯)

《回鶻王國的佛教文化》([日] 山田信夫著),《新疆社會科學情報》1988 年第
  11 期,第 2—9 頁。

陳世良、譚吳鐵、陳國光

《藏傳佛教(喇嘛教)在新疆的傳播與發展》,《新疆維吾爾自治區社會科學院
  首屆學術報告會論文選集》,烏魯木齊: 新疆社會科學院,1983 年,第 284—
  326 頁(收入陳世良著《西域佛教研究》,烏魯木齊: 新疆美術攝影出版社,
  2008 年,第 58—94 頁)。

陳新齊

《回鶻宗教演變考》,《新疆地方誌》1991 年第 3 期,第 53—55 頁轉 31 頁。

陳寅恪

《懺悔滅罪金光明經冥報傳跋》,《國立北平圖書館月刊》第 1 卷第 2 號,1928
  年,第 58—59 頁(收入《金明館叢稿二編》,上海古籍出版社,1980 年,第
  256—257 頁;《中國敦煌學百年文庫·宗教卷》4,第 391—392 頁;《中國西
  北宗教文獻·佛教·甘肅卷1》,第 71—72 頁)。

承哉熹[韓國]

《柏孜克里克石窟誓願畫研究》,中國社會科學院研究生院博士學位論文,
  2010 年。

《柏孜克里克石窟方形窟誓願畫配置狀況的比較——以圖像構圖與主題的演
  變爲中心》,吐魯番學研究院編《吐魯番學研究·第三屆吐魯番學暨歐亞遊
  牧民族的起源與遷徙國際學術研討會論文集》,上海古籍出版社,2010 年,
  第 807—813 頁。

茨默、牛汝極

《一件回鶻文皈依三寶願文譯釋》,《中亞學刊》第 5 輯,烏魯木齊: 新疆人民
  出版社,2000 年,第 22—36 頁。

答小群、袁昇祺

《略論高昌回鶻王國多宗教共生并存的原因》,《吕梁高等專科學校學報》2009

年第 4 期,第 21—24 頁。

迪拉娜·伊斯拉菲爾

《新疆博物館藏勝金口本〈彌勒會見記〉研究》,張定京、阿不都熱西提·亞庫
　甫編《突厥語文學研究——耿世民教授八十華誕紀念文集》,北京：中央民
　族大學出版社,2009 年,第 81—97 頁。

《新疆維吾爾自治區博物館回鶻文本〈彌勒會見記〉的收藏情況》,張定京、穆
　合塔爾·阿布勒哈克主編《突厥與哈薩克語文學研究》,北京：中央民族大
　學出版社,2010 年,第 64—67 頁。

迪特爾·毛艾、牛汝極

《吐魯番柏孜克里克出土一件梵文—回鶻文雙語文獻研究》,張定京、阿不都
　熱西提·亞庫甫編《突厥語文學研究——耿世民教授八十華誕紀念文集》,
　北京：中央民族大學出版社,2009 年,第 98—126 頁。

董知珍

《7—18 世紀西域與西藏佛教交流研究》,蘭州大學博士學位論文,2012 年。

杜斗城

書評:《楊富學著〈回鶻之佛教〉》,《歷史研究》1999 年第 4 期,第 187—
　188 頁。

杜斗城、趙天英

《篳路藍縷　發覆創新——楊富學著〈印度宗教文化與回鶻民間文學〉評介》,
　《敦煌學輯刊》2008 年第 4 期,第 172—176 頁。

多魯坤·闞白爾

《〈彌勒會見記〉成書年代及劇本形式初探》,《戲劇》1989 年第 1 期。

《〈彌勒會見記〉成書年代新考及劇本形式新探》,曲六乙、李肖冰主編《西
　域戲劇與戲劇的發生》,烏魯木齊：新疆人民出版社,1992 年,第 11—
　19 頁。

《吐魯番柏孜克里克千佛洞新出回鶻文初探》,中國民族古文字研究會編《中
　國民族古文字研究》第 2 輯,天津古籍出版社,1993 年,第 55—61 頁。

多魯坤·闞白爾、斯拉菲爾·玉素甫

《新疆近代考古及出土古文字種類簡介》,《語言與翻譯》1986 年第 1 期,第
　41—44 頁。

《吐魯番最近出土的幾件回鶻文書研究》,《内陸アジア言語の研究》Ⅳ,神户,
　1988 年,第 77—86 頁。

《吐魯番出土的幾件回鶻文書研究》,《語言與翻譯》1988 年第 1 期,第 40—
　44 頁。

多魯坤·闞白爾、斯拉菲爾·玉素甫、阿布都克由木·霍加

《回鶻文〈彌勒會見記〉序章研究》,《新疆文物》1985 年第 1 期,第 58—94 頁。

馮家昇

《回鶻文寫本〈菩薩大唐三藏法師傳〉研究報告》(考古學專刊丙種第 1 號),
　北京,1951 年。

《回鶻文和回鶻文〈玄奘傳〉》,《大公報》(上海)1952 年 3 月 4 日(收入林幹編
　《突厥與回紇歷史論文選集》下册,北京:中華書局,1987 年,第 654—
　657 頁)。

《回鶻文寫本〈菩薩大唐三奘法師傳〉研究報告》,北京:科學出版社,1953 年
　(收入《馮家昇論著輯粹》,北京:中華書局,1987 年,第 373—413 頁)。

《刻本回鶻文〈佛説天地八陽神咒經〉的研究——兼論回鶻人對於〈大藏經〉
　的貢獻》,《考古學報》第 9 期,1955 年,第 183—192 頁(收入新疆社會科學
　院考古研究所編《新疆考古三十年》,烏魯木齊:新疆人民出版社,1983 年,
　第 555—561 頁;《馮家昇論著輯粹》,北京:中華書局,1987 年,第 433—444
　頁;《中國西北宗教文獻·佛教·新疆卷 1》,第 299—308 頁)。

《1959 年哈密新發現的回鶻文佛經》,《文物》第 7—8 期,1962 年,第 90—97
　頁(收入新疆社會科學院考古研究所編《新疆考古三十年》,烏魯木齊:新
　疆人民出版社,1983 年,第 500—508 頁;《馮家昇論著輯粹》,北京:中華書
　局,1987 年,第 477—489 頁;《中國西北宗教文獻·佛教·新疆卷 1》,第
　381—388 頁)。

高琳

《藏傳佛教在新疆的興起和演變及其對社會的影響》,新疆大學碩士學位論
　文,2009 年。

高士榮、楊富學

《漢傳佛教對回鶻的影響》,《民族研究》2000 年第 5 期,第 71—76 頁。

高人雄

《〈彌勒會見記〉與中國戲曲——古代維吾爾族戲劇與中國戲劇之芻議》,《新
　疆大學學報》2005 年第 5 期,第 52—55 頁。

耿昇(譯)

《敦煌回鶻文寫本〈善惡兩王子的故事〉》([法]哈密屯著),《中國敦煌吐魯
　番學會研究通訊》1986 年第 3 期,第 32—35 頁(收入氏譯《法國西域史學精
　粹》,蘭州:甘肅人民出版社,2011 年,第 311—322 頁)。

《回鶻文尊號闍梨和都統考》([法]哈密屯著),《甘肅民族研究》1988 年第
　3—4 期,第 118—124 頁(收入氏譯《法國西域史學精粹》,蘭州:甘肅人民

出版社,2011 年,第 323—344 頁)。

耿世民

《佛教在古代新疆和突厥、回鶻人中的傳播》,《新疆大學學報》1978 年第 2 期,第 69—76 頁轉 25 頁。

《古代維吾爾族漢文翻譯家僧古薩里》,《圖書評介》1978 年第 2 期,第 29—34 頁。

《回鶻文〈玄奘傳〉第七卷研究［上］》,《民族語文》1979 年第 4 期,第 249—262 頁(收入中央民族學院科研處編《中央民族學院學術論文》(民族語文分冊),1980 年,第 267—304 頁;耿世民著《新疆文史論集》,北京:中央民族大學出版社,2001 年,第 328—353 頁;《中國西北宗教文獻·佛教·新疆卷 1》,第 57 頁)。

《回鶻文〈玄奘傳〉第七卷研究［下］》,《中央民族學院學術論文集》(民族語文分冊),1980 年,第 267—304 頁(收入氏著《維吾爾古代文獻研究》,北京:中央民族大學出版社,2003 年,第 383—396 頁;《中國西北宗教文獻·佛教·新疆卷 1》,第 417—430 頁)。

《古代新疆和突厥、回鶻人的佛教》,《世界宗教研究》1980 年第 2 期,第 78—81 頁(收入《新疆宗教研究資料》第 4 輯,1981 年,第 10—18 頁;《新疆文史論集》,北京:中央民族大學出版社,2001 年,第 266—281 頁;《中國敦煌學百年文庫·民族卷》4,第 215—226 頁;《中國西北宗教文獻·佛教·新疆卷 2》,第 64—72 頁)。

《回鶻文〈土都木薩里修寺碑〉考釋》,《世界宗教研究》1981 年第 1 期,第 77—83 頁(收入氏著《維吾爾古代文獻研究》,北京:中央民族大學出版社,2003 年,第 422—431 頁;《中國西北宗教文獻·佛教·新疆卷 2》,第 46—52 頁)。

《古代維吾爾佛教原始劇本〈彌勒會見記〉(哈密寫本)研究》,《文史》第 12 期,1981 年,第 211—226 頁(收入李肖冰等編《中國戲劇起源》,北京:知識出版社,1990 年,第 247—259 頁;中國突厥語研究會編《中國突厥語研究論文集》,北京:民族出版社,1991 年,第 20—37 頁;中央民族大學突厥語言文化系、中亞學研究所、維吾爾學研究所編《突厥語言與文化研究》第 2 輯,北京:中央民族大學出版社,1997 年,第 14—37 頁;氏著《新疆文史論集》,北京:中央民族大學出版社,2001 年,第 170—194 頁;氏著《回鶻文哈密本〈彌勒會見記〉研究》,北京:中央民族大學出版社,2008 年,第 594—616 頁;《中國西北宗教文獻·佛教·新疆卷 2》,第 94—117 頁)。

《維吾爾族古代文化和文獻概論》,烏魯木齊:新疆人民出版社,1983 年。

《回鶻文佛教原始劇本〈彌勒會見記〉(第二幕研究)》,《西北民族研究》第 1
　期(試刊),1986 年,第 129—157 頁。

《甘肅省博物館藏回鶻文〈八十華嚴〉殘經研究》(一),《世界宗教研究》1986
　年第 3 期,第 68—77 頁(收入《中國敦煌學百年文庫·民族卷》4,第 131—
　139 頁;氏著《維吾爾古代文獻研究》,北京:中央民族大學出版社,2003 年,
　第 363—382 頁;《中國西北宗教文獻·佛教·新疆卷 3》,第 278—287 頁)。

《甘肅省博物館藏回鶻文〈八十華嚴〉殘經研究》(二),《中央民族學院學報》
　1986 年第 2 期,第 86—90 頁(收入氏著《維吾爾古代文獻研究》,北京:中
　央民族大學出版社,2003 年,第 363—382 頁;《中國西北宗教文獻·佛教·
　新疆卷 3》,第 227—232 頁)。

《回鶻文〈金光明最勝王經〉第六卷〈四天王護國品〉研究》,《中央民族學院學
　報》(語言文學增刊)1986 年第 3 期,第 95—101 轉 123 頁(收入氏著《維吾
　爾古代文獻研究》,北京:中央民族大學出版社,2003 年,第 321—336 頁;
　《中國西北宗教文獻·佛教·新疆卷 3》,第 288—295 頁)。

《回鶻文〈八十華嚴〉殘經研究》,《民族語文》1986 年第 3 期,第 59—65 頁(收
　入《敦煌研究文集·敦煌研究院藏敦煌文獻研究篇》,蘭州:甘肅民族出版
　社,2000 年,第 452—464 頁;氏著《新疆文史論集》,北京:中央民族大學出
　版社,2001 年,第 448—462 頁;《中國西北宗教文獻·佛教·新疆卷 3》,第
　296—302 頁)。

《回鶻文〈阿毗達磨俱舍論〉殘卷研究》(一),《民族語文》1987 年第 1 期,第
　56—61 轉 50 頁(收入《中國敦煌學百年文庫·民族卷》4,第 140—147 頁;
　氏著《新疆文史論集》,北京:中央民族大學出版社,2001 年,第 435—447
　頁;《中國西北宗教文獻·佛教·新疆卷 3》,第 385—391 頁)。

《回鶻文〈阿毗達摩俱舍論〉殘卷研究》(二),《中央民族學院學報》1987 年第
　4 期,第 86—90 頁(收入《中國敦煌學百年文庫·民族卷》4,第 140—147
　頁;氏著《新疆文史論集》,北京:中央民族大學出版社,2001 年,第 435—
　447 頁;氏著《維吾爾古代文獻研究》,北京:中央民族大學出版社,2003 年,
　第 351—362 頁)。

《敦煌出土回鶻文獻介紹》(一至六),《語言與翻譯》1989 年第 2 期,第 31—32
　頁;1989 年第 3 期,第 34—35 頁;1989 年第 4 期,第 8—9 頁;1990 年第 1
　期,第 43—45 頁;1990 年第 2 期,第 6—8 頁;1990 年第 3 期,第 12—14 頁
　(收入氏著《新疆文史論集》,北京:中央民族大學出版社,2001 年,第 296—
　316 頁)。

《回鶻文〈聖救度佛母二十一種禮讚經〉殘卷研究》,《民族語文》1990 年第 3

期,第 26—31 頁(收入氏著《新疆文史論集》,北京:中央民族大學出版社,
　　2001 年,第 463—476 頁;《中國西北宗教文獻·佛教·新疆卷 4》,第 240—
　　246 頁)。

《回鶻文〈玄奘傳〉及其譯者勝光法師》,《中央民族學院學報》1990 年第 6 期,
　　第 66—70 頁(收入氏著《新疆文史論集》,北京:中央民族大學出版社,2001
　　年,第 317—327 頁)。

《談維吾爾佛典》,《季羨林教授八十華誕紀念論文集》(下卷),南昌:江西人
　　民出版社,1991 年,第 549—553 頁(收入氏著《新疆文史論集》,北京:中央
　　民族大學出版社,2001 年,第 258—265 頁;《中國西北宗教文獻·佛教·新
　　疆卷 5》,第 27—31 頁)。

《回鶻文〈金光明最勝王經〉第九卷〈長者流水品〉研究》,《中國民族古文字研
　　究》第 2 輯,天津古籍出版社,1993 年,第 37—54 頁(收入中央民族大學突
　　厥語言文化系、中亞學研究所、維吾爾學研究所編《突厥語言與文化研究》,
　　北京:中央民族大學出版社,1995 年,第 12—24 頁;氏著《維吾爾古代文獻
　　研究》,北京:中央民族大學出版社,2003 年,第 337—350 頁;《中國西北宗
　　教文獻·佛教·新疆卷 5》,第 239—256 頁)。

《敦煌突厥回鶻文書導論》,臺北:新文豐出版公司,1994 年。

《各國收藏的回鶻文文書概況》,《語言與翻譯》2002 年第 1 期,第 18—19 頁。

《維吾爾古代文獻研究》,北京:中央民族大學出版社,2003 年。

《維吾爾佛典文獻》,氏著《維吾爾古代文獻研究》,北京:中央民族大學出版
　　社,2003 年,第 43—79 頁。

《哈密本〈彌勒會見記〉研究德文本序》,氏著《維吾爾古代文獻研究》,北京:
　　中央民族大學出版社,2003 年,第 80—91 頁。

《哈密本〈彌勒會見記〉第十品"彌勒從兜率天下降人間"研究》,氏著《維吾爾
　　古代文獻研究》,北京:中央民族大學出版社,2003 年,第 92—119 頁。

《哈密本〈彌勒會見記〉第十一品"菩薩降生"研究》,氏著《維吾爾古代文獻研
　　究》,北京:中央民族大學出版社,2003 年,第 121—160 頁。

《哈密本〈彌勒會見記〉第十三品"菩薩離家尋道"研究》,氏著《維吾爾古代文
　　獻研究》,北京:中央民族大學出版社,2003 年,第 161—192 頁。

《哈密本〈彌勒會見記〉第十四品"走向菩提樹下"研究》,氏著《維吾爾古代文
　　獻研究》,北京:中央民族大學出版社,2003 年,第 193—201 頁。

《哈密本〈彌勒會見記〉第十五品"彌勒得道品"研究》,氏著《維吾爾古代文獻
　　研究》,北京:中央民族大學出版社,2003 年,第 202—238 頁。

《哈密本〈彌勒會見記〉第十六品"轉法輪"研究》,氏著《維吾爾古代文獻研

究》,北京:中央民族大學出版社,2003 年,第 239—288 頁。

《回鶻文〈佛教啓示録研究〉德文本序》,氏著《維吾爾古代文獻研究》,北京:
　　中央民族大學出版社,2003 年,第 289—299 頁。

《哈密本回鶻文〈十業道譬喻鬘〉初探》,氏著《維吾爾古代文獻研究》,北京:
　　中央民族大學出版社,2003 年,第 300—311 頁。

《回鶻文〈大白蓮社經〉殘卷(二葉)研究》,《民族語文》2003 年第 5 期,第 1—
　　5 頁(收入氏著《維吾爾古代文獻研究》,北京:中央民族大學出版社,2003
　　年,第 312—321 頁;氏著《維吾爾與哈薩克語文學論集》,北京:中央民族大
　　學出版社,2007 年,第 142—152 頁)。

《蘭州本回鶻文〈俱舍論實義疏〉》,氏著《維吾爾古代文獻研究》,北京:中央
　　民族大學出版社,2003 年,第 397—408 頁。

《吐魯番出土回鶻文木板印刷品》,《吐魯番學研究》2004 年第 1 期,第 119—
　　122 頁(收入殷晴主編《吐魯番學新論》,烏魯木齊:新疆人民出版社,2006
　　年,第 336—339 頁;氏著《維吾爾與哈薩克語文學論集》,北京:中央民族大
　　學出版社,2007 年,第 135—141 頁)。

書評:《古代印度和中國新疆——語言和文化的接觸》,《語言與翻譯》2004 年
　　第 2 期,第 78—79 頁。

《吐魯番出土的古代維吾爾語文獻》,《吐魯番學研究》2004 年第 2 期,第 47—
　　55 頁(收入氏著《維吾爾與哈薩克語文學論集》,北京:中央民族大學出版
　　社,2007 年,第 94—110 頁)。

《古代維吾爾語説唱文學〈彌勒會見記〉》,《中央民族大學學報》2004 年第 1
　　期,第 126—130 頁(收入氏著《維吾爾與哈薩克語文學論集》,北京:中央民
　　族大學出版社,2007 年,第 125—134 頁;氏著《回鶻文哈密本〈彌勒會見
　　記〉研究》,北京:中央民族大學出版社,2008 年,第 617—626 頁)。

《回鶻文〈大白蓮社經〉殘卷(另二葉)研究》,《中央民族大學學報》2005 年第
　　1 期,第 110—114 頁(收入氏著《維吾爾與哈薩克語文學論集》,北京:中央
　　民族大學出版社,2007 年,第 153—161 頁)。

《古代維吾爾族的書寫文化》,《喀什師範學院學報》2005 年第 2 期,第 22—26
　　頁(收入氏著《維吾爾與哈薩克語文學論集》,北京:中央民族大學出版社,
　　2007 年,第 111—124 頁)。

《新疆歷史與文化概論》,北京:中央民族大學出版社,2006 年。

《古代維吾爾文獻教程》,北京:民族出版社,2006 年。

《新發現的回鶻文哈密本〈彌勒會見記〉第二品第十四葉研究》,《法源(中國
　　佛學院學報)》總 24 期,2006 年,第 260—267 頁。

《國外對新疆和維吾爾史的研究——簡短的回顧》,氏著《新疆歷史和文化概論》,北京:中央民族大學出版社,2006 年,第 23—30 頁(收入氏著《維吾爾與哈薩克語文學論集》,北京:中央民族大學出版社,2007 年,第 64—71 頁)。

《古代新疆歷史文化概述》,氏著《新疆歷史和文化概論》,北京:中央民族大學出版社,2006 年,第 31—38 頁。

《古代新疆的宗教》,氏著《新疆歷史和文化概論》,北京:中央民族大學出版社,2006 年,第 129—135 頁。

《佛教傳入新疆及其在突厥、回鶻人中的情況》,氏著《新疆歷史和文化概論》,北京:中央民族大學出版社,2006 年,第 136—149 頁。

《古代維吾爾佛教文獻》,氏著《新疆歷史和文化概論》,北京:中央民族大學出版社,2006 年,第 224—258 頁。

《新疆的佛教藝術》,氏著《新疆歷史和文化概論》,北京:中央民族大學出版社,2006 年,第 259—273 頁。

書評:《古代印度和中國新疆》,氏著《新疆歷史和文化概論》,北京:中央民族大學出版社,2006 年,第 387—389 頁。

書評:《重訪吐魯番》,氏著《新疆歷史和文化概論》,北京:中央民族大學出版社,2006 年,第 394—398 頁。

書評:《西域文化研究》I、IV 卷,氏著《新疆歷史和文化概論》,北京:中央民族大學出版社,2006 年,第 409—422 頁。

《回鶻文〈大白蓮社經〉殘卷(一葉)研究(4)》,《語言與翻譯》2007 年第 4 期,第 3—6 頁。

《回鶻文〈大白蓮社經〉一葉殘卷研究(5)》,《新疆師範大學學報》2007 年第 4 期,第 17—19 頁。

《新疆古代語文佛典的發現和研究——介紹日本學者石濱純太郎教授的文章》,氏著《維吾爾與哈薩克語文學論文集》,北京:中央民族大學出版社,2007 年,第 381—403 頁;朱玉麒主編《西域文史》第 6 輯,北京:科學出版社,2011 年,第 241—256 頁。

《回鶻文〈十業道譬喻故事花環〉殘卷研究(3)》,《新疆大學學報》2008 年第 1 期,第 140—144 頁。

《回鶻文〈十業道譬喻故事花環〉殘卷研究(4)》,《喀什師範學院學報》2008 年第 1 期,第 52—55 頁。

《回鶻文〈十業道譬喻故事花環〉哈密本殘卷研究》,《中央民族大學學報》2008 年第 1 期,第 132—138 頁。

《回鶻文〈大白蓮社經〉一葉殘卷研究(3)》,《西北民族研究》2008 年第 1 期,
　　第 32—36 頁。

《回鶻文哈密本〈彌勒會見記〉研究》,北京：中央民族大學出版社,2008 年。

《回鶻文〈金光明經〉研究——介紹拉施曼(S-Ch Raschmann)博士的新著》,
　　《新疆師範大學學報》2008 年第 3 期,第 30—32 頁。

《新發現的哈密本〈彌勒會見記〉第二品十四、十五、十六三葉(六面)研究》,
　　哈密東天山古伊州文化研究院編《2009 年東天山文化研究》,烏魯木齊：新
　　疆人民出版社,2009 年,第 123—138 頁。

《關於回鶻文佛教文獻和〈金光明經〉的發現與研究》,沈衛榮主編《西域歷史
　　語言研究集刊》第 2 輯,北京：科學出版社,2009 年,第 187—192 頁。

《新疆古代語文佛典的發現和研究——回顧與展望》,朱玉麒主編《西域文史》
　　第 6 輯,北京：科學出版社,2011 年,第 241—256 頁。

書評：《回鶻佛教文獻研究——皮特・茨木文選出版》,《西域研究》2012 年第
　　2 期,第 22 頁。

《試論古代維吾爾語佛典的翻譯》,《民族翻譯》2012 年第 2 期,第 10—24 頁。

耿世民、張寶璽

《元回鶻文〈重修文殊寺碑〉初釋》,《考古學報》1986 年第 2 期,第 253—264
　　頁(收入耿世民著《新疆文史論集》,北京：中央民族大學出版社,2001 年,
　　第 383—399 頁)。

耿世民、張廣達

《唆里迷考》,《歷史研究》1980 年第 2 期,第 147—159 頁(收入《民族史論文
　　選(1951—1983 年)》上册,北京：中央民族學院出版社,1986 年,第 180—
　　200 頁;張廣達《西域史地叢稿初編》,上海古籍出版社,1995 年,第 31—55
　　頁;耿世民《新疆文史論集》,北京：中央民族大學出版社,2001 年,第 195—
　　215 頁;張廣達《文書、典籍與西域史地》,桂林：廣西師範大學出版社,2008
　　年,第 25—41 頁)。

龔方震

《國外對吐魯番敦煌古文字宗教文獻的研究》,《學術界動態》第 19 期,1986
　　年,第 10—12 頁。

古麗比亞、柴劍虹

《北庭高昌回鶻佛寺爭分舍利圖試析》,敦煌研究院編《段文傑敦煌研究五十
　　年紀念文集》,北京：世界圖書出版公司,1996 年,第 167—172 頁。

古麗鮮

《回鶻文佛教詩中“十二因緣”考釋》,《新疆文物》1985 年第 1 期,第 95—97

頁(收入《中國西北宗教文獻・佛教・新疆卷3》,第59頁)。

桂林、楊富學(譯)

《柏林吐魯番藏品中的古代印本》([德]茨默著),《隴右文博》1996年第2
期,第22—24頁。

《玄奘和彌勒——回鶻文〈玄奘傳〉研究》([德]茨默著),《喀什師範學院學
報》1998年第1期,第54—56頁。

《柏林收藏的回鶻語文獻及其研究概況》([德]茨默著),《敦煌學輯刊》1999
年第1期,第136—141頁(收入《回鶻學譯文集》,第63—77頁)。

《回鶻板刻佛本生故事變相》([德]茨默著),《敦煌學輯刊》2000年第1期,
第138—148頁。

《佛經題跋所見回鶻佛教徒的功德觀》([德]茨默著),《吐魯番學研究》2005
年第1期,第68—89頁。

《回鶻人的佛教寫經》([德]茨默著),《法源(中國佛學院學報)》2005年第
23期,第294—318頁。

《論中亞摩尼教、基督教、佛教之關係——評〈絲綢之路上基督教、諾斯替教和
佛教之碰撞〉》([瑞士]孟格斯著),《敦煌學輯刊》2007年第3期,第171—
178頁(收入人大報刊複印資料;《宗教》2008年第2期,第128—133頁;
《回鶻學譯文集》,第440—452頁)。

《回鶻文佛經題跋中的功德主》([德]茨默著),《法源(中國佛學院學報)》
2007年第25期,第301—312頁。

《佛教與回鶻社會》([德]茨默著),北京:民族出版社,2007年。

哈密頓、楊富學、牛汝極

《榆林窟回鶻文題記譯釋》,《敦煌研究》1998年第2期,第39—54頁(收入楊
富學《西域敦煌宗教論稿》,蘭州:甘肅文化出版社,1998年,第69—96頁;
敦煌研究院編《榆林窟研究論文集》,上海辭書出版社,2011年,第894—
911頁)。

郝浚

《雖是殘月一彎　卻也金光燦爛——高昌回鶻文學成就管窺》,《敦煌吐魯番
學研究論集》,北京:書目文獻出版社,1996年,第442—456頁。

賀昌群(譯)

《西域之佛教》([日]羽溪了諦著),北京:商務印書館,1933年。

何啓龍

《佛經回鶻文跋文的Ċungdu"中都"所指的時間與地點——探討TM36(U
4791)的年代及TⅡT623(U4217)的緣起》,《元史及民族與邊疆研究集

刊》第 21 輯,上海古籍出版社,2009 年,第 166—173 頁。

洪勇明

《回鶻文〈荀居士抄金剛經靈驗記〉》,《新疆大學學報》2008 年第 5 期,第
  139—143 頁。

《回鶻文〈玄奘傳〉第十章七葉釋讀》,《中央民族大學學報》2012 年第 5 期,第
  140—148 頁。

侯世新

《奇康湖石窟初探》,《吐魯番學研究》2007 年第 1 期,第 82—88 頁。

《吐魯番奇康湖石窟探析》,《敦煌研究》2008 年第 2 期,第 25—29 頁。

黃盛璋

《回鶻譯本〈玄奘傳〉殘卷五玄奘回程之地望與對音研究》,《西北史地》1984
  年第 4 期,第 9—32 頁(收入《中國敦煌學百年文庫·地理卷》2,第 72—
  100 頁)。

黃適遠

《哈密回鶻文本〈彌勒會見記〉的主要內容及文化意義》,《新疆藝術學院學
  報》2010 年第 2 期,第 12—14 頁。

黃潤華

《兩種西域古文字寫本〈彌勒會見記〉》,《人民日報》(海外版)2010 年 8 月
  24 日。

黃夏年

書評:《〈回鶻之佛教〉讀後》,《中國佛學》(臺北)1999 年第 1 期,第 319—
  334 頁。

書評:《集海內外之功　走中國人新路——楊富學著〈回鶻之佛教〉讀後》,
  《甘肅民族研究》2000 年第 2 期,第 112—113、107 頁。

黃心川

《〈回鶻之佛教〉序》,《佛學研究》第 6 期,1996 年,第 312—314 頁(收入《東方
  佛教論:黃心川佛教文集》,北京:中國社會科學出版社,2002 年,第 324—
  329 頁)。

霍熙亮

《莫高窟回鶻與西夏窟的新劃分》,提交 1994 年敦煌學國際學術討論會論文
  提要。

霍旭初

《高昌石窟金剛力士考略》,《吐魯番學研究》2002 年第 2 期,第 81—87 頁(收
  入殷晴主編《吐魯番學新論》,烏魯木齊:新疆人民出版社,2006 年,第

879—886 頁）。

季羨林

《吐火羅文 A 中的三十二相》,《民族語文》1982 年第 4 期,第 6—19 頁（收入
《季羨林學術論著自選集》,北京師範學院出版社,1991 年,第 280—309 頁;
《季羨林佛教學術論文集》,臺北：東初出版社,1995 年,第 429—461 頁）。

《吐火羅文和回鶻文〈彌勒會見記〉性質淺議》,《北京大學學報》1991 年第 2
期,第 64—70 頁（收入《中國西北宗教文獻·佛教·新疆卷 5》,第 4—
10 頁）。

賈應逸

《伯孜克里克千佛洞》,《新疆大學學報》1983 年第 2 期,第 140 頁。

《高昌回鶻壁畫藝術特色》,《新疆藝術》1989 年第 1 期,第 43—48 頁（收入
《新疆維吾爾自治區博物館論文集》,烏魯木齊：新疆大學出版社,2005 年,
第 231—234 頁）。

《柏孜克里克石窟初探》,新疆維吾爾自治區博物館、新疆人民出版社編《新疆
石窟·吐魯番柏孜克里克石窟》,上海人民美術出版社、烏魯木齊：新疆人
民出版社,1992 年（收入氏著《新疆佛教壁畫的歷史學研究》,北京：中國人
民大學出版社,2010 年,第 402—433 頁）。

《新疆吐峪溝石窟佛教壁畫泛論》,《佛學研究》第 4 期,1995 年,第 240—249
頁（收入趙文泉、田衛疆主編《鄯善歷史文化論集》,烏魯木齊：新疆人民出
版社,2006 年,第 281—299 頁;氏著《佛教新疆壁畫的歷史學研究》,北京：
中國人民大學出版社,2010 年,第 372—392 頁）。

《庫木吐拉回鶻窟及其反映的歷史問題》,《1994 年敦煌學國際研討會文集·
石窟考古卷》,蘭州：甘肅民族出版社,2000 年,第 296—315 頁（收入氏著
《佛教新疆壁畫的歷史學研究》,北京：中國人民大學出版社,2010 年,第
208—222 頁）。

《伯西哈爾石窟研究》,《吐魯番學研究》2004 年第 2 期,第 88—97 頁（收入殷
晴主編《吐魯番學新論》,烏魯木齊：新疆人民出版社,2006 年,第 879—886
頁;氏著《佛教新疆壁畫的歷史學研究》,北京：中國人民大學出版社,2010
年,第 434—447 頁）。

賈應逸（譯）

《一幅吐魯番出土的維吾爾木刻肖像畫》（［美］赫伯特·弗蘭克著）,《新疆文
物》譯文專刊,1992 年,第 87—92 頁。

賈應逸、侯世新

《莫高窟第 409 窟與柏孜克里克石窟供養人比較研究》,《吐魯番學研究》2008

年第 1 期,第 110—119 頁;《敦煌壁畫藝術繼承與創新國際學術研討會論文集》,上海辭書出版社,2008 年,第 515—516 頁(收入賈應逸《佛教新疆壁畫的歷史學研究》,北京:中國人民大學出版社,2010 年,第 448—460 頁)。

賈應逸、吕明明

《庫木吐喇第 75 窟研究——兼述供養人的族屬》,《吐魯番學研究》2010 年第 2 期,第 39—49 頁;新疆龜兹學會編《龜兹學研究》第 4 輯,烏魯木齊:新疆大學出版社,2012 年,第 203—217 頁。

卡哈爾·巴拉提

《回鶻文書兩件 1. 僧古薩里都統文,2. 慧遠法師傳》,提交 1985 年中國敦煌吐魯番學術討論會論文。

《回鶻文譯本〈玄奘傳〉的發現與研究情況》,《中國史研究動態》1986 年第 11 期,第 21—25 頁(收入人大複印報刊資料《魏晉南北朝隋唐史》1987 年第 1 期;《中國西北宗教文獻·佛教·新疆卷3》,第 321—325 頁)。

《回鶻文寫本〈慧遠傳〉殘頁》,《文物》1987 年第 5 期,第 93—94 頁轉92 頁(收入《中國西北宗教文獻·佛教·新疆卷3》,第 445—447 頁)。

郎櫻

《試論〈福樂智慧〉中的佛教思想》,《新疆社會科學》1986 年第 1 期,第 84—88 頁。

《高昌回鶻汗國時代的維吾爾佛教文學》,《民族文學研究》1992 年第 1 期,第 12—19 頁(收入《中國西北宗教文獻·佛教·新疆卷5》,第 52—59 頁)。

《〈印度宗教文化與回鶻民間文學〉序》,《敦煌學輯刊》2005 年第 2 期,第 260—263 頁。

李符桐

《回鶻宗教演變考》,《臺灣政治大學卅周年紀念論文集》,臺北:臺灣政治大學,1957 年,第 299—314 頁(收入《李符桐論著全集》第 3 册,臺北:臺灣學生書局,1992 年,第 91—111 頁)。

李剛

《回鶻文"ayaɣqa tägimlik"一詞新解——兼談回鶻佛教信仰禮儀》,《吐魯番學研究》2010 年第 2 期,第 34—38 頁。

李功仁

《北庭西寺遺址再現》,《文史知識》2010 年第 2 期,第 126—128 頁。

李國香

《維吾爾翻譯史初探》,《西北民族學院學報》1987 年第 4 期,第 53—59 頁;1988 年第 2 期,第 73—78 頁。

李進新

《新疆宗教演變史》,烏魯木齊：新疆人民出版社,2003 年。

李經緯

《關於〈金光明經〉》,《圖書評介》1979 年第 3 期,第 51—58 頁。

《〈如來三十二吉相〉回鶻譯文淺論》,《喀什師範學院學報》1981 年第 1 期,第
47—56 頁轉 76 頁。

《哈密本回鶻文〈彌勒三彌底經〉第二卷研究》,《民族語文研究論文集》,西
寧：青海民族出版社,1982 年,第 673—704 頁(收入《中國西北宗教文獻·
佛教·新疆卷 2》,第 53—63 頁)。

《哈密本回鶻文〈彌勒三彌底經〉初探》,《喀什師範學院學報》1982 年第 1 期,
第 1—26 頁。

《佛教"二十七賢聖"回鶻文譯名考釋》,《世界宗教研究》1982 年第 4 期,第
28—46 頁(收入《中國西北宗教文獻·佛教·新疆卷 2》,第 173—191 頁)。

《哈密本回鶻文〈彌勒三彌底經〉第三卷研究》,《中亞學刊》第 1 輯,北京：中
華書局,1983 年,第 180—211 頁(收入中國突厥語研究會編《中國突厥語研
究論文集》,北京：民族出版社,1991 年;收入《中國西北宗教文獻·佛教·
新疆卷 2》,第 304—335 頁)。

《哈密本回鶻文〈彌勒三彌底經〉首品殘卷研究》,《民族語文》1985 年第 4 期,
第 54—62 頁。

《哈密本回鶻文〈彌勒三彌底經〉第二卷研究續》,《喀什師範學院學報》1985
年第 1—2 期,第 45—86 頁。

《回鶻文〈金光明經〉序品(片斷)譯釋》,《喀什師範學院學報》1987 年第 4 期,
第 48—60 頁(收入《中國西北宗教文獻·佛教·新疆卷 3》,第 416—
428 頁)。

《回鶻文的字形與字體》,《喀什師範學院學報》1988 年第 4 期,第 49—64 頁。

《敦煌回鶻文遺書四種》,《吐魯番學研究專輯》,烏魯木齊：敦煌吐魯番學新
疆研究資料中心編印,1990 年,第 333—358 頁。

《吐魯番 IB4672 號回鶻文廟柱文書考釋》,《西域研究》1992 年第 4 期,第
73—80 頁(收入《中國西北宗教文獻·佛教·新疆卷 5》,第 103—109 頁)。

《敦煌回鶻文佛教遺書三種》,《喀什師範學院學報》1993 年第 4 期,第 36—47
頁(《中國西北宗教文獻·佛教·甘肅卷 9》,第 11—22 頁)。

《P. O. I 號敦煌回鶻文佛經殘卷譯釋》,《喀什師範學院學報》1996 年第 1 期,
第 29—38 頁轉 87 頁(收入《中國西北宗教文獻·佛教·甘肅卷 10》,第
334—345 頁)。

李樹輝

《S. 6551 講經文寫作年代及相關史事考辨》,《敦煌研究》2003 年第 5 期,第 55—60 頁。

《突厥語詞 Täŋrikn、Tojïn 的語義 η 及其文獻學價值》,《中央民族大學學報》2004 年第 5 期,第 103—107 頁。

《回鶻文〈彌勒會見記〉譯寫年代及相關史事探賾》,《新疆文物》2005 年第 3 期,第 36—53 頁。

《柏孜克里克石窟寺始建年代及相關史事研究》,《新疆大學學報》2006 年第 1 期,第 55—61 頁。

《P. 2988V、2909V 回鶻文寫卷研究》,《敦煌研究》2007 年第 2 期,第 82—88 頁。

《試論漢傳佛教的西漸——從突厥語對道人(Tojïn)一詞的借用談起》,《新疆師範大學學報》2006 年第 4 期,第 50—53 頁(轉載於人大複印報刊資料;《宗教》2007 年第 2 期,第 61—65 頁;鄭炳林、樊錦詩、楊富學主編《敦煌佛教與禪宗學術討論會文集》,西安: 三秦出版社,2007 年,第 470—483 頁)。

《TM276 號回鶻文寫本有關問題辯正》,《新疆文物》2007 年第 3 期,第 37—53 頁。

《吐魯番出土 IB4672 號回鶻文木杵文書研究》,《吐魯番學院研究》2009 年第 1 期,第 35—58 頁。

《吐魯番出土 T. III 號回鶻文木杵文書研究》,朱玉麒主編《西域文史》第 4 輯,北京: 科學出版社,2009 年,第 125—150 頁。

《庫木吐喇 75、79 窟壁畫繪製年代和功德主的身份研究》,《敦煌研究》2008 年第 1 期,第 36—42 頁;《敦煌研究》2008 年第 4 期,第 36—42 頁;新疆龜茲學會編《龜茲學研究》第 4 輯,烏魯木齊: 新疆大學出版社,2012 年,第 234—251 頁。

李樹輝(譯)

《回鶻文譯本〈金光明最勝王經〉》(「日」護雅夫著),《語言與翻譯》1997 年第 4 期,第 24—28 頁;1998 年第 1 期,第 21—27 頁。

李偉峰

《新疆古代佛教由盛轉衰的原因分析》,新疆師範大學碩士學位論文,2006 年。

李小榮

書評:《回鶻佛教文學研究的開創之作——讀楊富學著〈印度宗教文化與回鶻民間文學〉》,《吐魯番學研究》2010 年第 2 期,第 123—126 頁。

李正宇

《S. 6551 講經文作於西州回鶻國辨正》,《新疆社會科學》1989 年第 4 期,第
88—97 頁(收入《中國西北宗教文獻·佛教·新疆卷4》,第 156—165 頁)。

梁志祥、丁明夷

《記新發現的幾處洞窟》,《中國石窟·庫木吐喇石窟》,北京:文物出版社,
1992 年,第 225—230 頁。

廖肇羽

《佛教和伊斯蘭教在西域的衝突與融合》,廖肇羽主編《穿越蒼涼:絲路中印
文化交流展神韻》,香港:中國文化出版社,2010 年,第 282—292 頁。

淩明、世愉

《維吾爾族美術史略》,《新美術》1993 年第 1 期,第 47—62 頁;1993 年第 2
期,第 21—44 頁。

劉汾

書評:《西域佛教研究再結新葩——評〈回鶻之佛教〉》,《固原師專學報》2000
年第 5 期,第 109—110 頁。

劉戈

《諸家對回鶻佛教論考》,《新疆文物》1991 年第 1 期,第 99—110 頁(收入《中
國西北宗教文獻·佛教·新疆卷4》,第 424—435 頁)。

《回鶻文宗教文書的發現、刊佈與研究》,《中亞研究》1991 年第 4 期,第 41—
49 頁;1992 年第 1—2 期,第 64—69 頁。

劉萍

《佛教的傳播對古代維吾爾書面語的影響》,《語言與翻譯》1994 年第 3 期,第
42—49 頁。

劉同起(譯)

《回鶻的都統稱號及其範圍》([日]小田壽典著),《新疆文物》1991 年第 1
期,第 137—147 頁。

劉萬玉(譯)

《新疆千佛洞是維吾爾人民的偉大歷史遺産》(依爾凡阿洪巴也夫著),《新疆
學院》第 2 期,1956 年,第 24—26 頁。

劉興武(譯)

《回鶻繪畫》([德]A. 馮加班著),《突厥語研究通訊》第 9 期,1983 年,第
22—46 頁。

劉義棠

《維吾爾族之宗教信仰研究》,氏著《維吾爾研究》,臺北:正中書局,1975 年,

第 433—516 頁;修訂本(臺北:正中書局,1997 年),第 435—518 頁。

劉迎勝

《元代西北地區的佛教》,《元史及北方民族史研究集刊》第 6 期,1982 年,第 71—82 頁。

劉永增

《回鶻文寫本與莫高窟第二藏經洞》,《敦煌研究》1988 年第 4 期,第 40—44 頁。

《柏孜克里克第 32 窟誓願圖簡述》,《敦煌研究》2001 年第 1 期,第 43—49 頁。

劉玉權

《關於沙州回鶻洞窟的劃分》,《1987 年敦煌石窟研究國際學術討論會文集》(石窟考古編),瀋陽:遼寧美術出版,1990 年,第 1—29 頁(收入《中國敦煌學百年文庫·民族卷》4,第 189—203 頁;敦煌研究院編《榆林窟研究論文集》,上海辭書出版社,2011 年,第 318—331 頁;《敦煌研究文集·敦煌石窟考古篇》,蘭州:甘肅民族出版社,2000 年,第 294—316 頁)。

《沙州回鶻石窟藝術》,《中國石窟·安西榆林窟》,北京:文物出版社,1997 年,第 216—227 頁(收入《中國敦煌學百年文庫·民族卷》4,第 204—214 頁;敦煌研究院編《榆林窟研究論文集》,上海辭書出版社,2011 年,第 670—681 頁)。

劉元春

《古代維吾爾族佛教信仰的歷史概況》,《佛學研究》創刊號,1992 年,第 120—124 頁轉 132 頁。

《〈佛說天地八陽神咒經〉辨析——兼談高昌回鶻佛教的社會文化意蘊》,《西域研究》1996 年第 1 期,第 50—59 頁(收入《中國西北宗教文獻·佛教·新疆卷 5》,第 429—438 頁)。

劉震

《百頌體(Śataka)Maitreyavyākarana〈彌勒受記經〉概述》,張定京、阿不都熱西提·亞庫甫編《突厥語文學研究——耿世民教授八十華誕紀念文集》,北京:中央民族大學出版社,2009 年,第 159—169 頁。

柳洪亮

《高昌回鶻王與柏孜柯里克千佛洞》,《新疆日報》1983 年 11 月 12 日。

《柏孜柯里克石窟年代試探——根據回鶻供養人像對洞窟的斷代分期》,《敦煌研究》1986 年第 3 期,第 58—67 頁。

《關於吐魯番柏孜柯里克新發現的影窟介紹》,《敦煌研究》1986 年第 1 期,第 99—102 頁。

《柏孜柯里克石窟中突厥人修建的洞窟》,《新疆日報》1987 年 3 月 14 日。

《雅爾湖千佛洞考察隨筆》,《敦煌研究》1988 年第 4 期,第 45—50 頁。

《吐峪溝千佛洞 44 窟因緣故事畫小考——兼論 44 窟的年代》,《新疆藝術》1990 年第 1 期,第 56—60 頁。

《絢麗多彩的回鶻佛教藝術》,吐魯番地區文物保管所編《吐魯番柏孜柯里克石窟》,烏魯木齊:新疆人民出版社,1990 年,第 1—6 頁。

《高昌石窟概述》,《中國新疆壁畫全集 6·吐峪溝 柏孜克里克》,瀋陽:遼寧美術出版社、烏魯木齊:新疆美術攝影出版社,1995 年,第 1—22 頁。

柳元豐

《回鶻文〈彌勒會見記〉語言研究》,喀什師範學院碩士學位論文,2007 年。

《回鶻文〈彌勒會見記〉的語音研究》,《喀什師範學院學報》2008 年第 1 期,第 66—70 頁。

欒睿

《北庭西大寺所反映的高昌回鶻佛教特徵》,《西域研究》2004 年第 1 期,第 54—59 頁。

馬品彥、趙榮織

《新疆宗教史略》,烏魯木齊:新疆大學出版社,2001 年。

馬世長

《新疆石窟中的漢風洞窟和壁畫》,《中國美術全集·繪畫編·16·新疆石窟壁畫》,北京:文物出版社,1989 年,第 31—51 頁。

《庫木吐喇的漢風洞窟》,《中國石窟·庫木吐喇石窟》,北京:文物出版社,1992 年,第 203—224 頁(收入《龜茲佛教文化論集》,烏魯木齊:新疆美術攝影出版社,1993 年,第 287—331 頁;張國領、裴孝曾主編《龜茲文化研究》(3),烏魯木齊:新疆人民出版社,2006 年,第 663—690 頁)。

馬小玲

《俄藏回鶻文〈玄奘傳〉一葉釋讀》,《伊犁師範學院學報》2010 年第 2 期,第 49—53 頁。

買買提阿布都拉·艾則孜

《回鶻文〈兩王子的故事〉語言詞法系統研究》,新疆大學碩士學位論文,2011 年。

買提熱依木·沙依提

《僧古·薩里〈金光明經〉翻譯方法談》,《民族翻譯》2011 年第 3 期,第 7—11 頁。

滿盈盈

《高昌回鶻佛教壁畫的審美特徵及其多元文化價值》,《南京藝術學院學報》
　　2009 年第 3 期,第 112—113 頁。

孟凡人

《新疆柏孜克里克窟寺流失域外壁畫述略》,《考古與文物》1981 年第 4 期,第
　　43—61 頁(收入氏著《新疆考古論集》,蘭州大學出版社,2010 年;《中國西
　　北宗教文獻·佛教·新疆卷 2》,第 73—91 頁)。

《略論高昌回鶻的佛教》,《新疆社會科學》1982 年第 1 期,第 58—74 頁(收入
　　《中國西北宗教文獻·佛教·新疆卷 2》,第 118—134 頁)。

《北庭高昌回鶻佛寺壁畫》,中國社會科學院考古研究所編《北庭高昌回鶻佛
　　寺壁畫》,瀋陽:遼寧美術出版社,1990 年,第 1—12 頁(收入《新疆考古與
　　史地論集》,北京:科學出版社,2000 年,第 66—88 頁)。

孟凡人、趙以雄、耿玉琨(編繪)

《高昌壁畫輯佚》,烏魯木齊:新疆人民出版社,1995 年。

米娜娃(摘譯)

《1970 年以來吐魯番和敦煌出土的回鶻文書的整理及研究情況》([德]茨默
　　著),《新疆文物》1987 年第 4 期,第 108—113 頁。

牟成娟

《回鶻佛教功德思想管窺——以榆林窟回鶻文爲例》,《西南民族大學學報》
　　2011 年第 11 期,第 79—83 頁。

《回鶻佛教功德思想研究》,新疆大學博士學位論文,2012 年。

木沙江·艾力

《回鶻文〈金光明經〉辭彙研究》,新疆大學碩士學位論文,2012 年。

聶鴻音

《回鶻文〈玄奘傳〉中的古音字》,《民族語文》1998 年第 6 期,第 62—70 頁。

牛汝極

《十二件敦煌回鶻文文書譯述》,《新疆社會科學研究》1989 年第 1 期,第 23—
　　31 頁。

《漢文—回鶻文雙語體〈佛説温室洗浴衆僧經〉殘片考釋——兼論古代維吾爾
　　族漢—維佛經翻譯的類型》,《吐魯番學研究專輯》,烏魯木齊:敦煌吐魯番
　　學新疆研究資料中心編印,第 369—382 頁(收入《中國西北宗教文獻·佛
　　教·新疆卷 4》,第 370—383 頁)。

《回鶻文〈善惡兩王子的故事〉研究》,《新疆文物》1991 年第 1 期,第 111—
　　130 頁。

《七件回鶻文佛教文獻研究》,《喀什師範學院學報》1993 年第 1 期,第 44—52、80 頁(收入《中國西北宗教文獻·佛教·新疆卷 5》,第 177—185 頁)。

《回鶻文佛典概說》,《新疆文物》1997 年第 2 期,第 58—82 頁(收入《中國西北宗教文獻·佛教·新疆卷 6》,第 86—110 頁)。

《維吾爾古文字與古文獻導論》,烏魯木齊:新疆人民出版社,1997 年。

《回鶻佛教文學中的譬喻故事文獻》,馬大正、楊鐮主編《西域考察與研究續編》,烏魯木齊:新疆人民出版社,1998 年,第 295—309 頁(收入《中國西北宗教文獻·佛教·新疆卷 6》,第 251—265 頁)。

《伯希和藏品中一件回鶻文皈依佛教三寶願文研究》,《敦煌研究》1999 年第 4 期,第 154—160 頁(收入《中國西北宗教文獻·佛教·新疆卷 6》,第 334—339 頁)。

《回鶻佛教文獻——佛典總論及巴黎所藏敦煌回鶻文佛教文獻》,烏魯木齊:新疆大學出版社,2000 年,第 174 頁。

《敦煌吐魯番回鶻漢譯疑偽佛典》,《敦煌學輯刊》2000 年第 2 期,第 79—98 頁。

《敦煌榆林窟佛教徒回鶻文題記》,《回鶻佛教文獻——佛典總論及巴黎所藏敦煌回鶻文佛教文獻》,烏魯木齊:新疆大學出版社,2000 年,第 351—380 頁。

《回鶻佛教歸屬未定典籍》,《語言與翻譯》2001 年第 4 期,第 13—20 頁。

《敦煌榆林千佛洞第 12 窟回鶻文題記》,《新疆大學學報》2002 年第 1 期,第 120—129 頁(收入敦煌研究院編《榆林窟研究論文集》,上海辭書出版社,2011 年,第 934—949 頁)。

《敦煌北區發現的敘利亞文景教—回鶻文佛教雙語寫本再研究》,《敦煌研究》2002 年第 2 期,第 56—63 頁。

《敦煌吐魯番回鶻佛教文獻與回鶻語大藏經》,《西域研究》2002 年第 2 期,第 56—65 頁。

《回鶻藏傳佛教文獻》,《中國藏學》2002 年第 2 期,第 103—118 頁。

《回鶻佛經翻譯活動簡述》,《民族翻譯》2008 年第 2 期,第 45—48 頁。

牛汝極(譯)

《突厥語波羅米文文獻》([英] G. 克勞森著),《新疆社會科學情報》1988 年第 12 期,第 15—17 頁;《喀什師範學院學報》1995 年第 2 期,第 95—96 頁轉 79 頁。

牛汝極、王菲(譯)

《敦煌回鶻文寫本的年代》([法] 哈密爾頓著),《西域研究》1995 年第 3 期,第 92—97 頁（收入牛汝極著《回鶻佛教文獻——佛典總論及巴黎所藏敦煌回鶻文佛教文獻》，烏魯木齊：新疆大學出版社，2000 年，第 400—411 頁）。

牛汝極、楊富學

《敦煌回鶻文書法藝術》，《敦煌吐魯番學研究論集》，北京：書目文獻出版社，1996 年，第 517—531 頁（收入楊富學《西域敦煌宗教論稿》，蘭州：甘肅文化出版社，1998 年，第 134—149 頁；《中國敦煌學百年文庫·藝術卷》3，第 83—93 頁）。

喬睿

《國家圖書館所藏回鶻文〈玄奘傳〉九頁之語言研究》，中央民族大學碩士學位論文，2007 年。

《回鶻文〈慈悲道場懺法〉研究綜述》，《佳木斯教育學院學報》2012 年第 11 期，第 94—95 頁轉 101 頁。

曲六乙

《〈彌勒會見記〉的發現與研究——中國戲劇史上最早的一個戲劇文本》，《劇本》2010 年第 8 期，第 76—79 頁。

熱孜婭·努日

《回鶻文哈密本〈彌勒會見記〉名詞研究》，中央民族大學碩士學位論文，2006 年。

《〈彌勒會見記〉屬於 n－方言嗎?》，《呼倫貝爾學院學報》2006 年第 2 期，第 12—14 頁。

《論回鶻文〈常啼菩薩的求法故事〉的編寫年代》，張定京、穆合塔爾·阿布勒哈克主編《突厥與哈薩克語文學研究》，北京：中央民族大學出版社，2010 年，第 148—154 頁。

任道斌

《關於高昌回鶻的繪畫及其特點》，《新美術》1991 年第 3 期，第 31—40 頁。

榮新江

《〈西州回鶻某年造佛塔功德記〉小考》，張定京、阿不都熱西提·亞庫甫編《突厥語文學研究——耿世民教授八十華誕紀念文集》，北京：中央民族大學出版社，2009 年，第 182—190 頁（植松知博日譯文載《西北出土文獻研究》第 7 號［日本新瀉］，2009 年，第 7—18 頁）。

薩仁高娃、楊富學

《敦煌本回鶻文〈阿毗達磨俱舍論實義疏〉研究》，《敦煌研究》2010 年第 1 期，第 117—124 頁（收入李治安主編《元史論叢》第 11 輯《慶賀蔡美彪先生八十華誕"元代民族與文化"國際學術研討會論文集》，天津古籍出版社，2009

年,第 67—77 頁)。

山水

《佛教的傳入與回鶻佛經文學》,《新疆民族文學》1984 年第 6 期,第 87—89 頁轉 86 頁(收入《中國西北宗教文獻·佛教·新疆卷 2》,第 441—444 頁)。

邵穎濤

《回鶻文〈茍居士抄金剛經靈驗記〉研究》,《河西學院學報》2012 年第 1 期,第 72—76 頁。

沈利元

《回鶻文〈佛教徒懺悔文〉譯釋》,《喀什師範學院學報》1994 年第 3 期,第 25—33 頁。

沈衛榮、李嬋娜

《"十六天魔舞"源流及其相關藏、漢文資料考述》,沈衛榮主編《文本中的歷史——藏傳佛教在西域和中原的傳播》,北京:中國藏學出版社,2012 年,第 499—564 頁;沈衛榮主編《西域歷史語言研究集刊》第 5 輯,北京:科學出版社,2012 年,第 325—387 頁。

沈雁

《敦煌壁畫中的回鶻男貴族供養人服飾研究》,《敦煌研究》2005 年特刊,第 7—9 頁。

《回鶻服飾文化研究》,東華大學博士學位論文,2008 年。

《庫木吐喇第 79 窟世俗供養人服飾研究》,新疆龜茲學會編《龜茲學研究》第 3 輯,烏魯木齊:新疆大學出版社,2008 年,第 273—281 頁。

沈堯

《〈彌勒會見記〉形態辨析》,《戲劇藝術》1990 年第 2 期,第 4—12 頁。

《〈彌勒會見記〉形態餘論》,《中國戲劇》1995 年第 6 期,第 26—28 頁。

宋斌傑

《唐宋高昌服飾研究》,西北大學碩士學位論文,2012 年。

蘇北海

《維吾爾偉大學者僧古薩里》,《北庭文史》1987 年第 4 期,第 77—81 頁。

《龜茲千佛洞壁畫與維吾爾族的歷史文化關係》,《喀什師範學院學報》1989 年第 4 期,第 49—69 頁(收入人大複印報刊資料;《造型藝術研究》1989 年第 12 期,第 100—120 頁;《中國西北宗教文獻·佛教·新疆卷 4》,第 135—155 頁)。

蘇魯格

《回鶻佛教對蒙古族的影響》,《蒙古學信息》2004 年第 3 期,第 28—31 頁。

《漢、回鶻、蒙古三種文字〈北斗七星經〉之考釋》,《蒙古學信息》2004 年第 4
　　期,第 69—75 頁。

孫秉根、孟凡人、陳戈

《新疆吉木薩爾高昌回鶻佛寺遺址》,《考古》1983 年第 7 期,第 618—623 頁
　　(收入新疆文物考古研究所編《新疆文物考古新收穫(1979—1989)》,烏魯
　　木齊:新疆人民出版社,1995 年,第 563—569 頁)。

孫飛鵬、阿不都熱西提・亞庫甫

《對回鶻文印刷文獻進行圖像分析的初步結果:斷代和印刷方法的新探索》,
　　吐魯番學研究編《吐魯番學研究・第三屆吐魯番學暨歐亞遊牧民族的起源
　　與遷徙國際學術研討會論文集》,上海古籍出版社,2010 年,第 277—
　　286 頁。

娣麗達・買買提明

《回鶻文佛教文獻〈因薩蒂經〉淺探》,《新疆社科論壇》2008 年第 6 期,第 87—
　　88 頁轉 84 頁。

娣麗達・買買提明(編著)

《回鶻文佛教文書研究——〈師事瑜伽〉與〈文殊所說最勝名義經〉》,烏魯木
　　齊:新疆大學出版社,2001 年。

田夫

書評:《可以攻玉的譯作——讀〈佛教與回鶻社會〉一書》,《中國文物報》2007
　　年 11 月 7 日。

田俐力、包銘新、曾昭瓏

《古代壁畫臨摹與歷史服飾圖像解讀——關於榆林窟第 16 窟回鶻天公主供
　　養像的案例分析》,《東華大學學報》2010 年第 1 期,第 15—21 頁。

田衛疆

《元代維吾爾族翻譯家——安藏》,《新疆日報》1985 年 1 月 26 日。

《試析高昌回鶻内部的三次宗教傳入及其後果》,《西北民族研究》2003 年第 1
　　期,第 102—118 頁。

吐魯番地區文管所

《柏孜克里克千佛洞遺址清理簡記》,《文物》1985 年第 8 期,第 49—65 頁(收
　　入《中國西北宗教文獻・佛教・新疆卷3》,第 100—120 頁)。

《吐魯番柏孜克里克石窟壁畫藝術》,烏魯木齊:新疆人民出版社,1990 年。

吐魯番地區文物局、吐魯番學研究院

《吐魯番大桃兒溝石窟調查簡報》,《吐魯番學研究》2012 年第 1 期,第 1—
　　17 頁。

《吐魯番小桃兒溝石窟調查簡報》,《吐魯番學研究》2012 年第 1 期,第 18—
　　29 頁。

拓和提

《法國巴黎魁梅博物館所藏〈妙法蓮華經玄讚〉回鶻文譯文片斷簡析》,《民族
　　古籍》1994 年第 2 期,第 41—47 頁。

《日本對我國維吾爾族古籍的收藏與研究》,《中國少數民族古籍論》,成都:
　　巴蜀書社,1997 年,第 194—208 頁。

王邦維

《〈印度宗教文化與回鶻民間文學〉序》,《東方文學研究通訊》2005 年第 2 期,
　　第 56—57 頁。

王丁

《初論〈開寶藏〉向西域的流傳——西域出土印本漢文佛典研究》,束迪生、李
　　肖、那仁高娃主編《高昌社會變遷及宗教演變》,烏魯木齊:新疆人民出版
　　社,2010 年,第 160—190 頁。

王丁(譯)

《柏孜克里克出土的〈玄奘傳〉回鶻語譯本新殘片》([德]茨默著),《吐魯番
　　學研究》2011 年第 2 期,第 142—144 頁。

王菲

《回鶻文〈梁朝傅大士頌金剛經〉的獨特片段》,《新疆大學學報》2010 年第 1
　　期,第 128—131 頁。

《回鶻文〈梁朝傅大士頌金剛經〉的版本及語言翻譯特色》,《西南民族大學學
　　報》2010 年第 4 期,第 92—96 頁。

王紅梅

《回鶻文藏傳密宗文獻〈轉輪王曼陀羅〉語言研究》,新疆大學碩士學位論文,
　　1998 年。

《回鶻文藏傳密宗文獻〈轉輪王曼陀羅〉第二十至三十頁譯釋》,《敦煌學輯
　　刊》2000 年第 1 期,第 92—107 頁。

《元代高昌回鶻語概略〈轉輪王曼陀羅〉殘卷語言分析》,《民族語文》2001 年
　　第 4 期,第 55—61 頁。

《博學明辨　發覆求真——楊富學著〈回鶻文獻與回鶻文化〉》,《普門學報》
　　2004 年第 21 期,第 365—372 頁。

《元代畏兀兒翻譯家安藏考》,《敦煌學輯刊》2008 年第 4 期,第 75—83 頁。

《元代畏兀兒高僧必蘭納識理考》,《宗教學研究》2011 年第 3 期,第 172—
　　177 頁。

《蒙元時期回鶻文的使用概況》,《黑龍江民族叢刊》2012 年第 6 期,第 92—
　97 頁。

王紅梅、楊富學

《回鶻文〈吉祥輪律曼陀羅〉前十頁譯釋》,《西北民族研究》2003 年第 4 期,第
　150—158 頁。

《回鶻文〈吉祥輪律曼陀羅〉所見十六金剛天女研究》,《敦煌研究》2005 年第
　2 期,第 74—79 頁。

《回鶻文密藏經典所見"七寶"考》,鄭炳林、樊錦詩、楊富學主編《絲綢之路民
　族古文字與文化學術討論會文集》,西安: 三秦出版社,2007 年,第 63—
　73 頁。

王繼平

書評:《一部以新取勝的學術新饌——讀楊富學〈回鶻文獻與回鶻文化〉》,
　《西北民族大學學報》2006 年第 2 期,第 47—49 頁。

王繼平、楊富學

《從〈慧鳥本生〉到〈獅子和大雁〉——印度佛本生故事影響維吾爾民間文學
　之一例》,《民族文學研究》2005 年第 2 期,第 90—93 頁轉第 88—91 頁(收
　入劉守華、白庚勝主編《中國民間文藝學年鑒(2005 年卷)》,武漢: 華中師
　範大學出版社,2007 年)。

王新青

《回鶻文〈玄奘傳〉的漢語對音》,鄭炳林、樊錦詩、楊富學主編《敦煌佛教與禪
　宗學術討論會文集》,西安: 三秦出版社,2007 年,第 505—512 頁。

王艷玲

《回鶻佛教與政治關係之試論》,蘭州大學碩士學位論文,2003 年。

《試論畏兀兒僧對元朝的影響》,《赤峰學院學報》2009 年第 9 期,第 17—
　18 頁。

王延星

《略論伊斯蘭教傳入前的維吾爾文明》,和龔、張山主編《中國民族歷史與文
　化》,北京: 中央民族學院出版社,1988 年,第 220—231 頁。

王重民、季羨林

《〈回鶻文菩薩大唐三藏法師傳〉跋》,《回鶻文菩薩大唐三藏法師傳》,北京圖
　書館,1951 年,第 1—3 頁。

魏文捷(譯)

《北庭佛教寺院中所繪高昌回鶻國王像》([日] 梅村坦著),《新疆文物》2001
　年第 3—4 期合刊,第 122—128 頁。

《一件回鶻文雕版印刷品的供養人及尾記》（［德］彼得·吉姆著），《敦煌研究》2002 年第 5 期，第 33—36 頁。

巫新華（譯）

《新疆佛教藝術》（［德］阿爾伯特·馮·勒柯克、恩斯特·瓦爾德施密特著），烏魯木齊：新疆教育出版社，2006 年。

烏達牧騎

《大乘佛教經典〈金光明經〉之思想內容研究》，內蒙古大學碩士學位論文，2012 年。

吳震

《哈密發現大批回鶻文寫經》，《文物》1960 年第 5 期，第 85—86 頁（收入《中國西北宗教文獻·佛教·新疆卷1》，第 324 頁）。

《發現回鶻文、吐火羅文佛典寫本》，《現代佛學》1961 年第 2 期，第 48—49 頁。

吳震（譯）

《吐魯番勝金口附近佛廟遺址出土的文物》（沙比提著），《文物》1960 年第 5 期，第 86—87 頁（收入新疆社會科學院考古研究所編《新疆考古三十年》，烏魯木齊：新疆人民出版社，1983 年，第 165 頁）。

郗仲平（譯）

《突厥佛教的源流與古突厥語佛典的出現》（［日］森安孝夫著），《敦煌學輯刊》1996 年第 1 期，第 114—135 頁。

謝靜

《敦煌石窟中回鶻天公主服飾研究》，《西北民族研究》2007 年第 3 期，第 12—17 頁。

《敦煌石窟中的少數民族服飾文化研究》，蘭州大學博士學位論文，2007 年。

謝靜、謝生保

《敦煌石窟中回鶻、西夏供養人服飾辨析》，《敦煌研究》2007 年第 4 期，第 80—87 頁。

新疆龜茲石窟研究所

《庫木吐喇石窟 79 窟調查報告》，《新疆文物》2005 年第 2 期，第 49—55 頁。

新疆維吾爾自治區博物館、新疆人民出版社（編）

《新疆石窟·吐魯番伯孜克里克石窟》，烏魯木齊：新疆人民出版社、上海人民美術出版社，1990 年。

新疆維吾爾自治區吐魯番學研究院、武漢大學中國三至九世紀研究所

《吐魯番柏孜克里克石窟出土漢文佛教典籍》，北京：文物出版社，2007 年。

新疆文物考古研究所

《新疆柏孜克里克千佛洞窟前遺址發掘簡報》,《新疆文物》2010 年第 1 期,第
　1—34 頁;《文物》2012 年第 5 期,第 32—62 頁。

《新疆戲劇史》編委會

《新疆戲劇文化資料彙編》,烏魯木齊,1988 年。

徐東良

《試談高昌回鶻藝術的審美特徵》,《敦煌壁畫藝術繼承與創新國際學術研討
　會論文集》,上海辭書出版社,2008 年,第 442—445 頁。

徐曉麗

《回鶻天公主與敦煌佛教》,鄭炳林主編《敦煌佛教藝術文化國際學術研討會
　論文集》,蘭州大學出版社,2002 年,第 416—428 頁(收入鄭炳林主編《敦煌
　歸義軍史專題研究續編》,蘭州大學出版社,2003 年,第 621—633 頁)。

《敦煌石窟所見天公主考辨》,《敦煌學輯刊》2002 年第 2 期,第 76—85 頁。

許章真(譯)

《中亞佛教時期的説講故事》([英] H. W. Bailey 著),《中外文學》(臺灣)第
　11 卷第 5 期,1982 年,第 58—83 頁;許章真編《西域與佛教文史論集》,臺
　灣: 學生書局,1989 年,第 3—33 頁。

雅森·吾守爾

《敦煌莫高窟北區石窟出土部分回鶻文文獻概述(一)》,彭金章、王建軍《敦
　煌莫高窟北區石窟》第 1 卷,北京: 文物出版社,2000 年,第 352—357 頁。

閻建國

《維吾爾宗教音樂初探》,《新疆藝術》1992 年第 6 期,第 30—38 頁;《樂府新
　聲·瀋陽音樂學院學報》1994 年第 1 期,第 28—35 頁。

顔思·威爾金斯[德]

《吐魯番博物館藏回鶻語〈慈悲道場懺法〉兩殘頁研究》,《吐魯番學研究》
　2005 年第 2 期,第 54—62 頁(收入殷晴主編《吐魯番學新論》,烏魯木齊:
　新疆人民出版社,2006 年,第 154—162 頁)。

楊富學

《敦煌研究院藏的回鶻文木活字: 兼談木活字的發明》,《敦煌研究》1990 年第
　2 期,第 34—37 頁。

《吐魯番出土回鶻文木杵銘文初釋》,《甘肅民族研究》1991 年第 4 期,第 76—
　85 頁(收入楊進智主編《裕固族研究論文集》,蘭州大學出版社,1996 年,第
　129—148 頁;氏著《西域敦煌宗教論稿》,蘭州: 甘肅文化出版社,1998 年,
　第 257—276 頁)。

《一份珍貴的回鶻文寺院經濟文書》,《西北民族研究》1992 年第 1 期,第 59—
　　65 頁(收入氏著《西域敦煌宗教論稿》,蘭州: 甘肅文化出版社,1998 年,第
　　246—256 頁;《中國西北宗教文獻·佛教·新疆卷 5》,第 32—38 頁)。

《敦煌本回鶻文〈阿爛彌王本生故事〉寫卷譯釋》,《西北民族研究》1994 年第
　　2 期,第 89—101 頁(收入氏著《西域敦煌宗教論稿》,蘭州: 甘肅文化出版
　　社,1998 年,第 228—245 頁)。

《西域、敦煌文獻所見回鶻之佛經翻譯》,《敦煌研究》1995 年第 4 期,第 1—
　　36 頁。

《佛教在回鶻中的傳播》,《慶祝潘石禪先生九秩華誕敦煌學特刊》,臺北: 文
　　津出版社,1996 年,第 325—351 頁。

《回鶻之佛教》,烏魯木齊: 新疆人民出版社,1998 年。

《〈法華經〉胡漢諸本的傳譯》,《敦煌吐魯番研究》第 3 卷,北京大學出版社,
　　1998 年,第 23—44 頁(收入《中國西北宗教文獻·佛教·新疆卷 6》,第
　　171—191 頁)。

《回鶻佛教對北方諸族的影響》,《昭烏達蒙族師專學報》1998 年第 3 期(北方
　　民族文化專輯),第 82—86 頁轉 64 頁(收入氏著《中國北方民族歷史文化
　　論稿》,蘭州: 甘肅人民出版社,2001 年,第 12—23 頁;增訂本,蘭州: 甘肅
　　民族出版社,2012 年,第 12—25 頁;又載《赤峰學院學報》1998 年第 3 期,第
　　82—86 頁轉 64 頁)。

《二十世紀中國回鶻佛教研究概述》,《甘肅民族研究》1999 年第 3 期,第 28—
　　32 頁;中國社會科學院世界宗教研究所編《中國宗教研究年鑒(1997—
　　1998)》,北京: 宗教文化出版社,2000 年,第 177—186 頁。

《回鶻彌勒信仰考》,《中華佛學學報》(臺北)第 13 期(上),2000 年,第 21—
　　32 頁(《中國西北宗教文獻·佛教·新疆卷 6》,第 461—470 頁)。

《敦煌吐魯番文獻所見吐蕃回鶻之文化關係》,《首都師範大學學報》2001 年
　　第 1 期,第 18—24 頁(收入《甘肅民族研究論叢》,蘭州: 甘肅人民出版社,
　　2002 年,第 424—442 頁;氏著《中國北方民族歷史文化論稿》,蘭州: 甘肅
　　人民出版社,2001 年,第 60—74 頁;增訂本,蘭州: 甘肅民族出版社,2012
　　年,第 42—57 頁;《中國西北宗教文獻·佛教·新疆卷 6》,第 461—
　　470 頁)。

《西域敦煌回鶻佛教文獻研究百年回顧》,《敦煌研究》2001 年第 3 期,第
　　152—162 頁。

《回鶻文〈法華經〉及其價值》,黃心川主編《光山淨居寺與天台宗研究》,香港
　　天馬圖書有限公司,2001 年,第 98—105 頁。

《從出土文獻看〈法華經〉在西域、敦煌的傳譯》,《顯密》(試刊號)1995 年第 1 期,第 22—32 頁(收入氏著《西域敦煌宗教論稿》,蘭州:甘肅文化出版社,1998 年,第 171—196 頁;新疆龜茲石窟研究所編《鳩摩羅什和中國民族文化——紀念鳩摩羅什誕辰 1650 周年國際學術討論會文集》,烏魯木齊:新疆美術攝影出版社,2001 年,第 113—127 頁;《中國西北宗教文獻·佛教綜述卷 2》,第 298—308 頁)。

《回鶻文〈玄奘傳〉及其相關問題》,鄭炳林主編《敦煌佛教與藝術研究論文集》,蘭州大學出版社,2002 年,第 108—115 頁。

《藏傳佛教對回鶻的影響》,《法源(中國佛學院學報)》2002 年第 20 期,第 247—252 頁。

《敦煌回鶻文佛教文獻及其價值》,戒幢佛學研究所編《戒幢佛學》第 2 卷,長沙:岳麓書社,2002 年,第 111—119 頁(收入王書慶、楊富學《敦煌佛教與禪宗研究論集》,香港天馬出版有限公司,2006 年,第 241—261 頁)。

《回鶻佛教與周邊民族的關係論考》,覺醒主編《覺群·學術論文集》第 2 卷,2002 年,北京:商務印書館,第 418—430 頁。

《回鶻文獻與回鶻文化》,北京:民族出版社,2003 年。

《回鶻與禪宗》,妙峰主編《曹溪禪研究》第 3 輯,北京:中國社會科學出版社,2003 年,第 213—218 頁。

《居庸關回鶻文功德記所見 uday 考》,《西北民族大學學報》2003 年第 1 期,第 41—43 頁轉 127 頁。

《居庸關回鶻文功德記 uday 考》,《民族語文》2003 年第 2 期,第 62—64 頁。

《居庸關回鶻文功德記所見 uday 即五臺山考》,《文殊智慧之光——五臺山佛教文化國際學術會議論文集》,北京:宗教文化出版社,2004 年,第 350—357 頁。

《敦煌吐魯番文獻所見回鶻之彌勒信仰》,《2000 年敦煌學國際學術討論會文集——紀念敦煌藏經洞發現暨敦煌學百年》(歷史文化卷下),蘭州:甘肅民族出版社,2003 年,第 74—86 頁。

《回鶻文〈茍居士抄金剛經靈驗記〉研究》,《吐魯番學研究》2004 年第 2 期,第 56—61 頁。

《回鶻僧與〈西夏文大藏經〉的翻譯》,《敦煌吐魯番研究》第 7 卷,北京:中華書局,2004 年,第 338—344 頁(收入王書慶、楊富學《敦煌佛教與禪宗研究論集》,香港天馬出版有限公司,2006 年,第 353—362 頁)。

《元代内地畏兀兒僧徒佛事活動輯考》,《普門學報》第 19 期(高雄),2004 年,第 1—16 頁。

《漢傳佛教影響回鶻三證》，覺醒主編《覺群·學術論文集》第 3 期，北京：宗
　教文化出版社，2004 年，第 382—393 頁。

《印度佛本生故事在回鶻中的傳譯與影響》，《新疆文物》2004 年第 2 期，第
　34—45 頁；戒幢佛學研究所編《戒幢佛學》第 3 卷，長沙：岳麓書社，2005
　年，第 474—488 頁。

《回鶻宗教文學稽考》，《西北民族大學學報》2004 年第 3 期，第 116—123 頁。

《從回鶻文〈羅摩衍那〉看佛教對印度史詩的融攝》，覺醒主編《覺群·學術論
　文集》第 4 卷，北京：宗教文化出版社，2004 年，第 422—431 頁。

書評：《茨默〈佛教與回鶻社會〉》，《華林》第 3 卷，北京：中華書局，2004 年，
　第 445—449 頁。

《回鶻五臺山信仰與文殊崇拜考》，鄭炳林、花平甯主編《麥積山石窟藝術文化
　論文集》(下)，蘭州大學出版社，2004 年，第 441—447 頁。

《佛教與回鶻講唱文學》，《普門學報》(高雄)2005 年第 1 期，第 233—250 頁
　(收入王書慶、楊富學《敦煌佛教與禪宗研究論集》，香港天馬出版有限公
　司，2006 年，第 301—331 頁)。

《海峽兩岸對回鶻佛教的研究及存在的問題》，《法源(中國佛學院學報)》
　2004 年第 22 期，第 299—306 頁；又載《敦煌學國際聯絡委員會(ILCDS)通
　訊》2004 年第 2 期，第 29—34 頁；《敦煌學國際聯絡委員會通訊集刊》
　(2002—2005)，上海古籍出版社，2005 年，第 132—139 頁。

《少數民族對古代敦煌文化的貢獻》，《敦煌學輯刊》2005 年第 2 期，第 85—
　99 頁。

《綜論漢傳佛教對回鶻的影響》，《甘肅民族研究》2005 年第 2 期，第 52—67
　頁(收入王書慶、楊富學《敦煌佛教與禪宗研究論集》，香港天馬出版有限公
　司，2006 年，第 262—300 頁)。

《藏傳佛教對回鶻的影響》，《西藏研究》2005 年增刊，第 60—63 頁。

《回鶻文〈懺悔滅罪金光明經冥報傳〉研究》，《敦煌學》第 26 輯，臺北：南華大
　學敦煌學研究中心編印，2005 年，第 29—43 頁(收入《甘肅省博物館學術論
　文集》，西安：三秦出版社，2006 年，第 262—284 頁)。

《佛教與回鶻印刷術》，覺醒主編《覺群·學術論文集》第 5 卷，北京：宗教文
　化出版社，2005 年，第 457—471 頁。

《敦煌吐魯番文獻所見古代回鶻的印刷術》，國家圖書館山本特藏部敦煌吐魯
　番學資料中心編《敦煌學國際研討會論文集》，北京圖書館出版社，2005 年，
　第 244—251 頁。

《回鶻文佛教譬喻故事及其特色——以回鶻文〈折吒王的故事〉爲例》，《吐魯

番學研究》2005 年第 1 期,第 90—106 頁;《吐魯番學研究》2006 年第 1 期,
第 149—160 頁。

《回鶻印度歷史文化關係研究》,吐魯番學研究院編《吐魯番學研究·第二届
吐魯番學國際學術研討會論文集》,上海辭書出版社,2006 年,第 102—108
頁(收入耿昇、朴燦奎、李宗勳、孫泓主編《多元視野中的中外關係史研究》,
延邊大學出版社,2007 年,第 96—105 頁)。

《敦煌吐魯番出土回鶻文佛教願文研究》,《敦煌研究》2006 年第 2 期,第 49—
54 頁。

《回鶻文〈兔王本生〉及相關問題研究》,《宗教學研究》2006 年第 3 期,第 64—
71 頁。

《回鶻文佛傳故事研究——以 Mainz131(TIIY37)〈佛陀傳〉爲中心》,《中華佛
學研究》(臺北)2006 年第 10 期,第 239—253 頁。

《回鶻文佛教徒禮懺文研究》,覺醒主編《覺群佛學》(2006),北京:宗教文化
出版社,2006 年,第 395—414 頁。

《回鶻與印度歷史文化關係研究》,《吐魯番學研究》2007 年第 1 期,第 73—
81 頁。

《回鶻佛教徒懺悔文及其特色》,劉光華主編《谷苞先生 90 華誕紀念文集》,蘭
州大學出版社,2007 年,第 420—443 頁。

《回鶻觀音信仰考》,王書慶、楊富學《敦煌佛教與禪宗研究論集》,香港天馬出
版有限公司,2006 年,第 332—352 頁;黄繹勳主編《觀世音菩薩與現代社
會——第五届中華國際佛學會議中文論文集》,臺北:法鼓文化,2007 年,
第 253—276 頁。

《吐火羅與回鶻文化》,新疆龜兹學會編《龜兹學研究》第 2 輯,烏魯木齊:新
疆大學出版社,2007 年,第 72—93 頁。

《印度宗教文化與回鶻民間文學》,北京:民族出版社,2007 年。

《論回鶻佛教與摩尼教的激蕩》,《吐魯番學研究》2008 年第 1 期,第 120—
124 頁。

《佛教"四大"與維吾爾醫學》,《五臺山研究》2008 年第 1 期,第 49—53 頁。

《回鶻文〈陶師本生〉及其特點》,《中南民族大學學報》2009 年第 5 期,第 66—
70 頁。

《回鶻文〈金光明經〉及其懺悔思想》,沈衛榮主編《西域歷史語言研究集刊》
第 2 輯,北京:科學出版社,2009 年,第 241—251 頁。

《回鶻佛教》,賴永海主編《中國佛教通史》第 10 卷,南京:江蘇人民出版社,
2010 年,第 371—396 頁。

《甘州回鶻文化考屑》,姜錫東、丁建軍主編《中華文明的歷史與未來國際學術研討會論文集》,石家莊:河北大學出版社,2010 年,第 32—46 頁。

《論漢傳佛教對回鶻的影響》,束迪生、李肖、那仁高娃主編《高昌社會變遷及宗教演變》,烏魯木齊:新疆人民出版社,2010 年,第 191—208 頁。

《甘州回鶻宗教信仰考》,《敦煌研究》2011 年第 3 期,第 106—113 頁。

《榆林窟回鶻文威武西寧王題記研究》,曉克、何天明、雲廣主編《朔方論叢》第 1 輯,呼和浩特:內蒙古大學出版社,2011 年,第 96—103 頁。

《河西多體文字六字真言私臆》,《中國藏學》2012 年第 3 期,第 89—93 頁。

《酒泉文殊山:回鶻佛教文化的最後一方淨土》,《河西學院學報》2012 年第 6 期,第 1—6 頁。

《敦煌莫高窟第 464 窟的斷代及其與回鶻之關係》,《敦煌研究》2012 年第 6 期,第 1—18 頁。

楊富學(譯)

《中華人民共和國藏回鶻文寫本》([日]梅村坦著),《西北民族研究》1993 年第 2 期,第 151—161 頁(收入氏譯《回鶻學譯文集》,蘭州:甘肅民族出版社,2012 年,第 43—62 頁)。

《榆林窟回鶻畫像及回鶻蕭氏對遼朝佛教藝術的影響》([美]葛霧蓮著),《昭烏達蒙族師專學報》1995 年第 1 期,第 3—8 頁;敦煌研究院編《1994 年敦煌學國際研討會文集——紀念敦煌研究院成立 50 周年》(石窟考古卷),蘭州:甘肅民族出版社,2000 年,第 288—295 頁(氏著《中國北方民族歷史文化論稿》,蘭州:甘肅人民出版社,2001 年,第 310—317 頁;敦煌研究院編《榆林窟研究論文集》,上海辭書出版社,2011 年,第 696—700 頁)。

《1970 年以來吐魯番敦煌回鶻文宗教文獻的整理與研究》([德]茨默著),《敦煌研究》2000 年第 2 期,第 169—179 頁(收入《回鶻學譯文集》,第 78—103 頁)。

楊富學、阿依達爾·米爾卡馬力

《回鶻文〈華嚴經·十無盡藏品〉寫本殘卷研究》,《敦煌研究》2007 年第 2 期,第 74—81 頁。

楊富學、陳愛峰

《西夏與周邊關係研究》,蘭州:甘肅民族出版社,2012 年。

楊富學、鄧浩

《吐魯番出土回鶻文〈七星經〉回向文研究——兼論回鶻佛教之功德思想》,《敦煌研究》1997 年第 1 期,第 158—172 頁(收入《中國西北宗教文獻·佛教·新疆卷6》,第 57—71 頁)。

楊富學、杜斗城

《河西回鶻之佛教》,《世界宗教研究》1997 年第 3 期,第 31—34 頁(收入《中國敦煌學百年文庫・宗教卷》1,第 455—459 頁;《中國西北宗教文獻・佛教・甘肅卷 11》,第 255—260 頁)。

楊富學、高人雄

《從〈彌勒會見記〉到貫雲石——古代回鶻戲劇史上的一個側面》,《甘肅民族研究》2004 年第 1 期,第 75—80 頁(收入《中國維吾爾歷史文化研究論叢》第 4 輯,北京:民族出版社,2006 年,第 205—216 頁)。

楊富學、桂林

《回鶻文〈五卷書〉殘卷譯釋——兼論〈五卷書〉在回鶻中的傳播與影響》,《吐魯番學研究》2004 年第 1 期,第 76—94 頁(收入殷晴主編《吐魯番學新論》,烏魯木齊:新疆人民出版社,2006 年,第 135—153 頁)。

楊富學、黄建華(譯)

《東京國立博物館藏回鶻文木簡》(〔日〕梅村坦著),《敦煌研究》1990 年第 3 期,第 46—56 頁(收入《回鶻學譯文集》,第 155—175 頁)。

《敦煌出土元代回鶻文佛教徒書簡》(〔日〕森安孝夫著),《敦煌研究》1991 年第 2 期,第 37—48 頁(收入《沙州回鶻及其文獻》,蘭州:甘肅文化出版社,1995 年,第 267—288 頁;《回鶻學譯文集》,第 197—220 頁)。

楊富學、劉宏梅(譯)

《東西察合台系諸王族與回鶻藏傳佛教徒——再論敦煌出土察合台汗國蒙古文令旨》(〔日〕松井太著),《甘肅民族研究》2011 年第 3 期,第 46—63 頁。

楊富學、牛汝極

《敦煌研究院藏的一頁回鶻文殘卷》,《敦煌研究》1991 年第 2 期,第 33—36 頁(收入《敦煌研究文集・敦煌研究院藏敦煌文獻研究篇》,蘭州:甘肅民族出版社,2000 年,第 465—470 頁)。

《安西榆林窟第 25 窟前室東壁回鶻文題記譯釋》,中國民族古文字研究會編《中國民族古文字研究》第 3 輯,天津古籍出版社,1991 年,第 118—127 頁。

《沙州回鶻及其文獻》,蘭州:甘肅文化出版社,1995 年,第 133—183 頁。

楊富學、秦才郎加(譯)

《蒙古語譯〈佛説北斗七星延命經〉中殘存的回鶻語要素》(〔日〕松川節著),《甘肅民族研究》2007 年第 2 期,第 75—80 頁(收入《回鶻學譯文集》,第 304—316 頁)。

《〈栴檀瑞像傳入中國記〉的回鶻語與藏語譯文》(〔日〕百濟康義著),達力札布主編《中國邊疆民族研究》第 4 輯,北京:中央民族大學出版社,2011 年,第 261—272 頁(收入《回鶻學譯文集》,第 176—196 頁)。

楊富學、王紅梅

《回鶻文文獻所見藏密十六佛母考》,《安多研究》第 1 輯,北京:中國藏學出版社,2005 年,第 135—149 頁。

楊富學、張海娟(譯)

《新疆探察及早期中古突厥語寫本的發現》([俄]吐谷舍娃著),朱玉麒主編《西域文史》第 5 輯,北京:科學出版社,2010 年,第 303—310 頁(收入《回鶻學譯文集》,第 104—116 頁)。

楊富學、趙崇民

《柏孜克里克第 20 窟的供養圖與榜題》,《新疆藝術》1992 年第 6 期,第 51—56 頁(收入楊富學《西域敦煌宗教論稿》,蘭州:甘肅文化出版社,1998 年,第 121—133 頁;《中國西北宗教文獻·佛教·新疆卷5》,第 152—157 頁)。

楊富學、趙靖(譯)

《古代突厥語詩歌的韻律結構》([土耳其]錢德齋著),《回鶻學譯文集》,第 297—303 頁。

楊漢璋(譯)

《敦煌出土蒙元時代的回鶻文書》([日]森安孝夫著),《敦煌研究》1990 年第 3 期,第 57—64 頁。

楊建新、王紅梅

《元代回鶻藏傳佛教文獻研究概況》,《蘭州大學學報》2001 年第 1 期,第 1—7 頁。

楊金祥

《宗教與維吾爾古代美術》,《新疆藝術》1982 年第 6 期,第 59—62 頁(收入《新疆藝術》編輯部編《絲綢之路造型藝術》,烏魯木齊:新疆人民出版社,1985 年,第 365—371 頁)。

楊聖敏

《回紇人的社會發展與宗教演變》,《民族研究》1993 年第 4 期,第 57—64 頁。

楊雄

《〈佛說阿彌陀經講經文〉補校》,《敦煌學輯刊》1987 年第 1 期,第 70—77 頁(收入氏著《敦煌論稿》,蘭州:甘肅文化出版社,1995 年,第 334—340 頁;《中國西北宗教文獻·佛教·甘肅卷6》,第 185—192 頁)。

葉爾米拉、台來提·吾布里哈斯木

《新疆地區佛教壁畫中回鶻供養人服飾概述》,侯世新主編《西域歷史文化寶藏探析——新疆維吾爾自治區博物館論文集第二輯》,烏魯木齊:新疆人民出版社,2009 年,第 489—495 頁。

伊布拉音·穆提依

《維吾爾族古代翻譯家僧古薩里評述》,《新疆維吾爾自治區社會科學院首屆
學術報告論文選集》,烏魯木齊:新疆社會科學院,1982 年,第 420—436
頁;《新疆社會科學》1983 年第 1 期,第 67—75 頁。

伊斯拉菲爾·玉素甫

《回鶻文中心木》,《吐魯番學研究專輯》,烏魯木齊:敦煌吐魯番學新疆研究
資料中心編印,1990 年,第 359—368 頁(收入《中國西北宗教文獻·佛教·
新疆卷 4》,第 360—369 頁)。

《回鶻文文獻二種》,《中國民族古文字研究》第 4 輯,天津古籍出版社,1994
年,第 110—119 頁(收入《中國西北宗教文獻·佛教·新疆卷 6》,第 35—
44 頁)。

《回鶻文大乘〈大般涅槃經〉北本殘頁研究》,《中國維吾爾歷史文化研究論
叢》第 1 輯,烏魯木齊:新疆人民出版社,1998 年,第 194—207 頁(收入《新
疆維吾爾自治區博物館論文集》,烏魯木齊:新疆大學出版社,2005 年,第
222—253 頁)。

《鳩摩羅什譯經對回鶻佛教的影響初探》,新疆龜兹石窟研究所編《鳩摩羅什
和中國民族文化——紀念鳩摩羅什誕辰 1650 周年國際學術討論會文集》,
烏魯木齊:新疆美術攝影出版社,2001 年,第 91—99 頁。

《回鶻文〈藥師琉璃光七佛本願功德經〉木刻本殘卷研究》,《新疆文物》2003
年第 3—4 期合刊,第 48—61 頁;《民族古籍》2004 年第 4 期,第 20—33 頁
(收入伊斯拉菲爾·玉蘇甫主編《新疆維吾爾自治區博物館論文集》,烏魯
木齊:新疆大學出版社,2005 年,第 254—268 頁)。

《吐魯番新發現的回鶻文語文書》,殷晴主編《吐魯番學新論》,烏魯木齊:新
疆人民出版社,2006 年,第 126—134 頁。

伊斯拉菲爾·玉素甫、多魯坤·闞白爾

《回鶻文〈彌勒會見記〉第三章簡介》,《新疆社會科學》1982 年第 4 期,第 97—
112 頁。

《回鶻文大型佛教劇本〈彌勒會見記〉》,《新疆藝術》1985 年第 1 期,第 30—
36 頁。

伊斯拉菲爾·玉素甫、多魯坤·闞白爾、阿不都克尤木·霍加

《回鶻文〈彌勒會見記〉第二章簡介》,《新疆社會科學》1982 年第 4 期,第 97—
112 頁(收入《中國西北宗教文獻·佛教·新疆卷 2》,第 192—207 頁)。

《回鶻文〈彌勒會見記〉第三幕第 1—5 葉研究》,《民族語文》1983 年第 1 期,第

50—64 頁（收入《中國西北宗教文獻·佛教·新疆卷2》,第214—228 頁）。

《回鶻文〈彌勒會見記〉》I,烏魯木齊: 新疆人民出版社,1987 年。

伊斯拉非爾·玉蘇甫、張寶璽

《文殊山萬佛洞回鶻文題記》,吐魯番學研究院編《語言背後的歷史——西域古典語言學高峰論壇論文集》,上海古籍出版社,2012 年,第94—106 頁。

余欣

《充實而光輝——讀楊富學〈回鶻之佛教〉》,《敦煌研究》1999 年第 1 期,第176—184 頁。

讚丹卓嘎

《國内近刊回鶻佛教研究著作述要》,《甘肅民族研究》2005 年第 2 期,第75—77 頁（收入《甘肅民族研究論叢》第 2 輯,蘭州: 甘肅人民出版社,2005 年,第522—528 頁）。

張寶璽

《喃答失太子〈有元重修文殊寺碑銘〉再考》,新疆龜兹學會編《龜兹學研究》第 3 輯,烏魯木齊: 新疆大學出版社,2008 年,第201—210 頁。

張廣達、榮新江

《有關西州回鶻的一篇敦煌漢文文獻——S.6551 講經文的歷史學研究》,《北京大學學報》1989 年第 2 期,第24—36 頁（收入張廣達《西域史地叢稿初編》,上海古籍出版社,1995 年,第217—248 頁;《中國敦煌學百年文庫·文獻卷》2,第369—386 頁;張廣達《文書、典籍與西域史地》,桂林: 廣西師範大學出版社,2008 年,第153—176 頁）。

張海娟、楊富學

《蒙古豳王家族與河西西域佛教》,《敦煌學輯刊》2011 年第 4 期,第84—97 頁。

張惠明

《伯孜克里克石窟〈金光明最勝王經變圖〉中的〈懺悔滅罪傳〉故事場面研究——兼談艾爾米塔什博物館所藏奥登堡收集品 Ty－575 號相關殘片的拼接》,《故宮博物院院刊》2011 年第 3 期,第55—70 頁。

張惠明(譯)

《科洛特-加龍省-加龍省闕夫,H·H. 收集的千手觀音像絹畫——兼談公元9—11 世紀吐魯番高昌回鶻宗教的混雜問題》（[俄] 吉婭科諾娃、魯多娃著）,《敦煌研究》1994 年第 4 期,第64—69 頁。

張建國

書評:《一部維吾爾古文獻研究的巔峰之作——評耿世民著〈回鶻文哈密本彌

勒會見記研究〉》,《伊犂師範學院學報》2010 年第 1 期,第 70—71 頁。

張龍群

《哈密本回鶻文〈彌勒會見記〉序章簡論》,《新疆藝術》1995 年第 2 期,第 44—
　　47 頁(收入《中國西北宗教文獻·佛教·新疆卷 5》,第 134—137 頁)。

張鐵山

《回鶻文〈金光明經〉及其研究》,《民族古籍》1988 年第 2 期,第 14—15 頁。

《回鶻文〈金光明經〉第七品研究》,《喀什師範學院學報》1988 年第 5 期,第
　　55—65 頁轉 48 頁。

《我國回鶻文文獻及其研究概述》,《喀什師範學院學報》1988 年第 2 期,第
　　65—68 頁轉 83 頁。

《我國回鶻文研究概述》,《中國史研究動態》1988 年第 9 期,第 12—15 頁。

《我國收藏刊佈的回鶻文文獻及其研究》,《新疆社會科學》1989 年第 4 期,第
　　98—105 頁 (收 入《中 國 西 北 宗 教 文 獻 · 佛 教 · 新 疆 卷 4》, 第
　　127—134 頁)。

《回鶻文〈金光明經〉第四卷第六品研究》,《喀什師範學院學報》1990 年第 1
　　期,第 68—76 頁(收入《中國西北宗教文獻·佛教·新疆卷 4》,第 210—
　　218 頁)。

《回鶻文〈金光明經〉第八品研究》,《新疆大學學報》1990 年第 2 期,第 97—
　　109 頁(收入《中國西北宗教文獻·佛教·新疆卷 4》,第 219—230 頁)。

《回鶻文〈妙法蓮華經·普門品〉校勘與研究》,《喀什師範學院學報》1990 年
　　第 3 期,第 56—68 頁(收入《中國西北宗教文獻·佛教·新疆卷 4》,第
　　247—259 頁)。

《國外收藏刊佈的回鶻文佛教文獻及其研究》,《西域研究》1991 年第 1 期,第
　　135—142 頁(收入《中國西北宗教文獻·佛教·新疆卷 4》,第 416—423
　　頁)。

《敦煌本回鶻文〈雜阿含經〉殘卷研究》,敦煌研究院編《段文傑敦煌研究五十
　　年紀念文集》,北京:世界圖書出版公司,1996 年,第 348—355 頁(收入《中
　　國敦煌學百年文庫·民族卷》4,第 159—168 頁;《中國西北宗教文獻·佛
　　教·甘肅卷 11》,第 37—44 頁)。

《從回鶻文〈俱舍論頌疏〉殘葉看漢語對回鶻語的影響》,《西北民族研究》
　　1996 年第 2 期,第 265—269 頁轉 192 頁(收入《中國敦煌學百年文庫·民
　　族卷》4,第 227—233 頁)。

《回鶻文獻及其學術價值》,《中國少數民族古籍論》,成都:巴蜀書社,1997 年,
　　第 172—184 頁(收入《中國敦煌學百年文庫·民族卷》4,第 102—111 頁)。

《對回鶻文佛教文獻中夾寫漢字現象的一些認識》,中央民族大學突厥語言文化系、中亞學研究所、維吾爾學研究所編《突厥語言與文化研究》第 2 輯,北京: 中央民族大學出版社,1997 年,第 112—122 頁。

《回鶻文佛教文獻中夾寫漢字的分類和讀法》,《西域研究》1997 年第 1 期,第 99—104 頁。

《回鶻文〈增壹阿含經〉殘卷研究》,《民族語文》1997 年第 2 期,第 28—33 頁。

《回鶻文佛教文獻〈説心性經〉譯釋》,《中國少數民族文學與文獻論集》,瀋陽: 遼寧民族出版社,1997 年,第 341—371 頁。

《三葉回鶻文〈中阿含經〉殘卷研究》,《民族語文》2000 年第 3 期,第 11—17 頁。

《敍利亞文文書中回鶻文部分的轉寫和翻譯》,彭金章、王建軍《敦煌莫高窟北區石窟》第 1 卷,北京: 文物出版社,2000 年,第 391—392 頁。

《莫高窟北區 B53 窟出土回鶻文〈雜阿含經〉殘葉研究》,《敦煌研究》2001 年第 2 期,第 101—106 頁。

《北京大學圖書館藏兩葉敦煌本回鶻文殘片研究》,《西北民族研究》2001 年第 3 期,第 95—101 頁。

《敦煌莫高窟北區出土回鶻文〈中阿含經〉殘葉研究》,《中央民族大學學報》2001 年第 4 期,第 128—131 頁。

《莫高窟北區 B159 窟出土回鶻文別譯〈雜阿含經〉殘卷研究》,《民族語文》2001 年第 6 期,第 36—46 頁;《民族語文》2003 年第 1 期,第 59—67 頁。

《敦煌莫高窟北區 B52 窟出土回鶻文——〈阿毗達磨俱舍論實義疏〉殘葉研究》,《敦煌學輯刊》2002 年第 1 期,第 13—21 頁。

《北京大學圖書館館藏敦煌本回鶻文〈雜阿含經〉殘葉研究》,《中央民族大學學報》2002 年第 4 期,第 108—112 頁。

《敦煌莫高窟北區出土回鶻文文獻過眼記》,《敦煌研究》2003 年第 1 期,第 94—99 頁。

《莫高窟北區出土兩件回鶻文佛經殘片研究》,《敦煌學輯刊》2003 年第 2 期,第 79—86 頁。

《莫高窟北區 B128 窟出土回鶻文〈八十華嚴〉殘頁研究》,《中央民族大學學報》2003 年第 4 期,第 112—115 頁(收入彭金章主編《敦煌莫高窟北區石窟研究》,蘭州: 甘肅教育出版社,2010 年,第 354—362 頁)。

《〈阿含經〉在回鶻人中的傳譯及其社會歷史原因》,《西域研究》2003 年第 4 期,第 66—71 頁。

《敦煌莫高窟北區出土三件回鶻文佛經殘片研究》,《民族語文》2003 年第 6 期,第 44—52 頁。

《莫高窟北區出土三件珍貴的回鶻文佛經殘片研究》,《敦煌研究》2004 年第 1
　　期,第 78—82 頁。

《敦煌莫高窟北區出土回鶻文文獻譯釋研究(1—2)》,《敦煌莫高窟北區石
　　窟》第 2 卷,北京: 文物出版社,2004 年,第 361—368 頁;《敦煌莫高窟北區
　　石窟》第 3 卷,北京: 文物出版社,2004 年,第 383—396 頁。

《莫高窟北區 B125 窟出土回鶻文〈增壹阿含經〉殘卷研究》,《敦煌學輯刊》
　　2005 年第 3 期,第 6—21 頁(收入彭金章主編《敦煌莫高窟北區石窟研究》,
　　蘭州: 甘肅教育出版社,2010 年,第 363—387 頁)。

《敦煌出土回鶻文〈大乘無量壽經〉殘頁研究》,《民族語文》2005 年第 5 期,第
　　64—68 頁。

《敦煌莫高窟北區 B52 窟出土回鶻文〈阿毗達磨俱舍論實義疏〉殘葉研究》,
　　《中國維吾爾歷史文化研究論叢》第 4 輯,北京: 民族出版社,2006 年,第
　　255—270 頁。

《回鶻文及其文獻》,《文史知識》2008 年第 12 期,第 75—79 頁。

《莫高窟北區 B128 窟出土回鶻文〈慈悲道場懺法〉殘頁研究》,鄭炳林、樊錦
　　詩、楊富學主編《絲綢之路民族古文字與文化學術討論會文集》(上),西安:
　　三秦出版社,2007 年,第 37—47 頁;《民族語文》2008 年第 1 期,第 51—57
　　頁(收入彭金章主編《敦煌莫高窟北區石窟研究》,蘭州: 甘肅教育出版社,
　　2010 年,第 388—396 頁)。

《吐魯番柏孜克里克出土三頁回鶻文〈佛説天地八陽神咒經〉殘葉研究》,《吐
　　魯番學研究》2010 年第 2 期,第 26—33 頁。

書評:《俄羅斯學者 Л. Ю. 吐古舍娃及其回鶻文文獻研究》,《西域研究》
　　2011 年第 1 期,第 129—133 頁。

《敦煌莫高窟北區出土回鶻文文獻及其學術價值》,羅豐主編《絲綢之路上的
　　考古·宗教與歷史》,北京: 文物出版社,2011 年,第 294—302 頁。

《吐火羅文和回鶻文〈彌勒會見記〉比較研究——以吐火羅文 YQ1.31/2、
　　YQ1.31/1、YQ1.91/1 和 YQ1.91/2 四頁爲例》,《敦煌吐魯番研究》第 12
　　卷,上海古籍出版社,2011 年,第 99—108 頁。

《吐魯番柏孜克里克出土兩葉回鶻文〈慈悲道場懺法〉殘葉研究》,《民族語
　　文》2011 年第 4 期,第 52—57 頁轉 81 頁(收入新疆吐魯番學研究院編《語
　　言背後的歷史——西域古典語言學高峰論壇論文集》,上海古籍出版社,
　　2012 年,第 107—113 頁)。

《吐魯番柏孜克里克出土回鶻文刻本〈佛説天地八陽神咒經〉殘頁研究》,《敦
　　煌學輯刊》2011 年第 2 期,第 28—34 頁。

《吐魯番柏孜克里克出土四件回鶻文〈因薩底經〉殘葉研究》,《敦煌研究》
　　2012 年第 2 期,第 83—88 頁。

《漢文—回鶻文〈金光明經·捨身飼虎〉校勘研究》,《新疆師範大學學報》
　　2012 年第 4 期,第 63—67 頁。

《試析回鶻文〈金光明經〉偈頌》,《中央民族大學學報》2013 年第 1 期,第
　　119—123 頁。

張鐵山、皮特·茨默

《兩頁回鶻文〈華嚴經·光明覺品〉寫本殘卷研究》,《民族語文》2012 年第 4
　　期,第 73—80 頁。

張鐵山、王梅堂

《北京圖書館藏回鶻文〈阿毗達磨俱舍論〉殘卷研究》,《民族語文》1994 年第
　　2 期,第 63—70 頁轉 7 頁(收入《中國敦煌學百年文庫·民族卷》4,第
　　148—158 頁)。

張桐生(譯)

《維吾爾王國的佛教文化》([日]山田信夫著),岡崎敬編《絲路與佛教文
　　化》,臺北:業強出版社,1987 年,第 125—147 頁。

張香珍

《元代高昌回鶻藏傳佛教研究》,新疆師範大學碩士學位論文,2012 年。

張新鷹

《陳寧其人及回鶻文〈八陽經〉刻版地——讀馮家昇先生一篇舊作贅言》,《世
　　界宗教研究》1988 年第 1 期,第 127—131 頁(收入楊曾文、方廣錩編《佛教
　　與歷史文化》,北京:宗教文化出版社,2001 年,第 531—538 頁)。

張筱春

《近十年來回鶻宗教研究進展》,《黑龍江史志》2008 年第 15 期,第 10—11 頁
　　轉 13 頁。

張羽新

《元代的維吾爾族喇嘛僧》,《中國藏學》1996 年第 2 期,第 50—59 頁。

趙崇民(譯)

《高昌——吐魯番古代藝術珍品》([德]勒柯克著),烏魯木齊:新疆人民出
　　版社,1998 年。

趙崇民、楊富學(譯)

《柏林印度藝術博物館吐魯番藏品目錄(377—566)》,《吐魯番學研究專輯》,
　　烏魯木齊:敦煌吐魯番學新疆研究資料中心編印,第 383—462 頁。

《絲路地區的供養人》([德]凱林克特著),《陽關》1991 年第 2 期,第 39—44

頁(收入《回鶻學譯文集》,第 394—417 頁)。

趙華

《元代的維吾爾翻譯家》,《新疆日報》1982 年 2 月 21 日。

趙學東、楊富學

《佛教與甘州回鶻之外交》,《敦煌研究》2007 年第 3 期,第 38—43 頁。

趙永紅

《回鶻文佛教詩歌〈觀音經相應譬喻譚〉研究》,《中國少數民族文學與文獻論
　　集》,瀋陽:遼寧民族出版社,1997 年,第 372—396 頁。

《論佛教文化對回鶻語詞彙的影響》,《中國民族語言論叢》(二),昆明:雲南
　　民族出版社,1997 年,第 342—355 頁。

鄭桓

《回鶻文〈慈恩寺三藏法師傳〉句式標記研究》,中央民族大學碩士學位論文,
　　2010 年。

鄭芝卿、金淳培(譯)

《古維語借用印度語詞的各種管道》([日]莊垣内正弘著),《民族語文研究情
　　報資料集》第 9 期,北京:中國社會科學院民族研究所語言室編印,1987
　　年,第 1—29 頁轉 41 頁。

中國社會科學院考古研究所

《北庭高昌回鶻佛寺壁畫》,瀋陽:遼寧美術出版社,1990 年。

《北庭高昌回鶻佛寺遺址》,瀋陽:遼寧美術出版社,1991 年。

中國社會科學院考古研究所新疆工作隊

《新疆吉木薩爾高昌回鶻佛寺遺址》,《考古》1983 年第 7 期,第 618—623 頁
　　(收入新疆文物考古研究所編《新疆文物考古新收穫(1979—1989)》,烏魯
　　木齊:新疆人民出版社,1995 年,第 563—569 頁;《中國西北宗教文獻‧佛
　　教‧新疆卷 2》,第 283—291 頁)。

中國文化遺產編輯部

《柏孜克里克千佛洞‧回鶻佛教藝術的代表》,《中國文化遺產》2007 年第 1
　　期,第 76—79 頁。

鍾進文

《裕固族宗教的歷史演變》,《西北民族研究》1991 年第 1 期,第 147—156 頁轉
　　132 頁(收入楊進智主編《裕固族研究論文集》,蘭州大學出版社,1996 年,
　　第 263—280 頁;鍾進文主編《中國裕固族研究集成》,北京:民族出版社,
　　2002 年,第 175—179 頁)。

《裕固族民間文化中的多重宗教因素及其辨析》,中央民族學院少數民族文學

藝術研究所編《民族文化探秘》,天津古籍出版社,1993 年,第 59—77 頁;
《西北民族研究》1994 年第 1 期,第 229—237 頁(收入鍾進文主編《中國裕
固族研究集成》,北京:民族出版社,2002 年,第 183—187 頁)。

周北川

《回鶻文〈金光明經〉第十四品〈如意寶珠品〉研究》,《新疆大學學報》1995 年
第 2 期,第 85—90 頁(收入《中國西北宗教文獻‧佛教‧新疆卷 5》,第
377—382 頁)。

周金玲(譯)

《柏孜克里克千佛洞九號洞窟甬道內兩組僧人壁畫像介紹》([德]勒柯克
著),《新疆社會科學情報》1985 年第 3 期,第 12—14 頁。

《柏孜克里克千佛洞九號洞供養人畫像》([德]勒柯克著),《新疆社會科學情
報》1990 年第 12 期,第 17—19 頁。

朱國祥

《簡論高昌古城的歷史與宗教》,《新疆地方誌》2012 年第 1 期,第 51—55 頁。

朱新光(譯)

《吐魯番的佛教壁畫藝術》([美]布薩格里著),《新疆文物》1992 年(譯文專
號),第 177—180 頁轉 176 頁。

竺小恩

《敦煌石窟中沙州回鶻時期的回鶻服飾》,《浙江紡織服裝職業技術學院學報》
2012 年第 1 期,第 38—42 頁。

莊強華

《庫木吐拉第 79 號窟初探》,《新疆文物》1986 年第 1 期,第 75—79 頁(收入張
國領、裴孝曾主編《龜茲文化研究》(3),烏魯木齊:新疆人民出版社,2006
年,第 743—747 頁)。

卓新平、楊富學(主編)

《中國西北宗教文獻》(叢書),蘭州:甘肅民族出版社,2012 年。

二、外 文 部 分

Geng, Shimin

Qädimqi Uiġurcä buddhistik "Ārya-trāta-buddha-mātrika-vimsati-pūga-stotra-
sūtra"din fragmentlar, *Journal of Turkish Studies* 3, 1979, pp. 295–302.

Qädimqi Uygurcä iptidayi drama piyesasi Maitrisimit(Hami nushasi)ning 2–
Pärdäsi häqqidiqi tätqiqat, *Journal of Turkish Studies* 4, 1980, S. 101–156.

Die uigurische Xuan-Zang Biographie, ein Beitrag zum 7. Kapital,

Zentralasiatische Studien 19, 1986, S. 253 – 277.

A Studay of one newly discovered folio of the Uighur Abhidharmakośa-śāstra, *Central Asiatic Journal* 33/1 – 2, 1989, pp. 36 – 45.

On the Lanzhou version of the Uighur Abhidharmakośabhāṣya-ṭīkā Tattvārtha, Mehmet Ölmez-Ch. Raschmann (eds.), *Splitter aus der Gegend von Turfan. Festschrift für Peter Zieme anläßlich seines 60. Geburtstags*, Istanbul-Berlin 2002, pp. 75 – 85.

Uighur Buddhist Literature, Hasan Celâl Güzel, C. Cem Oguz, Osman Karatay (eds.), *The Turks*, vol. 1, Ankara 2002, pp. 896 – 910.

Badist Uygur Edebiyatı, *Türkler* Cilt 3, Ankara 2002, pp. 786 – 800.

Study of the Two Folios of the Uighur Text "Abitaki", *Acta Orientalia Academiae Scientiarum Hungarica* 57, 2004, pp. 105 – 113.

The Study of Uighurica from Turfan and Dunhuang in China, Desmond Durkin-Meisterernst, Simone-Christiane Rashmann, Jens Wilkens, Marianne Yaldiz, Peter Zieme (eds.), *Turfan Revisited — First Century of Research into the Arts and Culture of the Silk Road*, Berlin 2004, pp. 95 – 99.

Fragnmebte der Uig. Dasakarmapathavamala aus Hami, *Ural-Altaische Jahrbuecher* Bd. 19, 2005.

Study of another 2 folios of the Uighur Abitaki, *Acta Orientalia Academiae Scientiarum Hungarica* 57/1, 2004, pp. 105 – 113.

Geng, Shimin, H. J. Klimkeit

Das 16. Kapitel der Hami-Version der Maitrisimit, *Journal of Turkish Studies* 9, 1985, S. 71 – 132.

Die uigurische Xuan-zang Biographie, ein Beitrag zum 7. Kapitel, *Zentralasiatische Studien* 19, 1986, pp. 254 – 277.

Das Erscheinen des Bodhisattva. Das 11. Kapitel der Hami-Handschrift der Maitrisimit, *Altorientalische Forschungen* 15, 1988, S. 315 – 386.

Das Zusammentreffen mit Maitreya. Die ersten fünf Kapitel der Hami-Version der Maitrisimit. Teil I: Text, Übersetzung und Kommentar; Tell II: Faksimiles und Indices, Wiesbaden 1988.

Das Weltflucht des Bodhisattva. Das 13. Kapitel der Hami-Handschrift der Maitrisimit, *Altorientalische Forschungen* 18, 1991, S. 264 – 296.

Das Erlangen des unvergleichlichen Buddhawürde. Das 15. Kapitel der Hami-Handschrift der Maitrisimit, *Altorientalische Forschungen* 20, 1993, S. 182 – 234.

Geng, Shimin, H. J. Klimkeit, J. P. Laut

Der Herabstie des Bodhisattva Maitreya vom Tusita-Götterland zur Erde. Das10. Kapitel der Hami-Handschrift der Martrisimit, *Altorientalische Forschungen* 14, 1987, pp. 350 – 376.

Das Erscheinen des Bodhisattva. Das 11. Kapitel der Hami-Handchrift der Maitrisimit, *Altorientalische Forschungen* 15, 1988, S. 315 – 366.

Die Weltflucht des Bodhisattva. Das 13. Kapitel der Hami-Handschrift der Maitrisimit, *Altorientalische Forschungen* 18, 1991, S. 264 – 296.

Der Gang zum Bodhi-Baum. Das 14. Kapitel der Hami-Handschrift der Maitrisimit, Jean-Louis BACQUÉ-GRAMMONT et Rémy DOR (eds.), *Varia Turcica*, XIX: Mélanges offerts à Lauis Bazin par ses disciples, collègues et amis, L'HARMATTAN, Paris 1992, S. 25 – 35.

Der Gang zum Bodhi-Baum. Das 14. Kapitel der Hami-Handschrift der Maitrisimit, *Materialia Turcica* 16, 1992/1993, S. 25 – 47.

Das Erlangen der unverleichlichen Buddhawürde. Das 15. Kapitel der Hami-Handschrift der Maitrisimit, *Altorientalische Forschungen* 20, 1993, S. 182 – 234.

Nachtrag zum "Das Erlangen der unvergleichlichen Buddhawürde. Das 15. Kapitel der Hami-Handschrift der Maitrisimit", *Altorientalische Forschungen* 20, 1993, S. 416 – 432.

Prolegomena zur Edition der Hami-Handschrift der uigurischen Daśakarmapathāvadānamālā, *Türk Dilleri Araştuırmaları*, Cilt 3, 1993, Ankara 1993, S. 213 – 230.

Eine buddhistische Apokalypse. Die Höllenkapitel (20 – 25) und die Schlußkapitel (26 – 27) der Hami-Handschrift der alttürkischen Maitrisimit. Unter Einbeziehung von Manuskriptteilen des Textes aus Säŋim und Murtuk. Einleitung, Transkription und Übersetzung, Opladen-Wiesbaden 1998.

Geng, Shimin, J. P. Laut

Aus der Einleitung der uigurischen Daśakarmapathāvadānamālā, *Türk Dilleri Araştırmaları*, Cilt 10: Festschrift for Prof. G. Kara, Istanbul/Berlin, 2000, S. 5 – 15.

Geng, Shimin, J. P. Laut, Georges-Jean Pinault

Neue Ergebnisse der Maitrisimit-Forschung I, *Zeitschrift der Deutschen Morgenländischen Gesellschaft* Bd. 154, Heft 2, 2004, S. 347 – 369.

Neue Ergebnisse der Maitrisimit-Forschung II: Struktur und Inhalt des 26.

Kapitels, *Studies on the Inner Asian Languages* XIX, 2004, S. 29 - 94.

Geng, Shimin, J. P. Laut, Jens Wilkens

Fragmente der uigurischen Daśakarmapathāvadāvadānamālā (2), *Ural-Altaische Jahrbücher*, Bd. 20, 2006, pp. 146 - 169.

Fragmente der uigurischen Daśakarmapathāvadāvadānamālā (3), *Ural-Altaische Jahrbücher*, Bd. 21, 2007, pp. 124 - 140.

Hamilton, J. -Niu Ruji

Inscriptions ouïgoures des grottes bouddhiques de Yulin, *Journal Asiatique* 286, 1998, pp. 127 - 210.

Israpil, Yüsüp

Die uigurische Übersetzung des Bhaisajyagurusūtra nach einem Bolckdruck aus Turfan, Desmond Durkin-Meisterernst, Simone-Christiane Rashmann, Jens Wilkens, Marianne Yaldiz, Peter Zieme (ed.), *Turfan Revisited-The First Century of Research into the Arts and Cultures of the Silk Road*, Berlin 2004, pp. 411 - 415.

NIU, Ruji-Peter Zieme

The Buddhist refuge formula. An Uigur manuscript from Dunhuang, *Türk Dili Arastirmalari Yillgi Belleten* 6, 1995, S. 41 - 56.

WANG, Ding

Ch 3586 - ein khitanisches Fragment mit uigurischen Glossen in der Berliner Turfansammlung, Desmond Durkin-Meisterernst, Simone-Christiane Rashmann, Jens Wilkens, Marianne Yaldiz, Peter Zieme (ed.), *Turfan Revisited-The First Century of Research into the Arts and Cultures of the Silk Road*, Berlin 2004, pp. 371 - 379.

Yakup, Abdurishid

Two Alliterative Uighur Poems from Dunhuang,《言語學研究》第 17/18 號, 1999, pp. 1 - 25.

Studies in some late Uighur Buddhist texts preserved in Russia, 日本京都大學研究生院語言學系博士學位論文, 2000.

A New Cakrasamvara Text in Uighur, *Kyoto University Linguistic Research* 19, 2000, pp. 43 - 58.

On the Interliner Uighur Poetry in the Newly Unearthed Nestorian Text, Mehmet Ölmez-Simone-Christiane Raschmann (ed.), *Splitter aus der Gegend von Turfan. Festschrift für Peter Zieme anlässlich seines 60. Geburtstags*, Istanbul-Berlin, 2002, pp. 409 - 417.

On the Newly Unearthed Uygur Buddhist Texts from the Northern Grottoes of Dunhuang, *Indien und Zentralasien Sprach-und Kulturkontakt*, Wiesbaden 2003, pp. 259 – 276.

On a Newly Unearthed Uygur Letter from Dunhuang, Desmond Durkin-Meisterernst, Simone-Christiane Rashmann, Jens Wilkens, Marianne Yaldiz, Peter Zieme (ed.), *Turfan Revisited-The First Century of Research into the Arts and Cultures of the Silk Road*, Berlin 2004, pp. 398 – 400.

Uigurica from the Northern Grottoes of Dunhuang, *A Festschrife in Honour of Professor Masahiro Shōgaito's Retirement: Studies on Eurasian Languages*, Kyoto 2006, pp. 1 – 41.

Dišastvustik: Eine altuigurische Bearbeitung einer Legende aus dem Catuṣpariṣat-sūtra. (Veröffentlichungen der Societas Uralo-Altaica 71), Wiesbaden 2006.

Berlin fragments of the Block-printed Uyghur edition of the Buddāvataṃsaka-sūtra in fourty volume, Peter Zieme (ed.), *Aspects of Research into Central Asian Buddhism in memoriam Kōgi Kudar*, Turnhout 2008, pp. 435 – 439.

Alttürkische Handschriften. Teil 12: Die Uigurische Blockdrucke der Berliner Turfansummlung. Teil 2: Apokryphen Handschriften in Deutschungen, Magische Texte, Kommentare und Kolophone, Stuttgart 2008.

Rev. of Simone-Christiane Raschmann, *Alttürkische Handschriften Teil 7: Berliner Fragmente des Goldglanz-Sūtras. Teil 3: Sechstes bis zehntes Buch, Kolophone, Kommentare und Versifizierungen, Gesamtkonkordanzen.* (Verzeichnis der Orientalischen Handschriften in Deutschland, Bd. XIII 15.) Stuttgart: Franz Steiner Verlag 2005, *Zeitschrift der Deutschen Morgenländischen Geselschaft* Band 159, Heft 2, 2009, S. 462 – 464.

Alttürkische Handschriften. Teil 15: Die Uigurische Blockdrucke der Berliner Turfansummlung. Teil 3: Stabreimdichtungen, Kalenderstücke, Bilder, Unbesitimumte Fragmente und Nachträge, Stuttgart 2009.

A new fragment of the *Mañjuśrīnāma-saṃgiti*, E. Mańczak-Wohlfeld and B. Podolak (eds.), *Studies on the Turkic world. Festschrift in honour of Stanistaw Stachowski*, Kraków, 2010, pp. 191 – 197.

Prajñāpāramitā Literature in Old Uyghur (= Berliner Turfantexte XXVIII.), Turnhout: Brepols, 2010.

An Old Uyghur fragment of the Lotus Sūtra from the Krotkov collection in St.

Petersburg, *Acta Orientalia Academiae Scientiarum Hungarica* 64（4）, 2011,
pp. 411－426.

Eski Uygurca Avatamsaka'nın Yeni Parçaları üzerine, Presented to "Şingko Şeli
Tutung Anısına Uluslararası Eski Uygurca Araştırmaları Çalıştayı" adıyla 4－6
Haziran 2011, tarihlerinde Ankara.

Old Uyghur translations of the Fu-Vajracchedikā and the establishment of a critical
Chinese edition, Irina Popova, Liu Yi（eds.）, *Dunhuang Studies: Prospects
and problems for the coming second century of research*, St. Petersburg: Slavia,
2012, pp. 293－298.

Multilingual source of the Old Uyghur translation of the Āryaaparimitāyur-jnāna-
nāma-mahāyāna sūtra, 吐魯番學研究院編《語言背後的歷史——西域古典語
言學高峰論壇論文集》,上海古籍出版社,2012 年,第 61—73 頁。

Yakup, Abdurishid-M. Knüppel

Alttürkische Handschriften. Teil 11: *Die Uigurische Blockdrucke der Berliner
Turfansummlung*, Teil 1: *Tantrische Texte*, Stuttgart 2007.

Yakup, Abdurishid-D. Durkin-Meisterernst-Y. Kasai

Die Erforschung des tocharischen und die alttürkischen Maitrisimit. Brepols:
Turnhout, 2013.

YANG, Fuxue

Uighur Wooden Movable-Types from Dunhuang and Related Problems, 段文傑、茂
木雅博主編《敦煌學與中國史研究論集——紀念孫修身先生逝世一周年》,
蘭州: 甘肅人民出版社,2001 年,第 346—350 頁。

Three Uighur Inscriptions Quoted from *Altun Yaruq* in Dunhuang Mogao Grottoes
464, Presented to "Şingko Şeli Tutung Anısına Uluslararası Eski Uygurca
Araştırmaları Çalıştayı" adıyla 4－6 Haziran 2011, tarihlerinde Ankara.

阿依達爾・米爾卡馬力

《敦煌 B157 窟新發見ウイグル〈阿含經〉斷片二件》,《西南アジア研究》第 74
號,2011 年,第 58—67 頁。

劉玉權

《沙州回鶻の石窟芸術》,《中國石窟・安西榆林窟》,東京: 平凡社,1990 年,
第 240—253 頁。

基金項目: 本文係國家社會科學基金重大招標項目《百年西域佛教研究
史》(11&ZD118)階段性成果。

佉盧文資料與鄯善國史研究：國內著述目録

楊富學（敦煌研究院）　徐燁　文俊紅（西北民族大學）

　　佉盧文（Kharosthī）又稱爲驢唇文，據説是古代印度的驢唇仙人所創，實則源於西亞地區的阿拉美文字。公元前 5 世紀，波斯帝國征服了古印度西北部以今白沙瓦（Peshawar）爲中心的犍陀羅（Gāndhāra）地區。作爲波斯的官方文字之一的阿拉美文在此時成爲了這一地區的通行文字。這一文字系統後來在印度演化出一個新的支系，即佉盧文。隨着佛教的傳播和國際商業的繁榮，佉盧文開始流行於亞洲中部的廣大地區。這種文字在傳入塔里木盆地之後成爲于闐、鄯善等國的官方文字。與阿拉美文不同的是，佉盧文所表達的語言并不是西亞地區閃含語系的語言，而是中古印度雅利安語中的一種俗語方言。歐洲語言學家貝利（H. W. Bailey）將其命名爲"犍陀羅語（Gāndhārī）"。公元 5 世紀後，佉盧文逐漸被廢棄。直到近代，學者纔重新在阿育王法敕上見到了這種死文字。

　　20 世紀初以來，在我國西北地方出土了大量使用佉盧文字書寫的公文、信函、契約等文書，即佉盧文文書。其書寫材料以簡牘爲主，還有少量的紙、帛和皮革。絶大多數佉盧文文書出土於新疆維吾爾自治區民豐縣的尼雅遺址。除了這些文書外，在我國境內還發現了少量用佉盧文字書寫的碑銘、題記、織錦和佛經寫本以及相當數量的漢—佉二體錢（又稱和田馬錢）。這些佉盧文資料大部分是由英國考古學家斯坦因（A. Stein）發現的，由歐洲學者拉普遜（E. J. Rapson）、巴羅（T. Burrow）等人進行了研究，共整理和轉寫出文書 782 件，依次編爲 Kh. 1‒782（包括美國人亨廷頓於 1905 年在尼雅遺址發現的 6 件）。依林梅村先生《沙海古卷——中國所出佉盧文書（初集）》的劃分標準，這些資料大致可分爲四類：

第一類，古代于闐國文書。

（1）和田緑洲及附近地區出土的漢—佉二體錢；

（2）和田某遺址發現的佉盧文《法句經》殘卷（Kh. 661）；

（3）安迪爾遺址發現的于闐國佉盧文文書。

第二類，古代鄯善國文書。

（1）尼雅遺址出土的佉盧文木牘、殘紙和帛書；

（2）安迪爾遺址出土的鄯善國佉盧文文書；

（3）米蘭塔廟遺址出土佉盧文題字織物；

（4）米蘭寺院遺址發現的佉盧文題記；

（5）羅布泊西岸樓蘭遺址和墓葬出土的佉盧文木牘、殘紙、帛書及佉盧文題字漢錦。

第三類，古代龜茲國文書，即庫車蘇巴什佛教遺址發現的佉盧文碑銘、紙文書和木牘文書。

第四類，其他。

（1）洛陽某寺院遺址的佉盧文井闌題記；

（2）敦煌漢代長城烽燧遺址出土的佉盧文帛書；

（3）巴楚托庫孜薩來故城附近發現的佉盧文木牘；

（4）長安出土的佉盧文銘鎏金銅造像。

上述這些資料，僅有個別發現於新疆以外地區，其餘絕大多數都發現於塔里木盆地南緣，屬於公元 3—5 世紀鄯善國之遺物，內容涉及政權管理、經濟活動、法律訴訟、簿籍帳歷、宗教信仰和私人生活等，所涉內容大多爲傳世文獻所不載，堪稱鄯善國史研究的第一手資料，彌足珍貴。

鄯善者，本西域古國之一，疆域包括今羅布泊西面和西南面，即新疆維吾爾自治區巴音郭楞蒙古自治州及和田地區民豐縣一帶，扼絲綢之路要衝。漢武帝初通西域，使者往來都經過樓蘭。元封三年（前108），漢派兵討樓蘭，俘獲其王。樓蘭既降漢，又遭匈奴的攻擊，於是分遣侍子，向兩面稱臣。後匈奴侍子安歸立爲樓蘭王，遂親匈奴，成爲漢朝心腹大患。曾在漢朝做質子的王弟尉屠耆降漢，將情況報告漢朝。昭帝元鳳四年（前77），遣傅介子到樓蘭，刺殺安歸，立尉屠耆爲王，改國名爲鄯善，遷都扜泥城（今新疆若羌附近）。北魏太武帝太平真君六年（445），北魏遣大將萬度歸西征，進兵鄯善。鄯善王真達出城迎降。九年（448）北魏指派韓拔爲鄯善王，像內地一樣實行郡縣制治理，收取賦稅。鄯善國的歷史至此結束。本目錄對鄯善國歷史論文的選取，原則上以此爲下限。

自佉盧文資料發現并刊佈以來，尤其是20世紀60年代之後，我國學者越來越多地致力於對這些資料的研究，并以這些資料爲基礎，結合傳世文獻以及其他考古資料，對鄯善國的政治、經濟、文化歷史進行探討，湧現出大量的研究成果。爲研究之便，特編此目。由於水準所囿，見聞未廣，必有諸多遺漏，敬請諒之。

兩點説明：

1）本目錄收錄範圍以中國學者的學術成果爲限，包括專著、論文、譯文、報告和述評等；

2）內容大致包括四個方面：其一爲中國境內所出全部佉盧文資料，其二爲佉盧文資料所反映的 3—5 世紀鄯善國的歷史文化,其三爲佉盧文書核心出土地——尼雅遺址,其四爲一些具有重要參考價值的考古報告和其他相關文獻。前二者盡量搜集齊全,後二者僅做選擇性收錄。

一、漢 文 著 述

艾再孜·阿不都熱西提、買提卡斯木·鐵木爾《夏羊塔克遺址發現刻寫佉盧文土塊和旋削精美的木柱》,《新疆文物》2001 年第 3—4 期合刊,第 103 頁。

貝琪《辨鄯善國在羅布泊南説》,《禹貢》第 4 卷第 9 期,1936 年,第 699—702 頁。

陳明《一件新發現的佉盧文藥方考釋》,《西域研究》2000 年第 1 期,第 12—22 頁。

陳世良《魏晉時代的鄯善佛教》,《世界宗教研究》1982 年第 3 期,第 79—89 頁(收入氏著《西域佛教研究》,烏魯木齊: 新疆美術攝影出版社,2008 年,第 95—112 頁;《新疆通史》編撰委員會編《新疆歷史研究論文選編·宗教卷》,烏魯木齊: 新疆人民出版社,2008 年,第 62—76 頁;《中國西北宗教文獻·佛教·新疆卷2》,蘭州: 甘肅民族出版社,2012 年,第 157—167 頁)。

陳世明、吳福環主編《二十四史兩漢時期西域史料校注》,烏魯木齊: 新疆大學出版社,2003 年。

陳友健《于闐漢佉二體鉛錢淺析》,《廣西金融研究》2004 年增刊,第 36 頁。

崔延虎(譯)《斯文·赫定收集的中亞手稿和木刻版(文書)》([瑞典]斯達芬—羅森著),《新疆師範大學學報》1993 年第 1 期,第 49—52 頁。

段晴《中國國家圖書館藏 BH5-3 號佉盧文買賣土地契約》,朱玉麒主編《西域文史》第 6 輯,北京: 科學出版社,第 1—16 頁。

馮承鈞《樓蘭鄯善問題》,《輔仁學志》第 3 卷 2 期,1932 年(收入氏著《西域南海史地考證論著匯輯》,北京: 中華書局,1957 年,第 25—35 頁)。

馮承鈞《高車之西遷與車師鄯善國人之分散》,《輔仁學志》第 11 卷 1—2 期,1942 年(收入氏著《西域南海史地考證論著匯輯》,北京: 中華書局,1957 年,第 36—47 頁)。

馮承鈞《鄯善事輯》,《國立華北編譯館館刊》第 2 卷 10 期,1943 年(收入氏著《西域南海史地考證論著匯輯》,北京: 中華書局,1957 年,第 1—24 頁)。

方英楷《魏晉樓蘭屯田考》,《新疆農墾科技》1991 年第 1 期,第 47—48 頁。

高伯舟《對辭海兩個條目表述內容的質疑——"阿克賽欽"和"佉盧字母"》,《烏魯木齊職業大學學報》2004 年第 1 期,第 63—67 頁。

高凱《從人口性比例和疾病狀況看西域在漢晉時期佛教東漸中的作用》,《史林》2008 年第 6 期,第 88—104 頁。

高玉山《樓蘭的興衰與環境變遷和環境災害》,《成都大學學報(自然科學版)》2004 年第 3 期,第 50—52 頁。

郭鋒《敦煌西域出土文獻的一個綜合統計》,《敦煌學輯刊》1991 年第 1 期,第 63—76 頁。

韓保全《長安出土的佉盧文銘鎏金銅造像》,《收藏家》1998 年第 3 期,第 21 頁。

韓森(Valerie Hansen,美國)《尼雅學研究的啓示》,巫鴻主編《漢唐之間文化藝術的互動與交融》,北京：文物出版社,2001 年,第 275—298 頁。

韓翔、王炳華、張臨華主編《尼雅考古資料》,烏魯木齊：新疆社科院考古研究所,1988 年。

賀昌群《古代西域交通興法顯印度巡禮》,武漢：湖北人民出版社,1956 年(收入氏著《賀昌群文集》第 2 卷,北京：商務印書館,2003 年,第 209—275 頁)。

何建民、張小柳譯《考證法顯傳》([日]足立喜六著),國立編譯館,1937 年。

侯燦《樓蘭遺迹考察簡報》,《歷史地理》創刊號,上海人民出版社,1981 年,第 195—202 頁。

侯燦《樓蘭考古文化研究》,徐海生主編《新疆古代民族文化論集》,烏魯木齊：新疆大學出版社,1990 年,第 64—92 頁。

侯燦《論樓蘭城的發展及其衰廢》,《中國社會科學》1984 年第 2 期,第 156—172 頁(收入氏著《高昌樓蘭研究論集》,烏魯木齊：新疆人民出版社,1990 年,第 219—253 頁;穆舜英、張平主編《樓蘭文化研究論集》,烏魯木齊：新疆人民出版社,1995 年,第 20—55 頁)。

侯燦《樓蘭古城址調查與試掘簡報》,《文物》1988 年第 7 期,第 1—22 頁(收入氏著《高昌樓蘭研究論集》,烏魯木齊：新疆人民出版社,1990 年,第 307—332 頁。後收入新疆文物考古研究所編《新疆文物考古新收穫(1979—1989)》,烏魯木齊：新疆人民出版社,1995 年,第 384—400 頁。改作者爲"新疆文物考古研究所樓蘭考古隊")。

侯燦《樓蘭城郊古墓群發掘簡報》,《文物》1988 年第 7 期,第 23—29 頁(收入侯燦著《高昌樓蘭研究論集》,烏魯木齊：新疆人民出版社,1990 年,第 334—355 頁。後收入穆舜英、張平主編《樓蘭文化研究論集》,烏魯木齊：新疆人民出版社,1995 年,第 106—121 頁;新疆文物考古研究所編《新疆文物考古新收穫(1979—1989)》,烏魯木齊：新疆人民出版社,1995 年,第 401—412 頁。改作者爲"新疆文物考古研究所樓蘭考古隊")。

胡錦洲譯《貴霜與塔里木》(希契著),《新疆文物》1992 年譯文專刊,第 124—134 頁轉 117 頁。

胡平生《樓蘭出土文書釋叢》,《文物》1991 年第 8 期,第 41—47 頁轉 61 頁。

胡平生《樓蘭木簡殘紙文書雜考》,《新疆社會科學》1990 年第 3 期,第 85—93 頁。

胡平生《魏末晉初樓蘭文書編年繫聯(上下)》,《西北民族研究》1991 年第 1 期,第 67—77 頁;《西北民族研究》1991 年第 2 期,第 6—19 頁。

黃盛璋《塔里木盆地東緣的早期居民》,《西域研究》1992 年第 1 期,第 1—14 頁。

黃盛璋譯《尼雅新出的一件佉盧文書》([美]邵瑞祺著),《新疆社會科學》1986 年第 3 期,第 82—86 頁。

黃文弼《羅布淖爾考古記》,國立北京大學出版部,1948 年。

黃文弼《若羌考古調查》,氏著《新疆考古發掘報告(1957—1958)》,北京:文物出版社,1983 年,第 48—53 頁。

黃文弼《佛教傳入鄯善與西方文化的輸入問題》,氏著《西北史地論叢》,上海人民出版社,1981 年,第 240—260 頁(收入氏著《黃文弼歷史考古論集》,北京:文物出版社,1987 年,第 343—356 頁)。

黃振華《佉盧文貴霜王號研究》,馬大正、王嶸、楊鐮主編《西域考察與研究》,烏魯木齊:新疆人民出版社,1994 年,第 195—204 頁。

黃振華《魏晉時期樓蘭鄯善地區佛教研究劄記——佉盧文沙門名號考證》,《民族研究》1996 年第 4 期,第 84—88 頁(收入《中國西北宗教文獻·佛教·新疆卷五》,蘭州:甘肅民族出版社,2012 年,第 443—447 頁)。

黃振華譯《新疆探察史》([英]戴布斯著),烏魯木齊:新疆博物館油印本,1976 年。

霍旭初、趙莉《米蘭"有翼天使"問題的再探討——兼談鄯善佛教藝術的有關問題》,敦煌研究院編《段文傑敦煌研究五十年紀念文集》,北京:世界圖書出版公司,1996 年,第 172—179 頁(收入霍旭初著《西域佛教考論》,北京:宗教文化出版社,2009 年,第 196—218 頁;《中國西北宗教文獻·佛教·新疆卷六》,蘭州:甘肅民族出版社,2012 年,第 27—34 頁)。

[日]吉崎伸《從尼雅遺址 93A35(N5)看尼雅的佛教》,《新疆文物》2009 年第 3—4 期合刊,第 41—42 頁。

季羨林《吐火羅語與尼雅俗語》,《新疆史學》創刊號,1979 年,第 15—22 頁(收入氏著《季羨林全集》第 12 卷,北京:外語教學與研究出版社,2009 年,第 1—15 頁)。

季羨林《中國蠶絲輸入印度問題的初步研究》,《歷史研究》1955 年第 4 期,第 51—94 頁(收入氏著《中印文化關係史論文集》,北京：生活·讀書·新知三聯書店,1982 年,第 51—96 頁;氏著《季羨林全集》第 13 卷,北京：外語教學與研究出版社,2010 年,第 91—144 頁)。

賈東《法顯西行路綫的環境狀況研究》,西域文化研究所編《穿越蒼涼：絲路中印文化交流展神韻》,香港：中國文化出版社,2010 年,第 300—308 頁。

賈應逸《地毯與新疆》,《新疆大學學報》1980 年第 3 期,第 94—98 頁。

賈應逸《新疆地毯史略》,北京：輕工業出版社,1984 年。

賈應逸《新疆尼雅出土"司禾府印"》,《文物》1984 年第 9 期,第 87 頁。

賈應逸《尼雅新發現的佛寺遺址研究》,《敦煌學輯刊》1999 年第 2 期,第 48—55 頁(收入《中國西北宗教文獻·佛教·新疆卷6》,蘭州：甘肅民族出版社,2012 年,第 326—333 頁)。

景愛《尼雅之謎》,北京：中國書店,1999 年。

克由木·霍加《1959 年新疆尼雅遺址考察和發掘的回顧》,《新疆文物》2002 年第 1—2 期合刊,第 60—67 頁(收入《新疆維吾爾自治區博物館論文集》,烏魯木齊：新疆大學出版社,2005 年,第 52—62 頁)。

李安寧《民豐出土東漢時期藍印花布研究》,《新疆藝術學院學報》2006 年第 2 期,第 27—30 頁。

李冬梅《北魏鄯善鎮名稱探源》,《敦煌輯刊》1998 年第 1 期,第 141—142 頁。

李青《樓蘭漢晉織物裝飾藝術風格考釋》,《裝飾》總第 119 期,2003 年,第 30—31 頁。

李青《古樓蘭鄯善藝術綜論》,北京：中華書局,2005 年。

李鐵《尼雅佛畫考》,《新疆藝術》1981 年第 3 期,第 3—11 頁。

李曉英、許麗《樓蘭城的興衰與塔里木盆地環境演變之間的關係》,《乾旱區資源與環境》2008 年第 8 期,第 124—128 頁。

李艷玲《試析 5 世紀塔里木盆地諸緑洲國存在狀況對各遊牧勢力在西域角逐的影響》,新疆吐魯番學研究院編《吐魯番學研究——第三屆吐魯番學暨歐亞遊牧民族的起源與遷徙國際學術研討會論文集》,上海古籍出版社,2010 年,第 394—402 頁。

李艷玲《公元 3、4 世紀西域緑洲國農作物種植業生產探析——以佉盧文資料反映的鄯善王國爲中心》,余太山、李錦繡主編《歐亞學刊》第 10 輯,北京：中華書局,2012 年,第 212—231 頁。

李艷玲《鄯善王國畜牧業生產略述》,余太山、李錦繡主編《絲瓷之路——古代中外關係史研究》II,北京：商務印書館,2012 年,第 39—66 頁。

李遇春《尼雅遺址的重要發現》,《新疆社會科學》1988 年第 4 期,第 37—46 頁(收入新疆文物考古研究所編《新疆文物考古新收穫(1979—1989)》,烏魯木齊:新疆人民出版社,1995 年,第 413—420 頁)。

李遇春《尼雅遺址和東漢合葬墓》,韓翔、王炳華、張臨華主編《尼雅考古資料》,烏魯木齊:新疆文物考古研究所,1988 年,第 16—43 頁。

李志敏《"鄯善"縣名由來問題——兼校〈通典〉筆誤一則》,《喀什師範學院學報》1995 年第 4 期,第 31—35 頁。

林梅村《藏文古籍所述于闐王迄始年代研究》,《新疆社會科學》1985 年第 5 期,第 83—90 頁。

林梅村《斯坦因四次中亞考察的經過》,《文物天地》1986 年第 6 期,第 26—27 頁。

林梅村《斯文赫定在中國西北的四次探險考察》,《文物天地》1987 年第 3 期,第 30—31 頁。

林梅村《奧登堡——俄國中亞考察的組織者和領導者》,《文物天地》1987 年第 6 期,第 28—29 頁。

林梅村《佉盧文書及漢佉二體錢所記于闐大王考》,《文物》1987 年第 2 期,第 35—43 頁(收入氏著《西域文明——考古、民族、語言和宗教新論》,北京:東方出版社,1995 年,第 279—294 頁)。

林梅村《再論漢佉二體錢》,《中國錢幣》1987 年第 4 期,第 3—11 頁轉 20 頁(收入《中國錢幣論文集》第 2 輯,北京:中國金融出版社,1992 年,第 194—204 頁;氏著《西域文明——考古、民族、語言和宗教新論》,北京:東方出版社,1995 年,第 295—314 頁)。

林梅村《沙海古卷——中國所出佉盧文書(初集)》,北京:文物出版社,1988 年。

林梅村《中國所出佉盧文書研究綜述》,《新疆社會科學》1988 年第 2 期,第 81—91 頁(收入韓翔、王炳華、張臨華主編《尼雅考古資料》,烏魯木齊:新疆文物考古研究所,1988 年,第 171—182 頁)。

林梅村《漢佉二體錢解詁》,《考古與文物》1988 年第 2 期,第 85—87 頁轉 84 頁。

林梅村《樓蘭新發現的東漢佉盧文書考釋》,《文物》1988 年第 8 期,第 67—70 頁(收入氏著《西域文明——考古、民族、語言和宗教新論》,北京:東方出版社,1995 年,第 189—196 頁)。

林梅村《新疆尼雅發現的佉盧文契約考釋》,《考古學報》1989 年第 1 期,第 121—139 頁(收入氏著《西域文明——考古、民族、語言和宗教新論》,北京：東方出版社,1995 年,第 164—188 頁）。

林梅村《新疆佉盧文書釋地》,《西北民族研究》1989 年第 1 期,第 72—80 頁。

林梅村《開拓絲綢之路的先驅——吐火羅人》,《文物》1989 年第 1 期,第 72—74 頁（收入氏著《西域文明——考古、民族、語言和宗教新論》,北京：東方出版社,1995 年,第 3—11 頁）。

林梅村《洛陽所出佉盧文井闌題記——兼論東漢洛陽的僧團與佛教》,《中國歷史博物館館刊》1989 年第 13—14 期合刊,第 240—249 頁（收入氏著《西域文明——考古、民族、語言和宗教新論》,北京：東方出版社,1995 年,第 387—404 頁）。

林梅村《樓蘭考古九十年》,《文物天地》1989 年第 6 期,第 38—43 頁。

林梅村《犍陀羅語〈法句經〉初步研究》,國家文物局古文獻研究室編《出土文獻研究續集》,北京：文物出版社,1989 年, 第 253—262 頁（後改名《犍陀羅語〈法句經〉的部派問題》,收入氏著《西域文明——考古、民族、語言和宗教新論》,北京：東方出版社,1995 年,第 405—419 頁）。

林梅村《貴霜大月氏人流寓中國考》,姜亮夫、郭在貽主編《敦煌吐魯番學研究論文集》,上海：漢語大詞典出版社,1990 年, 第 715—755 頁（收入馬大正、王嶸、楊鐮主編《西域考察與研究》,烏魯木齊：新疆人民出版社,1994 年,第 195—204 頁；氏著《西域文明——考古、民族、語言和宗教新論》,北京：東方出版社,1995 年,第 33—67 頁）。

林梅村《新發現的幾件佉盧文書考釋》,《中亞學刊》第 3 輯,北京：中華書局,1990 年,第 64—71 頁。

林梅村《佉盧文時代鄯善王朝的世系研究》,《西域研究》1991 年第 1 期,第 39—50 頁（收入氏著《西域文明——考古、民族、語言和宗教新論》,北京：東方出版社,1995 年,第 324—343 頁）。

林梅村《中國所出佉盧文的流散與收藏》,《考古》1992 年第 1 期,第 76—79 頁（收入氏著《西域文明——考古、民族、語言和宗教新論》,北京：東方出版社,1995 年,第 156—163 頁）。

林梅村《疏勒佛教考古概述》,《新疆文物》1992 年第 2 期,第 35—43 頁（收入《中國西北宗教文獻・佛教・新疆卷5》,蘭州：甘肅民族出版社,2012 年,第 86—94 頁）。

林梅村《新疆和田出土漢文于闐文雙語文書》,《考古學報》1993 年第 1 期,第 89—107 頁。

林梅村《祁連與昆侖》,《敦煌研究》1994 年第 4 期,第 113—116 頁（收入氏著《漢唐西域與中國文明》,北京：文物出版社,1998 年,第 64—70 頁）。

林梅村《中國所出佉盧文研究目録(1875—1992)》,馬大正、王嶸、楊鐮主編《西域考察與研究》,烏魯木齊:新疆人民出版社,1994 年,第 205—255 頁。

林梅村《樓蘭尼雅遺址概述》,穆舜英、張平主編《樓蘭文化研究論集》,烏魯木齊:新疆人民出版社,1995 年,第 10—19 頁。

林梅村《新疆尼雅遺址出土犍陀羅語〈解脱戒本〉殘卷》,《西域研究》1995 年第 4 期,第 44—48 頁(收入氏著《漢唐西域與中國文明》,北京:文物出版社,1998 年,第 142—150 頁;《中國西北宗教文獻·佛教·新疆卷五》,蘭州:甘肅民族出版社,2012 年,第 391—395 頁)。

林梅村《樓蘭國始都考》,《文物》1995 年第 6 期,第 79—85 頁(收入氏著《漢唐西域與中國文明》,北京:文物出版社,1998 年,第 279—289 頁)。

林梅村《絲綢之路上的古代語言概述》,氏著《西域文明——考古、民族、語言和宗教新論》,北京:東方出版社,1995 年,第 133—155 頁。

林梅村《長安所出佉盧文題記考》,氏著《西域文明——考古、民族、語言和宗教新論》,北京:東方出版社,1995 年,第 197—208 頁。

林梅村《從考古發現看火祆教在中國的初傳》,《西域研究》1996 年第 4 期,第 54—57 頁(收入氏著《漢唐西域與中國文明》,北京:文物出版社,1998 年,第 102—114 頁;收入卓新平、楊富學主編《中國西北宗教文獻·祆教與民間信仰卷》,蘭州:甘肅民族出版社,2012 年,第 242—249 頁)。

林梅村《歐洲語言學大師哈樂德·貝利》,《文物天地》1996 年第 1 期,第 7—9 頁。

林梅村《漢代精絶國與尼雅遺址》,《文物》1996 年第 12 期,第 53—59 頁(收入氏著《漢唐西域與中國文明》,北京:文物出版社,1998 年,第 244—255 頁)。

林梅村《樓蘭鄯善王朝的最後居地》,侯仁之主編《燕京學報》新 3 期,北京大學出版社,1997 年,第 257—271 頁(收入氏著《漢唐西域與中國文明》,北京:文物出版社,1998 年,第 290—304 頁)。

林梅村《犍陀羅語文書地理考》,《傳統文化與現代化》1997 年第 6 期,第 29—39 頁(收入氏著《古道西風——考古新發現所見中西文化交流》,北京:生活·讀書·新知三聯書店,2000 年,第 323—347 頁)。

林梅村《尼雅新發現的鄯善王童格羅迦紀年文書考》,馬大正、楊鐮主編《西域考察與研究續編》,烏魯木齊:新疆人民出版社,1998 年,第 196—216 頁;《新疆文物》1998 年第 2 期,第 39—48 頁(收入氏著《漢唐西域與中國文明》,北京:文物出版社,1998 年,第 178—197 頁;李伯謙主編《北京大學百年國學文粹·考古卷》,北京大學出版社,1998 年,第 552—563 頁)。

林梅村《法藏部在中國》，北京大學考古學系編《考古學研究》第 3 卷，北京：科學出版社，1997 年，第 146—157 頁（收入氏著《漢唐西域與中國文明》，北京：文物出版社，1998 年，第 343—364 頁）。

林梅村《大谷探險隊所獲佉盧文藏文雙語文書》，氏著《古道西風——考古新發現所見中西文化交流》，北京：生活・讀書・新知三聯書店，2000 年，第 410—437 頁。

林梅村《古代大夏遺址所出丘就卻時代犍陀羅語三藏寫卷及其相關問題》，《文物天地》1997 年第 6 期，第 45—48 頁（收入氏著《漢唐西域與中國文明》，北京：文物出版社，1998 年，第 115—130 頁）。

林梅村《公元 3 世紀的西域紡織物》，《西域研究》1998 年第 1 期，第 9—20 頁（收入氏著《古道西風——考古新發現所見中西文化交流》，北京：生活・讀書・新知三聯書店，2000 年，第 370—396 頁）。

林梅村《新疆尼雅遺址出土佉盧文〈法集要頌經〉殘片》，氏著《漢唐西域與中國文明》，北京：文物出版社，1998 年，第 151—156 頁。

林梅村《新疆文物考古研究所藏佉盧文書譯文》，中日日中共同尼雅遺迹學術考察隊編著《中日日中共同尼雅遺迹學術調查報告書》第 2 卷《本文編》，京都：法藏館，1999 年，第 227—244 頁。

林梅村《尼雅 96A07 房址出土佉盧文殘文書考釋》，《西域研究》2000 年第 3 期，第 42—43 頁。

林梅村《美國地理探險家亨廷頓中亞收集品調查記》，《文物天地》2000 年第 6 期，第 40—42 頁轉 48 頁。

林梅村《犍陀羅語文學與古代中印文化交流》，氏著《古道西風——考古新發現所見中西文化交流》，北京：生活・讀書・新知三聯書店，2000 年，第 348—369 頁；《中國文化》2001 年第 Z1 期，第 225—235 頁。

林梅村《新疆營盤古墓出土的一封佉盧文書信》，《西域研究》2001 年第 3 期，第 44—45 頁。

林梅村《且末所出鄯善王安歸伽紀年文書考》，《宿白先生八秩華誕紀念文集》，北京：文物出版社，2002 年，第 135—145 頁（收入氏著《松漠之間——考古新發現所見中外文化交流》，北京：生活・讀書・新知三聯書店，2007 年，第 137—149 頁）。

林梅村《尼雅出土佉盧文〈温室洗浴眾僧經〉殘卷考》，華林編輯委員會編《華林》第 3 卷，北京：中華書局，2003 年，第 107—126 頁（收入氏著《松漠之間——考古新發現所見中外文化交流》，北京：生活・讀書・新知三聯書店，2007 年，第 110—136 頁）。

林梅村《漢代藝術中的希臘文化因素》,《九州學林》第 1 卷 2 期(香港),2003年,第 2—35 頁。

林梅村《勒柯克收集品的五件犍陀羅語文書》,《西域研究》2004 年第 3 期,第72—82 頁(收入氏著《松漠之間——考古新發現所見中外文化交流》,北京:生活·讀書·新知三聯書店,2007 年,第 150—165 頁)。

林梅村《漢晉藝術之犍陀羅文化因素》,氏著《松漠之間——考古新發現所見中外文化交流》,北京:生活·讀書·新知三聯書店,2007 年,第 46—73 頁。

林梅村《佉盧文材料中國藏品調查記》,《西域研究》2011 年第 2 期,第 115—129 頁。

林梅村編《樓蘭尼雅出土文書》,北京:文物出版社,1985 年。

林梅村譯注《新疆佉盧文書的語言》([英]巴羅著),《新疆文物》1989 年第 3期,第 104—107 頁。

林世田《斯文赫定與中亞探險》,《中國邊疆史地研究導報》1989 年第 3 期,第44—49 頁

林怡嫺《試析尼雅玻璃器的産地來源及相關問題》,《新疆文物》2009 年第 3—4 期合刊,第 68—69 頁。

靈均《中日尼雅遺址學術研討會綜述》,《西域研究》2000 年第 2 期,第 102—103 頁。

劉文鎖《安迪爾新出漢佉二體錢考》,《中國錢幣》1991 年第 3 期,第 3—7 頁。

劉文鎖《尼雅考古研究綜述》,《新疆文物》1992 年第 3 期,第 75—82 頁(收入穆舜英、張平主編《樓蘭文化研究論集》,烏魯木齊:新疆人民出版社,1995年,第 430—444 頁)。

劉文鎖《佉盧文遺物在新疆的考古發現》,《新疆文物》1993 年第 4 期,第 75—84 頁。

劉文鎖《古代于闐國的貨幣》,《中國錢幣》1993 年第 4 期,第 67—68 頁。

劉文鎖《新疆出土簡牘的考古學研究》,《西北史地》1996 年第 3 期,第 58—65 頁。

劉文鎖《漢文化與古代新疆》,《西北民族研究》1997 年第 2 期,第 154—162 頁。

劉文鎖《尼雅遺址形制佈局初探》,中國社科院博士學位論文,2000 年。

劉文鎖《尼雅河的古代文明》,《光明日報》2000 年 4 月 7 日。

劉文鎖《尼雅浴佛會及浴佛齋禱文》,《敦煌研究》2001 年第 3 期,第 42—49 頁。

劉文鎖《尼雅遺址古代植物志》，《農業考古》2002 年第 1 期，第 63—67 頁。

劉文鎖《尼雅遺址歷史地理考略》，《中山大學學報》2002 年第 1 期，第 18—
　　25 頁。

劉文鎖《論尼雅遺址的年代》，《考古與文物》2002 年增刊，第 209—215 頁。

劉文鎖《論尼雅遺址遺物和簡牘與建築遺址的關係》，余太山主編《歐亞學刊》
　　第三輯，北京：中華書局，2002 年，第 116—149 頁。

劉文鎖《佉盧文契約文書之特徵》，《西域研究》2003 年第 3 期，第 78—87 頁。

劉文鎖《尼雅遺址古代動物志》，《農業考古》2003 年第 3 期，第 70—72 頁轉
　　79 頁。

劉文鎖《尼雅遺址行政區劃復原》，《華夏考古》2003 年第 4 期，第 63—70 頁。

劉文鎖《尼雅考古簡史》，《新疆文物》2003 年第 1 期，第 96—98 頁。

劉文鎖《樓蘭的簡紙并用時代與造紙技術之傳播》，吉林大學邊疆考古研究中
　　心編《邊疆考古研究》第 2 輯，北京：科學出版社，2004 年，第 406—412 頁。

劉文鎖《說一件佉盧文離婚契》，《西域研究》2005 年第 3 期，第 107—111 頁。

劉文鎖《尼雅考古一百年》，《考古》2005 年第 11 期，第 85—92 頁。

劉文鎖《尼雅——靜止的家園和時尚》，北京：外文出版社，2005 年。

劉文鎖《沙海古卷釋稿》，北京：中華書局，2007 年。

劉文鎖譯《尼雅佉盧文書別集》（［英］貝羅著），劉文鎖著《沙海古卷釋稿》，
　　北京：中華書局，2007 年，第 368—389 頁。

劉文鎖、王磊《論絲綢技術的傳播》，余太山主編《中亞學刊》第 4 輯，北京：中
　　華書局，2004 年，第 243—253 頁。

劉文鎖、鄭渤秋《"尼壤"考述》，《西域研究》2000 年第 2 期，第 38—44 頁。

劉志揚、梁景之譯《樓蘭王國的平民生活》（［日］長澤和俊著），《民族譯叢》
　　1988 年第 2 期，第 32—39 頁。

隴夫《和田地區文管所藏漢佉二體錢》，《中國錢幣》1996 年第 2 期，第 56 頁。

羅見今《樓蘭簡牘年代補釋》，《內蒙古師範大學學報（自然科學漢文版）》
　　2007 年第 6 期，第 741—747 頁。

呂恩國《尼雅 95 一號墓地 4 號墓發掘簡報》，《新疆文物》1999 年第 2 期，第
　　27—32 頁。

馬國榮《西域法制史二題》，《西域研究》1992 年第 3 期，第 87—89 頁。

馬國榮《漢晉時期的西域法律制度》，《新疆文物》1994 年第 2 期，第 118—
　　126 頁。

馬國榮《兩漢時期新疆漢人的社會生活》，《新疆社科論壇》1997 年第 1 期，第
　　65—70 頁。

馬國榮《漢晉時期西域城郭諸國的社會生活》,《西域研究》1997 年第 4 期,第 71—79 頁。

馬國榮《漢代新疆的手工業》,《西域研究》2000 年第 1 期,第 4—11 頁。

馬雍《新疆所出佉盧文書的斷代問題——兼論樓蘭遺址和魏晉時期的鄯善郡》,《文史》第 7 輯,北京:中華書局,1979 年,第 73—95 頁(收入氏著《西域史地文物叢考》,北京:文物出版社,1990 年,第 89—111 頁)。

馬雍《佉盧文》,中國民族古文字研究會編《中國民族古文字》(未刊稿),北京,1982 年,第 159—162 頁。

馬雍《古代鄯善、于闐地區佉盧文字資料綜考》,中國民族古文字研究會編《中國民族古文字研究》,北京:中國社會科學出版社,1984 年,第 6—49 頁(收入氏著《西域史地文物叢考》,北京:文物出版社,1990 年,第 60—88 頁)。

馬雍《東漢後期中亞人來華考》,《新疆大學學報》1984 年第 2 期,第 18—28 頁(收入氏著《西域史地文物叢考》,北京:文物出版社,1990 年,第 46—59 頁)。

馬雍《新疆佉盧文書中的 kośava 即"氎毤"考——兼論"渠搜"古地名》,中國民族古文字研究會編《中國民族古文字研究》,北京:中國社會科學出版社,1984 年,第 50—55 頁(收入氏著《西域史地文物叢考》,北京:文物出版社,1990 年,第 112—115 頁)。

馬雍《巴基斯坦北部所見"大魏"使者的岩刻題記》,《南亞研究》1984 年第 3 期,第 1—9 頁(收入氏著《西域史地文物叢考》,北京:文物出版社,1990 年,第 129—137 頁)。

馬雍《佉盧文》,中國民族古文字研究會編《中國民族古文字》,天津古籍出版社,1987 年,第 159—162 頁。

孟凡人《樓蘭簡牘的年代》,《新疆文物》1986 年第 1 期,第 29—43 頁。

孟凡人《樓蘭新史》,北京:光明日報出版社,1990 年。

孟凡人《貴霜統治鄯善之說純屬虛構》,《西域研究》1991 年第 2 期,第 29—39 頁。

孟凡人《Supiya 人與婼羌的關係略說》,《新疆大學學報》1991 年第 3 期,第 57—63 頁。

孟凡人《論尼雅 59MNM001 號墓的時代》,《西域研究》1992 年第 4 期,第 50—62 頁。

孟凡人《于闐漢佉二體錢的年代》,《中國考古學論叢》,北京:科學出版社,1993 年,第 390—400 頁(收入氏著《樓蘭鄯善簡牘年代學研究》,烏魯木齊:新疆人民出版社,1995 年,第 410—432 頁)。

孟凡人《漢魏時期于闐王統考》,《西域研究》1993 年第 4 期,第 39—48 頁(收入氏著《新疆考古與史地論集》,北京：科學出版社,2000 年,第 197—207 頁)。

孟凡人《樓蘭鄯善簡牘年代學研究》,烏魯木齊：新疆人民出版社,1995 年。

孟凡人《樓蘭古城所出漢文簡牘的年代》,氏著《新疆考古與史地論集》,北京：科學出版社,2000 年,第 89—111 頁。

孟凡人《尼雅佉盧文簡牘的年代與鄯善王統》,氏著《新疆考古與史地論集》,北京：科學出版社,2000 年,第 112—123 頁。

孟凡人《佉盧文簡牘記載的鄯善行政設置與職官系統》,氏著《新疆考古與史地論集》,北京：科學出版社,2000 年,第 124—131 頁。

孟凡人《佉盧文簡牘所記"凱度多"及"阿瓦納"——與尼雅遺址相關遺迹對應關係初探》,氏著《新疆考古與史地論集》,北京：科學出版社,2000 年,第 132—146 頁(收入中日日中共同尼雅遺迹學術考察隊編著《中日日中共同尼雅遺迹學術調查報告書》第 2 卷《本文編》,京都：法藏館,1999 年,第 260—272 頁)。

孟凡人《尼雅 59MNM001 號墓的時代與新疆佉盧文資料年代的上限》,氏著《新疆考古與史地論集》,北京：科學出版社,2000 年,第 147—161 頁。

孟凡人《尼雅 N14 遺迹的性質及相關問題》,氏著《新疆考古與史地論集》,北京：科學出版社,2000 年,第 162—174 頁。

孟凡人《近期尼雅遺迹考古學術課題構成略説》,氏著《新疆考古與史地論集》,北京：科學出版社,2000 年,第 175—179 頁。

孟凡人《論鄯善國都的方位》,氏著《新疆考古與史地論集》,北京：科學出版社,2000 年,第 249—269 頁。

孟凡人《黃沙漫漫古城寂寂——樓蘭城廢棄之謎》,《科學中國人》2002 年第 5 期,第 30—32 頁。

苗普生《北魏鄯善鎮、焉耆鎮考》,《西北歷史資料》1984 年第 2 期,第 42—47 頁。

木子《中國西域樓蘭學與中亞文明國際學術討論會綜述》,《民族研究》1996 年第 1 期,第 111—112 頁。

穆舜英《神秘的古城樓蘭》,烏魯木齊：新疆人民出版社,1987 年。

穆舜英《樓蘭——千年的傳奇和千年的謎》,北京：外文出版社,2005 年。

穆舜英、張平主編《樓蘭文化研究論集》,烏魯木齊：新疆人民出版社,1995 年。

皮建軍《中國國家圖書館館藏 BH5－4、5 號佉盧文信件和買賣契約釋讀與翻譯》，朱玉麒主編《西域文史》第 6 輯，北京：科學出版社，第 17—26 頁。

錢伯泉《三世紀鄯善國的社會經濟情況》，《新疆經濟研究》1983 年第 4—5 期
　　合刊，第 54—59 頁。

錢伯泉《略談魏晉時期鄯善國的奴隸制度》，《西北史地》1986 年第 1 期，第
　　15—20 頁。

錢伯泉《魏晉時期鄯善國的土地制度和階級關係》，《中國社會經濟史研究》
　　1988 年第 2 期，第 92—97 頁轉 40 頁。

錢伯泉《廣採博納的古代西域文化》，《新疆藝術》1992 年第 1 期，第 4—13 頁
　　（收入《中國西北宗教文獻·總論卷二》，蘭州：甘肅民族出版社，2012 年，
　　第 374—383 頁）。

錢伯泉《從新疆發現的有翼人像看希臘羅馬文化的東傳》，《絲綢之路》1995
　　年第 5 期，第 32—34 頁。

錢伯泉《漢晉時期尼雅居民的文化藝術和社會生活狀況》，《新疆文物》1999
　　年第 1 期，第 85—92 頁。

錢伯泉《和田地區的小馬錢研究》，《新疆錢幣》1999 年第 4 期，第 4—5 頁。

秦衛星譯《論樓蘭王國的人身依附關係》（［蘇］傑夏托夫斯卡婭著），《新疆文
　　物》1992 年譯文專刊，第 112—117 頁。

慶昭蓉《克孜爾石窟出土畜牧關係木簡初探》，北京大學博士後出站報告，
　　2012 年 3 月。

慶昭蓉《古代新疆佛寺的畜牧業——龜茲研究院所藏吐火羅語畜牧關係木
　　簡》，提交"龜茲石窟保護與研究國際學術研討會論文"（克孜爾石窟，2011
　　年 8 月）。

慶昭蓉《龜茲語—印度俗語雙語木簡 THT4059、THT4062 與 SIP/141 的再考
　　釋》，新疆吐魯番學研究院編《語言背後的歷史——西域古典語言學高峰論
　　壇論文集》，上海古籍出版社，2012 年，第 188—203 頁。

邱陵《米蘭佛寺有翼天使壁畫新探》，《新疆文物》1994 年第 1 期，第 42—47
　　頁（收入穆舜英、張平主編《樓蘭文化研究論集》，烏魯木齊：新疆人民出版
　　社，1995 年，第 275—289 頁；《中國西北宗教文獻·佛教·新疆卷五》，蘭
　　州：甘肅民族出版社，2012 年，第 257—262 頁）。

邱陵輯《羅布淖爾資料匯輯》，《新疆文物》編輯部編印，1991 年。

任重《綠州樓蘭古城迅速消失現象的思考——試說毀於異常特大的沙塵暴氣
　　候》，《農業考古》2003 年第 3 期，第 5—8 頁。

日傑甫·玉素甫、阿不都·哈的爾·吐爾遜《和田發現的古錢幣及和田古錢
　　研究（初稿）》，《新疆錢幣學會第二次會員代表大會文集》（《新疆金融》

1991 年專輯），第 114—116 頁。

阮秋榮《試探尼雅遺址聚落形態》，《西域研究》1999 年第 2 期，第 48—57 頁。

沙比提·阿合買提《論尼雅遺址 N：3 房屋遺址概況和房屋的結構》，《新疆文物》1996 年第 1 期，第 34—36 頁。

沙比提·阿合買提《從尼雅遺址考古調查看其畜牧業、農業和手工業的發展狀況》，《新疆維吾爾自治區博物館論文集》，烏魯木齊：新疆大學出版社，2005 年，第 63—67 頁。

邵如林、邱明明《故國鄯善》，《絲綢之路》2007 年 12 期，第 15—19 頁。

盛春壽《民豐縣尼雅遺址考察紀實》，《新疆文物》1989 年第 2 期，49—54 頁。

史樹青《新疆文物調查隨筆》，《文物》1960 年第 6 期，第 21—30 頁。

史樹青《談新疆民豐尼雅遺址》，《文物》1962 年第 7—8 期合刊，第 20—27 頁（收入新疆社會科學院考古研究所編《新疆考古三十年》，烏魯木齊：新疆人民出版社，1983 年，第 218—224 頁）。

石雲濤《樓蘭城在中西交通史上的地位——斯坦因樓蘭城考古的歷史發現》，提交"城市與古代中外民族文化交流學術研討會"論文（西安，2012 年）。

［英］Sims Williams，N.、畢波《尼雅新出粟特文殘片研究》，《新疆文物》2009 年第 3—4 期合刊，第 53—58 頁。

宋肅瀛《試論佛教在新疆的初傳》，閻文儒、陳玉龍編《向達先生紀念論文集》，烏魯木齊：新疆人民出版社，1986 年，第 396—424 頁（收入《中國西北宗教文獻·佛教·新疆卷三》，蘭州：甘肅民族出版社，2012 年，第 158—187 頁）。

蘇北海《樓蘭古道對漢朝統一西域及絲路的重大貢獻》，《西北史地》1996 年第 4 期，第 1—18 頁。

蘇玉敏譯《尼雅文書中有關織物的名詞及其對應的印度語含義》（［德］查姬-哈斯奈爾著），《新疆文物》2004 年第 4 期，第 109—116 頁。

孫潔《佉盧文簡牘與泥封小議》，《新疆文物》1994 年第 3 期，第 89 頁。

土登班瑪《鄯善佉盧文書所見王號考——兼論所謂"侍中"》，《中國邊疆史地研究》1992 年第 3 期，第 69—81 頁。

土登班瑪《關於新疆所出漢—佉二體鉢及其它》，《中國邊疆史地研究》1994 年第 1 期，第 22—29 頁。

汪寧生《漢晉西域與祖國文明》，《考古學報》1977 年第 1 期，第 23—42 頁（收入新疆社會科學院考古研究所編《新疆考古三十年》，烏魯木齊：新疆人民出版社，1983 年，第 194—207 頁）。

王安洪譯《對 34：65 號絲綢條上面文字的解讀》（［瑞典］斯坦-科諾著），載

［瑞典］沃爾克·貝格曼著，王安洪譯《新疆考古記》，烏魯木齊：新疆人民出版社，1997 年，第 334—339 頁。

王北辰《古代西域南道上的若干歷史地理問題》，《地理研究》1983 年第 3 期，第 30—43 頁（收入氏著《王北辰西北歷史地理論文集》，北京：學苑出版社，2000 年，第 307—330 頁）。

王北辰《若羌古城考略》，《乾旱區地理》1987 年第 1 期，第 45—51 頁（收入氏著《王北辰西北歷史地理論文集》，北京：學苑出版社，2000 年，第 164—176 頁）。

王北辰《新疆地名考五條（一）——和田、于闐、若羌》，《乾旱區地理》1995 年第 4 期，第 62—66 頁；《新疆地名考五條（二）——鄯善、羅布泊》，《乾旱區地理》1996 年第 1 期，60—63 頁（收入氏著《王北辰西北歷史地理論文集》，北京：學苑出版社，2000 年，第 408—420 頁）。

王炳華《貴霜王朝與古代新疆》，《西域研究》1991 年第 1 期，第 35—38 頁（收入氏著《絲綢之路考古研究》，烏魯木齊：新疆人民出版社，1993 年，第 412—427 頁；氏著《西域考古歷史論集》，北京：中國人民大學出版社，2008 年，第 582—586 頁）。

王炳華《精絕王陵發掘》，氏著《西域考古歷史論集》，北京：中國人民大學出版社，2008 年，第 516—544 頁。

王炳華《新疆尼雅遺址考古獲豐碩成果》，《中國文物報》1996 年 1 月 9 日。

王炳華《尼雅考古回顧及新收穫》，《新疆文物》1996 年第 1 期，第 22—33 頁（收入中日日中共同尼雅遺迹學術考察隊編著《中日日中共同尼雅遺迹學術調查報告書》第 1 卷，烏魯木齊，1999 年，第 193—207 頁。後改題爲《尼雅考古新收穫》，收入新疆文物考古研究所、新疆維吾爾自治區博物館編《新疆文物考古新收穫（續）1990—1996》，烏魯木齊：新疆美術攝影出版社，1997 年，第 477—489 頁）。

王炳華《尼雅考古百年》，馬大正、楊鐮主編《西域考察與研究續編》，烏魯木齊：新疆人民出版社，1998 年，第 161—186 頁（收入氏著《西域考古歷史論集》，北京：中國人民大學出版社，2008 年，第 480—499 頁）。

王炳華《尼雅考古收穫及不足——二十世紀尼雅考古反思》，《中國歷史博物館館刊》1998 年第 1 期，第 70—79 頁（收入氏著《西域考古歷史論集》，北京：中國人民大學出版社，2008 年，第 500—515 頁）。

王炳華《尼雅 95 一號墓地 3 號墓發掘簡報》，《新疆文物》1999 年第 2 期，第 1—26 頁。

王炳華《精絕春秋：尼雅考古大發現》，杭州：浙江文藝出版社，2003 年。

王炳華《尼雅考古與精絶歷史研究》，氏著《西域考古歷史論集》，北京：中國人民大學出版社，2008 年，第 451—479 頁。

王炳華《精絶王陵考古二三事》，沈衛榮主編《西域歷史語言研究集刊》第 1 輯，北京：科學出版社，2007 年，第 103—122 頁（收入氏著《西域考古歷史論集》，北京：中國人民大學出版社，2008 年，第 545—570 頁）。

王炳華《尼雅考古資料中所見漢王朝“安輯”精絶故實》，新疆吐魯番學研究院編《吐魯番學研究——第三屆吐魯番學暨歐亞遊牧民族的起源與遷徙國際學術研討會論文集》，上海古籍出版社，2010 年，第 496—501 頁。

王炳華、肖小勇、劉文瑣《從古遺址的分佈特點看緑洲生態環境的變遷》，《新疆文物》1994 年第 1 期，第 21—28 頁。

王晨《尼雅古絲綢見證中國漢代絲織技藝》，《新疆文物》2009 年第 3—4 期合刊，第 37—40 頁。

王廣智譯《新疆出土佉盧文殘卷譯文集》（［英］貝羅著），韓翔、王炳華、張臨華主編《尼雅考古資料》，烏魯木齊：新疆社科院考古研究所，1988 年，第 183—267 頁。

王國維《尼雅城北古城所出晉簡跋》，《觀堂集林》卷 17，烏程蔣氏刊印，1921 年（北京：中華書局，1959 年，第 865—871 頁）。

王冀青《拉普生與斯坦因所獲佉盧文文書》，《敦煌學輯刊》2000 年第 1 期，第 14—28 頁。

王立恒《鄯善國絲織業與絲路貿易》，西北民族大學碩士學位論文，2011 年。

王琳《旅順博物館藏新疆出土錢幣》，《中國錢幣》1987 年第 2 期，第 27—28 頁。

王茂福《末代樓蘭王名考》，《文物》1997 年第 1 期，第 285—286 頁。

王敏賢《和田馬錢——目前所知新疆最早的一種自鑄貨幣》，《新疆金融》增刊，1986 年 8 月，第 2—3 頁。

王嶸《關於米蘭佛寺“有翼天使”壁畫問題的討論》，《西域研究》2000 年第 3 期，第 50—58 頁（收入《中國西北宗教文獻·佛教·新疆卷 6》，蘭州：甘肅民族出版社，2012 年，第 452—460 頁）。

王守春《樓蘭國都與古代羅布泊的歷史地位》，《西域研究》1996 年第 4 期，第 43—53 頁。

王守春《樓蘭古城興廢的歷史教訓》，《中國歷史地理論叢》2002 年第 2 期，第 16—18 頁。

王欣《古代鄯善地區的農業與園藝業》，《中國歷史地理論叢》1998 年第 3 期，第 77—90 頁。

王欣《塔里木盆地南部的古代居民》,《新疆文物》2003 年第 2 期,第 85—89 頁
　　轉 84 頁。

王欣《鄯善王國的畜牧業》,《中國歷史地理論叢》2007 年第 2 期,第 94—
　　100 頁。

王永生《漢佉二體錢中的珍品》,《中國錢幣》1993 年第 4 期,第 49 頁。

衛斯《從佉盧文簡牘看精絕國的葡萄種植業——兼論精絕國葡萄園土地所有
　　制與酒業管理之形式》,《新疆大學學報》2006 年第 6 期,第 66—70 頁。

衛斯《從佉盧文經濟文書看精絕國的實物稅徵收制度》,西域文化研究所編
　　《星曜塔河:環塔里木中外文化大碰撞》,香港:中國文化出版社,2010 年,
　　第 88—93 頁。

巫新華、伏霄漢譯《斯坦因中國探險手記》([英]斯坦因著),瀋陽:春風文藝
　　出版社,2004 年。

武敏《新疆出土漢—唐絲織品初探》,《文物》1962 年第 7—8 期合刊,第 64—
　　75 頁(收入新疆社會科學院考古研究所編《新疆考古三十年》,烏魯木齊:
　　新疆人民出版社,1983 年,第 466—469 頁)。

武敏《從出土文物看唐代以前新疆絲織業的發展》,《西域研究》1996 年第 2
　　期,第 5—14 頁。

吳平凡《上古西域諸國也是奴隸制城邦》,《新疆大學學報》1984 年第 3 期,第
　　90—96 頁。

吳焯《從考古遺存看佛教傳入西域的時間》,《敦煌學輯刊》1985 年第 2 期,第
　　62—72 頁(收入《中國西北宗教文獻·總論卷二》,蘭州:甘肅民族出版社,
　　2012 年,第 1—11 頁)。

吳焯《鄯善地區的佛教藝術》,氏著《佛教東傳與中國佛教藝術》,杭州:浙江
　　人民出版社,1991 年,第 249—268 頁。

吳焯《漢唐時期塔里木盆地的宗教與文化(上)》,《西北民族研究》1993 年第
　　2 期,第 192—214 頁(收入《中國西北宗教文獻·總論卷三》,蘭州:甘肅民
　　族出版社,2012 年,第 37—59 頁);《西北民族研究》1994 年第 1 期,第 36—
　　55 頁(收入《中國西北宗教文獻·總論卷三》,蘭州:甘肅民族出版社,2012
　　年,第 150—169 頁)。

吳焯《從佉盧文材料看 Cīna 一詞的本源及其成立的年代》,任繼愈主編《國際
　　漢學》第 9 輯,鄭州:大象出版社,2003 年,第 288—294 頁。

夏雷鳴《從"浴佛"看印度佛教在鄯善國的嬗變》,《西域研究》2000 年第 2 期,
　　第 45—52 頁(收入《中國西北宗教文獻·佛教·新疆卷 6》,蘭州:甘肅民
　　族出版社,2012 年,第 444—451 頁)。

夏雷鳴《從佉盧文文書看鄯善國佛教的世俗化》,《新疆社會科學》2006 年第 6
　　期,第 116—122 頁。

夏雷鳴《從佉盧文文書看鄯善國僧人的社會生活——兼談晚唐至宋敦煌世俗
　　佛教的發端》,鄭炳林、樊錦詩、楊富學主編《絲綢之路民族古文字與文化學
　　術討論會論文集》,西安：三秦出版社,2007 年,第 202—220 頁。

夏俠《從樓蘭出土文物看魏晉時期的西域服飾》,《新疆藝術學院學報》2009
　　年第 3 期,第 14—16 頁。

夏鼐《“和闐馬錢”考》,《文物》1962 年第 7—8 期合刊,第 60—63 頁(收入新
　　疆社會科學院考古研究所編《新疆考古三十年》,烏魯木齊：新疆人民出版
　　社,1983 年,第 466—469 頁)。

夏鼐《新疆新發現的古代絲織品——綺、錦和刺繡》,《考古學報》1963 年第 1
　　期,第 45—76 頁(收入新疆社會科學院考古研究所編《新疆考古三十年》,
　　烏魯木齊：新疆人民出版社,1983 年,第 396—419 頁)。

向達譯《斯坦因西域考古記》([英] 斯坦因著),北京：中華書局,1936 年。

肖小勇《樓蘭鄯善考古研究綜述》,《西域研究》2006 年第 4 期,第 82—92 頁。

肖小勇《論鄯善考古學文化的三元結構》,《西域研究》2008 年第 2 期,第 35—
　　43 頁。

肖小勇《樓蘭鄯善與周鄰民族關係史述論》,《新疆社會科學》2008 年第 4 期,
　　第 112—118 頁。

肖小勇編譯《米蘭古代佛寺壁畫中的有翼天使》([英] 斯坦因著),《新疆文
　　物》1992 年譯文專刊,第 160—168 頁轉 216 頁。

謝麗《綠洲農業開發與樓蘭古國生態環境的變遷》,《中國農史》2001 年第 1
　　期,第 16—26 頁。

新疆龜茲研究院、北京大學中國古代史研究中心、中國人民大學國學院西域
　　歷史語言研究所《新疆龜茲研究院藏木簡調查研究簡報》,《文物》2013 年
　　第 3 期,第 25—52 頁。

新疆維吾爾自治區博物館《新疆民豐縣北大沙漠中古遺址墓葬區東漢合葬墓
　　清理簡報》,《文物》1960 年第 6 期,第 9—12 頁(收入韓翔、王炳華、張臨華
　　主編《尼雅考古資料》,烏魯木齊：新疆文物考古研究所,1988 年,第 171—
　　182 頁)。

新疆維吾爾自治區博物館考古隊《新疆民豐大沙漠中的古代遺址》,《考古》
　　1961 年第 3 期,第 119—122 頁轉 126 頁。

新疆文物考古研究所《1991 年尼雅遺址調查簡報》,《新疆文物》1996 年第 1
　　期,第 1—15 頁(收入新疆文物考古研究所、新疆維吾爾自治區博物館編

《新疆文物考古新收穫（續）1990—1996》,烏魯木齊：新疆美術攝影出版社,1997 年,第 458—476 頁,改作者名爲"劉文鎖"）。

新疆文物考古研究所《民豐尼雅遺址南城城門發掘簡報》,《新疆文物》1998年第 1 期,第 1—5 頁。

新疆文物考古研究所《95 民豐尼雅遺址 I 號墓地船棺墓發掘簡報》,《新疆文物》1998 年第 2 期,第 21—34 頁。

許娜《鄯善國世俗佛教研究》,西北民族大學碩士學位論文,2008 年。

許娜、趙學東《檔案文獻中的鄯善國佛教戒律研究初探》,《檔案》2008 年第 2期,第 61—62 頁。

薛瑞澤《漢晉間鄯善地區居民的社會生活》,《新疆地方誌》1995 年第 1 期,第49—53 頁。

薛瑞澤《鄯善古國經濟狀況述略》,《新疆地方誌》1992 年第 3 期,第 37—40 頁。

薛瑞澤《從〈樓蘭尼雅出土文書〉看漢魏晉在鄯善地區的農業生產》,《中國農史》1993 年第 3 期,第 14—19 頁。

薛宗正《魏晉南北朝時期塔里木綠洲城邦諸國的社會生活》,《新疆文物》1996年第 2 期,第 58—75 頁。

薛宗正主編《中國新疆古代社會生活史》,烏魯木齊：新疆人民出版社,1997 年。

楊富學《佉盧文書所見鄯善國之貨幣——兼論與回鶻貨幣之關係》,《敦煌學輯刊》1995 年第 2 期,第 87—93 頁（收入氏著《中國北方民族歷史文化論稿》,蘭州：甘肅民族出版社,2012 年,第 289—302 頁）。

楊富學《論鄯善國出家人的居家生活》,《敦煌學》第 27 輯（柳存仁先生九十華誕祝壽專輯）,臺北：南華大學敦煌學研究中心編印,2008 年,第 215—221 頁。

楊富學《鄯善國佛教戒律問題研究》,《吐魯番學研究》2009 年第 1 期,第 59—76 頁（收入氏著《中國北方民族歷史文化論稿》,蘭州：甘肅民族出版社,2012 年,第 303—337 頁）。

楊富學譯《英國中亞古物收集品中的印—漢二體錢》（［英］赫恩雷著）,《新疆文物》1994 年第 3 期,第 98—107 頁。

楊富學譯《〈英國中亞古物收集品中的印—漢二體錢〉補考》（［英］赫恩雷著）,《新疆文物》1994 年第 3 期,第 108—109 頁。

楊富學譯《漢佉二體錢》（［英］陶慕士著）,《新疆文物》1994 年第 3 期,第110—117 頁。

楊富學譯《以漢文佉盧文爲銘的中亞錢幣》（［印］穆吉克著），《新疆文物》
　　1994 年第 3 期，第 118—120 頁。

楊富學、樊麗沙譯《論所謂的"漢佉二體錢"》（［日］榎一雄著），《甘肅金融》
　　2010 年增刊（2009 年甘肅地方貨幣學術研討會專輯），第 26—39 頁。

楊富學、黃建華譯《中亞新出土的兩件佉盧文書》（［美］邵瑞祺著），《新疆文
　　物》1992 年譯文專刊，第 56—60 頁。

楊富學、許娜《鄯善國佛僧飲酒習俗小考》，《新疆文史》2007 年專號（總第 40
　　期），第 66—71 頁。

楊富學、許娜譯《佉盧文書所見鄯善國佛教僧侶的生活》（［印］阿格華爾著），
　　《甘肅民族研究》2006 年第 4 期，第 100—104 頁。

楊富學、許娜、秦才郎加《鄯善敦煌吐蕃佛僧飲酒習俗考析》，載鄭炳林、樊錦
　　詩、楊富學主編《敦煌佛教與禪宗學術討論會文集》，西安：三秦出版社，
　　2007 年，第 601—621 頁。

楊富學、徐燁譯《新疆出土佉盧文文書所見奴隸和農奴的處境》（［印］阿格華
　　爾著），達力札布主編《中國邊疆民族研究》第 7 輯，北京：中央民族大學出
　　版社，2013 年（待刊）。

楊逸疇《尼雅環境的演化與文明興衰》，《新疆文物》1998 年第 3 期，第 77—80
　　頁（收入中日日中共同尼雅遺迹學術考察隊編著《中日日中共同尼雅遺迹
　　學術調查報告書》第 2 卷《本文編》，京都：法藏館，1999 年，第 326—
　　328 頁）。

羊毅勇《佛教在新疆南部傳播路綫之管見》，《西北史地》1992 年第 3 期，第
　　57—63 頁轉 70 頁。

羊毅勇《尼雅遺址所反映的中外文化交流》，《西域研究》1999 年第 2 期，第
　　58—63 頁（收入中日日中共同尼雅遺迹學術考察隊編著《中日日中共同尼
　　雅遺迹學術調查報告書》第 2 卷《本文編》，京都：法藏館，1999 年，第 304—
　　311 頁）。

羊毅勇《考古資料所見魏晉時期絲路南道的經濟文化》，《新疆文物》2003 年
　　第 1—2 期合刊，第 78—84 頁。

姚崇新譯《犍陀羅語與佛教在中亞的傳播》（［德］伯恩哈德著），《西域研究》
　　1996 年第 4 期，第 61—66 頁。

姚朔民譯《和田漢佉二體錢》（［英］克力勃著），《中國錢幣》1987 年第 2 期，
　　第 31—40 頁。

伊斯拉菲爾·玉蘇普、安尼瓦爾·哈斯木《新疆出土宗教文物及宗教文化》，
　　新疆吐魯番學研究院編《吐魯番學研究——第三屆吐魯番學暨歐亞遊牧民

族的起源與遷徙國際學術研討會論文集》,上海古籍出版社,2010 年,第 770—783 頁。

殷晴《一件新發現的于闐語文書——兼析古代塔里木南端的社會經濟情況》,《民族研究》1987 年第 6 期,第 94—101 頁。

殷晴《和田地區土地沙漠化的歷史演變及綜合治理》,陳華主編《和田綠洲研究》,烏魯木齊:新疆人民出版社,1988 年,第 129—161 頁。

殷晴《漢晉時期新疆農墾事業的發展》,《西域研究》1991 年第 4 期,第 28—41 頁。

殷晴《新疆古代度量衡的發展——中原與西域經濟文化交流的一個側面》,《新疆文物》1991 年第 4 期,第 87—98 頁。

殷晴《古代于闐和吐蕃的交通及其友鄰關係》,《民族研究》1994 年第 5 期,第 65—71 頁轉 9 頁。

殷晴《從出土文書看古代新疆的寺院經濟》,《新疆文物》1997 年第 1 期,第 33—44 頁(收入《中國西北宗教文獻·佛教·新疆卷 6》,蘭州:甘肅民族出版社,2012 年,第 45—56 頁)。

殷晴《3—8 世紀新疆寺院經濟的興衰》,《西域研究》1997 年第 2 期,第 29—38 頁(收入《中國西北宗教文獻·佛教·新疆卷 6》,蘭州:甘肅民族出版社,2012 年,第 111—120 頁)。

殷晴《絲綢之路與西域經濟》,北京:中華書局,2007 年。

殷晴《柳中屯田與東漢後期的西域政局——兼析班勇的身世》,《西域研究》2011 年第 3 期,第 1—8 頁。

殷雯《鄯善國法律初探》,《新疆師範大學學報》1987 年第 3 期,第 86—91 頁;《新疆社會科學研究》1987 年 7 期,第 20—26 頁。

于志勇《1995 年尼雅考古的新發現》,《西域研究》1996 年第 1 期,第 115—118 頁。

于志勇《新疆尼雅遺址 95MNIM8 概況及初步研究》,《西域研究》1997 年第 1 期,第 1—10 頁。

于志勇《尼雅遺址的考古發現與研究》,《新疆文物》1998 年第 1 期,第 53—68 頁。

于志勇《關於尼雅聚落遺址考古學研究的若干問題》,《新疆文物》2000 年第 1—2 期合刊,第 46—56 頁。

于志勇《樓蘭—尼雅地區出土漢晉文字織錦初探》,《中國歷史文物》2003 年第 6 期,第 38—55 頁。

于志勇《關於尼雅遺址墓葬出土的羊肉及其他》,《新疆文物》2009 年第 3—4

期合刊,第 46—47 頁。

于志勇《西漢時期樓蘭"伊循城"地望考》,《新疆文物》2010 年第 1 期,第 63—74 頁。

于志勇《北方地區的遺址調查》,中日日中共同尼雅遺迹學術考察隊編著《中日日中共同尼雅遺迹學術調查報告書》第 2 卷,京都：法藏館,1999 年,第 35—41 頁。

余太山《關於鄯善國王治的位置》,《西北史地》1991 年第 2 期,第 9—16 頁（收入氏著《兩漢魏晉南北朝正史西域傳研究》,北京：中華書局,2003 年,第 202—203 頁）。

余太山《兩漢魏晉南北朝與西域關係史研究》,北京：中國社會科學出版社,1995 年。

余太山《兩漢魏晉南北朝時期西域南北道的緑洲大國稱霸現象》,《西北史地》1995 年第 4 期,第 1—7 頁（收入氏著《兩漢魏晉南北朝正史西域傳研究》,北京：中華書局,2003 年,第 495—507 頁）。

余太山《關於鄯善都城的位置》,《西北史地》1991 年第 2 期,第 9—16 頁（收入氏著《塞種史研究》,北京：中國社會科學出版社,1992 年,第 228—241 頁；氏著《兩漢魏晉南北朝正史西域傳研究》,北京：中華書局,2003 年,第 202—203 頁）。

余太山《樓蘭、鄯善、精絶等的名義——兼説玄奘自于闐東歸路綫》,《西域研究》2000 年第 2 期,第 32—37 頁（收入田衛疆、趙文泉主編《鄯善歷史文化論集》,烏魯木齊：新疆人民出版社,2006 年,第 75—83 頁；氏著《兩漢魏晉南北朝正史西域傳研究》,北京：中華書局,2003 年,第 477—485 頁）。

余太山《兩漢魏晉南北朝正史西域傳研究》,北京：中華書局,2003 年。

余太山《兩漢魏晉南北朝正史西域傳要注》,北京：中華書局,2005 年。

虞明英《絲綢之路的門户樓蘭鄯善的國度》,北京：中國社會科學院歷史研究所編印,1982 年。

虞明英《絲綢之路的門户樓蘭鄯善的國都》,《歷史論叢》第 5 輯,濟南：齊魯書社,1985 年。

虞明英《漢晉時期塔里木盆地東南地區少數民族的家庭與婚姻概貌——兼談收繼婚》,《新疆大學學報》1987 年第 4 期,第 19—26 頁。

虞明英《漢晉時期新疆塔里木盆地東南地區的奴隸狀況》,《中國史研究》1986 年第 2 期,第 89—101 頁。

虞明英《新疆所出佉盧文書中的 Supi 人》,《魏晉隋唐史論集》第 2 輯,北京：中國社會科學出版社,1983 年,第 168—185 頁。

俞偉超《尼雅 95MNI 號墓地 M3 與 M8 墓主身份試探》,《西域研究》2000 年第
　　3 期,第 40—41 頁。

玉努斯江·艾力《論鄯善縣名及鄯善國人的遷徙》,《新疆大學學報》2009 年
　　第 5 期,第 71—74 頁。

袁國映、趙子允《樓蘭古城的興衰及其與環境變化的關係》,《乾旱區地理》
　　1997 年第 3 期,第 7—12 頁。

月氏《漢佉二體錢(和田馬錢)研究概況》,《中國錢幣》1987 年第 2 期,第 41—
　　47 頁。

岳廷俊《尼雅遺址廢棄淺析》,《西北史地》1999 年第 4 期,第 99—103 頁。

張廣達《塔里木盆地的綠洲國家》,載〔俄〕李特文斯基主編,馬小鶴譯《中亞
　　文明史》第 3 卷,北京:中國對外翻譯出版有限公司,2003 年,第 239—
　　256 頁。

張廣智譯《中國新疆所出佉盧文書譯文集》(〔英〕貝羅著),韓翔、王炳華、張
　　臨華主編《尼雅考古資料》,烏魯木齊:新疆社科院考古研究所,1988 年,第
　　183—267 頁。

張建軍《鄯善小考》,《中國歷史地理論叢》1994 年第 2 期,第 58 頁。

張婧《三至五世紀新疆南部社會史狀研究——以奴隸買賣的佉盧文文書爲
　　據》,《社會科學家》2011 年第 4 期,第 30—34 頁。

張婧《三至五世紀新疆南部地區奴隸疏離原主史題考——以佉盧文書爲據》,
　　《社會科學家》2012 年第 1 期,第 141—143 頁轉 152 頁。

張婧《鄯善國駱駝用途歸類初探》,《西北農林科技大學學報》2012 年第 2 期,
　　第 137—140 頁。

張莉《樓蘭古綠洲的河道變遷及其原因探討》,《中國歷史地理論叢》2001 年
　　第 1 輯,第 87—98 頁。

張榮芳《論漢晉時期樓蘭(鄯善)王國的絲綢貿易》,《中國史研究》1992 年第
　　1 期,第 15—25 頁。

張思恩《鄯善即樓蘭考》,《唐都學刊》1994 年第 3 期,第 6 頁。

張思恩《尼雅遺址漢代"精絶國"故地》,《中國文化遺產》2007 年第 1 期,第
　　50—53 頁。

張鐵男《尼雅佛教寺院遺址的發掘與研究》,《西域研究》2000 年第 1 期,第
　　47—53 頁(收入《中日日中共同尼雅遺迹學術調查報告書》第 2 卷,京都:
　　法藏館,1999 年,第 208—214 頁)。

張鐵男《尼雅遺址 93A27(N37)遺址的形制佈局、年代與性質》,《新疆文物》
　　2009 年第 3—4 期合刊,第 48—52 頁。

張鐵男、王宗磊《95 年尼雅遺址 93A35 號佛教寺院發掘簡報》,《新疆文物》1998 年第 1 期,第 6—10 頁。

張鐵男、王宗磊《民豐尼雅遺址 93A27 房址發掘簡報》,《新疆文物》1998 年第 2 期,第 12—20 頁。

張鐵男、王宗磊《1996 年尼雅 93A35 遺址中 FA、FB、FC、FD 發掘簡報》,《新疆文物》1999 年第 2 期,第 33—44 頁。

張鐵男、王宗磊《93A27(N)37 調查》,中日日中共同尼雅遺迹學術考察隊編著《中日日中共同尼雅遺迹學術調查報告書》第 2 卷,京都：法藏館,1999 年,第 69—76 頁。

張鐵男、于志勇《1993 年尼雅遺址北方考古調查》,中日日中共同尼雅遺迹學術考察隊編著《中日日中共同尼雅遺迹學術調查報告書》第 1 卷,烏魯木齊,1999 年,第 73—79 頁(後改題爲《民豐尼雅遺址以北地區考古調查》,收入新疆文物考古研究所、新疆維吾爾自治區博物館編《新疆文物考古新收穫(續)1990—1996》,烏魯木齊：新疆美術攝影出版社,1997 年,第 451—457 頁)。

張秀萍《淺析佉盧文在鄯善地區流行的原因》,《絲綢之路》2009 年第 22 期,第 11—13 頁。

張雪杉《中國國家圖書館館藏 BH5‐6 號佉盧文木牘文書釋讀與翻譯》,朱玉麒主編《西域文史》第 6 輯,北京：科學出版社,第 27—33 頁。

章巽《法顯傳校釋》,上海古籍出版社,1985 年。

趙豐《樓蘭古城中的斷簡殘帛》,《絲綢》1994 年第 9 期,第 44—46 頁。

趙豐《五星耀五色——尼雅出土織錦淺談》,《絲綢之路尼雅遺址出土文物——沙漠王子遺寶》,香港：藝紗堂服飾工作隊,2000 年,第 22—25 頁。

趙豐等主編《絲綢之路尼雅遺址出土文物——沙漠王子遺寶》,香港：藝紗堂服飾工作隊,2000 年。

趙儷生《新疆出土佉盧文簡書内容的考釋和分析》,《蘭州大學學報》1979 年第 1 期,第 54—67 頁(收入氏著《寄隴居論文集》,濟南：齊魯書社,1981 年,第 217—243 頁;氏著《趙儷生文集》第 4 卷,蘭州大學出版社,2002 年,第 341—363 頁)。

趙燕、謝仲禮、秦立彦譯《從羅布沙漠到敦煌》([英] 斯坦因著),桂林：廣西師範大學出版社,2000 年。

鍾美珠譯《論佉盧文文書的年代》([日] 長澤和俊著),《絲綢之路史研究》,天津古籍出版社,1990 年,第 122—150 頁。

鍾美珠譯《再論佉盧文文書的年代》([日] 長澤和俊著),《絲綢之路史研究》,天津古籍出版社,1990 年,第 151—169 頁。

鍾美珠譯《樓蘭王國史研究序説》([日] 長澤和俊著),《絲綢之路史研究》,
　天津古籍出版社,1990 年,第 170—223 頁。

鍾美珠譯《鄯善王國的驛傳制度》([日] 長澤和俊著),《絲綢之路史研究》,
　天津古籍出版社,1990 年,第 224—236 頁。

中日日中共同尼雅遺迹學術考察隊編著《中日日中共同尼雅遺迹學術調查報
　告書》第 1—2 卷,京都: 法藏館,1996—1999 年。

中日日中共同尼雅遺迹學術考察隊編著《中日日中共同尼雅遺迹學術調查報
　告書》第 1 卷,烏魯木齊,1999 年。

朱新譯,胡錦洲校《有關鄯善王國與貴霜帝國的佉盧文書》([印] 米克爾傑
　著),《新疆文物》1989 年第 4 期,第 132—134 頁。

卓新平、楊富學主編《中國西北宗教文獻》,蘭州: 甘肅民族出版社,2012 年。

二、外 文 著 述

Duan Qing, A Land Sale Contract in Kharosthi Script National Library of China Collection, *Annual Report of The International Research Institute for Advanced Buddhology at Soka University for the Academic Year* 2011 Vol. XV, 2012, pp. 63 – 70.

Li Ying, Further inquiries into the Four Gāndhārī Samyuktāgama Sūtras (in the Senior Collection), *China Tibetology*, No. 1, 2012, pp. 48 – 63.

Lin Meicun, A New Kharosthī Wooden Tablet from China, *Bulletin of the School of Oriental and African Studies* Vol. 53, No. 2, 1990, pp. 283 – 291.

Lin Meicun, A Kharosthī Inscription from Chang'an,《季羨林教授八十華誕紀念論文集》上卷,南昌: 江西人民出版社,1991 年,第 119—132 頁。

Lin Meicun, Tocharian People: Silk Road Pioneers, in Tadao Umesao and Toh Sugimura (ed.), *Significance of Silk Roads in the History of Human Civilizations*, Osaka: National Museum of Ethnology, 1992, pp. 91 – 96.

Lin Meicun, A Formal Kharosthī Inscription from Subashi, 敦煌研究院編《段文傑敦煌研究五十年紀念文集》,北京: 世界圖書出版公司,1996 年,第 328—347 頁。

Lin Meicun, Kharosthī Bibliography: The Collections from China (1897 – 1993), *Central Asiatic Journal* Vol. 40, No. 2, 1996, pp. 188 – 220.

Lin Meicun, Qilian and Kunlun: The Earliest Tokharian Loan-Words in Ancient Chinese, in Victor H. Mair (ed.), *The Bronze Age and Early Iron Age People of*

Eastern Central Asia Vol. 1, 1998, pp. 476 - 482.

Lin Meicun, Five Gāndhārī Documents from Kizil in the Le Coq Collection, *Cultura Antiqua* Vol. 55, 2003, pp. 1 - 15.

Lin Meicun, Two Tokharo-Gāndhārī Bilingual Documents from Kizil in the Le Coq Collection,北京大學中古史中心編《中外關係史——新史料與新問題》,北京：科學出版社,2004 年,第 79—97 頁。

Ma Yong-Sun Yutang, The Western Regions under the Hsiung-nu and the Han, *History of civilizations of Central Asia* Vol. 2, UNESCO, 1994, pp. 227 - 246.

Qing Zhaorong, Secular documents in Tocharian: Buddhist economy and society in the Kucha region, dissertation thesis, École Pratique des Hautes Études, 2010.

Wang Jiqing, Photographs in the British Library of Documents and Manuscripts from Sir Aurel Stein's Fourth Central Asian Expedition, *the British Library Journal* XXIV - 1, 1998, pp. 23 - 76.

Zhang Guangda, The city-states of the Tarim basin, *History of civilizations of Central Asia* Vol. 3, UNESCO, 1996, pp. 281 - 302.

Zhang Xueshan, A Wooden Tablet in Kharosthi Script: National Library of China Collection, *Annual Report of The International Research Institute for Advanced Buddhology at Soka University for the Academic Year* 2011 Vol. XV, 2012, pp. 71 - 76.

林梅村《ニヤ遺址出土のカローシュテイー文〈温室洗浴衆僧經〉殘卷の考察（一）》,日本仏教大學文學部編《文學部論集》第 87 號,京都,2003 年,第 141—155 頁。

百年敦煌占卜文獻論著目録

劉泓文(蘭州大學)

　　敦煌占卜文獻是敦煌文獻的重要組成部分,對於深入認識中古時期的思想史、文化史、宗教史、社會史、民俗史等具有獨特的意義,是敦煌學的一個分支研究領域。但由於長期以來人們對占卜文獻所帶有的偏見,再加上敦煌占卜文獻本身所具有的内容龐雜、書寫混亂、保存不佳等客觀性原因,極大地限制了敦煌占卜文獻研究的深入發展,使之成爲敦煌學研究中的弱勢領域。所幸,經過一個多世紀的積累、醖釀,再加上近幾十年來學術界對中國傳統社會文化、思想的逐漸重視和研究的不斷深入,使得敦煌占卜文獻的研究也步入全面收穫的金秋時節。爲便於學術界更好地了解敦煌占卜文獻的研究歷史和研究現狀,本文力圖從學術史的角度,分專著、綜論、天文曆法與星占、夢占、宅經與葬書、禄命、相占、雜占、易占與五兆卜法、民俗與其他等十個方面對敦煌占卜文獻研究成果進行全面整理。

一、專　　著

[日] 松本榮一《敦煌畫の研究》,東京:同朋舍,1937 年。

王重民《敦煌古籍敍録》,北京:中華書局,1979 年。

馬繼興《敦煌占醫籍考釋》,南昌:江西科技出版社,1984 年。

何丙郁、何冠彪《敦煌殘卷占雲氣書研究》,臺北:藝文印書館,1985 年。

黄永武《敦煌古籍敍録新編》,臺北:新文豐出版公司,1986 年。

王堯、陳踐《敦煌吐蕃文書論文集》,成都:四川民族出版社,1988 年。

王堯、陳踐《吐蕃時期的占卜研究》,香港中文大學出版社,1988 年。

高國藩《敦煌古俗與民俗流變:中國民俗探微》,南京:河海大學出版社,1989 年。

高國藩《敦煌民俗學》,上海文藝出版社,1989 年。

劉文英《夢的迷信與夢的探索:中國古代宗教哲學和科學的一個側面》,北京:中國社會科學出版社,1989 年。

劉文英《中國古代的夢書》,北京:中華書局,1990 年。

高國藩《敦煌民俗資料導論》,臺北:新文豐出版公司,1993 年。

鄭炳林、羊萍《敦煌本夢書》,蘭州:甘肅文化出版社,1995 年。

劉永明《命相集成》,合肥:黄山書社,1995 年。

趙建雄《宅經校譯》,臺北：雲龍出版社,1996 年。

鄧文寬《敦煌天文曆法文獻輯校》,南京：江蘇古籍出版社,1996 年。

［法］路易・巴讚著,耿昇譯《突厥曆法研究》,北京：中華書局,1998 年。

高國藩《敦煌俗文化學》,上海三聯書店,1999 年。

季羨林主編《敦煌學大辭典》,上海辭書出版社,1999 年。

王堯《法藏敦煌藏文文獻解題目錄》,北京：民族出版社,1999 年。

黃正建《敦煌占卜文書與唐五代占卜研究》,北京：學苑出版社,2001 年。

鄧文寬《敦煌吐魯番天文曆法研究》,蘭州：甘肅教育出版社,2002 年。

［法］馬克・卡林諾斯基主編《中國中世時期的占卜與社會——法國國家圖
　　書館與大英圖書館所藏敦煌寫本研究》,巴黎,2003 年。

王玉德、林立平《神秘的術數：中國算命術研究與批判》,南寧：廣西人民出版
　　社,2003 年。

鄭炳林、王晶波《敦煌寫本相書校錄研究》,北京：民族出版社,2004 年。

陳興仁《神秘的相術：中國古代體相法研究與批判》,南寧：廣西人民出版社,
　　2004 年。

鄭炳林《敦煌寫本解夢書校錄研究》,北京：民族出版社,2005 年。

［日］高田時雄著,鍾翀譯《敦煌・民族・語言》,北京：中華書局,2005 年。

余欣《神道人心：唐宋之際敦煌民生宗教社會史研究》,北京：中華書局,
　　2006 年。

張弓《敦煌典籍與唐五代歷史文化》(上、下卷),北京：中國社會科學出版社,
　　2006 年。

金身佳《敦煌寫本宅經葬書校注》,北京：民族出版社,2007 年。

陳于柱《敦煌寫本宅經校錄研究》,北京：民族出版社,2007 年。

鄧文寬《鄧文寬敦煌天文曆法考索》,上海古籍出版社,2010 年。

王晶波《敦煌寫本相書研究》,北京：民族出版社,2010 年。

［法］A. 麥克唐納著,耿昇譯《敦煌吐蕃歷史文書考釋》,西寧：青海人民出版
　　社,2010 年。

王祥偉《敦煌五兆卜法文獻校錄研究》,北京：民族出版社,2011 年。

陳于柱《區域社會史視野下的敦煌祿命書研究》,北京：民族出版社,2012 年。

二、綜　　論

高國藩《古敦煌民間的〈陰陽書〉、〈星占書〉、〈鳥占書〉》,《陽關》1985 年第
　　5 期。

王堯、陳踐《吐蕃時期的占卜研究——敦煌藏文寫卷 P. T. 1047、1055 號譯

釋》,《世界宗教研究》1985 年第 3 期。

王堯、陳踐《三探吐蕃卜辭——倫敦印度事務部圖書館所藏藏文占卜文書譯釋》,《青海社會科學》1987 年第 3 期。

高國藩《敦煌巫術形態——兼與中外巫術之比較》,漢學研究中心編《第二屆敦煌學國際研討會論文集》,臺灣：漢學研究中心,1991 年。

[法] 馬克《敦煌數占小考》,《中國古代科學史論·續篇》,京都大學人文科學研究所,1991 年;又見《法國漢學》第 5 輯(敦煌學專號),北京：中華書局,2000 年。

[日] 菅原信海《占筮書》,載池田溫主編《講座敦煌 5·敦煌漢文文獻》,東京：大東出版社,1992 年 3 月。

張鐵山、趙永紅《古代突厥文〈占卜書〉譯釋》,《喀什師範學院學報(哲學社會科學版)》1993 年第 2 期。

耿昇、馬克《法國戰後對中國占卜的研究》,《世界漢學》1998 年第 1 期。

[法] 茅甘《西北邊疆的動蕩》,載戴仁主編《遠東亞洲叢刊》第 11 卷("紀念法國遠東學院創立一百周年敦煌學新研"專號"紀念敦煌藏經洞發現一百周年紀念"),2000 年。

王堯《敦煌吐蕃文書中的占卜文書研究》(敦煌資料),《2000 年敦煌學國際學術討論會論文提要集》,蘭州：敦煌研究院,2000 年。

鄭炳林《晚唐五代敦煌佛教轉向人間化的特點》,《普門學報》2001 年第 1 期。

高國藩《敦煌唐人——道教預兆巫術漫談》,《弘道》12,2002 年。

王堯《西望陽關有故人：敦煌藏文寫卷述要》,《中國學術》2002 年第 4 期。

鄭炳林《晚唐五代敦煌占卜中的行爲決定論》,《敦煌學輯刊》2003 年第 1 期;又見同氏主編《敦煌歸義軍史專題研究三編》,蘭州：甘肅文化出版社,2005 年 5 月。

鄭炳林《敦煌文獻中的解夢書和相面書》,《敦煌與絲路文化學術講座 1》,北京圖書館出版社,2003 年 9 月。

黃正建《敦煌占卜文書研究的回顧與展望》,《敦煌吐魯番研究》第 7 卷,北京：中華書局,2004 年 1 月。

趙貞《敦煌占卜文書殘卷拾零》,《敦煌吐魯番研究》第 8 卷,北京：中華書局,2005 年 1 月。

濮仲遠《唐宋時期敦煌民間信仰研究》,西北師範大學碩士學位論文,2005 年。

格桑央京《敦煌藏文 P.T. 351 占卜文書解讀》,《敦煌學輯刊》2006 年第 1 期。

劉永明《唐五代宋初敦煌道教的世俗化研究》,蘭州大學博士後出站報告,2006 年。

劉少霞《敦煌漢文醫書中的巫術初探》,蘭州大學碩士學位論文,2006年。

房繼榮《英藏古藏文占卜文書述要》,《甘肅高師學院》2007年第3期。

周西波《敦煌文獻中之逐盜求失物方術考略》,《轉型期的敦煌學》,上海古籍出版社,2007年11月。

陳于柱、張福慧《遊走在世俗與神聖之間——唐五代宋初敦煌命算信仰與佛道關係研究》,《敦煌學輯刊》2007年第4期。

格桑央京《敦煌藏文寫卷Ch.9.Ⅱ.19號初探》,《中國藏學》2005年第2期;又見《敦煌古藏文文獻論文集》(下),上海古籍出版社,2007年8月。

盧顯山《唐代數術文獻研究》,吉林大學碩士學位論文,2008年。

陳于柱《論晚唐五代敦煌占卜的"德感"》,雍際春主編《隴右文化論叢》第3輯,2008年12月。

項欠多傑《敦煌吐蕃占卜文書研究》,中央民族大學碩士論文,2009年。

王莉《敦煌占卜文獻托名孔子考》,《絲綢之路》2010年第22期。

劉永明《日本杏雨書屋藏敦煌道教及相關文獻研究劄記》,《敦煌學輯刊》2010年第3期。

陳楠《P.T.1047寫卷卜辭與吐蕃相關史事考釋》,《西北民族大學學報(哲學社會科學版)》2010年第4期。

陳于柱《唐宋之際敦煌苯教史事考索》,《宗教學研究》2011年第1期。

王晶波《敦煌占卜文獻研究的問題與視野》,《敦煌研究》2011年第4期。

劉永明《吐蕃時期敦煌道教及相關信仰習俗探析》,《敦煌研究》2011年第4期。

陳踐踐《IOL Tib J749號占卜文書解讀》,《中國藏學》2012年第1期。

楊秀清《數術在唐宋敦煌大眾生活中的意義》,《南京師範大學學報(社會科學版)》2012年第2期。

寧宇《敦煌寫本時日宜忌文書敘錄——英藏、法藏篇》,《蘭州大學學報(社會科學版)》2013年第1期。

三、天文曆法與星占

羅振玉《星占書跋》,《雪堂校刊群書敘錄》卷下,1913年;又見《敦煌古籍敘錄新編》第9冊,臺北:新文豐出版公司,1986年6月。

羅振玉《大唐同光四年具注曆》,《松翁近稿》,上虞羅氏印,1925年;又見《敦煌古籍敘錄新編》,臺北:新文豐出版公司,1986年。

[日]藪內清《唐開元占經中の星經》,《東方學報》(京都),1937年。

[日]石田幹之助《都利聿斯經とその佚文》,《羽田博士頌壽記念東洋史論

叢》,京都：東洋史研究會,1950 年。

［日］長部和雄《占星法の研究方法》,《神戶商科大學》,1962 年。

席澤宗《敦煌星圖》,《文物》1966 第 3 期；又見《中國古代天文文物論集》,北京：文物出版社,1989 年。

董作賓《大唐同光四年具注曆合璧》,《中研院史語所集刊》第 30 期(下),1970 年 10 月；又見《中國敦煌學百年文庫·科技卷》,蘭州：甘肅文化出版社,1999 年。

［法］James Hamilton 著,吳其昱譯《沙州古突厥文占卜書 irg、bitig 後記》,《敦煌學》(香港)第 1 輯,1974 年 7 月。

陳槃《影鈔敦煌寫本占雲氣書殘卷解題——古讖緯書錄解題附錄三》,《中研院史語所集刊》第 50 期,1979 年 3 月。

中國文物編輯部《敦煌唐代〈郡縣公廨本錢簿、占雲氣書〉卷》,《中國文物》1980 年第 1 期。

馬世長《敦煌縣博物館藏星圖占雲氣書殘卷——敦博第 58 號卷子研究之三》,北京大學中國中古史研究中心編著《敦煌吐魯番文獻研究論集》,北京：中華書局,1982 年。

王重民《敦煌本曆日之研究》,氏著《敦煌遺書論文集》,北京：中華書局,1984 年。

［日］山口瑞鳳《占い手引書》,《講座敦煌 6·敦煌胡語文獻》,東京：大東出版社,1985 年 8 月。

鄧文寬《敦煌文獻中的天文曆法》,《文史知識》1988 年第 8 期。

鄧文寬《敦煌文獻 S.2620 號〈唐年神方位圖〉試釋》,《文物》1988 年第 2 期。

馬世長《敦煌星圖的年代》,中國社會科學院考古研究所編《中國古代天文文物論集》,北京：文物出版社,1989 年 2 月。

馬世長《敦煌寫本紫薇垣星圖》,中國社會科學院考古研究所編《中國古代天文文物論集》,北京：文物出版社,1989 年 2 月。

何冠彪《三國至隋唐占侯雲氣之著作考略》,《漢學研究》1989 年 12 月。

夏鼐《另一件敦煌星圖寫本——〈敦煌星圖乙本〉》,中國社會科學院考古研究所編《中國古代天文文物論集》,北京：文物出版社,1989 年 12 月；又見《中國敦煌學百年文庫·科技卷》,蘭州：甘肅文化出版社,1999 年。

王進玉《敦煌星圖成奇謎》,《歷史大觀園》1989 年第 4 期；又見《科技日報周刊》1996 年 8 月。

王進玉《敦煌紫薇垣星圖》,《歷史大觀園》1989 年第 8 期。

鄧文寬《比〈步天歌〉更古老的通俗識星作品——〈玄像詩〉》,《文物》1990 第

3 期。

周錚《關於〈玄像詩〉的兩點補正》,《文物》1990 年第 6 期。

蘇瑩輝《敦煌本觀雲占氣彩圖解詁——敦煌科技介紹》,《故宮文物月刊》1990
年 8 月。

何丙郁著,邰建群譯《一份遺失的占星術著作——敦煌殘卷占雲氣書》,《敦煌
研究》1992 第 1 期。

席宗澤《敦煌卷子中的星經和玄像詩》,《中國傳統科技文化探勝——紀念科
技史家嚴敦傑先生》,北京:科學出版社,1992 年。

黃一農《敦煌本具注曆日新探》,《新史學》第 3 卷第 4 期,1992 年 12 月。

[法] 茅甘《敦煌寫本中的九宮圖》,《法國學者敦煌學論文選萃》,北京:中華
書局,1993 年 12 月。

鄧文寬《敦煌曆日中的〈年神方位圖〉及其功能》,敦煌研究院編《段文傑敦煌
研究五十年紀念文集》,北京:世界圖書出版公司,1996 年。

鄧文寬《敦煌三篇具注曆日佚文校考》,《敦煌研究》2000 年第 3 期;又見氏著
《敦煌吐魯番天文曆法研究》,蘭州:甘肅教育出版社,2002 年 9 月。

鄧文寬《傳統曆書以二十八宿注曆的連續性》,《歷史研究》2000 年第 6 期;又
見氏著《敦煌吐魯番天文曆法研究》,蘭州:甘肅教育出版社,2002 年 9 月。

鄧文寬《敦煌本〈唐乾符四年丁酉歲(877)具注曆日〉"雜占"補錄》,段文傑主
編《敦煌學與中國史研究論集——紀念孫修身先生逝世一周年》,蘭州:甘
肅文化出版社,2001 年 8 月。

[日] 大谷光南《麟德具注曆(正倉院)と宣明具注曆(敦煌):各斷簡(殘曆)
間の曆注について》,《二松學舍大學東洋學研究所集刊》,2001 年 3 月。

鄭慈宏《敦煌文獻中的識星作品——〈玄像詩〉》,《中國文化大學中文學報
7》,2002 年 3 月。

鄧文寬《隋唐歷史典籍校正三則——兼論 S. 3326 星圖的定名問題》,《敦煌吐
魯番天文曆法研究》,蘭州:甘肅教育出版社,2002 年 9 月。

鄧文寬《從"曆日"到"具注曆日"的轉變——兼論曆譜與曆書的區別》,《敦煌
吐魯番天文曆法研究》,蘭州:甘肅教育出版社,2002 年 9 月;又見《2000 年
敦煌學國際學術討論會文集——紀念敦煌藏經洞發現暨敦煌學百年》(歷
史文化卷·上),蘭州:甘肅民族出版社,2003 年 9 月。

晏昌貴《敦煌具注曆日中的"往亡"》,《魏晉南北朝隋唐史資料》第 19 輯,武
漢大學出版社,2002 年 11 月;又見張建民主編《武漢大學歷史學集刊》第 3
輯,長沙:湖北人民出版社,2005 年 10 月。

劉永明《唐宋之際曆日發展考論》,《甘肅社會科學》2003 年第 1 期。

王愛和《英藏 S. 681V 與俄藏 Дх. 01454、Дх. 02418V 的拼接綴合與研究》,《敦煌學輯刊》2003 年第 1 期。

［法］華瀾《略論敦煌曆書的社會與宗教背景》,國家圖書館編《敦煌與絲路文化學術講座》第 1 輯,北京: 國家圖書館出版社,2003 年 9 月。

［法］華瀾《簡論中國古代曆日中的廿八宿注曆——以敦煌具注曆日爲中心》,季羨林、饒宗頤主編《敦煌吐魯番研究》第 7 卷,北京: 中華書局,2004 年 1 月。

馬若安《敦煌曆日"没日"和"滅日"安排初探》,季羨林、饒宗頤主編《敦煌吐魯番研究》第 7 卷,北京: 中華書局,2004 年 1 月。

鄧文寬《敦煌具注曆日與〈四時纂要〉的比較研究》,《敦煌研究》2004 年第 1 期。

趙貞《敦煌遺書中的唐代星占著作:〈西秦五州占〉》,《文獻》2004 年第 1 期。

趙貞《唐五代占星與帝王政治》,首都師範大學博士學位論文,2004 年。

廖暘《熾盛光佛構圖中星耀的演變》,《敦煌研究》2004 年第 4 期。

鄧文寬《兩篇敦煌具注曆曰補釋與新校》,中國文物研究所編《出土文獻研究》第 6 輯,上海古籍出版社,2004 年 12 月。

鄧文寬《敦煌具注曆日選擇神煞釋證》,季羨林、饒宗頤主編《敦煌吐魯番研究》第 8 卷,北京: 中華書局,2005 年 1 月。

劉永明《敦煌道教的世俗化之路——道教向具注曆日的滲透》,《敦煌學輯刊》2005 年第 2 期。

［法］華瀾著,李國强譯《敦煌曆日探研》,中國文物研究所編《出土文獻研究》第 7 輯,上海古籍出版社,2005 年 11 月。

鄧文寬《莫高窟北區出土〈元至正二十八年戊申歲(1368)具注曆日〉殘頁考》,《敦煌研究》2006 年第 2 期。

鄧文寬、劉樂賢《敦煌天文氣象占寫本概述》,季羨林、饒宗頤主編《敦煌吐魯番研究》第 9 卷,北京: 中華書局,2006 年 5 月。

［法］華瀾《9 至 10 世紀敦煌曆日中的選擇術與醫學活動》,季羨林、饒宗頤主編《敦煌吐魯番研究》第 9 卷,北京: 中華書局,2006 年 5 月。

王勇、王永吉《〈敦煌天文曆法文獻輯校〉考訂》,《敦煌學研究》2007 年第 1 期。

劉永明《敦煌本〈六十甲子曆〉與道教》,《敦煌學輯刊》2007 年第 3 期。

陳昊《"曆日"還是"具注曆目"——敦煌吐魯番曆書名稱與形制關係再討論》,《歷史研究》2007 年第 2 期。

陳于柱、張福慧《敦煌具注曆日見載"本命元神"考辨》,《敦煌學輯刊》2010 年第 4 期。

余欣《唐宋之際"五星占"的變遷：以敦煌文獻所見辰星占辭爲例》,《史林》
　　2011 年第 5 期。

四、夢　　占

［日］菅原信海《敦煌本〈解夢書〉にっいこ》,牧尾良海博士頌壽紀念論集《中
　　國の佛教・思想と科學》,昭和五九年六月(1984 年 6 月)。

黃正建《唐代占卜之一——夢占》,《敦煌學輯刊》1986 年第 2 期。

高國藩《敦煌寫本〈解夢書〉初探》,張紫晨選編《民俗調查與研究》,石家庄：
　　河北人民出版社,1988 年 10 月。

［法］戴仁《敦煌寫本中的〈解夢書〉》,《法國學者敦煌學論文選萃》,北京：中
　　華書局,1993 年 12 月。

楊自福、顧大勇《敦煌寫本〈周公解夢書〉殘卷初探》,《敦煌學輯刊》1995 年第
　　2 期。

鄭炳林《敦煌寫本解夢書概述》,《敦煌學輯刊》1995 年第 2 期。

［日］湯淺邦弘《夢の書の行方：敦煌本〈新集周公解夢書〉》,《待兼山論叢
　　(哲學)》,1995 年。

鄭阿財《從敦煌文獻看唐人解夢》,《嘉義青年》1999 年第 5 期。

余瓊《敦煌本夢書殘卷輯校補正》,《古籍研究》2002 年第 3 期。

王宗祥《"良妻解夢"事確有記載——卜天壽抄〈三臺詞〉得解》,敦煌研究院
　　編《2000 年敦煌學國際學術討論會文集——紀念敦煌藏經洞發現暨敦煌學
　　百年》(歷史文化卷・下),蘭州：甘肅民族出版社,2003 年 9 月。

鄭炳林《俄藏敦煌文獻 Дх. 10787〈解夢書〉劄記》,《敦煌學輯刊》2003 年第
　　2 期。

關長龍《敦煌本夢書雜議》,張涌泉等編《姜亮夫、蔣禮鴻、郭在貽先生紀念文
　　集》(漢語史學報專輯,總第三輯),上海教育出版社,2003 年 5 月。

史睿《鄭炳林、羊萍〈敦煌本夢書〉》(書評),季羨林、饒宗頤主編《敦煌吐魯番
　　研究》第 3 卷,北京：中華書局,1998 年 9 月。

鄭炳林《關於敦煌寫本相書的幾點認識(代序)》,鄭炳林、王晶波著《敦煌寫
　　本相書校録研究》,北京：民族出版社,2004 年 12 月。

王顏《敦煌占夢文書與唐代的占夢習俗》,《華夏文化》2005 年第 3 期。

倪宏鳴《古回鶻文獻〈占卜書〉及其内涵》,《民族文學研究》2005 年第 2 期。

余瓊、施謝捷《敦煌夢書殘卷劉文英輯校本匡補(1—2)》,《敦煌學研究》2007
　　年第 1 期；又見《敦煌學研究》2007 年第 2 期。

趙青山《敦煌解夢文書中忌諱"比丘尼"原因考》,鄭炳林、樊錦詩、楊富學主編
　　《敦煌佛教與禪宗學術討論會文集》,西安:三秦出版社,2007 年 7 月。

鄭炳林、陳于柱《敦煌古藏文 P. T,55〈解夢書〉研究》,《蘭州學刊》2009 年第
　　5 期。

五、宅 經 與 葬 書

羅振玉《陰陽書跋》,《雪堂校刊群書敍録》卷下,上虞羅氏貽安堂凝清室刊本,
　　1917 年;又見王重民原編,黃永武新編《敦煌古籍敍録新編》,臺北:新文豐
　　出版公司,1986 年。

［法］茅甘《敦煌寫本中的五姓修宅》,《敦煌的壁畫與寫本》,巴黎:辛格—波
　　利尼亞克基金會版,1984 年。

［日］宮崎順子《敦煌文書〈宅經〉初探》,《東方宗教》1995 年第 85 期。

［日］宮崎順子《敦煌文書〈司馬頭陀地脈訣〉の形派風水術》,《羽衣國文》,
　　1998 年 3 月。

陳于柱、魏萬斗《唐宋陰陽相宅宗初探——以敦煌寫本宅經爲考索》,《敦煌學
　　輯刊》2002 年第 2 期。

朱俊鵬《敦煌風水類文書初探》,首都師範大學碩士學位論文,2002 年。

陳于柱《關於敦煌寫本宅經分類問題的再討論》,《敦煌學輯刊》2003 年第
　　2 期。

［日］宮崎順子《敦煌文書 ペリオ3281〈宅竅梁屋法〉の術數と校本》,《羽衣
　　國文》第 14 期,2003 年 3 月。

陳于柱《敦煌寫本宅經中的八宅——"八宅經一卷"研究》,鄭炳林、花平寧主
　　編《麥積山石窟藝術文化論文集(下)》,蘭州大學出版社,2004 年 6 月。

陳于柱《廉價的解脱:從"鎮宅法"看唐五代宋初敦煌鎮宅習俗——敦煌寫本
　　宅經"鎮宅法"研究之一》,鄭炳林、樊錦詩、楊富學主編《佛教藝術與文化國
　　際學術研討會論文集》,2004 年。

邱博舜、蔡明志《敦煌陽宅風水文獻初探》,《文資學報》2005 年第 1 期。

金身佳《敦煌寫本葬書中的六甲八卦冢》,《敦煌學輯刊》2005 年第 2 期。

陳于柱《從敦煌占卜文書看晚唐五代敦煌占卜與佛教的對話交融——以敦煌
　　寫本宅經爲中心》,《敦煌學輯刊》2005 年第 2 期。

曾波《敦煌寫卷〈諸雜推五姓陰陽等宅圖經〉之"五姓"校議》,《敦煌學輯刊》
　　2005 年第 3 期。

余欣《敦煌灶神信仰稽考》,《敦煌學輯刊》2005 年第 3 期。

金身佳《敦煌寫本 P. 2831〈卜葬書〉中的麒麟、鳳凰、章光、玉堂》,《敦煌學輯

刊》2005 年第 4 期。

陳于柱《非邏輯的變通——從敦煌寫本宅經"鎮宅法"看古代占卜、巫術的互補結合》,《天水師範學院學報》2006 年第 1 期。

余欣《唐宋時代敦煌的鎮宅術》,季羨林、饒宗頤主編《敦煌吐魯番研究》第 9 卷,北京:中華書局,2006 年 5 月。

余欣《唐宋敦煌醮祭鎮宅法考索》,《敦煌研究》2006 年第 2 期。

金身佳《敦煌寫本宅經中的陰陽宅修造吉日》,《敦煌研究》2006 年第 2 期。

金身佳《敦煌寫本 P.4930〈相塚書〉中的六對八將試》,《敦煌學輯刊》2006 年第 3 期。

金身佳《敦煌寫本宅經 P.3594 九方色圖試釋》,《廊坊師範學院學報》2007 年第 2 期。

金身佳《敦煌寫本宅經 P.2964 的"四鄰造作"諸問題試析》,《湘潭師範學院學報》2007 年第 2 期。

陳于柱《敦煌寫本〈宅經·五姓同忌法〉研究——兼與高田時雄先生商榷》,《中國典籍與文化》2007 年第 4 期。

金身佳《五姓相宅分析與批判》,《周口師範學院學報》2007 年第 3 期。

金身佳《敦煌寫本宅經葬書與古人的天人合一理念》,《湘潭大學學報》2007 年第 4 期。

陳于柱《敦煌寫本宅經與唐五代敦煌居宅神煞研究——以空間神爲中心》,《天水師範學院學報》2007 年第 3 期。

魏靜《敦煌宅葬文書相關問題研究》,南京大學博士學位論文,2008 年。

魏靜《敦煌占卜文獻中地勢五音占卜法相關問題考析》,《敦煌學輯刊》2009 年第 2 期。

關長龍《敦煌本堪輿書四種擬名商略》,《百年敦煌文獻整理研究國際學術討論會論文集(上册)》,2010 年。

六、禄　命

[法] 茅甘《敦煌寫本中的九宮圖》,蘇遠鳴主編《敦煌學論文集》第 2 卷,巴黎和日内瓦:德羅茲書店版,1981 年。

饒宗頤《論七曜與十一曜——記敦煌開寶七年(974)康遵批命課》,《選堂集林·史林》,臺北:明文書局,1984 年 4 月。

[日] 高田時雄《五姓説在敦煌藏族》,中國敦煌吐魯番學會編《敦煌吐魯番學研究論文集》,上海:漢語大詞典出版社,1990 年 6 月。

[法] 茅甘《敦煌寫本中的五姓堪輿法》,《法國學者敦煌學論文選萃》,北京:

中華書局,1993 年。

高國藩《論敦煌唐人九曜算命術》,中國唐代學會編輯委員會編《第二屆國際
　　唐代學術會議論文集》,臺灣：文津出版社,1993 年 6 月。

格桑央京《敦煌藏文寫卷 P. T. 55 號譯釋》,中央民族大學藏學系編《藏學研
　　究》第九集,北京：民族出版社,1998 年。

鄭阿財《唐代敦煌人如何以十二生肖論吉凶》,《嘉義青年》1999 年第 4 期。

黃正建《敦煌禄命類文書述略》,《中國社會科學院歷史研究所學刊》第 1 輯,
　　北京：社會科學文獻出版社,2001 年 10 月。

[日] 宮崎順子《敦煌文書ペリオ3647 文書の術數と訳注》,《東洋史訪9》,
　　2003 年 3 月。

趙貞《"九曜行年"略説——以 P. 3779 爲中心》,《敦煌學輯刊》2005 年第
　　3 期。

趙貞《敦煌文書中的"七星人命屬法"釋證——以 P. 2675bis 爲中心》,《敦煌
　　研究》2006 年第 2 期。

羅秉芬、劉英華《敦煌本十二生肖命相文書藏漢文比較研究——透過十二生
　　肖命相文書看藏漢文化的交融》,《加強藏學研究　發展藏族科技：第七屆
　　中國少數民族科技史國際會議論文集》,北京：中國藏學出版社,2006 年
　　10 月。

陳踐踐《敦煌藏文 CH. 9. II. 68 號"金錢神課判詞"解讀》,《蘭州大學學報(社
　　會科學版)》2007 年第 3 期。

劉瑞明《關於〈推九曜行年容厄法〉等敦煌寫本研究之異議》,《敦煌研究》
　　2007 年第 3 期。

魏靜《敦煌占卜文書中有關遊年八卦部分的幾個問題》,《敦煌學輯刊》2008
　　年第 2 期。

陳踐《敦煌藏文 P. T. 127 號十二生肖命相文書解讀——謹以此紀念柳昇祺先
　　生百歲宴誕》,郝時遠、格勒主編《紀念柳昇祺先生百年誕辰暨藏族歷史文
　　化論集》,北京：中國藏學出版社,2008 年。

陳于柱《敦煌寫本〈禄命書·推人遊年八卦圖(法)〉研究》,《天水師範學院學
　　報》2008 年第 6 期。

張福慧,陳于柱《遊走在巫醫之間——敦煌術數文獻所見"天醫"考論》,《寧
　　夏社會科學》2008 年第 2 期。

陳于柱《從上都到敦煌——敦煌寫本禄命書 S. 5553〈三元九宮行年〉研究》,
　　《蘭州大學學報(社會科學版)》2009 年第 5 期。

陳于柱《敦煌本禄命書〈推人九天宮法/九天行年災厄法〉研究》,《敦煌學輯

刊》2009 年第 2 期。

陳于柱《敦煌藏文本禄命書 P.T.127〈推十二時人命相屬法〉的再研究》,《中國藏學》2009 年第 1 期。

陳于柱《占卜・佛道・族群——敦煌寫本禄命書 P.3398〈推十二時人命相屬法〉研究》,季羨林、饒宗頤主編《敦煌吐魯番研究》第 11 卷,上海古籍出版社,2009 年 9 月。

張福慧、陳于柱《敦煌古藏文、漢文本〈十二錢卜法〉比較研究》,《天水師範學院學報》2010 年第 3 期。

邵明傑《與敦煌文書 S.2729〈太史所占十二時善惡吉凶法〉有關的幾個問題》,《民族史研究》2010 年 00 期。

陳于柱、張福慧《敦煌具注曆日見載"本命元神"考辨》,《敦煌學輯刊》2010 年第 4 期。

陳于柱《敦煌文書 P.T.127〈人姓歸屬五音經〉與歸義軍時期敦煌吐蕃移民社會研究》,《民族研究》2011 年第 5 期。

陳于柱、張福慧《敦煌藏文本 S.6878V〈出行擇日吉凶法〉考釋》,《首都師範大學學報(社會科學版)》2012 年第 6 期。

七、相　　占

侯錦郎《唐代的容色相面術,敦煌寫本 P.3390 研究》,蘇遠鳴主編的《敦煌學論文集》,巴黎和日内瓦:德羅兹書店版,1979 年。

王重民《巴黎敦煌殘卷敍録・相書》,《圖書季刊》1935 年第 3 期;又見黄永武編《敦煌叢刊初集 9》,臺北:新文豐出版公司,1985 年。

陳祚龍《相學國手袁天綱》,《四川文獻》第 137 期,1974 年 1 月。

黄正建《敦煌文書中〈相書〉殘卷與唐代的相面——唐代占卜之二》,《敦煌學輯刊》1988 年第 1、2 期。

高國藩《唐代敦煌的看相與算命》,《歷史月刊》1990 年第 27 期。

[法] 侯錦郎《敦煌寫本中的唐代相書》,《法國學者敦煌學論文選萃》,北京:中華書局,1993 年 12 月。

田海林、宋會群《敦煌相書》,《中國傳統相學秘笈集成》(中),貴陽:貴州人民出版社,1993 年 11 月。

蜆文《張大千對手相有研究——張大千作〈敦煌手相圖〉》,《上海工藝美術》1998 年第 1 期。

王晶波《敦煌相術與佛教占相内容異同論》,《敦煌學輯刊》2003 年第 1 期。

鄭炳林、王晶波《敦煌寫本相書概述》,《敦煌學國際聯絡委員會通訊創刊號》,

2003 年 12 月；又見郝春文主編《（2002—2005）敦煌學國際聯絡委員會通訊集刊》，上海古籍出版社，2005 年 11 月。

王晶波《敦煌相書殘卷 CH.00209、S.5976 校理釋録》，《敦煌學輯刊》2004 年第 1 期。

王晶波《論佛教占相内容對敦煌寫本相書的影響》，《敦煌研究》2004 年第 2 期。

王晶波《敦煌相書殘卷 P.3390 號研究》，《敦煌學輯刊》2004 年第 2 期。

王晶波《英藏敦煌唐代厭子圖考》，《中國典籍與文化》2004 年第 3 期。

王晶波《敦煌相書殘卷 S.3395、S.9987B1V 考論》，《蘭州大學學報（社會科學版）》2004 年第 4 期。

王晶波、王璐《唐代相痣書殘卷 P.3492V 研究》，《敦煌研究》2005 年第 1 期。

王晶波《論敦煌相書中的陰陽五行觀念》，《敦煌學輯刊》2005 年第 2 期。

陳逸平、易波《論天人感應思想對敦煌相書的影響》，《敦煌研究》2005 年第 2 期。

鄭炳林《敦煌寫本許負相書殘卷研究》，國家圖書館善本特藏部敦煌吐魯番學資料研究中心《敦煌學國際研討會論文集》，北京圖書館出版社，2005 年 3 月。

鄭炳林、王晶波《敦煌寫本 P.2572（B）〈相法〉（擬）殘卷研究》，《敦煌學輯刊》2005 年第 4 期。

王晶波《隋唐五代的相工群體》，《西北師範大學學報》2005 年第 5 期。

鄭炳林《敦煌寫本相書理論與敦煌石窟供養人畫像——關於敦煌莫高窟供養人畫像研究之二》，《敦煌學輯刊》2006 年第 4 期。

王晶波《許負相書的作者與源流》，《敦煌學輯刊》2006 年第 4 期。

王晶波《敦煌寫本許負相書的系屬與類別》，《敦煌研究》2006 年第 5 期。

王晶波《唐宋相書的著録與種類》，《圖書與情報》2006 年第 6 期。

王晶波《敦煌寫本許負系統相書考》，中國民族古文字研究會、蘭州大學敦煌學研究所、敦煌研究院編《絲綢之路民族古文字與文化學術討論會會議論文集》，西安：三秦出版社，2007 年 7 月。

馬建東《敦煌俗字舉隅——以寫本相書爲中心》，《天水師範學院學報》2008 年第 1 期。

鄧文寬《敦煌三件〈相書一部（卷）〉"集"成年代之我見（修訂稿）》，《百年敦煌文獻整理研究國際學術討論會論文集（上册）》，2010 年 4 月。

何佩容《隋唐時期的占相文化與占相活動》，臺北清華大學碩士學位論文，2010 年。

王晶波《敦煌的身占文獻與中古身占風俗》,《敦煌學輯刊》2012 年第 2 期。

八、雜　占

[法] 巴考《閃電預兆表:藏文文獻的刊佈和翻譯》,載《亞細亞學報》第 2 套第 1 卷,1913 年。

[日] 松本榮一《敦煌本〈白澤精怪圖〉卷》,《國華》1956 年第 770 號。

饒宗頤《跋敦煌本〈白澤精怪圖〉兩殘卷(P. 2682、S. 6261)》,《史語所集刊》,1969 年 12 月。

林聰明《巴黎藏敦煌本〈白澤精怪圖〉及〈敦煌廿詠〉考述》,《東吳文史學報》1977 年第 2 期。

[法] 茅甘《敦煌寫本中的犬卜》,《皇家亞洲學會香港分會會刊》第 23 卷,1983 年。

王堯、陳踐《吐蕃的鳥卜研究——P. 1045 號卷子譯解》,《藏學研究文集》,北京:民族出版社,1985 年 8 月;又見《中國敦煌學百年文庫·民族卷》,蘭州:甘肅文化出版社,1999 年;又見金雅聲、束錫紅主編《敦煌古藏文文獻論文集》(下),上海古籍出版社,2007 年 8 月。

[法] 茅甘《敦煌寫本中的烏鳴占凶吉書新論》,《遠東亞洲叢刊》第 3 卷,1987 年。

高國藩《敦煌本〈白澤精怪圖〉與古代神話》,《神話新論》,上海文藝出版社,1987 年。

楊世宏《敦煌古藏文殘卷〈鴉鳴占卜法〉譯釋并探源》,《西北民族研究》1988 年第 2 期;又見《中國敦煌學百年文庫·民族卷》3,蘭州:甘肅文化出版社,1999 年。

[法] 茅甘著,金昌文譯《敦煌漢藏文寫本中的烏鴉鳴占吉凶書》,《國外藏學研究譯文集》第 8 輯,拉薩:西藏人民出版社,1992 年 8 月。

[美] 勞佛爾著,陳楠、趙炳昌譯《吐蕃的鳥卜》,《國外敦煌吐魯番文書研究選擇》,蘭州:甘肅人民出版社,1992 年 10 月。

[法] 茅甘《敦煌寫本中的烏鳴占吉凶書》,《法國學者敦煌學論文選萃》,北京:中華書局,1993 年 12 月。

房繼榮《“鳥卜”源流考——兼論文化遺產的利用和保護》,《社科縱橫》2007 年第 3 期。

周西波《〈白澤圖〉研究》,《中國俗文化研究》2003 年 00 期。

陳楠《敦煌藏漢烏卜文書比較研究——P. T. 1045 號、P. 3988 號與 P. 3479 號文書解析》,季羨林、饒宗頤主編《敦煌吐魯番研究》第 10 卷,上海古籍出版社,2007 年 9 月。

房繼榮《敦煌本〈鳥鳴占吉凶書〉研究》,蘭州大學碩士學位論文,2007 年。

[日] 佐佐木聰《〈白澤圖〉輯校：附解題》,《東北大學中國語學文學論集》
　2009 年第 14 號。

游自勇《敦煌本〈白澤精怪圖〉校録——〈白澤精怪圖〉研究之一》,《百年敦煌
　文獻整理研究國際學術討論會論文集(上冊)》,2010 年 4 月。

趙貞《試論 P. T. 1045〈鳥鳴占〉的來源及其影響》,《敦煌學輯刊》2010 年第
　4 期。

尹榮芳《談談"鳥占"》,《華夏文化》2011 年第 4 期。

趙貞《Дx. 6133〈祭鳥法〉殘卷跋》,《敦煌研究》2012 年第 1 期。

[日] 佐佐木聰《法藏〈白澤精恠圖〉(P. 2682)考》,《敦煌研究》2012 年第
　3 期。

九、易占與五兆卜法

陳槃《敦煌唐咸通鈔本三備殘卷解題——古讖緯書録解題附録之一》,《中央
　研究院歷史語言研究所集刊》第 10 本,1942 年;又見《中國敦煌學百年文
　庫·文獻卷》1,蘭州:甘肅文化出版社,1999 年。

王愛和《敦煌占卜文書研究》,蘭州大學博士學位論文,2003 年。

劉永明《敦煌占卜與道教初探——以 P. 2859 文書爲核心》,《敦煌學輯刊》
　2004 年第 2 期。

張富春《中國古代祈財信仰研究》,四川大學碩士學位論文,2006 年。

張志清、林世田《S. 6349 與 P. 4924〈易三備〉寫卷綴合整理研究》,《文獻》
　2006 年第 1 期。

張志清、林世田《S. 6015〈易三備〉綴合與校録——敦煌本〈易三備〉研究之
　一》,季羨林、饒宗頤主編《敦煌吐魯番研究》第九卷,北京:中華書局,2006
　年 5 月。

劉永明《敦煌占卜與道教初探——以 P. 2859〈五兆要訣略〉、〈逆刺占〉爲核
　心》,鄭炳林主編《敦煌歸義軍史專題研究四編》,蘭州:甘肅文化出版社,
　2009 年。

王祥偉《五兆卜法考略》,《敦煌學輯刊》2009 年第 2 期。

十、民 俗 及 其 他

王國維《唐寫本〈靈棋經〉殘卷跋》,《觀堂集林》第 21 卷,北京:中華書局,
　1959 年;又見《王國維遺書》3,上海古籍書店,1983 年;又見《中國敦煌學百

年文庫·文獻卷》2,蘭州：甘肅文化出版社,1999 年。

劉永明《S. 2729 背〈懸象占〉與吐蕃時期的敦煌道教》,《敦煌學輯刊》1997 年第 1 期;又見鄭炳林主編《敦煌歸義軍史專題研究》,蘭州大學出版社,1997 年 9 月。

饒宗頤《敦煌本〈立成孔子馬坐卜占法〉跋》,《敦煌學輯刊》1999 年第 1 期。

黄正建《關於 17 件俄藏敦煌占卜文書的定名問題》,《敦煌研究》2000 年第 4 期。

黄正建《有關〈北京圖書館敦煌遺書續録〉中占卜文書的定名等問題》,《文獻》2000 年第 3 期。

黄正建《關於〈俄藏敦煌文獻〉11 至 17 册中占卜文書的綴合與定名等問題》,《敦煌研究》2002 年第 2 期。

王愛和《摩醯首羅卜性質初步分析》,鄭炳林主編《敦煌佛教藝術文化國際學術研討會論文集》,蘭州大學出版社,2002 年。

黄正建《敦煌占婚嫁文書與唐五代的占婚嫁》,項楚、鄭阿財主編《新世紀敦煌學論集——潘重規教授九五華秩并研究敦煌學一甲子紀年》,成都：巴蜀書社,2003 年 3 月。

余欣《禁忌、儀式與法術——敦煌文獻所見中古時代出行信仰之研究》,《唐代宗教信仰與社會》,上海辭書出版社,2003 年 8 月。

鄭阿財《〈雲謡集·鳳歸雲〉中〈金釵卜〉民俗初探》,《中國民俗文化研究》第 1 輯,2003 年 5 月。

安忠義《從居延漢簡和敦煌文獻看中國古代目瞤耳鳴民俗的流變》,《敦煌學研究》2006 年第 2 期。

吴怡潔《行病之災——唐宋之際的行病鬼王信仰》,榮新江主編《唐研究》第 12 卷,北京大學出版社,2006 年 12 月。

房繼榮《占卜與古代農業關係的初探》,《甘肅農業》2006 年 12 期。

王歡《唐五代宋初敦煌農業民俗考論》,西北師範大學碩士學位論文,2009 年。

劉永明《敦煌道教的世俗化之路——敦煌〈發病書〉研究》,《敦煌學輯刊》2006 年第 1 期;又見鄭炳林主編《敦煌歸義軍史專題研究四編》,蘭州：甘肅文化出版社,2009 年。

芮跋辭、胡鴻《古突厥文寫本〈占卜書〉新探——以寫本形態與文本關係爲中心》,榮新江主編《唐研究》第 16 卷,北京大學出版社,2010 年 12 月。

寧宇《敦煌寫本 P. 3081 號文書與唐代五月五日禁忌研究》,《敦煌學輯刊》2012 年第 4 期。

《敦煌學國際聯絡委員會通訊》稿約

一、本刊由"敦煌學國際聯絡委員會"、"中國敦煌吐魯番學會"和"首都師範大學古文獻研究中心"共同主辦,策劃:高田時雄、柴劍虹;主編:郝春文。本刊的内容以國際敦煌學學術信息爲主,刊發的文章的文種包括中文(規範繁體字)、日文和英文,每年出版一期。截稿日期爲當年 3 月底。

二、本刊的主要欄目有:每年的各國敦煌學研究綜述、歷年郭煌學研究的專題綜述、新書訊、各國召開敦煌學學術會議的有關信息、書評或新書出版信息、項目動態及熱點問題爭鳴、對國際敦煌學發展的建議、重要的學術論文提要等,歡迎就以上内容投稿。來稿請寄:北京西三環北路 83 號:首都師範大學歷史學院郝春文,郵政編碼:100089,電子郵箱:haochunw@ cnu. edu. cn。

三、來稿請附作者姓名、性别、工作單位和職稱、詳細位址和郵政編碼以及電子郵箱,歡迎通過電子郵件用電子文本投稿。

圖書在版編目(CIP)數據

2013 敦煌學國際聯絡委員會通訊／郝春文主編.—
上海：上海古籍出版社，2013.8
ISBN 978 - 7 - 5325 - 6861 - 1

Ⅰ.①2… Ⅱ.①郝… Ⅲ.①敦煌學—叢刊 Ⅳ.
①K870.6 - 55

中國版本圖書館 CIP 數據核字(2013)第 124200 號

2013 敦煌學國際聯絡委員會通訊
郝春文　主編
上海世紀出版股份有限公司
出版
上　海　古　籍　出　版　社
(上海瑞金二路 272 號　郵政編碼 200020)
(1) 網址：www.guji.com.cn
(2) E - mail：guji1@guji.com.cn
(3) 易文網網址：www.ewen.cc
上海世紀出版股份有限公司發行中心發行經銷　上海惠頓實業公司印刷
開本 787×1092　1/16　印張 18　插頁 4　字數 313,000
2013 年 8 月第 1 版　2013 年 8 月第 1 次印刷
ISBN 978 - 7 - 5325 - 6861 - 1
K·1735　定價：68.00 元
如有質量問題，讀者可向工廠調換